高等财经院校创新创业教育系列教材

INTERNET
FINANCIAL BUSINESS AND ENTREPRENEURSHIP PRACTICE

Internet Financial Business and
Entrepreneurship Practice

互联网金融实务与创业实践

赵海军 等 ◎编著

中国财经出版传媒集团
经济科学出版社
Economic Science Press

图书在版编目（CIP）数据

互联网金融实务与创业实践/赵海军等编著.—北京：经济科学出版社，2018.9

高等财经院校创新创业教育系列教材

ISBN 978-7-5141-9720-4

Ⅰ.①互… Ⅱ.①赵… Ⅲ.①互联网络-应用-金融-高等学校-教材 Ⅳ.①F830.49

中国版本图书馆CIP数据核字（2018）第207054号

责任编辑：齐伟娜 初少磊 赵 蕾
责任校对：隗立娜
责任印制：李 鹏

互联网金融实务与创业实践

赵海军 等编著

经济科学出版社出版、发行 新华书店经销

社址：北京市海淀区阜成路甲28号 邮编：100142

总编部电话：010-88191217 发行部电话：010-88191540

网址：www.esp.com.cn

电子邮件：esp@esp.com.cn

天猫网店：经济科学出版社旗舰店

网址：http://jjkxcbs.tmall.com

北京季蜂印刷有限公司印装

787×1092 16开 18.25印张 430000字

2018年10月第1版 2018年10月第1次印刷

ISBN 978-7-5141-9720-4 定价：52.00元

（图书出现印装问题，本社负责调换。电话：010-88191510）

（版权所有 翻印必究 举报电话：010-88191586

电子邮箱：dbts@esp.com.cn）

本书是广东财经大学2016年立项建设的创新创业教育系列教材之一。大学生创新创业教育是近年来全国各大高等院校争相发展的新热点，在当今高度强调服务实体经济的金融体制改革的大背景下，在金融创新领域一马当先的金融科技迸发出无穷的创新驱动力量，引领着无数的互联网平台创业者在互联网金融领域开疆拓土，呈现出一片繁荣景象。互联网金融新业态的产生与发展对促进国民经济发展、对支持"大众创业、万众创新"事业、对发展普惠金融支持"三农"和小微企业的发展，起到了巨大的支持与推动作用。但是，由于行业规制的上层建筑建设滞后，互联网金融新业态从其诞生那天起就处在"无政府状态"，无序的发展不可能带来行业的持续繁荣，反而派生了诸多不确定的金融风险。无奈，国家政府从2016年第二季度开始对互联网金融行业进行跨行业、跨部门乃至跨界联合的"穿透式"的专项整治行动。在互联网金融已经完成了从FinTech1.0到FinTech2.0的转变并正在向智能金融的FinTech3.0时代转变的关键时刻，有必要配合国家相关政策对大学生及研究生开展互联网金融创新创业及其风险控制教育，在高等教育中追加必要的课程，使在校大学生及研究生能够充分认识和把握互联网金融的行业特点、政策法规、从业实务、风控措施，以及创新创业实践中可能遇到的各种实际问题。

本教材的编著呈现如下特点：一是注重互联网金融实务，站在互联网金融新业态产生与发展的历史角度，去分析互联网金融诸业态产生的技术经济背景及其发展的推动机制，深入每个互联网金融新业态的业务领域，在分析研究的基础上提出互联网金融各业态的创新发展路径及其风险防范策略；二是教材的很大一部分内容都是本书的作者们近年来在互联网金融研究领域研究成果的加工汇集，其中包括广东财经大学金融电子商务研究中心科研人员的研究成果、专职科研人员博士后出站科研成果及研究生科研与毕业论文的提炼汇编等；三是邀请互联网金融行业第一线的专业人士和创业者参与本教材的编写，尤其是互联网金融创业实践及其案例分析方面，凝聚了互联网金融行业第一线的专业人士和创业者们的很大心血。

本教材的编著大纲由广东财经大学赵海军研究员拟定，全书由赵海军研究员统稿，参与编著的相关人员及其所承担的具体内容列示如下：

第1章，互联网金融的发展概论。由广东财经大学赵海军研究员承担。

第2章，互联网金融的技术基础。由香港恒生银行技术部开发经理赵浜工程师承担。

第3章，互联网金融的理论基础。由汉口学院电子商务系主任沈金波副教授及广东财经大学赵海军研究员、研究生陈皎承担。

第4章，互联网金融的基本业态。由广东财经大学胡玫艳教授承担。

第5章，互联网金融的政策法规。由赵海军研究员及其研究生程素素承担。

第6章，互联网金融的标准化发展。由赵海军研究员及招商银行理财经理李静宇承担。

第7章，互联网金融的风险防范。由深圳证券交易所和复旦大学博士后、广东财经大学华成高级工程师及赵海军研究员承担。

第8章，互联网金融的行业监管。由赵海军研究员及招商银行理财经理李静宇承担。

第9章，互联网金融的创业实践。由沈金波副教授及各案例涉及的互联网金融平台的专业人士与工作人员总结整理。

本教材适用于高等院校创新创业教育的通识选修课和金融学本科的专业选修课及金融专业硕士的教学参考用书。教材涉及的内容比较广，教师在教学过程中可酌情取舍。教材的每一章节均精选有"课前阅读"材料，以及对其精要的分析与导读，课前教师可要求学生事先研读，以便学生在对互联网金融新事物有了感性认识的基础上，带着"问题"进行师生互动的研究性学习，突出研讨型教学特点并着重培养学生的双创思维及其能动性；每章也均设有若干实务性的"训练思考"题目，教师可根据培养方向和教学的实际需要灵活布置，主要是训练学生面对互联网金融行业发展中的一系列具体而实际的问题时，如何分析和如何解决。

本教材的编写过程中，得到了广东财经大学教务处、创业教育学院、信息学院、金融学院及中国电子商务协会互联网金融教育分会和众多互联网金融平台企业等的大力支持，在此一并感谢！

目录

第1章 互联网金融的发展概论　1

1.1 互联网金融业态的产生与发展　1
- 1.1.1 互联网金融新业态的产生　3
- 1.1.2 互联网金融产生的技术经济背景　12
- 1.1.3 互联网金融发展中的乱象　14
- 1.1.4 互联网金融乱象原因分析　20
- 1.1.5 互联网金融风险专项整治　22
- 1.1.6 互联网金融的发展现状与趋势　28

1.2 互联网金融的学术发展状况　32
- 1.2.1 互联网金融概念辨析　33
- 1.2.2 互联网金融学术史梳理　39

本章小结　46
训练思考　47

第2章 互联网金融的技术基础　48

2.1 网络通信技术　48
- 2.1.1 网络通信技术概述　49
- 2.1.2 网络通信技术的前沿发展　51
- 2.1.3 网络通信技术在互联网金融行业的应用与发展　52

2.2 移动互联网技术　53
- 2.2.1 移动互联网金融概述　54
- 2.2.2 移动互联网对金融服务的影响　55
- 2.2.3 移动互联网技术架构　56
- 2.2.4 移动互联网金融发展前景　58

2.3 物联网技术　59
- 2.3.1 物联网概念　60
- 2.3.2 物联网对金融的影响和作用　61
- 2.3.3 金融物联网发展情况　62

2.4 云计算技术　64
 2.4.1 金融云计算概述　65
 2.4.2 金融云计算发展情况　68
 2.4.3 金融云计算发展展望　71
2.5 大数据技术　71
 2.5.1 大数据及其产业概述　72
 2.5.2 金融行业大数据现状　74
 2.5.3 金融大数据发展展望　80
2.6 区块链技术　81
 2.6.1 区块链概述　82
 2.6.2 区块链系统的运作　84
 2.6.3 区块链对金融业的影响和作用　85
 2.6.4 区块链技术在互联网金融行业的应用与发展　86
本章小结　91
训练思考　91

第3章 互联网金融的理论基础　92

3.1 网络经济理论　92
 3.1.1 网络生产理论　92
 3.1.2 网络商品供给理论　93
 3.1.3 网络商品需求理论　93
 3.1.4 网络价值实现理论　95
 3.1.5 网络商品价格理论　96
 3.1.6 共享经济理论　101
3.2 平台经济与双边市场理论　102
 3.2.1 双边市场理论　102
 3.2.2 基于双边市场理论的平台经济　103
 3.2.3 互联网金融平台的发展机制　105
3.3 长尾理论　106
 3.3.1 长尾理论概述　106
 3.3.2 互联网金融发挥长尾效应的策略　107
 3.3.3 长尾效应在互联网金融中的典型应用　109
3.4 大数据信息确权理论　110
 3.4.1 信息确权的理论需求　111
 3.4.2 信息确权的技术手段和协商　111
 3.4.3 信息确权在互联网金融领域的应用　112
3.5 标准化监管理论　113
 3.5.1 标准化与标准化监管　113

  3.5.2 标准化监管理论要关注的核心问题　114
  3.5.3 互联网金融标准化监管研究实践　116
 3.6 金融风险控制理论　117
  3.6.1 认识金融风险控制理论　117
  3.6.2 金融风险控制理论的基本构成　118
  3.6.3 金融风险控制理论的实际应用　121
 本章小结　122
 训练思考　122

第4章 互联网金融的基本业态　123
 4.1 第三方支付　124
  4.1.1 第三方支付的科学概念　124
  4.1.2 第三方支付的业务模式　132
 4.2 P2P网络借贷　135
  4.2.1 P2P网络借贷的科学概念　135
  4.2.2 P2P网络借贷的业务模式　138
 4.3 互联网众筹　140
  4.3.1 互联网众筹的科学概念　140
  4.3.2 互联网众筹的业务模式　143
 4.4 互联网理财　144
  4.4.1 互联网理财的科学概念　145
  4.4.2 互联网理财的业务模式　147
 4.5 互联网金融门户　150
  4.5.1 互联网金融门户的科学概念　150
  4.5.2 互联网金融门户的业务模式　151
 4.6 大数据金融　151
  4.6.1 大数据金融的科学概念　152
  4.6.2 大数据金融的业务模式　152
 本章小结　153
 训练思考　154

第5章 互联网金融的政策法规　155
 5.1 互联网金融发展政策　155
  5.1.1 中央政策　157
  5.1.2 地方政策　162
 5.2 互联网金融法律法规　167
  5.2.1 互联网金融的行业法规　167
  5.2.2 互联网金融的国家法律　174

本章小结　176
训练思考　177

第6章　互联网金融的标准化发展　178
6.1　我国金融标准化体系　178
6.1.1　我国金融标准化管理体制　179
6.1.2　金融行业标准体系　180
6.1.3　金融国家标准体系　183
6.1.4　金融国际标准体系　184
6.2　互联网金融标准化的技术层次　185
6.2.1　互联网金融技术标准　186
6.2.2　互联网金融业务标准　188
6.3　我国互联网金融标准化发展实践　190
6.3.1　我国互联网金融标准化发展规划　192
6.3.2　我国互联网金融行业协会开展的标准化工作　196
6.3.3　我国互联网金融标准的应用推广　198
本章小结　199
训练思考　200

第7章　互联网金融的风险防范　201
7.1　互联网金融的风险类别　201
7.1.1　互联网金融的技术风险　202
7.1.2　互联网金融的业务风险　204
7.1.3　互联网金融的法律风险与道德风险　206
7.2　互联网金融的风险防范策略　207
7.2.1　互联网金融的风险管理程序　209
7.2.2　互联网金融技术风险防范策略　212
7.2.3　互联网金融的道德风险防范策略　218
本章小结　220
训练思考　220

第8章　互联网金融的行业监管　222
8.1　互联网金融的行政监管　222
8.1.1　互联网金融的监管机构　223
8.1.2　互联网金融的监管对象　225
8.1.3　互联网金融行政监管举措　226
8.2　互联网金融的自律监管　229
8.2.1　互联网金融需要自律监管　230

8.2.2　互联网金融行业如何进行自律监管　231
8.3　互联网金融的标准化监管　233
　　8.3.1　互联网金融亟须标准化监管理论作指导　235
　　8.3.2　互联网金融标准化监管模式　236
　　8.3.3　促进互联网金融标准化监管的意见建议　238
本章小结　239
训练思考　239

第9章　互联网金融的创业实践　241

9.1　P2P互联网借贷典型案例　241
　　9.1.1　开鑫金服　241
　　9.1.2　PPmoney　244
9.2　第三方支付典型案例　248
　　9.2.1　支付宝　248
　　9.2.2　微信支付　253
9.3　互联网众筹典型案例　256
　　9.3.1　点名时间　256
　　9.3.2　京东众筹　259
9.4　互联网理财典型案例　262
　　9.4.1　东方财富　262
　　9.4.2　陆金所　264
9.5　互联网金融信息服务　267
　　9.5.1　中国金融信息网　267
　　9.5.2　同花顺　270
本章小结　273
训练思考　273

参考文献　275

互联网金融的发展概论

1.1 互联网金融业态的产生与发展

【课前阅读】

以互联网为代表的现代信息科技,特别是移动支付、社交网络、搜索引擎和云计算等,将对人类金融模式产生根本影响。过去 10 年间,类似的颠覆性影响已经发生在图书、音乐、商品零售等多个领域。

可能出现既不同于商业银行间接融资,也不同于资本市场直接融资的第三种金融融资模式,称为"互联网金融模式"。在这种金融模式下,支付便捷,市场信息不对称程度非常低;资金供需双方直接交易,银行、券商和交易所等金融中介都不起作用;可以达到与现在直接和间接融资一样的资源配置效率,并在促进经济增长的同时,大幅减少交易成本。更为重要的是,它是一种更为民主化而非少数专业精英控制的金融模式,现在金融业的分工和专业化将被大大淡化,市场参与者更为大众化,所引致的巨大效益将更加惠及普通百姓。

这种新金融模式的出现意味着巨大的机遇和挑战。对政府而言,互联网金融模式可用来解决中小企业融资问题和促进民间金融的阳光化、规范化,更可用来提高金融包容水平(financial inclusiveness),促进经济发展,但同时也带来了一系列监管挑战。对业界而言,互联网金融模式会产生巨大的商业机会,但也会促成竞争格局的大变化。对学术界而言,支付革命会冲击现有的货币理论,互联网金融模式下信贷市场、证券市场也会产生许多全新课题,总之会冲击现有的货币政策、金融监管和资本市场的理论。

(资料来源:谢平、邹传伟等,《互联网金融模式研究》,载于《金融研究》2012 年第 12 期。)

由上面的资料可知,互联网金融模式是"以互联网为代表的现代信息科技,特别是移动支付、社交网络、搜索引擎和云计算等"对人类金融模式产生根本影响的结果,是

"既不同于商业银行间接融资,也不同于资本市场直接融资的第三种融资模式"。由此看来,互联网金融有如下明显特征:其一,互联网金融是在互联网信息科技推动下产生的新型金融模式;其二,互联网金融是一种不依靠金融中介的脱媒金融;其三,互联网金融是一种惠及大众的普惠金融;其四,互联网金融是一种高效率、低成本、便利化、平台化的虚拟金融。

互联网金融模式的创新意义就在于非金融的互联网信息技术机构及电子商务机构直接介入金融服务领域,打破了原来传统金融机构独霸金融市场的弱竞争局面。2008年12月阿里巴巴集团董事局主席马云[①] "如果银行不改变,我们就改变银行"的感慨之言在当时尚没有引起银行业界足够的重视。2013年6月21日,马云又在《人民日报》发出了"金融行业需要搅局者"的感言,[②] 这触动了商业银行的神经。因为,此时随着支付宝、微信支付、百度钱包、京东钱包等互联网支付借助其本身独具的吸引力四处攻城略地,用户被一个个"抢夺"时,银行不仅笑不起来了,而且更慌了。招商银行原行长马蔚华、平安银行马明哲则直接把阿里巴巴、腾讯等网络企业视为传统银行最大的敌人。[③] 建设银行、工商银行、民生银行等则陆续宣布发展电子商务平台,以实际行动展示应对"搅局者"。随后,由中国人民银行(以下简称"央行")牵头,央行、中国银行监督管理委员会(以下简称"银监会")、中国证券监督管理委员会(以下简称"证监会")、中国保险监督管理委员会(以下简称"保监会")、中华人民共和国工业和信息化部(以下简称"工信部")、中华人民共和国公安部(以下简称"公安部")、中华人民共和国国务院法制办公室(以下简称"法制办")七部委组成了"互联网金融发展与监管研究小组",并于2013年8月1日开始对互联网金融展开联合调查,体现了国家对互联网金融的高度重视和谨慎态度。央行在2013年8月3日发布的《2013年第二季度货币政策执行报告》中,对互联网金融的存在给予了高度评价。央行认为,作为传统金融业与互联网结合的新兴领域,互联网金融具有透明度高、参与广泛、中间成本低、支付便捷、信用数据更为丰富和信息处理效率更高等优势。但央行同时指出,作为一种新的金融模式,互联网金融业也给金融监管、金融消费者保护和宏观调控提出了新的要求。与传统金融业相比,互联网金融业的风险主要集中在消费者信息安全和风险管控等方面。

这说明,互联网金融模式的诞生着实对传统金融机构的业务产生了强烈的冲击,传统金融机构开始有了危机感,政府部门也开始将其纳入监管视野。于是,银行、证券等传统金融机构开始重视互联网信息技术在自身业务拓展和金融营销中的创新应用,纷纷成立了网络金融营销部门或金融电子商务部门,试图把传统的网络金融业务延伸为全面的金融电子商务。但是,传统的网络金融与新兴的互联网金融毕竟是两种不同的现代金融模式,前者是传统金融机构及其业务的网络化,后者是网络信息技术机构及其业务的金融化。网络金融是传统金融机构借助网络信息技术手段对其内部业务和对外金融服务的电子化、虚拟

---

① 马云:《如果银行不改变 我们就改变银行》,http://finance.sina.com.cn/hy/20081207/18215601585.shtml,2008-12-07。
② 马云:《金融行业需要搅局者》,载于《人民日报》2013年6月21日。
③ 激弦:《四大行用行动回击马云的"银行不改变,那我们就改变银行"》,http://finance.ifeng.com/a/20160822/14782214_0.shtml,2016-08-22。

化、网络化改造与延伸，互联网金融是非金融的网络信息技术机构为投融资双方（或资金供给方与资金需求方）提供的第三方互联网交易平台服务。为了正确理解互联网金融的科学概念，并准确把握互联网金融的业务边界，我们有必要从互联网金融产生与发展的历史角度去研究、了解它。

1.1.1 互联网金融新业态的产生

为便于追踪和探讨互联网金融模式及其业态表现的历史渊源，我们将按照互联网金融的具体业态模式逐一追溯。中国人民银行等十部门发布的《关于促进互联网金融健康发展的指导意见》中列举了互联网支付、网络借贷、股权众筹融资、互联网基金销售、互联网保险、互联网信托和互联网消费金融7种互联网金融业态类型，我们依次对互联网金融这7种业态类型产生的历史境况进行梳理挖掘。

1. 互联网支付新业态的诞生

按照中国人民银行等十部门《关于促进互联网金融健康发展的指导意见》中的解释，互联网支付是指通过计算机、手机等设备，依托互联网发起支付指令、转移货币资金的服务。该文件所讲的互联网支付既包括银行业金融机构的互联网支付即通常讲的网银支付，也包括第三方支付机构的互联网支付即通常讲的第三方支付。在此，我们只讨论第三方支付机构的互联网支付，因为网银支付属于传统的网络银行业务，第三方支付才属于互联网金融新业态。

第三方支付起源于20世纪80年代美国的独立销售组织（Independent Sales Organization，ISO）制度。ISO制度是银行卡收单机构和交易处理商共同委托ISO进行中小商户的拓展、服务和管理工作的一种机制。美国第三方支付的发展基础是线下成熟的信用卡和票据自动清算中心（Automatic Clearing House，ACH）建设，信用卡和银行支票已经是美国用户线下交易的普遍方式，第三方支付是在这些成熟制度的基础上将线下交易发展到线上的。

1996年，全球第一家第三方支付公司在美国诞生，随后逐渐涌现出Amazon Payments、Yahoo! PayDirect、PayPal等一批第三方支付公司，其中以PayPal最为突出，其发展历程基本代表了北美第三方支付市场的发展缩影。PayPal公司成立于1998年，起初其目的是为弥补在电子商务领域商业银行不能覆盖个人收单业务领域的不足。2002年PayPal被全球最大的C2C网上交易平台eBay全资收购。从此，PayPal进入快速发展期，集聚各种二手商品的eBay当时是全球最大的个人电子商务交易平台，由于商品的所有者和购买方都是个人，而商业银行不向个人客户提供银行卡收单服务，只能采取传统支付方式的eBay平台运行效率较为低下，收购PayPal使eBay成功解决了交易支付问题。PayPal凭借eBay平台强大的市场优势，实现了自身快速发展，次年即2003年的营业额较2002年增进3倍。PayPal在为eBay提供支付服务的基础上，又将其自身业务扩展至更为广阔的电商领域。PavPal在北美市场合作客户范围广阔，小到普通比萨饼屋，大到零售巨头沃尔玛在线，合作的B2C在线商城数量从此开始急剧膨胀。PayPal于2005年进入中国。

中国首家第三方支付平台首信易支付（PayEase）始创于1998年，创立之初它的功能仅限于把用户的支付需求转接到银行的网上支付页面，但其建立的支付网关模式为第三方支付的发展打开了第一扇门。首信易支付（PayEase）是中国首家实现跨银行跨地域提供多种银行卡在线交易的多功能网上支付服务平台。当时的网络购物还是新兴事物，支付形式主要是银行汇款，买卖双方互不信任阻碍了网络购物的发展速度。首信易支付（PayEase）1999年在中国首创 B2C 第三方支付服务；2000年在中国首先开展国际信用卡在线支付服务；2002年率先在国内与银行合作开展电话银行支付业务；2006年成为北京市公共缴费联盟独家网上支付服务平台，并于同年成为中国首家 B2B 在线支付服务商。到目前为止，首信易支付平台开展了包括 BtoB、BtoC、CtoC、GtoC 等多种在线支付服务，支持各种银行卡通过 PC 机、手机、移动终端、电话等多种终端进行支付操作，涉及商户近百万家。

目前，国内比较流行的第三方支付要数支付宝和微信支付，其中微信支付是财富通的移动支付模式，支付宝和财付通都属于信用中介支付模式。信用中介支付模式是顺应电子商务平台经济发展而产生的新兴支付模式。

为了拓展电子商务交易平台的业务规模，2003年10月18日淘宝网首次推出支付宝服务，开始推行担保交易；2004年支付宝从淘宝网分拆独立，逐渐向更多的合作方提供支付服务，发展成为中国最大的第三方支付平台，2004年12月8日浙江支付宝网络科技有限公司成立，支付宝正式独立上线运营；2005年2月2日支付宝推出"全额赔付"支付，提出"你敢用，我敢赔"承诺；2008年2月27日，支付宝发布移动电子商务战略，推出手机支付业务；2008年10月25日支付宝公共事业缴费系统正式上线，支持水、电、煤、通信等缴费；2010年12月23日支付宝与中国银行合作，首次推出信用卡快捷支付；2011年5月26日支付宝获得央行颁发的国内第一张《支付业务许可证》（业内称"支付牌照"）。

财付通是腾讯集团旗下第三方支付平台，成立于2005年，其以"安全便捷"作为产品和服务的核心，不仅为个人用户创造200多种便民服务和应用场景，还为40多万大中型企业提供专业的资金结算解决方案。财付通与支付宝同期于2011年5月获得第三方支付牌照。2013年8月腾讯公司与其旗下财付通联合推出了互联网创新支付产品——微信支付，微信支付是财付通的移动端支付。从本质上来讲，微信是个前端渠道，微信端完成的是业务场景，微信支付场景有微信公众平台支付、第三方应用商城 App 支付、二维码扫描支付，其后端业务即支付转移是通过财付通来完成的。

2. 网络借贷新业态的诞生

网络借贷包括个体网络借贷和网络小额贷款。个体网络借贷即 P2P（peer-to-peer），是指个体和个体之间通过互联网平台实现的直接借贷，主要为借贷双方的直接借贷提供信息服务，即通过网络平台为投资方和融资方提供信息交互、撮合、资信评估等中介服务，属民间借贷范畴；网络小额贷款是指互联网企业通过其控制的小额贷款公司，利用互联网向客户提供的小额贷款。

世界上第一家 P2P 网络借贷公司是2005年3月诞生于英国伦敦的"英国 ZOPA 网上互助借贷公司"，业界称为 P2P 行业鼻祖，ZOPA 是"zone of possible agreement"的英文缩写，意思是一个人最低限（借款者获得的最低利率）与另一个人最高限（投资者获得的最高回报率）可以达成协议的空间。P2P 网络借贷的业务实质是先帮助有闲钱的人把钱借给守信用的借款人，再帮助出借人收回借款人的本金和利息，通过 P2P 网络借贷平台，借款人付出较低的利息取得资金使用权，解了燃眉之急，同时出借人得到了更高、更稳定的收益。ZOPA 共有 7 位联合创始人，其中包括毕业于牛津大学的贾尔斯·安德鲁斯（Giles Andrews）和来自英国 Egg 网络银行高管的理查德·杜瓦尔（Richard Duvall）、詹姆斯·亚历山大（James Alexander）、萨拉·马修斯（Sarah Matthews）、戴夫·尼科尔森（Dave Nicholson）等，他们当中有出色的企业战略经理、经验丰富的 IT 经理、网络系统创新经理，并且都对互联网有超乎常人的执着，一直在寻找创新之路。ZOPA 公司的创立具有划时代的意义，开创了互联网金融 P2P 网络借贷的先河。ZOPA 经营理念和经营模式被世界上很多国家和地区效仿，其模式在被不断复制的过程中也逐步得到完善和改良，无论是欧美国家还是我国的 P2P 网络借贷平台，基本上都沿用了 ZOPA 经营模式。为了业务拓展和创新经营，2016 年下半年 ZOPA 向英国金融行为监管局（FCA）和审慎监管局（PRA）申请银行牌照，若能够成功申请到银行牌照，它将成为全球第一家 P2P 与银行混业经营公司，并开始进军网络小额贷款业务。就是说，一旦 ZOPA 的银行牌照申请下来，新的"ZOPA Bank"将会成为一家商业零售银行（retail bank），在英国金融服务补偿计划（financial services compensation scheme）的规范下，为消费者和小微企业提供存取款服务，并且 ZOPA Bank 也可以作为 ZOPA 网贷平台的资金端之一。

我国最早开创 P2P 网络借贷业务的是宜信公司和拍拍贷。宜信公司于 2006 年由唐宁在北京创办，创建之初以提供个人对个人的小额信用贷款中介服务为业务核心，后来又广泛开展财富管理、信用风险评估与管理、信用数据整合服务、小额贷款行业投资。宜信公司目前已在全国 133 多个城市和 48 个农村地区建立起强大的全国协同服务网络，为客户提供全方位、个性化的财富增值与信用增值服务。

拍拍贷（上海拍拍贷金融信息服务有限公司）是我国首家真正意义上的 P2P 网络借贷平台，成立于 2007 年 6 月，总部位于国际金融中心上海，2007 年 6 月 18 日网站上线，同年 8 月开放注册，2009 年 10 月注册用户数突破 10 万人，2010 年 10 月注册用户数突破 20 万人，2011 年 12 月突破 50 万人，随着互联网金融热潮的爆发，2016 年底拍拍贷注册用户已突破 3500 万人。创业团队也从当时十几人发展到几千人的大家庭，并完成了 A、B、C 三轮融资。拍拍贷的创始人中有当时国内最大的播客聚合平台"菠萝网"的创办人顾少丰，有来自微软的张俊，有职业律师出身的胡宏辉和有银行小额信贷经验的李铁铮，他们均为上海交通大学的同学校友。菠萝网当时被媒体评选为"中国最有价值 Web 2.0 网站之一"。顾少丰获得了"影响中国 Web 2.0 的一百人"和"中国最佳互联网网站百强"等荣誉，他对于互联网和 Web 2.0 有着深刻的理解和丰富的实战经验，后来顾少丰关掉了风头正劲的菠萝网，将视频网站的域名、办公室、系统维护人员直接转成了拍拍贷班底；张俊曾任职于微软全球技术中心和上海微创软件有限公司，担任高级客户经理和高级运营经理，对于网络信贷的业务模式创新、信用评价模型和风险管理体系建设有独到的见解和实践经验，并在企业管理和运营上有着丰富的经验；胡宏辉曾任职于中国工商银行信贷部门，参与过多个重点融资项目，在银行市场业务方面有丰富经验，拥有律师职业资格，曾在国内著名律师事务所担任律师和高级合伙人，长期从事与金融相关的法律工作；李铁铮曾任职于中国民生银行总行中小企业部，亲历了民生银行小企业信贷业务从无到有、从小到大的整个发展历程,并在此过程中担任了风险管理相关的多个重要岗位,核心关注小额信贷领域的产品设计、风险管理、信用评级、风险定价、信贷工厂、流程和运营管理等。

我国的第一家网络小额贷款公司是 2010 年 6 月 8 日成立的浙江阿里巴巴小额贷款股份有限公司。其由阿里巴巴集团联合复星集团、银泰集团和万向集团在杭州成立。这是中国首个专门面向网商放贷的小额贷款公司,贷款金额上限为 50 万元。杭州市工商局向其颁发了营业执照,这是我国首张电子商务领域小额贷款公司营业执照。2010 年 4 月推出淘宝订单贷款,在杭州市、浙江省内试运营期间,产品运营稳定、客户反馈良好、贷款风险可控,得到了省市各级监管部门以及浙江省政府的充分认可。同时,政府部门也非常理解淘宝卖家们强烈的资金需求,以及全国各地淘宝店主对贷款服务的渴望,经各方讨论协商,结合淘宝贷款在浙江境内的经营情况,监管部门批准淘宝贷款从 2011 年 2 月 14 日起可以开展跨省试运营,浙江阿里巴巴小额贷款股份有限公司因此成为全国唯一一家可以跨省经营的小贷公司。

3. 互联网股权众筹融资新业态的诞生

互联网股权众筹融资主要是指通过互联网形式进行公开小额股权融资的活动,即通过股权众筹融资中介机构平台(互联网网站或其他类似的电子媒介)进行。股权众筹融资是多层次资本市场有机组成部分,股权众筹融资中介机构可以在符合法律法规规定前提下,对业务模式进行创新,更好的服务创新创业企业。股权众筹融资方一般为小微企业,他们要通过股权众筹融资中介机构向投资人如实披露企业的商业模式、经营管理、财务、资金使用情况等关键信息,并不得误导或欺诈投资者。投资者在充分了解股权众筹融资活动风险的前提下进行小额投资,同时应具备相应风险承受能力。

世界上互联网股权众筹融资的鼻祖乃是成立于 2010 年 1 月 1 日的美国公司 AngelList,是由创业家纳瓦尔·拉维肯特(Naval Ravikant)和风险投资家巴巴克·尼韦(Babak Nivi)联合创立的,公司总部位于创业企业云集的硅谷。AngelList 网站平台于 2010 年 2 月正式上线运营,其最核心的业务是股权众筹,此外,还有"求职与招聘板块"与"用户在线留言功能"等。纳瓦尔·拉维肯特于 1995 年达特茅斯学院毕业,他在硅谷成功创办了好几家公司,包括主营半导体光学配件的公司 Genoa Corporation、消费者点评网站 Epinions 以及在线交易平台 Vast.com 等,2007 年他组建了风投基金 Hit Forge,专注于向社交媒体网站提供早期融资,曾成功地向著名社交网站 Twitter 提供了融资。巴巴克·尼韦在攻读博士期间,逐渐发现自己更喜欢风投,就退学去了风投基金 Seed Capital Partners 担任投资经理。由于对在线音乐公司 Songbird 十分感兴趣,2005 年巴巴克·尼韦在这家创业公司担任副总裁,并帮助这家公司进行融资。为了帮助更多创业者了解创业流程,纳瓦尔·拉维肯特和巴巴克·尼韦于 2007 年创建了博客 Venture Hacks,两人合作撰写了大量有关创业知识的博文并很快吸引了创业者的广泛关注。于是,他们联系熟悉的天使投资人,搜集并整理他们的信息,然后将天使投资人的名单发布在 Venture Hacks 上,这便是 AngelList 的雏形。自 2010 年 2 月正式上线运营到 2012 年 4 月,AngelList 就促成 40 家企业被收购,1000 家创业企业成功融资,2015 年底在这个平台上注册的创业企业数量有 55 万家,有 40000 多名合格投资者,6000 多家创投机构以及 3000 多家创业孵化器。

我国第一家互联网非公开股权融资平台是天使汇，天使汇网站（www.angelcrunch.com）于2011年11月11日正式上线运营，其宗旨是助力天使投资人迅速发现优质初创项目、助力初创企业迅速找到天使投资。天使汇创始人兰宁羽，毕业于北京航空航天大学计算机系，是中国互联网行业最早的一批创业者。在创办天使汇之前，兰宁羽曾先后任六家创业公司创始人、联合创始人或合伙人。作为资深天使投资人，兰宁羽对TMT领域和互联网金融行业有着深入、独到的见解，投资战略方向定位精准，项目投资经验自成体系，具备敏锐的投资眼光和丰富的行业资源，投资领域涵盖社交网络、企业服务、游戏、电商、O2O、教育、健康等行业，平台上已获得融资的项目融资额度多集中在100万~500万人民币，下厨房、JiaThis、IT橘子、番茄土豆等知名创业公司均曾在天使汇平台获得过兰宁羽的投资。2013年1月17日，天使汇推出快速合投功能的首个项目"Lava Radio"，用时17天，7位投资人融到335万元，比预期融资目标高出34%，成为国内首个成功的众筹案例。到2014年12月底，天使汇已为近300个创业项目完成融资，融资总额超过30亿元人民币，平台上注册的创业者超过80000名，登记创业项目近30000个，认证投资人有2000多名，全国各地合作孵化器超过200家。到2015年7月，天使汇已帮助近400个创业项目完成融资，融资总额超过40亿元人民币，平台上注册的创业者超过14万名，登记创业项目约5.1万个，注册投资人超过4800名，认证投资人超过2500名。2015年10月19日，李克强总理在全国首届双创周之际视察中关村创业大街，造访天使汇并观看闪投，对天使汇为创业者做出的努力表示赞许。

在互联网众筹中，除了股权众筹之外，还有非股权众筹。二者的区别是：前者是以股权回报为标的并通过互联网平台来实现投融资目的的，后者是以产品与服务回报、资金或精神奖励回报等非股权回报为标的（通常是项目完成后产出的商品、书籍、音乐、影视等）来实现筹资与回报目的的。世界上最早的非股权众筹平台是美国的Kickstarter，该平台于2009年4月上线，我国最早的非股权众筹平台是"点名时间"，2011年7月上线。

4. 互联网基金销售新业态的诞生

互联网基金销售属于互联网理财范畴，是指基金销售机构与其他机构通过互联网合作销售基金等理财产品的新兴金融业态。互联网基金销售往往离不开第三方支付机构的支付服务，根据《关于促进互联网金融健康发展的指导意见》，第三方支付机构的客户备付金只能用于办理客户委托的支付业务，不得用于垫付基金和其他理财产品的资金赎回。

世界上最早的互联网基金销售要上溯到1999年成立的PayPal货币市场基金。PayPal支付公司成立于1998年12月，1999年11月向美国证监会申请注册成立了PayPal资产管理公司（PayPal Asset Management）并建立了PayPal货币市场基金（PayPal money market fund）（廖理、周从意，2014）。虽然货币市场基金发展已久，但支付公司将用户余额与货币基金合二为一在当时还是首创。当时电子商务以及为电子商务服务的第三方支付都处于发展的初期阶段，出于对买方的保护政策，卖家在收到货款后，PayPal会将这笔货款冻结至多21天，不能用于消费或取现，因此PayPal平台积累了大量的沉淀资金。PayPal基金的创立在客观上帮助了第三方支付的客户对账户余额实现货币市场基金的收益，但是其主要目的还是扩大客户基础，吸引更多的人使用PayPal支付。PayPal基金一经推出就受到了市场的欢迎。PayPal 支付的用户只要激活基金账户，就成为该基金的投资者，其 PayPal 账户上的余额会产生基金收益。PayPal 基金应该说是在正确的时间做了正确的事情，当时货币市场基金正大行其道，网络支付的账户余额能够产生货币市场基金的收益具有很大的吸引力，这对 PayPal 支付初期的发展起到非常大的推动作用，PayPal 基金的申购"门槛"非常低，只要 PayPal 账户余额在 0.01 美元以上，便可以进行初始及追加投资。因此基金推出后广受追捧，注册用户数量迅速上升，到 2000 年 3 月 PayPal 的用户已达 100 万人，直接推动了 PayPal 在当时众多网络第三方支付的竞争中脱颖而出。2000 年互联网热潮推高了股指及市场利率，隔夜拆借利率一度高达 6.5%。美国货币市场基金整体的收益水平持续攀升，当年 PayPal 基金扣除管理费用，净回报率为 5.56%，这一收益率创下了 PayPal 历史上的最高值。2007 年，PayPal 基金的规模达到 9.961 亿美元，达到其发展历史上的最高峰。2008 年金融危机发生以后，美联储推出宽松货币政策，在"零利率"的宏观经济环境下，货币市场基金的回报所剩无几，2011 年 PayPal 基金的净回报也跌至 0.04%，基金规模萎缩到 4.786 亿美元，在巨大的经营压力之下，PayPal 基金无奈关闭。

我国互联网基金销售与互联网理财的典型代表要数天弘基金和余额宝。天弘基金是余额宝的基金管理人，余额宝是蚂蚁金服旗下的余额增值服务和活期资金管理服务产品，于 2013 年 6 月推出。天弘基金成立于 2004 年 11 月 8 日，是经中国证监会批准设立的全国性公募基金管理公司之一。2013 年天弘基金与支付宝合作推出余额宝，余额宝对接的是天弘基金旗下的余额宝货币市场基金（基金代码：000198），其特点是操作简便、低"门槛"、零手续费、可随取随用。除理财功能外，余额宝还可直接用于购物、转账、缴费还款等消费支付，是移动互联网时代的现金管理工具。2013 年 5 月 29 日，国内首只互联网基金——天弘增利宝货币市场基金即余额宝募集成立，6 月 13 日上线支付宝，9 月 26 日余额宝系统登录阿里云，成为国内首个基于云计算开发的核心应用系统。到 2016 年 6 月 30 日，余额宝用户数已超过 3 亿人，每 5 个中国人中就有一个天弘基金用户。目前，余额宝依然是中国规模最大的货币基金，而天弘基金则为国内第一大基金公司，注册资本 5.143 亿元，截至 2017 年第二季度末，共管理运作 54 只公募基金，公司旗下公募基金成立以来累计为用户赚取收益近 900 亿元。

5. 互联网保险新业态的诞生

2015 年 7 月 22 日，根据中国保监会发布的《互联网保险业务监管暂行办法》，互联网保险业务是指保险机构依托互联网和移动通信等技术，通过自营网络平台、第三方网络平台等订立保险合同、提供保险服务的业务。这个定义与中国人民银行等十部门联合发布的《关于促进互联网金融健康发展的指导意见》中对互联网保险的界定基本吻合。本书新讲的互联网保险新业态则是指纯粹依托第三方互联网平台进行保险产品销售与服务的保险新业态。

国际上互联网保险新业态的开创者是成立于 1985 年的英国保险公司 Directline，以及 1995 年成立的美国保险公司 INSWEB。我国的互联网保险新业态则由 1997 年 11 月 28 日上线的中国保险信息网开创，到 2013 年又出现了瞄准"互联网+"的以服务互联网生态为定位的创新型保险企业——众安保险。

Directline 是英国私人汽车保险市场以及电话金融服务的领导者,其在英国的克罗伊登(Croydon)设有一个呼叫中心,从 1985 年 4 月开始通过电话销售单一的汽车保险产品,后来建立了互联网销售网站(www.directline.com),同时通过电话和互联网向客户提供快速直销体验。这在当时是一个革命性的金融营销模式,淘汰了保险经纪人中间商,也不用支付丰厚的佣金,而且那些烦琐的推销环节与购险劝导也都被省去了,给予客户快速、简单、直接的购险体验。1985 年,Directline 开创时仅有 63 名员工,现在有 10000 多名员工,有超过 1000 万名客户以及广泛的产品和服务,直销的产品也从单一的汽车保险发展到可以从网上直接购买家庭商业保险、业主保险、宠物保险、旅行保险、机器故障保险、商店和酒吧保险等服务。Directline 现在每天提供超过 13000 辆汽车保险报价,每 10 秒销售一份保险,每 30 秒就有一次客户理赔通知。

1995 年 2 月,美国第三方网络保险平台 INSWEB 在加州创立,致力于为客户提供方便、有效的保险购买方案。INSWEB 是一家完全独立于传统保险机构的网站,后来在纳斯达克市场上市。在线保险业务是其主要领域,包括汽车、人寿、医疗、房屋,甚至宠物保险。随着互联网的快速发展,消费者的行为习惯发生了巨大的转变,20 世纪末到 21 世纪初,INSWEB 保险网站进入了发展快车道,1999 年第一季度业务收入仅为 330 万美元,到了第四季度其业务收入几乎翻了一倍,达到 640 万美元,被评为当时"最完整的网络保险市场"。2005 年,INSWEB 建立了 AgentInsider(内部代理)系统,为保险代理人提供更多、更方便的展业机会。消费者在网站上提交个人信息和投保意向后,INSWEB 网站会将其作为营销线索传递给在网站上进行过注册的保险代理人,使代理人获得更多、更准确的意向客户信息。AgentInsider 体系的建成,有效连接了线上和线下的保险服务,促进了第三方网络保险平台客户资源使用的有效循环。INSWEB 经过持续多年的快速增长,2006 年的营业额已达到 2850 万美元,2009 年使用 INSWEB 网站进行保险相关问题搜索的消费者超过 1000 万人。2007~2009 年,INSWEB 网站连续三年被评为美国"最佳汽车保险网站",并与全球 50 余家著名保险公司签订业务协议,还与 180 多个著名站点进行合作吸引客户访问 INSWEB。由于合作对象和客户资源丰富,一方面,客户在浏览 INSWEB 网站时能得到最新的保险产品信息,方便快捷地实现类似保险产品间的价格对比和优劣分析,获得专业化、高性价比的保险产品购买建议和决策方案;另一方面,也使合作的保险公司、在线注册的代理人和其他站点获得了更精准、更理想的客户群体。INSWEB 把大量的客户介绍给合作对象的同时,也把最好的保险公司、最优秀的代理人和险种介绍给客户,通过互联网把合作对象和客户联系在一起,为双方带来了很大的利益。

受 INSWEB 保险网站的影响,从美国哈佛大学学成归来的刘鹏创办了我国第一家保险网站——中国保险信息网,该网站于 1997 年 11 月 28 日在北京举行了开网仪式,当天为新华人寿促成了国内第一份网上保单,实现了我国网络保险零的突破,自此拉开了我国互联网保险和第三方网络保险平台发展的序幕。1997 年 12 月中国保险信息网(现中国保险网)的成立被中国保险业评为 1997 年中国保险业十件大事之一。2000 年 7 月 1 日该网站正式更名为中国保险网(www.China-insurance.com),同时推出三大寿险导购系统。中国保险网现有包括中资、合资、外资保险公司及代表处在内的机构会员 110 多家。同时,与保险行业组织、学术、院校机构、保险传统媒体、大型综合、财经网站建立了广泛的战略联盟。

2013年2月17日由蚂蚁金服、腾讯、中国平安等发起的众安在线财产保险股份有限公司（简称"众安保险"）获得中国保监会批复筹建，并于2013年9月29日获中国保监会同意开业批复。众安保险业务流程全程在线，全国均不设任何分支机构，完全通过互联网进行承保和理赔服务，产品涵盖健康险、车险、航旅险等。众安保险基于保障和促进互联网生态，是国内首家纯粹的互联网保险企业。众安保险的业务与产品创新正如"互联网+"的发酵一样，"众安+"也一直在与各行各业发生化学反应。如"众安+电商"场景，推出了退运险、众乐宝、参聚险等服务买家卖家；"众安+互联网金融"，推出了账户安全险、盗刷险、借款保证险，从而多重保障资金安全。如今，众安保险正积极投入传统产业"互联网+"的进程中，未来将为更多谋求"互联网+"的行业企业打造创新解决方案。截至2015年4月末，众安保险就已累计服务客户数超过2.5亿人，累计服务保单件数超过16亿件。因其业务创新和产品创新，连年荣获"年度互联网金融杰出品牌""年度创新互联网保险公司大奖""中国最佳互联网保险公司大奖""最具创新性保险产品"大奖等。

6. 互联网信托新业态的诞生

互联网信托就是通过互联网平台进行的信用委托。互联网信托业务一般涉及三个方面的当事人：一是投入信用的委托人；二是受信于人的受托人；三是受益于人的受益人。互联网信托业务是由委托人依照契约或网站条款的规定，为自身的利益，将自己财产上的权利通过受托人（即互联网平台）转给受益人（一般为中小微企业）作为资金周转，受益人按规定条件和范围通过受托人转给委托人其原有财产以及过程中所产生的收益。互联网信托可以为有资金需求的中小微企业和有投资理财需求的个人搭建了一个安全、稳健、透明、高效的线上资金出借撮合平台。在互联网信托平台上，对借款企业与投资个人要求实名认证，对借款企业的基本资料要公开披露，并且对每一个项目的进行过程要完全透明。

由于信托具有私募属性，其与互联网的公开性存在着天然的不一致，再加上相关法律法规对非法集资的红线规定，使互联网信托的发展与其他互联网金融业态相比相对滞后，至今并未出现相对成熟的、大面积推开的业务模式。2014~2015年可以说是互联网与信托的"蜜月期"，在多个领域出现了不同形式的尝试与创新，但随着2016年监管趋严，信托"触网"有进有退。2007年，银监会曾出台《信托公司集合资金信托计划管理办法》禁止信托公司通过非金融机构进行产品推介，2014年4月银监会又下发了《关于信托公司风险监管的指导意见》，重申禁止第三方理财机构直接或间接代理销售信托产品，通道业务被限制，之后信托公司纷纷建立自己的直销平台。在实务当中，信托产品的销售一般要求投资者面签，并提供身份证明。2015年12月，中融信托开通了首个视频开户和视频面签系统，使得所有产品的销售都可以在线上完成，从而实现了真正的互联网直销。2017年信托公司与互联网的结合更加紧密，信托与互联网的结合有助于在通道业务被迫收缩的背景下，吸收积累潜在的客户群体，拓展信托业务平台。

目前，在互联网信托领域做得比较好的平台主要有企易贷、信托网等。企易贷平台（www.71dai.com）是由中国镭驰金融控股集团有限公司创立的大中华区第一家基于O2O

（offline to online）的 P2B（person to business）金融服务平台，它为有资金需求的中小微企业和有稳健理财需求的广大中产阶层投资者搭建了一个安全、稳健、公平、高效、增值的资本与财富的网络对接平台。企易贷作为国内首家以 P2B + O2O 的模式运营的互联网金融平台，在创新互联网金融方面起到了很好的作用，同时也是中小微企业发展过程中的好帮手。在企易贷平台上，投资者是整个业务体系的委托人，企易贷运营方——镭驰金融及其战略合作伙伴为直/间接被委托人，提供对借款企业项目进行筛选、信用评估、质（抵）押物评估、动产不动产质（抵）押监管、质（抵）押物处置等一系列居间撮合服务。除了超越传统金融行业风控体系的企易贷风险管理系统外，企易贷平台还为投资者提供三重理财资金本息保障措施：第一重，借款企业足额抵质押资产保障（抵质押率不超过60%），借款人的抵质押资产价值完全覆盖投资人的本息一旦借款人出现还款风险，企易贷将及时处置保证投资人的本息安全；第二重，业内最高的双5%风险保证金账户，镭驰金融从自身获取的居间服务费收入中提取5%的资金存入风险保证金专管账户，并在借款人借款资金中扣压5%资金强制存入风险保证金专管账户（类似银行的存款准备金制度），保证随时可垫付投资人理财本息；第三重，镭驰金融投资股东特别准备壹仟万元账户保证金，作为劣后担保，在前两重保障措施尚不足以抵销投资人风险的特殊情况下，先行垫付。

信托网（www.trust-one.com）始创于 2000 年 12 月，隶属于润孚网络科技（上海）有限公司，是中国较早的互联网资管信息平台。信托网以健全的风险管控体系为基础，为投资者实时展示品类丰富、风控优质、专业权威的信托、资管、私募等行业理财产品信息，同时发布最及时、最全面、最专业的大资管行业资讯及研究文章，并建立了专业的大资管资讯平台和数据统计研究体系。通过全面搜索比较及投资评估辅助决策体系等，为广大投资者提供专业、高效、安全的综合性金融资产配置服务。2015 年 2 月信托网推出了针对信托公司等机构名为"线上直营店"的平台，2015 年 4 月信托网移动端上线。

7. 互联网消费金融新业态的诞生

互联网消费金融是指通过互联网向个人或家庭提供与消费相关的支付、储蓄、理财、信贷以及风险管理等金融活动，一般由银行、消费金融公司或互联网企业等市场主体出资成立的非存款性借贷公司，以互联网技术和信息通信技术为工具，以满足个人或家庭对除房屋和汽车之外的其他商品和服务消费需求为目的，向其出借资金并分期偿还的信用活动。

阿里巴巴推出的支付宝，解决了网购消费的信用问题，使互联网消费金融的服务需求逐步显现。2014 年，互联网消费金融悄然登场，京东率先推出了"京东白条"，阿里推出了"天猫分期"和"蚂蚁花呗"，从而开启了互联网消费金融时代。2014 年后，网贷平台、支付征信机构相继通过小贷、分期类产品进入消费金融领域。互联网消费金融大多依托供应链（可分为自有供应链和他有供应链）来搭建消费金融平台，[1] 以自有供应链为主线的消费金融平台，主要包含电商系、产业系。电商系消费金融平台主要依托自身电商平台，面向自营商品及开放电商平台商户的商品，提供无现金分期购物和有现金小额消费贷

---

[1] 课题组：《我国互联网消费金融发展的现状、问题及建议》，载于《西部金融》2016 年第 11 期。

款服务。电商系消费金融平台基于其庞大的线上供应零售网络、用户大数据等优势，在互联网消费金融的细分市场中具有很强的竞争力。主要代表有京东白条、蚂蚁花呗。产业系消费金融平台拥有国家消费金融牌照，多运用O2O的模式，以金融带动主营，为消费者提供分期购物和小额消费贷款服务。主要代表有马上消费金融公司、海尔消费金融公司、苏宁消费金融公司。以他有供应链为依托的消费金融平台，主要包含支付、征信系和网贷系，支付、征信系消费金融平台主要依托第三方电商平台或供销平台，以大数据获取渠道、信用评分模型为主要优势，为消费者提供分期购物和小额消费贷款服务，主要代表有拉卡拉。网贷系消费金融平台同样依托第三方电商平台或供销平台，以网贷融资作为主要资金来源，为消费者提供分期购物和小额消费贷款服务，主要代表有趣分期、分期乐、爱学贷。

1.1.2 互联网金融产生的技术经济背景

由第1.1.1节对互联网金融7种业态类型的产生及其历史背景的梳理挖掘可知，这7种互联网金融新业态的产生背景有一个共同的特征，即互联网技术条件下电子商务的崛起及其对网上购物支付手段与金融服务消费创新的强烈需求。正是现代互联网信息技术条件下的电子商务即网上购物场景，刺激了购物消费支付手段的创新，并由此派生了一系列新兴的金融消费需求。

美国的第三方支付PayPal是借助eBay电子商务平台强大的市场优势，并适应电子商务发展对第三方支付的强烈需求而实现自身快速发展的，我国的支付宝和财付通（微信支付）也分别是借助阿里巴巴的淘宝/天猫电商平台和腾讯的社区网游电商平台强大的市场优势，实现自身的快速发展的。

如果说第三方支付解决了电子商务中购物消费的小额支付的便利性问题，那么P2P互联网借贷、互联网众筹融资、互联网基金销售等互联网金融新业态则解决了金融电子商务中大众金融消费与小微企业资金融通的便利性问题。这一切都归因于物品电子商务与金融电子商务大发展对互联网金融创新的实际而迫切的需求。

全球电子商务的大繁荣得益于互联网通信技术的快速发展，互联网通信技术的大发展源自1994年3月美国副总统戈尔在国际电信联盟（ITU）大会上宣布建立"全球信息基础设施"（GII，俗称"全球信息高速公路"）的倡议，该倡议立即得到世界各国的积极响应，很快就形成了以光纤通信与卫星通信为骨干网络的全球信息高速公路网络，在全球信息高速公路的联通下，全世界变成了"地球村"，人们无论何时在地球上的任何地方与任何人的信息沟通都极为便利。人们通过计算机网络、移动网络和物联网技术，将人类生产生活中形成的物流、资金流、信息流统一转换成信息流，亦即在物联网RFID技术、货币资本数字化与虚拟化技术的支持下，使供应链上的商品物流和金融市场上的资金流实现了彻底的信息化处理，将物流、资金流、信息流"三流"合而为一，使人们通过一个终端（计算机或移动终端）就可以掌握和处理"三流"信息，从而使全球电子商务在技术上成为可能。便利的网上信息交流和网上购物体验，使广大企事业单位和普通大众很快就接受了网络消费（网络信息消费、网络购物消费、网络金融消费）这一新生事物，21世纪初出现了网民人数和网络消费人数的加速猛增,如 2007 年中国网民的数量激增 50%,美国《纽约时报》2008 年 7 月 26 日刊登文章《中国网民数量超过美国成世界第一》。2013 年,中国的网络零售交易额首次超过美国位居全球第一。① 2014 年底中国网民达到 6.48 亿人,2014 年电子商务交易额(包括 B2B 和网络零售)达到约 13 万亿元,2014 年底接入互联网上的设备超过了地球上人类的数量。②

正是如此迅猛的网民人数和接入网上设备数量的增加及网设类型的增多,为异构化跨平台、云计算、大数据等新兴信息技术的诞生创造了适宜的创新与应用环境。这些新技术不但更加激发和推动了全球电子商务与平台经济的大发展,而且更加激发和催生了现代电子商务与平台经济对金融科技创新的新需求,这是互联网金融新业态产生和发展的动力基础与技术环境。

除了这些内在的技术经济因素之外,我国互联网金融新业态的诞生,还与银行业在长期国有经济体制下的"不作为"及党中央、国务院"大众创业、万众创新"的双创政策与发展普惠金融的政策有关。长期以来,我国的银行业基本上被四大国有银行(中国工商银行、中国农业银行、中国银行、中国建设银行)垄断,银行信贷基本上面向国有大中型企业,中小微企业贷款异常困难,以致马云发出了"如果银行不改变,我们就改变银行"的感慨。于是乎,就出现了余额宝、互联网小额信贷、互联网消费信贷等众多的普惠金融模式。"大众创新、万众创业"更需要便利、普惠的金融服务支持,在吸收引进国外互联网金融创新模式的前提下,我国也相继出现了 P2P 互联网借贷、互联网小额贷款、互联网众筹、互联网基金销售、互联网保险等互联网金融新业态。中国与海外互联网金融企业成立时间对比如表 1-1 所示。

表 1-1　　中国与海外互联网金融企业成立时间对比

互联网金融业态类别	海外(企业平台/成立时间)	中国(企业平台/成立时间)
第三方支付	美国(Paypal/1998 年)	支付宝/2004 年
		财付通/2005 年
互联网基金	美国(Paypal 货币市场基金/1999 年)	余额宝/2013 年
互联网保险	英国(Directline/1985 年)	众安保险/2013 年
	美国(INSWEB/1995 年)	
非股权众筹	美国(Kickstarter/2009 年)	点名时间/2011 年
		京东众筹/2014 年
股权众筹	美国(Angellist/2010 年)	天使汇/2011 年
	美国(Wefunder/2012 年)	天使客/2014 年

---

① 王占国:《我国网民数量达 6.48 亿　互联网经济超过美国》,http://news.cnfol.com/it/20150123/19994946.shtml,2015-01-23。
② 冯秋瑜:《中国接入互联网设备数超过了地球人数量》,http://it.people.com.cn/n/2015/0128/c1009-26463820.html,2015-01-28。

续表

互联网金融业态类别	海外（企业平台/成立时间）	中国（企业平台/成立时间）
互联网银行	美国（SFNB/1995 年）	深圳前海微众银行/2014 年
	英国（Egg/1998 年）	浙江网上银行/2014 年
P2P	英国（ZOPA/2005 年）	拍拍贷/2007 年
	美国（Lending/2006 年）	91 金融/2011 年

综上分析，互联网金融产生与发展的技术经济背景总结如下：互联网的本质是信息高速交换网络，直接作用是提高信息交换的效率、降低交换成本，因此其对社会经济的影响最初集中在通信、传媒、军事等有限的领域。但是，随着计算机的快速普及和互联网的爆炸性发展，越来越多的信息被电子化、数字化后放置于网络之上，互联网开始逐渐融入社会的方方面面，而更多的人类活动也开始通过网络进行。互联网对整个社会、经济的改造是一场持续半个世纪的革新，它已经颠覆了传统传媒，正在颠覆传统零售和电信运营商，互联网已然成为我们生活中的一部分。电子商务的出现是互联网发展的一个新起点，它不但扩大了互联网经济的范畴，使互联网经济由"支撑互联网的经济"转变为"被互联网支撑的经济"，还使人类的经济活动与网络紧密联系起来，深刻地改变了商业结构和经济运作模式。它激发、推进了互联网娱乐、互联网招聘、互联网教育、互联网金融等新兴行业，展现出重构人类经济的强大力量。互联网的影响也由此上升到社会心理、行业思维、组织结构等诸多方面，以互联网为代表的现代信息科技，特别是移动网络、社交网络、搜索引擎、物联网、云计算、大数据、人工智能等，对人类的金融服务模式产生了极为深远的影响，从根本上改变了原有的金融生态环境，正在以一种创新、突变的方式进行着一场金融科技与科技金融的大革命。

1.1.3 互联网金融发展中的乱象

中国共产党第十八届中央委员会第三次全体会议通过的《中共中央关于全面深化改革若干重大问题的决定》，正式提出"发展普惠金融，鼓励金融创新，丰富金融市场层次和产品"；李克强总理在 2014 年十二届全国人大二次会议的政府工作报告中提出：促进互联网金融健康发展，完善金融监管协调机制，密切监测跨境资本流动，守住不发生系统性和区域性金融风险的底线。让金融成为一池活水，更好地浇灌小微企业、"三农"等实体经济之树。这是政府工作报告首次提及互联网金融，并表明了要促进其健康发展的态度，同时也为互联网金融指明了"服务小微企业及'三农'等实体经济"的发展之路。然而，我们从新闻报道中看到的景象是互联网金融创业风暴和互联网金融企业倒闭潮几乎是在同台上演，当前在互联网金融领域呈现的是一个"乱"字，这与中央的发展精神是相左的。2013 年被称为"互联网金融元年"，互联网金融在这一年里呈现几近爆发式的创新和发展，如《中国互联网金融报告（2014）》中称截至 2014 年 6 月，全国 P2P 网贷平台的数量达到 1263 家，半年成交额接近 1000 亿元，但是背后却因创新和发展太快，而监管方式陈旧以及相关法规政策相对滞后，致使大批互联网金融企业因运营不善而倒闭，违法违规经营甚至是恶意欺骗投资者的现象屡见不鲜。据业内统计，2013年相继有70多家网贷平台"跑路"或倒闭，2014年依然有媒体频繁爆出一些互联网金融机构的违法违规和破产倒闭的新闻。互联网金融犹如一把"双刃剑"，如果我们创新和监管能统筹兼顾将会对我国的金融市场的发展产生极大的推动力；相反，如果我们无法合理地调整监管措施从而使互联网金融朝着正确的方向前进，将会扰乱我国的金融秩序，造成极大的破坏。

为了维护中央对互联网金融的支持与发展精神，为了促进互联网金融的科学与健康发展，我们有必要对互联网金融领域存在的诸多乱象进行系统性的调查分析，以期能为互联网金融监管及其政策制定提供有效的情报依据。为此，广东财经大学金融电子商务研究中心特成立以赵海军研究员为负责人的"互联网金融乱象调查组"，采取新闻与文献情报分析的研究方法，在分析和研究了2012~2014年间的近千份互联网金融新闻报道和上百篇互联网金融的相关研究文献的基础上，从行为金融学的视角对互联网金融市场领域存在的混乱现象进行归纳和总结，以严谨客观的态度做出一份互联网金融乱象调查报告，[①] 希望能为我国互联网金融的有效监管和健康发展提供有益的帮助。该报告总结出了互联网金融的七大乱象：

（1）乱象一：对互联网金融概念认识上的混乱。

首先，诸多新闻媒体、部门官员乃至某些专业学者均存在对互联网金融概念和业务范围认识上的混乱。无论从2013年以来媒体记者对"互联网金融"的新闻报道，还是从各门户网站和相关部门举办的网上互联网金融论坛及现场互联网金融大会的专家言论来看，均存在对"互联网金融"概念及其业务边界认识上的歧义，甚至某些专业教材也都混淆了网络银行与互联网银行、网络金融与互联网金融的概念及其在业务边界、合法经营主体等方面存在的明显差异。产生这种认识偏差的主要原因是国人望文生义的概念理解习惯，网络金融和互联网金融都是业界约定俗成的基本概念，但无论从其真实内涵、业务范围，还是其合法经营主体的机构性质来看，二者均存在明显差异。

其次，在地方政府"指导意见"上对互联网金融的定义相互冲突。已出台支持互联网金融发展政策的多个地方与城市的文件中，除北京[②]、南京[③]两市外，其他都对互联网金融给出了官方"定义"，但是我们发现他们之间存在着很大的不一致：如在天津[④]、深圳[⑤]的文件中，当地政府将互联网金融产业定义为互联网与金融业的融合，这与互联网金融的学术定义并不相符；贵阳市[⑥]的定义仅仅将现有的互联网金融的形式进行了罗列，但

[①] 广东财经大学金融电子商务研究中心：《互联网金融乱象调查报告》，载于《证券时报》2014年12月4日。
[②] 《关于支持中关村互联网金融产业发展的若干措施》，http://www.cnm.gov.cn/zchb/yqzc/2538.htm。
[③] 《南京市关于加快互联网金融产业发展的实施办法》，http://www.njjr.gov.cn/zwgk/zcfg/gsswj/201407/t20140725_2927531.html。
[④] 《天津开发区推进互联网金融产业发展行动方案》，http://ke.baidu.com/view/b263e779482fb4daa58d4b96.html。
[⑤] 《深圳市人民政府关于支持互联网金融创新发展的指导意见》，http://www.sz.gov.cn/jrb/sjrb/zwgk/zcfg/jr-fzzc/201403/t20140319_2322753.htm。
[⑥] 《支持贵阳市互联网金融产业发展的若干政策措施》，http://www.gygov.gov.cn/art/2014/7/4/art_11443_631086.html。

是并没有给出完整的定义，未来在一定程度上可能会限制其他新型企业的创新；相对定义较为科学的是上海市①的文件，其定义为"基于互联网及移动通信、大数据、云计算、社交平台、搜索引擎等信息技术，实现资金融通、支付、结算等金融相关服务的金融业态，是现有金融体系的进一步完善和普惠金融的重要内容"，但在类型罗列中依然还是将传统金融的线上业务算入在内，这是各地方政府文件中都存在的问题。

（2）乱象二：互联网金融业务范围混乱。

以 P2P 网贷业务为例，主要通过互联网平台为借贷双方提供信息服务的 P2P，在实际操作中与提供投资服务的众筹以及传统银行等存在业务重合。如 P2P 网贷平台"正规军"陆金所采用线下审核的"一对一"模式，专业担保公司全额担保，一个贷款人只对应一个借款人，批量打包借款需求，整合成理财产品对外销售，所以，如果按照狭隘的 P2P 的概念来说，陆金所只是披着 P2P 外衣的小贷银行；手机贷平台模式只是中介，只提供金融信息服务，一笔借款需求由多个投资人投资，同时由合作担保机构提供担保，虽然现在大多数 P2P 都采用该模式，但该模式的"一对多"却有众筹的影子，央行已明确表态 P2P 和众筹分别归中国银监会和中国证监会两个不同部门分管，二者监管的法律基础也是不同的；宜信的创新债权转让模式，借款需求和投资都是打散重新组合，由宜信负责人作为最大债权人将资金借出，然后获取债权对其分割，通过债权转让形式将债权转移给其他投资人，获得借贷资金，这样的创新越过了证券的边界，而且如果放贷金额小于转让债权，其实就属于非法集资范畴。

（3）乱象三：突破金融监管法规的底线非法运营。

该类乱象通常表现为：一是以互联网金融之名，行民间借贷之实。相当一段时期，我国对于 P2P 网络借贷公司成立的注册要求与一般普通互联网公司注册方式一致，即首先根据《公司登记条例》的相关条例到工商局登记备案，其次依据《互联网信息服务管理办法》和《互联网网站工作细则》在通信管理部门备案，并且对使用的软件进行审批。而我国对于民间借贷公司的注册要求却比 P2P 网络借贷公司的严格得多，一般的民间借贷公司需要到银监会办理许可。所以导致许多民间借贷公司以 P2P 网络借贷公司的形式存在，因此从整体上来看，我国的 P2P 网络借贷行业普遍存在以互联网金融为名，行民间借贷之实，这样一方面规避了国家对于借贷利率的管制问题，另一方面也规避了市场的准入问题，但是对于整个金融市场增加了许多不确定因素。突出问题就是自融，即资金需求者成立一个网络平台，为自己融资。如 2013 年底关闭的优易贷②，4 个月内发出 363 笔借款标，而据公安局信息，优易网上发布的借款标都是假的，90% 的资金进了自己的腰包，其负责人已被抓获。已出事的天力贷③、网赢天下④也均涉嫌自融。主观愿望不是欺

---

① 《上海市关于促进本市互联网金融产业健康发展的若干意见》，http：//www.shanghai.gov.cn/shanghai/node2314/node2319/node12344/u26ai39863.html。
② 杨丽花：《优易贷重创 P2P 行业发展　中枪投资者多为老手》，http：//bank.stockstar.com/IG2012122800003660.shtml.html。
③ 邓莉苹：《天力贷事件被媒体曝光》，http：//blog.sina.com.cn/s/blog_aeac49930101cgrh。
④ 徐维强：《网贷平台网赢天下诈骗案深圳开庭　骗取金额过亿》，http：//tech.sina.com.cn/i/2014-10-14/10259691820.shtml。

诈，而是为自己的实体企业融资，这就是披上了 P2P 外衣的民间高利贷。

二是以互联网金融之名，行非法集资之实。在互联网金融快速发展的同时，其涉及的法律风险也开始浮出水面。例如，2013 年初美微传媒在淘宝店上进行股权众筹，购买会员卡就是购买公司原始股票，单位凭证为 1.2 元，最低认购单位为 100 股，即投资 120 元即可成为美微的原始股东，持有美微 100 股。最终该公司两轮融资下来，有上千人购买，融资额达 120 多万元。随后，美微传媒因涉嫌非法集资，迅速被证监会叫停。① 从现有的法律来看，按照证券法规定，向不特定对象发行证券或者向特定对象发行证券累计超过 200 人的，都属于公开发行，需要经过证券监管部门核准才可进行。除了股权众筹以外，还有相当多的虚假借款人在 P2P 平台上发布大量虚假标募集资金，相当于融资方借用 P2P 平台在开展非法集资行为，而 P2P 平台不进行审查或者知道、应当知道而不制止，在此情况下，P2P 平台相当于协助虚假融资方完成了非法集资行为。

三是以互联网金融之名，行网络洗钱之实。《非金融机构支付服务管理办法》对第三方支付机构的反洗钱义务做出了规定，《支付机构反洗钱和反恐怖融资管理办法》也对获得支付业务许可证的支付机构的反洗钱和反恐怖融资的监督管理职责进行了详细的规定。可是，依然有第三方支付机构知法犯法，帮不法分子洗钱。

（4）乱象四：互联网金融机构普遍缺乏风险控制机制。

该类乱象表现为：一是内部管理体系方面。不少互联网金融机构在内部管理体系的设计上缺少对客户信息保护的制度考虑，致使其运营管理过程中存在投资者个人私密信息被泄露的风险。如对第三方支付机构来说，按照《非金融机构支付服务管理办法》规定，第三方支付机构有权利要求消费者提供有效身份信息并核对客户的有效身份证件或其他有效身份证明文件，同时对客户身份基本信息进行登记保留，也有义务安全、妥善保管客户身份基本信息、支付业务信息、会计档案等资料。但在 2014 年 1 月支付宝被爆出有内部人员"泄密"超过 20G 的海量用户信息，② 而这些信息是其内部员工在后台下载并用来售卖的，而支付宝内部员工之所以能够盗取如此海量的客户信息，归根结底就是其内部管理体系存在巨大漏洞。在日常生活中，我们的手机、电子邮件等通信工具不时地会收到打包出售"厂长与总经理信息库""您可能感兴趣的会员"等客户信息的广告，互联网金融机构在内部管理制度设计上应切实扎紧客户信息这个口袋，谨防侵害客户信息行为的发生。

二是业务流程方面。互联网金融公司大多都是由互联网公司转型而成的，缺乏专业的管理经验，对业务流程的风险认识不足，缺乏对资金链的管控能力，在资金错期机制和收益分配机制等方面缺少经验。如 2011 年倒闭的"哈哈贷"，就是因为错期配置机制设计不合理，没有协调好资金问题而走投无路；③ 2013 年上线一个月即倒闭的"众贷网"，也是因为整个管理团队缺乏专业管理能力，开展业务前没有设计好风险控制机制，最终走上

---

① 《美微传媒淘宝卖原始股募资百万　涉嫌非法集资》，http：//js.people.com.cn/html/2013/02/05/206046.html。
② 仇子明：《20G 海量用户信息被盗卖　支付宝内鬼泄密》，http：//www.eeo.com.cn/2014/0104/254471.shtml。
③ 高翔：《哈哈贷夭折　网络 P2P 借贷平台面临洗牌》，http：//www.eeo.com.cn/2011/0805/208110.shtml。

了绝路。① 表1-2是我们根据网贷之家的数据平台整理出来的部分已倒闭的P2P平台情况,从中可对P2P网贷平台的风控能力窥见一斑。

表1-2　　我国部分注册资金在1000万元以下的P2P网贷平台

问题平台	上线时间	问题时间	运营时间	问题类型	注册资金(万元)
中贷信创	2012年12月	2014年1月	13个月	出逃	500
中信创投	2013年	2014年5月	>1年	诈骗	100
鹏城贷	2013年1月	2013年11月	10个月	提现困难	500
财富园	2013年3月	2013年8月	5个月	运营不善	500
鑫淼源投资	2013年3月	2014年7月	13个月	诈骗	100
东方创投	2013年6月	2013年10月	4个月	出逃	500
现贷网	2013年7月	2013年9月	2个月	提现困难	100
南岭财富	2013年8月	2014年2月	6个月	运营不善	100
信誉财富	2014年1月	2014年5月	4个月	诈骗	500
马上有钱	2014年1月	2014年5月	4个月	出逃	100
深速贷	2014年3月	2014年4月	1个月	歇业	300
明启华投资	2014年3月	2014年4月	1个月	诈骗	500
群众贷	2014年4月	2014年7月	3个月	出逃	0
余下钱	2014年7月	2014年7月	<1月	出逃	100

资料来源:根据2014年4月1日网贷之家数据(shuju.wangdaizhijia.com)整理。

三是技术安全方面。互联网金融技术性风险主要有以下三个方面:其一,计算机系统、认证系统或者互联网金融软件存在漏洞,很多互联网金融公司的平台软件的基本框架来源于第三方,并且由于本公司的技术能力不足和重视程度不足,导致原有框架内的原生的系统漏洞无法被修复,使该平台极易受到黑客的攻击,一旦这些后台数据被黑客破解,就将直接造成不计其数的个人用户数据的泄露,而这些数据都和投资人的资金安全直接相关;其二,冒替交易客户身份,即该平台无法在技术上确认实际操作者是否为账号的真实拥有者,如攻击者盗用合法账户的信息进行不法的金融行为;其三,系统设计缺陷导致潜在的操作性风险,即内部员工在进行业务操作的时候,系统无法识别错误操作所导致的损失。

四是征信体系方面。我国的征信行业起步于20世纪80年代,征信体系尚不完善,各类信用信息不仅局限于数据挖掘技术和信用评分能力,而且无法在短时间内覆盖国内多数企业和居民,缺乏企业和个人信用信息的正常获取和检索途径。这就使互联网金融机构在征信过程中承担高额成本,部分机构为了获得更多收益,有意放松或放弃征信过程,致使

---

① 《众贷网上线一个月突然宣布倒闭　P2P网贷风险成谜》,http://finance.sina.com.cn/money/bank/bank_hydt/20130402/100115027734.shtml。

投资者承担了额外风险。

（5）乱象五：互联网金融平台市场运营主体既扮演裁判员，又充当运动员的角色。

该类乱象一般表现为：一是资金池模式。即部分 P2P 网络借贷平台通过将借款需求设计成理财产品出售给放贷人，或者先归集资金、再寻找借款对象等方式，使放贷人资金进入平台的中间账户，产生资金池。资金池最常用的储值方式是线下汇款和在线充值。如冠群驰骋①和宜信的债权转让模式②（公司 CEO 先把钱借给借贷者，然后将债权证券化，进行拆分转让），这种模式不同于典型 P2P 的点对点撮合模式，虽然增加了流动性，但是相当于投资资金直接进入了 CEO 的个人账户，而不是平台账户，属于变相资金池。资金池最危险的地方在于资金有可能会有一个资金沉淀期，会增大企业的成本，或者企业出现运营问题的时候可能直接用虚假标将资金套走。在互联网金融监管法规不完善的情况下，出现资金池会增加额外风险。虽然很多公司打着第三方资金托管的旗号，但因为行业没有既定标准，从而出现了很多互联网金融企业既扮演裁判又做运动员，自己监管自己，自己担保自己，自己托管自己的怪现象。有鉴于此，国家现在已经明文规定不允许出现资金池，但是由于互联网金融的创新性，有很多企业仍然在偷偷地擦红线。

二是违规自融。互联网金融机构特别是 P2P 平台出现很多这样的问题，本应该只做中介信息服务却偷偷地参与借贷。例如，湖北天力贷，倒闭时拖欠本息余额在 7000 万元左右，但却有将近 5000 万元被该平台老板以借贷者的身份偷偷贷走用于自己的实体企业，结果出现了亏空，从而导致了平台的倒闭。③ 不管是哪一类的互联网金融机构，其本应有自己的经营范围，但因为法律法规的时滞性导致监管空白，从而使诸多互联网金融平台运营商既扮演裁判员又扮演运动员的角色。

三是自我担保或互相担保。2014 年 4 月，银监会提出了互联网金融机构自身不得提供担保，以免误导投资者忽视投资风险和流动性风险。但因为我国标准化信用评级和评分标准仍没有完全建立及完善，所以时下又出现了这样的一种现象，A 互联网金融公司为 B 互联网金融公司提供担保，B 公司同时也为 A 公司提供担保。这样看起来风险降低了，其实风险仍在系统内只是互相转移而已，而且当某个互联网金融公司出现运营困难甚至会形成连锁反应，导致其他公司垮台。自我担保的现象，如旺旺贷在成立之初宣传的深圳纳百川担保有限公司为其担保，但旺旺贷其实就是该公司成立的，这是个明显的自担保或虚假担保。这些既做经营主体又做担保者的行为也类似于既当裁判员又当运动员的现象。

（6）乱象六：信息披露上的混乱。

信息披露是金融市场中的一项不可或缺的重要业务环节，但在互联网金融发展初期，信息披露没有一个行业标准，容易导致信息不透明或过度披露。互联网金融的运营基础是大数据金融，即在云计算的基础上对海量非结构化数据进行实时分析，挖掘客户的交易消费信息，准确预测客户行为，帮助互联网金融信息服务平台针对不同消费者提供个性化服

---

① 《冠群驰骋模式疑涉资金池遭调查》，http：//stock.sohu.com/20140410/n398031520.shtml。
② 《宜信深陷"坏账风波"债权转让模式或是根源》，http：//finance.chinanews.com/fortune/2014/05-12/6160589.shtml。
③ 陈白、张泉薇：《天力贷拖欠投资款被警方立案》，载于《新京报》2013 年 10 月 16 日。

务,并且完善风控体系。大数据服务平台的运营模式可以分为以阿里小额信贷为代表的平台模式和以京东、苏宁为代表的供应链金融模式。这项金融创新从正外部性来看,解决了小微企业融资难的问题,与银行信贷形成互补。但是,其内在运行机制有着与生俱来的缺点——数据信息不公开、不开放,这大大影响了社会资源配置的有效性。不论阿里小额信贷或者京东抑或苏宁,都是以"封闭流程+大数据"的模式开展金融服务,凭借电子化系统预测贷款人未来现金流量对贷款人的信用进行核定并发放贷款。虽然每个平台都有强大的建模团队,但模型与现实的拟合程度是否匹配、模型是否具有使用价值,贷款人无法获取这方面信息。这就导致可能存在平台出于某种目的而恶意剥夺贷款人获取贷款的资格。另外,披露信息时,由于缺乏业内标准,就会存在第三方出于恶意报复而涉嫌泄露贷款方私人信息的风险。众所周知,交叉的信息流是大数据的源泉,所以说信息的效用明显是"1+1>2",一旦披露过多的原始数据,贷款方的竞争者就可以根据这些原始数据分析推算出贷款方的核心商业机密,使贷款方蒙受损失。披露必要的加工数据信息是保证市场有序、公平运行的基础。但是,现实中绝大部分互联网金融平台都没有建立相应的信息披露制度,也没有尽到信息披露的义务。如上面提到的旺旺贷就没有及时披露为其担保的深圳纳百川担保有限公司是旺旺贷自己的公司。

(7) 乱象七:虚假宣传与过度承诺。

在互联网金融行业无序竞争的环境下,企业为获得客户进行虚假宣传或过度承诺,对投资者以直接或间接的方式进行承诺、诱导或暗示,获得不正当的竞争优势。同时,在互联网技术的帮助下,大众传媒在其中起到推波助澜的作用,而投资者由于自身知识积累和技术分析的制约,无法在行业报告、公司报告、信用评级和历史价格数据中挖掘出有价值的信息,常常使自己陷入被湮没在数据中。例如,人人聚财曾公开披露宣传其获得博时基金子公司亿元风险投资,但博时基金立即否认,澄清是 2014 年 8 月用资管计划产品财产受让人人聚财 12% 的股权,金额仅 600 万元;① 广州 P2P 平台好又贷官网中宣称"所有借款项目均由广州市立嘉小额贷款有限公司提供连带责任担保",而立嘉小贷在其官网也发表了"关于好又贷官网虚构我司名义为其 P2P 贷款项目提供担保的严正声明",称立嘉小贷从未为"好又贷"网站经营的 P2P 贷款项目提供担保。②

1.1.4 互联网金融乱象原因分析

1. 法律法规建设方面的原因

互联网金融为新兴业态,2015 年之前,我国与互联网金融直接相关的国家法律有《中华人民共和国电子签名法》,此外还有相关信息行业与金融行业的法律法规,针对互联网金融的专门立法尚属空白,直到 2015 年 7 月中国人民银行联合相关部委才出台了《关于促进互联网金融健康发展的指导意见》。互联网金融法律法规建设的缺失,无法满

---

① 许莉芸:《广州 P2P 好又贷涉虚假宣传遭质疑》,http://epaper.xkb.com.cn/view/954145。
② 秦楚远:《P2P 倒闭潮未结又来忽悠潮 广州好又贷被指涉虚假宣传》,http://finance.sina.com.cn/money/bank/P2P/20140917/024120311685.shtml。

足对互联网金融日新月异创新的监管需求,这为不法分子利用法律的缺失进行危害金融秩序的行为提供了可乘之机。另外,由于立法的缺失,对于互联网金融至关重要的电子证据由于其易被更改的特性,在没有相关的法律标准的情况下无法进入现行法律的证据体系,最终使相关案件举证困难,或者举出的证据不被法庭采纳导致案件败诉,这在一定程度上会助长市场上违法违规案件的发生。当时对互联网金融的监管主要采用的是针对传统金融行业的法律法规,在面对互联网金融创新的时候,监管机构会陷入无法把握"度"的两难境地。许多互联网金融企业在创新出新的金融产品后也陷入无法确定其是否违法的境地,造成监管和创新的两难,难免会限制互联网金融的健康持续发展。

2. 监管方面的原因

(1) 缺乏统一可行的监管机制。

2015年之前,我国对于互联网金融的监管主要是由中国人民银行、银监会、证监会、保监会("一行三会")来负责,而互联网金融则是综合了互联网信息服务行业和金融服务行业的复合业务,许多创新产品恰恰是组合拳,经常会打出"一行三会"边界间的擦边球,从而使对其的监管难以落到实处,并且会导致监管失位。

(2) 对监管内容缺乏明确界定。

当时监管部门对于各种互联网金融机构没有设定准入"门槛"、运行规则,也没有对信息披露做出规定。在这种缺乏行业标准的情况下,单独设定监管部门并未起到作用,这也是此前互联网金融乱象丛生的原因之一。

(3) 在具体监管中存在监管不作为。

在互联网金融缺乏具体的监管准则的情况下,监管执行者的细致监测、迅速行动便显得尤为重要。而实际却是,相比于传统金融行业,监管者对互联网金融行业相对放松,以致频繁出现P2P网贷公司卷钱出逃和第三方支付网络洗钱的乱象,而其原因之一正是监管执行者的不作为。

3. 运营机构方面的原因

(1) 缺乏行业自律。

行业自律即行业内的自我约束,某些互联网金融机构对自身的要求不严,通过利用监管漏洞进行如自融或自我担保等违规行为。

(2) 缺乏资质。

互联网金融既是一个信息服务中介行业,又是一个金融服务中介行业,互联网金融机构需要同时具备ICP牌照和专业金融服务牌照,但大部分互联网金融机构都没有申办ICP资格证,甚至没有专业金融服务牌照。而互联网金融行业内的大多数管理者都是技术背景出身,对金融知识了解不足。由于缺乏从事金融行业的资质和经验,在机构内部管理、风险控制等问题上往往束手无策。再加上一些互联网金融机构缺乏必要的资金支持,使得机构平台的安全性弱,服务质量差,所以各种乱象层出不穷。

(3) 缺乏商业道德。

一些互联网金融机构罔顾道德与法律的约束,使用欺诈手段骗取投资者的钱财,充实自己的钱袋子。

(4) 缺乏风险控制意识。

大多数的互联网金融机构往往只关心自己能吸收到多少投资，而在风险控制、人员管理、系统安全等方面重视程度不足，这积累了该行业巨大的风险。

4. 大众投资观念方面的原因

众多的互联网金融乱象并不仅仅是法律法规、监管机构的原因，投资者错误的投资观念也是导火索之一：一是投资者风险意识薄弱，存在侥幸心理，只追求高收益，对产品本身风险模棱两可，稀里糊涂购买高风险产品。二是投资者过于追求担保，一出现亏损就要求保本，这使投资者将关注点都放在销售方的承诺上，这种本末倒置的做法弱化了投资者自身投资能力的培养。如果投资者不重视培养产品风险辨别能力和承受力，仅仅依赖销售机构品牌和素质以及所谓担保，就会陷入恶性循环。实际上，我国互联网金融机构出现出逃行为或倒闭也有这方面思维的影响。

1.1.5 互联网金融风险专项整治

俗话说，没规矩不成方圆。互联网金融的野蛮生长，终于引来了国家自2016年4月开始的以"促进互联网金融健康有序发展"为目的的互联网金融风险专项整治行动。2016年10月13日，国务院办公厅正式下发了《互联网金融风险专项整治工作实施方案》（以下简称《实施方案》）。在互联网金融风险专项整治工作已经过半时，监管层才正式公布相关文件，说明国家早已把互联网金融风险防范纳入了政府工作视线并作了提前布局。随着《实施方案》的正式发布，监管政策彻底明了，旋即掀起互联网金融专项整治的新高潮。同时，中国人民银行、银监会、证监会、保监会等联合相关部委也下发了与之配套的《非银行支付机构风险专项整治工作实施方案》《通过互联网开展资产管理及跨界从事金融业务风险专项整治工作实施方案》《P2P网络借贷风险专项整治工作实施方案》《股权众筹风险专项整治工作实施方案》《互联网保险风险专项整治工作实施方案》等。按照《实施方案》的部署，这场声势浩大的"专项整治行动"分为摸底排查、清理整顿、评估、验收四个阶段，所有工作计划在2017年3月底之前完成。

为使读者明白本次互联网金融风险专项整治的目的意义、方法步骤、重点难点等，这里就互联网金融风险专项整治工作领导小组相关负责人在《实施方案》公布的当日，就专项整治工作对外所做政策解读的新闻发布进行详细梳理，归纳如下。

1. 开展互联网金融风险专项整治的缘由

近年来，随着大数据、云计算、移动互联网等信息技术的迅速发展，互联网金融蓬勃兴起，几乎触及了金融业的所有领域。总体来看，互联网金融发展对于支持国家创新驱动发展战略，推动大众创业、万众创新和供给侧改革，提升金融服务普惠性和覆盖面具有积极意义。

但是，当前互联网金融某些业态偏离正确的创新方向，并产生了"劣币驱逐良币"

的效应，使真正有价值的互联网金融创新受到挤压；一些机构采用不正当竞争手段，扰乱了正常的经济金融秩序；一些机构挪用或占用客户资金，甚至制造庞氏骗局，造成众多群众经济损失。

为促进互联网金融健康有序发展，经国务院批准，中国人民银行、中央宣传部、中央网信办、中央维稳办、国家发展和改革委员会、工业和信息化部、公安部、财政部、住房城乡建设部、国家工商总局、国务院法制办、银监会、证监会、保监会、国家信访局、最高人民法院和最高人民检察院17个部门联合开展互联网金融风险专项整治。

党中央、国务院高度重视互联网金融发展和风险防范，党的十八届五中全会明确提出"规范发展互联网金融"的任务，2016年政府工作报告中将规范发展互联网金融作为2017年深化金融体制改革的一项重要内容，开展互联网金融风险专项整治是贯彻落实党中央、国务院决策部署的重要举措。

2. 互联网金融风险专项整治的目标

从短期来看，专项整治的目标是规范各类互联网金融业态，优化市场竞争环境，扭转部分业态偏离正确创新方向的局面，维护广大金融消费者的切身利益，保护投资者合法权益，维护金融市场秩序，守住不发生系统性区域性金融风险的底线。从长远来看，实现规范与发展并举、创新与防范风险并重，促进我国互联网金融规范有序健康发展，切实发挥互联网金融支持大众创业、万众创新的积极作用。

3. 《实施方案》提出的重点整治领域和重点整治要求

当前，互联网金融领域的风险隐患主要集中在P2P网络借贷、股权众筹、互联网保险、第三方支付、通过互联网开展资产管理及跨界从事金融业务、互联网金融领域广告等领域，专项整治坚持问题导向，集中力量对这几个重点领域进行整治。

P2P网络借贷领域的整治重点是落实网络借贷机构信息中介定位，禁止网络借贷机构突破信息中介职能定位开展设立资金池、自融自保、发放贷款等违法违规活动。

股权众筹领域的专项整治强调了不得擅自公开发行股票、变相公开发行股票、非法经营证券业务等要求。

互联网保险领域的整治重点是互联网高现金价值业务、保险机构依托互联网跨界开展业务及非法经营互联网保险业务。

第三方支付领域的整治重点是非银行支付机构备付金风险和跨机构清算业务，以及无证经营支付业务行为，第三方支付领域已实行业务许可，对于无证经营支付业务的机构将开展专项整治工作。

通过互联网开展资产管理及跨界从事金融业务的整治重点是具有资产管理业务相关资质但开展业务不规范的互联网企业，以及未取得资产管理等金融业务资质但跨界开展金融活动的互联网企业。

互联网金融领域广告等行为的整治重点是互联网金融从业机构发布虚假、违法金融广告等。

4. 针对互联网金融活动的特点，运用特别的方法进行专项整治

互联网金融活动复杂多变，专项整治强调抓住关键环节，提高整治效果。一是严格准入和行为管理。设立金融机构、从事金融活动，必须依法接受准入管理。未经批准或备案从事金融活动的，由金融管理部门会同工商部门予以认定和查处。二是强化资金监测，非银行支付机构客户备付金账户应开立在人民银行或符合要求的商业银行，开展跨行支付业务应通过人民银行跨行清算系统或者具有合法资质的清算机构进行。三是用好技术手段，研究建立互联网金融监管技术支持系统，通过网上巡查、数据分析等技术手段，摸底互联网金融总体情况，及时发现互联网金融异常事件和可疑网站。四是加大整治不正当竞争工作力度。从业机构不得通过各种显性或隐性补贴的方式向客户提供高回报金融产品，对通过显失合理的超高回报率和补贴方式吸引客户的行为予以清理规范，维护市场公平竞争秩序。

互联网金融活动跨领域、跨区域特征明显，专项整治提出运用多种措施，实现整治全面覆盖。一是运用"穿透式"监管方法，透过表面判定业务本质属性，根据业务实质执行相应的行为规则和监管要求。二是加强部门协作，相关部门建立数据交换和业务实质认定机制，必要时组成联合小组进行整治。三是加强金融管理部门和地方政府的协调配合，共同承担整治任务，共同落实整治责任。

当前，互联网金融从业机构良莠不齐，有合法经营、业务规范的；有存在违规行为，但经过整顿后可以继续经营的；也有完全违法、甚至涉嫌欺诈的，各种情况较为复杂。专项整治将坚持打击非法、保护合法的原则，根据《关于促进互联网金融健康发展的指导意见》、《实施方案》、各分领域整治方案及《网络借贷信息中介机构业务活动管理暂行办法》等相关要求，按照违法违规情节轻重和社会危害程度区别对待、分类处置、精准施策。同时，坚持公平公正开展整治，不搞例外。

5. 在专项整治过程中，拟采取以下措施以保护投资者利益

一是严格互联网金融从业机构规范要求。《实施方案》明确，从业机构应尽快落实客户资金第三方存管制度，存管银行应加强对相关资金账户的监督；从业机构应严格执行投资者适当性制度标准，不得将产品销售给予风险承受能力不相匹配的客户；充分发挥中国互联网金融协会作用，制定行业数据统计、信息披露等制度，使得投资者能充分了解从业机构相关信息。

二是《实施方案》强调，专项整治应坚持分类施策，有序、稳妥处置风险，特别要做好对客户资金的保护工作。一些从业机构涉嫌恶意欺诈等严重违法违规行为，依法对其进行严厉打击有利于保护投资者利益，这些机构一般潜藏较大风险隐患，有的甚至是庞氏骗局，若不及时进行清理整顿，其债务漏洞可能增大，投资者将承受更大的损失，还可能波及其他机构，导致更多投资者利益受损。

三是《实施方案》要求相关部门加强宣传教育，不断提高金融风险教育的广泛性、针对性、有效性，特别是要开展"以案说法"，用典型案例教育群众，提高投资者风险甄别和防范意识。

随着专项整治逐步推进，从业机构的守法合规意识和经营规范程度将不断提高，这将有利于从根本上保护投资者利益，促进行业健康可持续发展。

6. 专项整治旨在纠偏，不会"扼杀"互联网金融创新

近年来，运用信息技术，立足普惠金融，一些互联网金融从业机构在降低金融交易成本、提高金融资源配置效率、提升金融服务的普惠性和覆盖面等方面进行了积极探索，为服务实体经济发展发挥了积极作用。但由于缺乏规范与引导，一些从业机构偏离正确的创新方向，或打着创新的旗号包装粉饰，欺骗投资者；或借用创新概念混淆视听、鱼目混珠、逃避监管；一些机构甚至以创新为掩护从事非法集资等非法金融活动。这些伪金融创新不仅扰乱了市场秩序，损害了金融消费者利益，还产生了"劣币驱逐良币"的效应，使真正有价值的互联网金融创新受到挤压。

专项整治的目的正是要扭转、纠正互联网金融某些业态创新跑偏的局面，对借创新之名行违法违规活动之实的机构予以清理规范，对开展有益创新、合法合规经营的机构予以支持保护，引导互联网金融行业步入正确创新轨道。

7. 专项整治将考虑建立互联网金融监管长效机制

专项整治工作是阶段性的，关键是要以此为契机，提炼形成互联网金融治理经验，促进互联网金融健康可持续发展。

一是研究解决互联网金融领域暴露出的金融监管体制不适应等问题。强化功能监管和综合监管，加强跨部门监管协调，加强中央与地方金融监管协作，实现对各类互联网金融活动的监管全覆盖。

二是创新适应互联网金融特点的监管方法。实施"穿透式"监管，根据业务实质执行相应的监管规定。加强对资金账户的管理，实现对互联网金融活动的常态化监测和有效监管。利用互联网思维做好互联网金融监管工作，加强互联网金融监管技术支持。

三是营造良好行业生态环境。加强行业自律，充分发挥中国互联网金融协会作用，形成依法依规监管与自律管理相结合的管理体制机制。建立举报和重奖重罚制度，发挥社会监督作用。加快推进互联网金融领域信用体系建设，使征信为互联网金融活动提供更好的支持。

四是完善互联网金融法律法规框架。互联网金融也是金融，各类互联网金融活动应按照实质重于形式的原则，适用相应的法律法规和监管要求。目前《非金融机构支付管理办法》《网络借贷信息中介机构业务活动管理暂行办法》《互联网保险业务监管暂行办法》等监管规则已发布，在法律确有空白的领域，相关部门将及时研究出台相关规章制度，引导互联网金融从业机构在法治轨道上健康有序发展。

8. 在专项整治中中国互联网金融协会将发挥自律监管与一线监管的双重职能作用

中国互联网金融协会是中国人民银行会同银监会、证监会、保监会组织建立的全国性互联网金融行业自律组织，承担着制定互联网金融行业标准，促进从业机构业务交流和信息共享，建立行业自律惩戒机制等重要职责。

中国互联网金融协会在专项整治工作中，将认真履行好行业自律职责，同时承担以下重点任务：一是研究开展互联网金融领域的信息披露、反不正当竞争等工作，为规范互联网金融市场秩序提供支持；二是开展互联网金融统计监测和风险预警，完善互联网金融常态化监测机制；三是加强互联网金融领域风险教育和信用信息共享，引导从业机构提高风险意识和风控水平，及时提示广大金融消费者提高风险防范意识。

总之，为促进互联网金融健康有序发展，要坚持问题导向集中力量对重点领域进行整治，抓住关键环节提高整治效果，严格规范要求做好对客户资金的保护，引导互联网金融步入正确创新轨道，通过互联网金融风险专项整治行动提炼形成互联网金融治理经验。

经过一整年的专项整治，我国互联网金融行业乱象得到有效遏制，触犯红线的违法违规行为得以依法惩处，互联网金融风险得以全面管控，整个行业正在金融科技创新的轨道上稳步前行。网贷之家数据显示，截至2017年8月底，P2P网贷行业累计平台数量达5923家（含停业及问题平台），其中正常运营平台数量为2065家，占比为34.86%；问题及停业平台累计达3858家，占比65.14%。说明，我国2/3的P2P网贷平台被淘汰，以致有媒体以"一将功成万骨枯！超六成P2P平台已被淘汰出局"[①]的新闻标题来描述我国P2P网贷平台的生态状况。在互联网金融风险整治行动开始之前的2015年，全国月度新增P2P网贷平台数基本都在150家以上，最盛时达265家，直到2016年4月开始了行业乱象整治行动之后，月度新增平台数量才逐渐下降，从2016年4月以前的百位数降到2016年底的十位数，再降到2017年的个位数。说明在风险整治和规范发展的环境下，互联网金融平台野蛮增长的势头已经得到遏制，大浪淘沙，不规范和违法违规平台被淘汰出局，留下来的大多是健康平台。

但是，即使这些健康平台规范化达标的里程还很长，如管理层已经明确了P2P网贷平台的ICP信息中介平台性质，据统计，2016年拥有ICP经营牌照的P2P网贷平台数量还不到10%。[②] 截至2016年8月底，全国正常运营平台中约有222家平台拥有有效的ICP经营性许可证，约占网贷行业正常运营平台总数量的9.93%，而大部分平台处于"无证经营"状态。按照2016年8月24日银监会等四部委联合出台的《网络借贷信息中介机构业务活动管理暂行办法》要求，网络借贷信息中介机构完成地方金融监管部门备案登记后，应当按照通信主管部门的相关规定申请相应的电信业务经营许可，否则不得开展网络借贷信息中介业务。在网贷之家－网贷档案频道查询，截至2017年9月14日在案登记的2065家正常运行P2P网贷平台中仅有406个网贷平台获有ICP许可证，仅占19.7%，说明正常运行平台中，尚有80%的平台没有获得ICP许可证，任重道远，无奈管理层把这次互联网金融风险整治验收的时间往后延迟一年，[③] 原定于2017年3月完成的互联网金融风险专项整治工作，将延期一年左右，2018年6月作为最后的期限接受监管验收，若

---

① 牧晨：《一将功成万骨枯！超六成P2P平台已被淘汰出局》，http://www.sohu.com/a/190412846_465161。
② 周炎炎：《地方ICP证审批趋严"持证上岗"平台不足10%》，http://news.p2peye.com/article-484997-1.html。
③ 吴雨俭：《互联网金融风险专项整治或延期一年》，http://finance.caixin.com/2017-06-12/101100683.html，2017-06-12。

还没整改完就将被取缔。

而目前的形势是，P2P 网贷平台也在根据《网络借贷信息中介机构业务活动管理暂行办法》（以下简称《暂行办法》）为应对监管不断对业务做出调整，大部分 P2P 平台都在设法变形，分拆为"Tech（技术）平台"，跨界对接各种 Fin（金融，包括银行、小贷公司等持牌金融机构），以所谓"TechFin"的形式继续存在，规避监管；但主要风险仍由 P2P 承担，并不符合《暂行办法》对其纯粹信息中介的定位，这也给监管协同性带来了挑战。① 监管套利下的市场竞争并不会因为监管当局出台了某一类管理办法就改变，最大的问题是 P2P 的变种太多了，下一个需要规范的领域到底在哪里，也很难准确定位。一方面，P2P 要备案发牌；另一方面，对于不拿牌照但是类 P2P 的平台，现在的管理思路和手段跟不上。这说明传统的牌照管理即机构管理的理念已经滞后，不足以应对当前 P2P 行业的快速变形和业态游移，应转向行为监管、功能监管。数字普惠金融的跨界特征明显，需要完善综合监管和穿透式监管。

互联网众筹经历了 2014～2015 年的爆发期后，也随着行业风险专项整治而转入萎缩期。盈灿咨询数据显示，截至 2017 年 8 月底，全国各类型正常运营的众筹平台总计 264 家，与 7 月数量相比减少 43 家。而 2016 年 10 月众筹平台数量达到 448 家，众筹正常运营平台数量则呈持续下降走势，不到一年减少了四成。②

据统计，国内正常运营众筹平台持续减少，但整体交易规模和投资人活跃度有所上升，行业"二八格局"开始显现，无资源、无创意、无背景平台被逐步淘汰。2017 年 8 月新增平台数量仅 4 家，倒闭众筹平台 39 家，转型平台 3 家，其他如提现困难以及众筹板块下架等为 5 家。就 2017 年 8 月正常运营平台数量来看，奖励众筹平台数占多数，为 138 家，与 2017 年 7 月相比减少 24 家；非公开股权融资平台，为 75 家，环比继续减少 12 家；混合众筹平台有 41 家，环比减少 6 家；公益众筹平台为 10 家，环比减少 1 家。众筹平台数持续减少，多是因为中小平台创意不足，没有好资源好项目，逐渐被大平台淘汰，还有就是众筹本身不是一个非常赚钱的行业，有背景的大平台，如互联网巨头是靠众筹去筛选好的项目跟资源用到自己其他的产业链中。虽然正常运营众筹平台持续减少，但整体交易规模和投资人活跃度有所上升。在筹资额上，2017 年 8 月全国众筹行业共成功筹资 18.89 亿元，较 2017 年 7 月环比上升 14.83%，增加 2.44 亿元。在总筹资额 18.89 亿元中，奖励众筹筹资金额为最多，达 16.58 亿元，环比上升 14.42%，占总筹资额的 87.77%；非公开股权融资，环比上升 22.54%，为 2.12 亿元；公益众筹筹资金额最少，环比下降 17.39%，达 0.19 亿元。2017 年 8 月，全国众筹行业投资人次达 330.35 万人，与 2017 年 7 月投资人次相比，环比上升 9.42%。其中奖励众筹投资人次最多，为 231.55 万人次，环比上升 20.39%，占总人次的 70.09%；公益众筹，与 7 月相比下降 9.89%，达 98.54 万人次；非公开股权融资投资人次最少，为 0.26 万人次。③

---

① 张宇哲、吴雨俭：《P2P 变形"TechFin"》，载于《财新周刊》2017 年第 23 期。
② 《监管不明已有四成平台淘汰 众筹二八格局显现》，http://www.sohu.com/a/191624338_533292，2017-09-13。
③ 网贷之家，http://www.wdzj.com/news/yanjiu/874315.html。

在所有股权众筹类型中，非公开股权融资方面没有明显起色，由于非公开股权融资的高风险性，在政府没有明确表明监管方案之前，不少非公开股权融资平台包括投资人对于项目的选择更加谨慎，包括京东东家、蚂蚁达客在内的互联网巨头旗下非公开股权融资平台目前已基本不再更新项目，百度百众、360淘金新项目更新也较为缓慢，还有其他一些没有背景的非公开股权融资平台逐步开始转型。众筹行业平台数量下降的背后折射出股权众筹的发展困境，而政策不明晰成为阻碍行业发展的一大原因，监管政策不明朗，行业无序发展，导致众筹行业风险事件频发。2015年7月，央行等十部委发布了《关于促进互联网金融健康发展的指导意见》，其中股权众筹被定性为"公开、小额、小微企业"，随后证监会将股权众筹的特征明确——"公开、小额、大众"。2016年10月，证监会等部委出台的《股权众筹风险专项整治工作实施方案》中对互联网非公开股权融资仅提出了6项禁止性的整治要求。业内人士认为，这对互联网非公开股权融资常规活动的规范和约束远远不够。因为，股权众筹难以发展的问题除了监管问题，更多的是模式问题，与第三方支付、网贷平台等细分行业相比，股权众筹一直不温不火，也并未达到市场预期，其原因固然有行业发展规则迟迟未出台的原因，更为重要的是，股权众筹的业务模式与互联网的普惠、长尾特征格格不入，从未真正搭上互联网金融高速发展的快车。

1.1.6 互联网金融的发展现状与趋势

1. 中国互联网金融的发展现状

我们可以通过全球知名投行高盛集团发布的《崛起中的中国金融科技》报告[①]中公布的十组数据，纵览一下我国互联网金融的发展现状。

（1）第三方支付规模呈指数增长：从1万亿元人民币到76万亿元人民币。

中国第三方支付规模在2010～2016的六年间扩张逾74倍。其中16%来自消费相关业务，56%来自P2P（个人对个人）转账业务。中国第三方支付规模从2010～2016年"从无到有"，反超美国同行规模并将其远甩在了后面。

（2）移动支付的普及速度更快：占网上支付总额的75%。

截至2016年，95%的中国网民通过移动设备上网，其中有68%在日常生活中使用移动支付。通过移动设备完成的第三方支付已占到网上支付总额的75%。作为对比，美国仍有80%的电商交易需要通过电脑终端完成支付。2016年中国移动支付体量已达到美国同行规模的70倍，而其中消费相关的支付规模亦达美国同行规模的8倍。

（3）网络借贷规模：从300亿元人民币到1.078万亿元人民币。

中国网络借贷未偿还贷款余额在2013～2016的三年间扩张约36倍，年均复合增长率达230%。不过将其与中国庞大的金融体系相比，这一数字仍相对较低，目前仅占中国社会融资总额的0.79%（2013年占比0.03%）。未来中国监管机构出台的新规将在中国网

---

① 高盛：《崛起中的中国金融科技》，http://www.sohu.com/a/163914566_534679，2017-08-11。

络借贷行业的发展前景和产品形式中起到决定性作用，需要密切关注相关监管政策方面的变动。

（4）网络支付单笔交易额仅为传统银行卡的1/10。

在中国，传统银行卡已经退居为大件交易的支付途径，平均单笔交易额为6424元人民币；而第三方支付单笔交易额平均为606元人民币，前者是后者的将近十倍。

中国第三方支付相对较低的单笔交易额，也反映出往常由现金主导的小额高频次日常支付正逐渐让位于第三方支付平台。这与大多数发达国家当中现金仍作为小额支付手段大量流通的现状大相径庭。通过第三方平台完成电子支付笔数在2016年达到1640亿次，超过银行平台的1400亿次。

（5）无现金社会来临：网络电商已占到中国零售销售总额的40%。

相比之下，通过第三方支付平台完成零售交易的商家，在美国零售市场上仅占7%。高盛预计，2017年年内第三方支付就将占据中国零售销售业的"半壁江山"，而到2020年，中国网络电商将成为零售业主体，市场份额占比将扩张至68%。

（6）建立闭环生态系统的思维：95次。

阿里巴巴在2016年年报当中提及"生态"一词多达95次。在中国平安、腾讯、京东、百度等其他中国FinTech领域"领头羊"的报告当中均有大量类似字眼的出现。作为对比，中国工商银行的报告中仅提及"金融科技"／"因特网"22次。中国FinTech领域的巨头们已经各自搭建起了一套高度一体化的商业模式和闭环生态系统，从线下商户到整个金融供应链，包括支付、借贷、财富管理和信用评分在内全面覆盖。支付宝背后的蚂蚁金服，是阿里巴巴的关联公司；而微信支付背后的财付通，则是腾讯旗下的全资子公司。阿里巴巴和腾讯这样体量庞大的科技/金融联合体"划分地盘"的行为愈演愈烈，有"各霸一方"的态势。支付宝（51%）和财付通（33%）两家2016年已经占据中国第三方支付市场份额的84%。相比之下，西方企业还仅停留在拓展少数核心业务条线的阶段，如Visa、万事达、Paypal等。

（7）用户群体：34亿个账户。

截至2016年，中国共有34亿个第三方支付账户，其中支付宝有5.2亿用户（2017年3月数据），财付通有6亿用户（2016年12月数据）。而相比之下，Paypal全球仅有1.97亿用户（2016年12月数据）。

（8）线上支付的游戏化：140亿份现金红包。

2017年春节期间，共有140亿份现金红包通过微信支付平台送至千家万户。中国春节分发的微信红包个数在三年内增长了近1000倍。

（9）民营资本占主导的行业架构：在新建立的中心化网联清算平台中，民营企业占股总比例超过60%。

2017年3月31日，由中国人民银行管理下的非银行支付机构网络支付清算平台（通称"网联平台"）投入试运行，其性质说白了就是线上第三方支付的统一清算中心。除了中国人民银行和国家外汇管理局之外，网联平台的最大股东还有蚂蚁金服（9.61%）和财付通（9.61%）。与此相比，中国现有的线下支付行业架构是国有性质。中国大部分现行的行业架构，都是由国有企业或政府部门建立与拥有的，就连中国唯一的银行卡网络银联,也是由中国人民银行和国有性质的银行持有。网联平台的建立,是民营资本参与建设行业架构并扮演其中关键角色的罕见案例。若这一模式获得成功,将会对中国未来产业政策制定乃至市场参与者本身起到深远的影响。

(10) 中国 FinTech 企业的国际扩张:28 个国家和地区。

中国消费者已经可以在境外 28 个国家和地区使用第三方线上支付,其中支付宝可在 28 个国家和地区使用,财付通可在 15 个国家和地区使用。

2. 中国互联网金融的发展趋势

随着互联网金融风险专项整治工作的深入进行,从市场角度看,虽然加快了行业洗牌和市场出清,但这并不是为了阻碍互联网金融的发展与金融创新,而是为了在更加规范的基础上更好地实现行业的有序发展及其对实体经济的服务支持功能。在今后相当长的一段时期内,我国的互联网金融将呈现以下发展趋势。

(1) 互联网金融创新将与行业的规范发展走向协调统一。

一方面,当下我国服务实体经济的金融发展政策已十分明朗,实体经济转型发展在供给侧改革的推动下,将进入真正的提质增效阶段,这将对互联网金融创新提出了更为丰富和细化的具体要求,在新的技术经济条件下,如何在规范发展中不断地开发设计适应国家经济转型政策而又合规的互联网金融新产品,则是互联网金融行业的艰巨重任,如基于大数据风险管控的消费金融与供应链金融产品、跨境电子商务汇率兑换与匹配融资、"一带一路"市场拓展下的块区域信用合作与数据共享问题的解决等,都需要在相关规制下进行创新开拓。另一方面,随着行政监管与行业自律要求的不断提升,使互联网金融机构在优化投融资系统解决方案、加强市场信用体系建设等方面,不断地提出对增强外部政策环境支撑的内生需求,希望规范发展的政策边界与管理范围进一步明确细化,并能为互联网金融创新留出足够的拓展空间,形成有利于互联网金融创新发展的外部环境。

在规范发展的前提下,互联网金融需要寻求内生的可持续创新基础,这种内生的可持续创新的基础,就是互联网金融机构自觉主动地去寻找现实经济发展的薄弱环节及最需要金融创新支持的社会经济单元,并成功实现自然对接。因为此种自然对接方式与解决方案将会千差万别,个性化频出,这必然对互联网金融的行政监管与自律监管提出更高的标准要求,唯有与时俱进,加强行业间的互动交流,才能支撑互联网金融的可持续创新发展,实现创新与规范发展的协调统一。

(2) 金融科技将深层次推动互联网金融的创新发展。

众所周知,互联网金融是技术推动型产业,金融科技(FinTech)对互联网金融的升级发展起着决定性作用。今后金融科技对实体经济的支持方式和融资机制将日益呈现大数据支撑、区块链构架和分布式网络三融合的特点,对信源真实性的要求越来越高,互联网金融将在政府引导和市场孵化的基础上,逐步展开自身投融资服务模式的创新机制设计与安排,在观念和方法上打破常规的金融运作模式,为更好地促进科技发展形成新的突破性机制,对互联网金融的进一步发展提出新的更高要求。

自 2016 年 7 月国务院发布《"十三五"国家科技创新规划》[①] 之后，政府在政策和体制上对金融科技创新都会有一个更加容忍失败的试错机制安排，业界和管理层也都倾向于采纳英国的"沙盒监管"模式[②]，这种试错机制和"沙盒监管"模式将长期支撑和推动互联网金融的创新发展。

（3）市场整合与自我出清过程将明显加快。

在规范发展和综合整治的要求下，存量和增量两个层面的互联网金融机构都将加快市场整合和自我出清，以更好地提升互联网金融服务的质量与安全性。

首先，欺诈性和虚假互联网金融平台将加快出清。因为监管和自律的一系列制度要求使得这些平台无法继续生存，鱼龙混杂的互联网金融市场将得以逐渐滤清。

其次，地方金融监管部门引导规范、第三方存管制度严格审核及银行业自身网络金融业务发展，将使一批中小互联网金融机构或选择合并、出售或退出市场。而具有科技实力支撑的互联网金融平台将加快谋求新的市场化生存空间，行业内或跨行业的整合趋势将日益显现，尤其是实体产业部门将加快向互联网金融领域的渗透与整合。

最后，传统金融机构的网络金融业务的垂直细化，也在不断侵蚀着互联网金融业态的领地，随着金融科技创新的深入推进，传统金融机构的创新型网络金融业务与互联网信息技术机构的第三方互联网金融业务将在市场竞争中走向深层整合与市场结构多元化。

（4）互联网金融的中国标准将引领全世界。

由于我国互联网金融发展的社会经济环境与国际上有很大差别，长期以来以服务大中型国有企业为主要任务的银行市场很少关注小微企业和普通大众多样化的金融消费需求，以至于在互联网平台经济、电子商务和"双创"政策环境下，基于中国网民人数的超级增长，我国社会的普惠金融需求日益强烈，在如此强烈需求下，电子商务与互联网 IT 企业突然发力，在很短的周期内就形成了领先全球的极其复杂的互联网金融生态系统。以阿里巴巴和腾讯为代表的互联网金融技术开发先锋，形成了一流的互联网金融技术标准体系，支付宝、微信支付等已经走出国门，将逐步形成具有中国特色并能引领全世界的互联网金融标准体系。随着"一带一路"倡议的逐步推进，中国与"一带一路"沿线国家或地区的经济合作与贸易往来会越来越紧密和频繁，将构建起新型国际贸易投资关系，为中国互联网金融技术标准的输出创造了难得的历史机遇。可以依托跨境供应链金融、区块链与数字货币、市场化货币兑换与支付、资产证券化交易平台、联合风险分担机制建设等，建议一套符合实体经济合作要求的融资规范标准，提升中国企业参与国际竞争合作的能力和水平。

（5）互联网金融行业的自律创新步伐将逐步加快。

在监管政策与监管规则没有落地之前，由于缺少足够的内外部压力，互联网金融行业自律始终难以推动落实。如今监管政策已经明了，为行业自律划出了规则边界，这有利于互联网金融机构更好地开展产品与服务创新。

首先，标准化发展与标准创新将成为行业自律的一个重要方面。各家互联网金融平台

[①] 国务院：《"十三五"国家科技创新规划》，http://www.most.gov.cn/mostinfo/xinxifenlei/gjkjgh/201608/t20160810_127174.htm，2016 - 07 - 28。

[②] 邓建鹏：《沙盒监管成全球金融科技监管趋势 中国或借鉴?》，http://news.cnstock.com/news, yw - 201708 - 4117409.htm，2017 - 08 - 17。

机构均将推出自身产品标准体系的建立,并将其作为监管新规下的合格模式加以推广。谁先建立了行业公认的合规产品标准,谁就拥有了自律创新的先发优势。

其次,互联网金融平台需要创新风险控制机制,提供更好的信息披露、风险分担和债务追索安排,便于投资者从更为清晰和便利的角度做出投资决策与风险处置,达不到客户要求的平台将自然淘汰离场。

最后,唯有将客户个性化与多样化的服务需求尤其是将涉及多场景应用模式下的生活体验和消费金融需求纳入平台整合范围,才能形成互联网金融不断创新发展的后劲。

1.2 互联网金融的学术发展状况

【课前阅读】

互联网金融需要正本清源
——从其与网络金融区别说起

最近一个时期,我国社会经济生活中最热的一个词汇,莫过于"互联网金融"了。顾名思义,互联网金融就是借助互联网在网上来开办的金融服务。正是这种望文生义的定式思维模式,使不少的业界人士对"互联网金融"产生了歧义。

众所周知,早在20世纪90年代金融机构"触网"之时就已有了"网络金融"概念,并逐步发展成了当今金融机构IT创新发展模式下的网络金融业务体系。在高校,《网络金融学》学科体系已非常完备并早已成为核心课程。相比之下,"互联网金融"不是金融机构促成的,而是电子商务机构或互联网信息服务机构促成的。如果界定"互联网金融"与"网络金融"的区别,那就是在电子商务机构或互联网信息服务机构搭建的第三方电子商务平台上所开展的金融中介服务业务属于"互联网金融"业务,而"网络金融"则是金融机构及其金融业务的信息化、电子化、网络化的结果,"网络金融"业务与传统金融业务相并列构成金融机构的业务整体。一个是专门针对金融行业应用的增值电信的业务范畴,一个是纯粹的金融业务范畴。

从学术上来讲,"互联网金融"业务的核心是脱媒状态下的金融服务,很大一部分属于"影子银行业务";而"网络金融"是传统金融服务的网络化,是IT创新下金融机构的分内业务。"互联网金融"与"网络金融"统称金融电子商务。术语是约定俗成的,概念必须有其科学内涵。我们必须要弄清楚"互联网金融"与"网络金融"二者之间的术语范畴与概念范畴的区别。

从行业发展史的角度来看,金融电子商务已经或正在经历着如下四个发展阶段:一是金融行业的信息化、电子化、虚拟化和网络化发展,即所谓的IT金融创新造就了现代金融业态——网络金融(包括网络银行、网络证券、网络保险等);二是网络金融尤其是电子支付融合于电子商务,促进了电子商务事业的巨大发展并带动了电子支付的大发展,催生了非金融机构第三方网络支付的发展;三是随着第三方网络支付的发展壮大,原来作为非金融的第三方网络支付中介和第三方电子商务平台也纷纷开始涉足网上基金销售、网上贷款中介等网上金融服务，争食金融服务市场；四是进入无国界混业经营的金融电子商务时代，各类金融机构突然体察到了前所未有的经营压力，反过来又出现了金融机构借道第三方电子商务平台来进行市场开拓，即开展网络金融营销的经营局面。这便是近期新闻爆炒"互联网金融"的由头。

金融电子商务时代实质上就是无国界无行业边界的金融混业经营时代，大型金融IT机构和大型电子商务企业都纷纷涉足互联网金融业务，并千方百计地突破金融行业监管壁垒，向管理部门申请金融牌照以改变自身的行业主体身份，商业银行、证券期货、投资基金、保险理财等金融机构在大力发展网络银行、网络证券、网络基金、网络保险等现代金融服务的同时，又都纷纷成立电子商务部门或网络金融营销部门，吸收电子商务与网络营销的专门人才来开拓金融电子商务或网络金融营销事业。当前的金融服务市场是国内外金融机构及符合条件的IT企业、电子商务企业等各路诸侯频出高招、相互融合，充分利用互联网信息技术开拓网络金融新业务、争夺现代金融服务市场。IT创新推动了金融行业繁荣，但是由于有概念不清、业务边界不明的现象存在，很易造成市场的混乱和监管上的困难。因此，有必要正本清源，从概念上和业务边界上厘清"互联网金融"与"网络金融"的区别与联系，否则问题会很严重。我们已经看到了，一边是"互联网金融"被媒体热炒，一边是P2P网贷平台"倒闭潮"。如不正本清源，不但会使这场由互联网生产力促进的现代金融服务业的大变革陷入混乱状态，而且还会危害广大金融消费者的切身利益或合法权益，不但会使现代金融服务市场的统计指标体系无法科学建立，而且还会引起脱媒状态下"影子银行业务"的再泛滥，从而极易诱发局部或系统性金融风险。

（资料来源：赵海军，《互联网需要正本清源——从其与网络金融区别说起》，载于《证券时报》2013年12月17日。）

以上阅读材料向读者展示了三大问题：一是互联网金融的概念问题；二是互联网金融的业务边界问题；三是互联网金融的发展秩序与业务监管问题。为了正确认识和把握好这三大问题，我们有必要追踪一下学术界的观点与共识。

1.2.1 互联网金融概念辨析

关于互联网金融的概念，业界和学术界一直都在争论。业界的争论基本上都是站在自身利益的角度去定义其内涵和外延的，很清楚的划分为传统金融机构的专业人士和第三方互联网平台机构的专业人士两大派别，传统金融机构是网络金融发展的既得利益者，当然要利用"网络"与"互联网"的近同义词特征来含混"网络金融"与"互联网金融"在概念与业务边界上的区别与联系，使自身利用中央政策也能跻身于互联网金融的市场竞争中去；第三方互联网平台机构是这次互联网金融新业态的真正缔造者和推动者，它们尽管在与传统金融机构在互联网金融市场的绝对竞争中处于弱势地位，但是第三方互联网平台机构的金融科技创造力是惊人的，以至于其至今仍然走在互联网金融市场竞争的最前端。相对于业界的争论，学界的争论显得比较理性，比较注重从互联网金融产生与发展的历史脉络中去把握其实质内涵与业态发展。

检索已有文献发现，我国最早提出互联网金融一词并对其进行专题研究的是时任中国人民银行科技司司长的陈静（2001），他提出"立足央行职责，推动我国互联网金融服务的健康发展"，认为"互联网金融服务的发展对我国金融业产生了深刻影响"，主导推动网上支付机制、互联网金融服务立法、金融认证体系建设等基础工作，中国金融认证中心（CAFA）应运而生。① 但他所指的互联网金融服务其实是传统金融机构的网络金融服务，并不是真正意义上的互联网金融业务，是传统金融机构借助于网络通信技术开展的，将线下的一些传统金融业务网络化、虚拟化，经营主体依旧是传统金融机构，除了提供网络金融服务外，还提供各类金融服务产品与金融工具，如网上银行、网上支付等。

首次提出并讨论互联网金融概念的学者是谢平、邹传伟等（2012）。他们认为，互联网金融是既不同于商业银行间接融资、也不同于资本市场直接融资的第三种金融融资模式，称为互联网直接融资市场或互联网金融模式，并认为这是以互联网为代表的现代信息科技，特别是移动支付、社交网络、搜索引擎和云计算等对人类金融模式产生颠覆性影响的结果，其进一步解释说，"在这种金融模式下，支付便捷，市场信息不对称程度非常低；资金供需双方直接交易，银行、券商和交易所等金融中介都不起作用；可以达到与现在直接和间接融资一样的资源配置效率，并在促进经济增长的同时，大幅减少交易成本"。谢平、邹传伟等（2015）指出，"互联网金融是一个谱系概念，涵盖因为互联网技术和互联网精神的影响，从传统银行、证券、保险、交易所等金融中介和市场，到瓦尔拉斯一般均衡对应的无金融中介或市场情形之间的所有金融交易和组织形式"。

互联网金融概念的另一个热点讨论是马云的"互联网金融与金融互联网"理念。② 2013年的6月，马云在外滩国际金融峰会上演讲时指出："未来的金融有两大机会，一个是金融互联网，金融行业走向互联网；第二个是互联网金融，纯粹的外行领导，其实很多行业的创新都是外行进来才引发的。金融行业也需要搅局者，更需要那些外行的人进来进行变革。"马云讲的互联网金融是真切意义上的互联网金融，是"纯粹的外行领导"、是作为"搅局者"的外行人进来对金融行业进行变革的结果。这说明创造互联网金融新业态的行为主体不是金融机构，而是金融机构以外的互联网信息技术机构或电子商务平台机构。这也是马云对自己2008年12月在第七届中国企业领袖峰会上所言的"如果银行不改变，我们改变银行"的最后注解。而马云所说的金融互联网即金融行业走向互联网，实质上就是传统金融机构的网络金融业务。正如本节课前阅读材料里说的：早在20世纪90年代金融机构"触网"之时就已有了"网络金融"概念并逐步发展成了当今金融机构IT创新发展模式下的网络金融业务体系，在高校，《网络金融学》学科体系已非常完备并早已成为核心课程。由此看来，互联网金融与网络金融都有各自的内涵和外延，二者根本不是一回事，它们之间有着很大区别，但又有着天然的内在联系。

自从马云的互联网金融与金融互联网竞争理念提出以后，业界和学界有不少专家对互联网金融和金融互联网进行了概念上的辨析，如吴晓求（2014）、姚文平（2014）、李二亮（2015）、李智（2014）等。吴晓求（2014）指出，互联网金融相对于金融互联网，即

---

①② 谢卫群：《马云详解"金融互联网"和"互联网金融"》，http://www.ce.cn/macro/more/201306/21/t20130621_24500957.shtml。

传统金融机构的互联网化来说具有极大的创新性，可以说是一种根本上的"基因变异"，是以互联网为平台构建的投融资运行结构，具有金融功能链和独立生存空间，将会对银行等传统金融体系的管理理念、运行结构、商业模式和风险管控等诸多方面提出挑战。吴晓求与马云对互联网金融内涵的理解颇为相似。吴晓求作为专业的金融研究者，而马云作为电子商务平台领导者，两人均看到了互联网金融和金融互联网的不同之处，吴晓求更为大胆地指出由互联网平台主导的金融活动比传统金融服务的互联网化更具有创新性和颠覆性。因此，吴晓求（2014）认为，"由于制度和现行规则的约束，完整意义上的互联网金融在中国还没有真正形成……至于商业银行等金融机构借助于互联网所做的工具或系统创新，大体上属于金融互联网。对此，要正确理解互联网金融与金融互联网的重大差别"。对于互联网金融与金融互联网的重大差别，吴晓求做了如下描述：所谓互联网金融，指的是以互联网为平台构建的具有金融功能链且具有独立生存空间的投融资运行结构。这里，以互联网为平台是最基础的要素，它意味着对物理空间的摆脱，意味着货币流的牵引力量甚于信息流，意味着硬成本到软成本的过渡。金融功能链和独立生存空间是互联网金融必不可少的元素。相较于传统金融（商业银行）的运行结构而言，互联网金融是一种"异物"，是一种基因发生某种变异的金融，这种"基因变异"本质是一种飞跃。当传统金融（这里更多地指的是商业银行）吸纳、运用包括互联网技术在内的现代信息技术，去创新某些金融工具、构建新的网络系统，与此同时，原有的运行结构和商业模式并没有相应的发生变化，我们将这种金融与互联网的结合称之为金融互联网。相较于传统金融来说，金融互联网显然是一个创新但不是飞跃，因为在金融互联网中，互联网是一个手段，是手臂的延伸，而不是平台，因而也就不是"基因式变革"。

姚文平（2014）认为准确定义互联网金融是一件比较困难的事，因为：第一，不同的机构以及个人会从不同的角度来理解和解读互联网金融。与此同时，不同领域以及不同模式的互联网金融存在一些共同点，同时也存在不少差异，因此难以完全概括。第二，"互联网金融"及"金融互联网"其实是动态的、阶段性的概念，需要历史地去看待和评价。第三，严格意义上的互联网金融与金融互联网其实是一个链条的两端，现实世界的业态主要分布在中间状态，有些可能距离理想化的互联网金融更近一些，有些可能更靠近金融互联网这一端，因此在区分时只能做一个大致的判断。叶芳根据谢平和姚文平的观点，整理出了互联网金融与金融互联网之间的对比表（见表1–3）。

表1–3　　　　　　　　　互联网金融与金融互联网的异同对比

项目	互联网金融	金融互联网
发展理念与思维方式	全面的互联网化、开放、平等、分享、包容、更加强调分工与协作	将金融产品或服务搬上互联网，是单一的、局部的互联网化
管理方式	遵循社区制，崇尚自由，引导理想，注重中长期利益，关注客户满意度等非财务指标，倾向于非标准化以及柔性、多变的组织架构	层级制，强调管理与控制，偏重督促，注重短期利益，以财务指标为绩效考核核心，倾向于标准化和稳定的组织架构

续表

项目	互联网金融	金融互联网
组织架构	相对独立，多变	附属于另外一个公司或者组织，比较稳定
导向与出发点	以客户需求为导向；出发点往往是去发现和挖掘客户的潜在需求、真实需求，设计和提供更多、更好的金融产品或服务，并以合适的方式将其提供给合适的客户	以自我和赢利为导向；出发点往往是将已有的金融产品或服务"强塞"给客户，自己有什么就"推销"什么，基本上不考虑这些产品或服务是否适合客户
客户群体	比较年轻、开放且愿意尝试新事物，较熟悉互联网	年龄结构偏年长一些，相对稳健、保守
客户体验	尤其关注客户体验，便捷、快速、强调互动	烦琐、缓慢、单向
标准化	提供标准化的产品或服务，相对简单，易于识别、判断和比较，未来个性化、定制化的金融产品或服务会更多	低端：标准化、规模化 高端：非标准化
交易金额与频率	单笔的交易金额往往较小，同时交易频率较高	金额大、频率低
价格策略	为客户提供免费的金融服务，或提供的金融产品及服务的价格明显低于金融互联网	相对高价
信息	对称、透明	不对称、不透明
去中介化	互联网金融的发展更多地呈现出去中介化的趋势	金融机构扮演了金融中介的角色，为客户提供金融产品或服务
新技术运用	更加重视大数据、云计算、智能交互、机器学习、深度学习等新技术的运用；注重新技术的运用对产品品质的提升，而且将其视为一种核心的营销手段	在运用新技术时会更多地考虑企业内部的利益平衡，包括人员、组织、制度以及线上线下定价策略等方面的平衡；更关心新技术是否成熟、是否能够承受产生的潜在风险、业务是否符合监管规定等；在营销方面倾向于依赖客户经理的服务，并不太关注新技术带来的体验服务；喜欢采用传统的互联网支付方式，如动态口令、电子钥匙、手机短信等辅助方式，这些方式环节多，缺少个性化，效率较低

续表

项目	互联网金融	金融互联网
安全性	相对弱（隐私等）；互联网金融对待安全性及隐私的思维方式是开放、创新、市场化，更注重"疏"；运用新技术、新方法来管理安全性及隐私方面的风险，同时通过引进商业保险等方法保障客户利益	相对强；金融互联网的思维方式是封闭、守旧、非市场化，更注重"堵"；追求所谓的"绝对安全"，同时以牺牲客户体验和服务效率为代价，设计烦琐的操作流程和环节
模式稳定性	相对弱，更具可塑性、延展性	相对强，创新面临挑战
监管体系	相对薄弱，亟待完善	相对成熟（原有的框架），基本上可以更多地纳入现有的金融监管体系和法律法规框架内，由现在的"一行三会"来主导

资料来源：叶芳，《互联网金融与金融互联网》，载于《标准生活》2016年第4期。

李智（2014）在总结前人研究的基础上提出，互联网金融、金融互联网、互联网金融模式、互联网金融融资模式是有关互联网金融的四个基本命题。互联网金融是基于互联网技术在传统金融模式中全面和关键性运用的创新金融模式；金融互联网是商业银行将传统银行业务从线下部分或者全部移动至线上的一种金融改良和创新；互联网金融模式是互联网金融实现其六大基本功能的方法和路径的总和；互联网金融融资模式是互联网金融实现资源配置，即货币资本调配这一单一基本功能的方法和路径。李智认为互联网金融是一个全新的、多层次的概念。首先，互联网金融概念是在实践中抽象出来的或者就是实践本身，这是人类思维的一般逻辑。当今社会，中青年人的互联网使用习惯和互联网技术的飞速发展提供了互联网金融萌芽、生存和发展的土壤，人类正在前所未有地实践互联网金融。其次，互联网金融是一个内涵非常丰富的概念，不同的使用者出于不同目的，在不同场合使用这一术语时，意义略有不同，但总体来说有如下四种指向：第一，它是一个静态特征的概念，指互联网金融正在形成的产业和行业，基本等同于互联网金融行业（产业）的概念；第二，它是一个动态特征的概念，指互联网金融业务的实践，例如，利用互联网金融的平台来调配资金供给和需求，利用互联网实现远程支付等；第三，有时人们还会说，中小企业可以利用互联网金融来融资，这时它指的是互联网金融业务模式之一，即利用互联网渠道和平台来进行融资活动；第四，互联网金融是一个无比宏大和包容的图景，任何运用互联网技术改良和变革传统金融业务模式的实践与创新都可以纳入这个范畴，同时互联网金融也将渗透到人类生活的每个细节，使人类社会活动在经济、文化、道德、制度的每个层面和每个细节都深深烙上互联网金融的印记。金融互联网是指金融机构将一些传统业务全部或者部分从线下向线上转移，这是传统金融机构的一种金融改良和创新。李智认为目前在中国主要存在八种金融互联网模式，即传统金融机构在各自细分领域的网络银行、网络支付、网络证券、网络保险、网络基金、网上理财、移动金融等基本的网络金融服务模式。

上述专家学者对互联网金融概念定义的理由说明中，一个共同的观点是都强调互联网信息技术机构及专业人士在互联网金融新业态开创中的核心力量及其行业"弄潮儿"角色。李二亮（2015）通过基于阿里巴巴的案例研究的互联网金融经济学解析框架解释了上述事实，即为什么互联网金融的承担者和推动者主要发生在互联网企业而非银行金融机构，这是因为互联网企业作为金融创新的实施者，由于其与金融机构地位的差异，表现出了更大的创新性，并且在技术条件和监管条件允许的情况下，突破了产业边界，实施了金融创新，进而促进了金融深化。对此，著名金融经济学家曹凤岐（2015）给出了更深的解释：互联网金融在中国"一枝独秀"，主要源于中国金融体系中金融压抑（financial repression）的宏观背景，以及对互联网金融所涉及的金融业务的监管套利。中国的金融体系长期处于经济学家麦金农和肖所描述的"金融压抑"之中，利率受到管控，资金主要由银行体系进行配置。而逐利的市场必将试图利用任何由于管制而可能产生的套利空间。传统金融服务的落后和供给不足，实体经济的巨大融资需求没有被满足，为互联网金融的发展留下了空间；传统金融市场的高度管制，对于金融创新存在监管盲区，使互联网金融作为市场新进入者有了存活的机会。这是互联网金融在中国得以旺盛的基本逻辑，根本支撑是制度因素。借助于互联网进行金融运行，是对传统金融的巨大挑战甚至颠覆。

从上述专家学者对互联网金融概念定义的立足点来看，他们都是从技术发展的角度提出的，我们可以将其归于技术型概念。同样，李鑫和徐唯燊（2014）将互联网金融精练为"大数据金融"，强调了大数据技术在互联网金融中的核心地位，认为当前我国的互联网金融是指非金融机构基于大数据的海量信息积累和强大的分析处理能力，依靠互联网平台提供的融资服务。王海军和王念（2014）则是基于谢平等人的概念提出了不同意见，认为互联网金融是传统的间接融资与直接融资两种模式的融合与交互，包括了金融的互联网化和互联网的金融化。耶鲁大学终身教授陈志武（2014）从渠道的角度提出互联网金融只是在渠道上挑战了传统金融机构，其本质上还是金融，除了渠道创新之外，在产品方面与传统金融机构并无区别。陈志武所讲的渠道也可以理解为技术，因为所谓的渠道其实是指互联网平台，依托于互联网技术的平台。毋庸置疑，互联网金融的出现与互联网技术的发展是密不可分的，可以说，没有网络通信、云计算和大数据等技术的发展和实现，也就不会有所谓的互联网金融，但互联网金融作为新兴业态，能够快速被市场接纳并迅猛发展起来，除了技术方面的因素之外，也应从其他方面进行分析研究。

另有一些学者则认为除了相关通信技术之外，互联网思维是影响互联网金融产生和发展的更深层次的因素，也被称为互联网精神。如李钧（2013）认为不能将互联网金融看作简单的依靠互联网技术的金融，而是基于互联网思维、贯穿互联网精神的金融，平等、共享、开放、高效的互联网精神使每个人都可以在互联网平台上自由平等地参与、获得相应的金融服务。孙国茂（2015）将互联网思维和互联网技术这两个关键因素结合起来，提出互联网金融本质上是传统的金融业务模式与互联网思维和互联网技术之间全面性融合及系统性创新而形成的一种全新的金融业态。

罗明雄、唐颖等（2013）从全面、客观、现实的角度出发给互联网金融下了一个定义：互联网金融是利用互联网技术和移动通信技术等一系列现代信息科学技术，实现资金融通的一种新兴金融服务模式。互联网"开放、平等、协作、分享"的精神渗透到传统金融业态，对原有的金融模式产生根本影响及衍生出来的创新金融服务方式，具备互联网理念和精神的金融业态及金融服务模式，统称为互联网金融。其依托于移动支付、云计算、社交网络和搜索引擎等高速发展的信息技术及高度普及的互联网进行的金融活动，不同于传统的以物理形态存在的金融活动，而是存在于电子空间中，形态虚拟化，运行方式网络化。这个定义与中国人民银行等十部门联合发布的《关于促进互联网金融健康发展的指导意见》对互联网金融的定义相近似。

也有从广义和侠义角度去阐释互联网金融的。如李智（2014）认为，从狭义的金融角度来看，互联网金融应该定义在跟货币的信用化流通相关层面，也就是资金融通依托互联网来实现的业务模式都可以称为互联网金融；广义上来说，理论上任何涉及广义金融的互联网应用，都应该是互联网金融，包括但不限于第三方支付、P2P网贷、众筹、在线理财、在线金融产品销售、金融中介、金融电子商务等。

目前国际上很少用"internet finance"这一说法，可查阅到的相关文献基本上以"e-finance"或"online finance"来表达金融电子化或网络金融的意思。国际国内在互联网金融的具体业态如互联网借贷P2P（peer to peer lending）、众筹模式（crowdfunding）等概念的认识上几乎没有区别，区别在于在国内外不同的技术经济与政治经济环境中出现的这些金融新业态被赋予了具有中国特色的新名词——互联网金融，并冠之以"internet finance"的汉语式的英文名称。这样一来，"internet finance"既可以翻译成"互联网金融"，也可以翻译成"网络金融"，但实际上，互联网金融与网络金融在内涵和外延上都有很大不同。

基于以上讨论，我们对两个概念总结如下：网络金融归属传统金融机构的业务体系，是金融行业内金融机构及金融业务电子化、信息化、虚拟化、网络化的产物，在业态上包括网络银行、网络证券、网络保险、网络基金、网络信托、网络产权、网络黄金等不同的细分领域，出现于20世纪90年代；而互联网金融是由非金融IT机构主导的第三方网上金融中介与信息服务平台业务，是随着电子商务与平台经济的大发展而出现的，在业态上包括第三方支付、P2P互联网借贷、互联网众筹、互联网理财等，其萌芽于21世纪初，在我国爆发于2012年之后。网络金融的经营标的是金融机构提供的金融服务、金融产品与金融工具；而互联网金融运营商本身不能出产金融产品和金融工具，只能提供金融信息服务产品与工具。因此，互联网金融的科学叫法应当是"第三方网络金融服务"，其与网络金融一起统称为金融电子商务。用公式来表达：

$$金融电子商务 = 网络金融 + 互联网金融$$

从运营商和平台性质的角度来讲，互联网金融的本质是ICP业务；从互联网金融交易标的的角度来讲，互联网金融的本质仍是金融服务。

1.2.2 互联网金融学术史梳理

既然互联网金融是一个技术创新推动型行业，那么我们就以现代金融科技的创新发展为主线来讨论互联网金融的学术史。纵观我国互联网金融的发展，可将其发展历程分为四个阶段。

（1）第一阶段：2005年以前，业态萌芽时期的互联网金融研究。

在这一阶段我国尚未出现真正意义上的互联网金融新业态，互联网只是为传统金融机构提供技术支持，网络银行、网络证券、网络保险等网络金融业务迅速发展，学术上有了《网络金融学》新学科，大学里有了《网络金融学》新课程。自20世纪90年代中期互联网技术真正被商业化应用开始，到90年代末互联网技术的逐步成熟、网速的不断提高、应用的快速普及，电子商务异军突起，网上购物的支付需求催生了快捷便利的第三方支付业务，脱离银行媒介的脱媒金融服务得以萌生出世，这种新动向自然引起了学术界的密切关注。由于互联网技术起源于西方发达国家尤其是美国，所以美国等西方国家最先把互联网技术应用于金融领域，美国的学界也就比中国学者更早关注网络金融或互联网金融的研究。虽然西方发达国家尚无网络金融或互联网金融概念的提法，但互联网技术逐渐对传统金融行业产生了巨大的影响，线下金融业务纷纷转移到线上。如成立于1992年的美国E-Trade公司，从事在线美股电子化交易，是一家纯互联网证券公司，它建立了以网站为中心的营销体系，采取金融证券业垂直门户网站的定位，界面清楚，易操作，为客户提供涵盖银行、证券、保险及税务等信息，其最主要的特点是交易佣金低，是美国本土排名靠前的网络券商之一；1995年10月美国的安全第一网络银行（Security First Network Bank，SFNB）的成立，标志着传统银行服务和产品从线下向线上转移，SFNB是真正的互联网银行；1996年美国诞生了全球第一家第三方支付公司，之后又诞生了诸如Amazon Payments和PayPal等知名的第三方支付公司；1998年10月英国也诞生了其国内第一家线上的纯互联网银行Egg。西方国家刚出现的这些纯互联网证券、纯互联网银行和第三方支付新业态，在动荡的金融市场中往往会遭遇到来自各方的袭扰和抑制，都不是很稳定。无论业界或学界都开始在试图探讨并寻找这些新业态稳定发展的可行之路。如为了促进网络信任增长、降低在线交易风险，巴斯和惠斯顿等（Ba S., Whinston et al., 2000）提出了包括反馈系统（feedback systems）、证书授权（certification authority）、第三方支付（escrow services）三种信任第三方（trusted third parties）模式，并试图用演化博弈论的方法找出电子市场的不同均衡点，探讨电子市场交易的最佳策略，为电子交易中设立可信第三方及其必要性提供了理论依据；胡等（Hu et al., 2004）构建了基于在线交易者和第三方支付平台的动态博弈模型，该模型对在线交易者交易决策、第三方支付服务费率、第三方支付采用率三者之间的关系进行了量化研究，并对模型进行了数值模拟研究，模拟结果为第三方支付服务提供商提供了定价指导，此外他们还对第三方支付的有效性进行了实证研究；在英国第一家纯互联网银行Egg诞生不久，我国业界人士朱军林（2000）就以案例研究的形式对其进行了深入剖析；肖斯特罗姆（Sjostrom，2001）从合法性的角度探讨了如何通过互联网使一家小公司能够绕过华尔街，直接将其发行的股票在网上发行，从而将其股票直接推向公众，这种直接筹资模式被称为DPO（Direct Public Offering）。而在我国互联网证券业务由于受到证券法规《网上证券委托暂行管理办法》等规则的限制而无法开展，以致我国的纯互联网证券业务研究一直处于空白状态。

随后，理论界与银行业界还相继提出了电子金融（e-finance）、在线银行（online bank）、网络银行（network bank）等概念，其中电子金融概念较为宽泛且被广泛接受，艾伦和麦克安德鲁斯（Allen and Mcandrews，2002）等深入研究了电子金融的业态状况并将其定义为基于通信、信息网络，以及其他网络的金融活动，包括在线银行、电子交易，以及如保险、抵押贷款、经纪业务等金融产品和服务的提供和清算。此时，对电子金融的认识还只是强调运用电子技术处理所有与商业、金融和银行业务相关的产品和服务的购买、销售与支付过程中所涉及的信息收集、数据处理、检索和传输等环节。依此定义，在20世纪90年代中后期先后出现的网络证券、网络保险等传统金融机构基于WEB提供的金融产品或服务都可视为电子金融。

（2）第二阶段：2005~2012年，业态生长期的互联网金融研究。

这一阶段是互联网金融新业态的生长期，国内外的第三方支付技术逐渐趋于成熟，纯互联网金融逐步衍生出互联网小额贷款、P2P互联网借贷、互联网众筹融资、互联网保险等新的业态模式，出现了诸如英国的ZOPA、美国的Prosper和Lending Club、我国的宜信和拍拍贷等P2P网贷平台；美国的Artist Share、Kickstarter、Angellist、Wefunder和我国的点名时间、京东众筹、天使汇、天使客等互联网众筹平台；我国的支付宝、财付通等第三方支付业务飞速发展并相继取得第三方支付的经营牌照。此时期的业态状况是，在互联网与电子商务技术的推动下，西方发达国家的各种互联网金融新业态不断呈现并逐渐被引进中国市场，国内外互联网金融业态发展交相呼应，但这一时期鲜有"互联网金融"这一提法，互联网新业态的研究基本上都是分别针对各种不同的具体业态进行的。如当2005年世界上第一个P2P网贷平台ZOPA出现后，唐德等（Dhand et al.，2008）就对ZOPA上的借贷行为展开了系统的分析研究；阿什塔和阿萨迪（Ashta and Assadi，2009）讨论了P2P网贷平台的互联网技术是否有利于降低微小融资的交易成本，研究后认为基于互联网Web 2.0的技术平台对降低交易成本的作用不大，实际上P2P借款交易离不开交易的中介方即提供P2P网贷平台的运营商；巴赫曼等（Bachmann et al.，2001）研究了网贷平台上融资成功与否的影响因素，认为决定P2P网贷平台上能否成功融资的因素，主要来自融资项目的特性、地理因素和群体因素的影响；阿格拉瓦等（Agrawal et al.，2010）研究发现贷款人和借贷人之间的地理位置越近，则借贷越容易成功，当地投资者因更有可能在筹资周期中早些参与而在所有参与者中占有较高比例；嘎拉克等（Galak et al.，2011）通过实证研究发现贷款人喜欢借款给有同样性别或同样职业的人。在P2P借款利率的确定方面，加尔曼等（Garman et al.，2008）认为在P2P网贷平台上的利率应该反映交易者的搜寻补偿；林等（Lin et al.，2011）的研究结果表明，更强的、更可验证的网络关系更有助于在P2P网贷平台上以较低的利率成功融资，同时违约率较低。在P2P借款者的信用质量研究方面，艾耶等（Iyer et al.，2010）讨论了P2P平台是否可以根据"硬"信息和"软"信息对借款者的信用质量做出判断；陈和韩（Chen and Han，2012）对比了中国和美国的P2P网贷平台，发现中国的P2P交易者更依赖于"软"信息做出决策；奥本海默和奥利沃拉（Oppenheimer and Olivola，2011）认为借贷人信息的可评估性以及贷款人和借贷人之间的身份认同是风险控制的关键因素。P2P借款者的逆向选择和道德风险问题也成了学者关注的大问题，科利尔和汉普什尔（Collier and Hampshire，2010）研究了个人声誉和社区声誉对逆向选择和道德风险的影响；金（Jin，2008）分析了社会网络是否有助于解决信息不对称的问题；玛蒂娜等（Martina et al.，2010）实证分析P2P网络借贷中信任构建机制的建立,认为有效的信用构建机制可以减少信息不对称问题。为了避免信息不对称导致的逆向选择问题,很多研究者探讨借贷者社会网络的作用,如韦尔斯坦(Verstein,2012)研究发现借贷者的朋友网络可以提升借贷者借款的成功率,降低违约风险。与此同时,国内学者也对 P2P 网贷平台行为进行了研究,如黄震(2012)就 P2P 网贷行业的发展现状、面临的法律风险及其未来发展趋势做了分析探讨;郭奕(2011)利用拍拍贷 2008 年 8 月 25 日至 2010 年 5 月 15 日之间的交易数据,分别以借款列表的完成比例和借款人的借款利率作为因变量,以借款人的信用等级、历史借款成功次数与历史流标次数、借贷金额、借款期限以及借款利率等作为自变量进行了研究,其结果表明:历史流标次数和借款利率对借款完成比例的影响不显著,作者认为大多数贷款者都是风险规避者,他们更看重自有资金的安全性,不会单单因为借款者所给出的高利率而将自己的资金放贷出去;借款者的借入信用等级、借出信用等级、历史借款成功次数和总的投标笔数与借款者融资成功概率呈正相关关系,而借款金额、借款期限与借款者融资成功概率呈负相关关系;借款者选择每月还款时,其借到资金的概率更大,而选择到期还款方式则会降低融资成功概率;友情借贷模式中,"关系"能够对借款者的借款成本产生显著影响,并在一定程度上降低了借款者的借款成本。李文佳(2011)采用调查问卷和案例分析的方式,研究了 P2P 网络借贷影响借贷行为的因素。研究表明:借款人借入信用对借款成功率有显著的影响;认证数对借款成功率有较显著的影响;借款年利率和借款金额会影响借款的进展,但并不明显,借款期限对借款进展基本没有影响。艾金娣(2012)将中国的 P2P 借贷平台模式分为纯线上模式、线下与线上相结合模式、助学平台模式三种模式,认为 P2P 借贷平台主要有两大风险:一是制度风险,即 P2P 平台缺乏法律规制;二是信用风险,即 P2P 平台信用评级信息有限,风控体系脆弱。

在众筹融资研究方面,施温巴赫和拉腊尔德(Schwienbacher and Larralde,2010)研究了众筹融资的运作机制,将众筹融资归纳为三类:捐助型、借贷型和奖励型,其中捐助型众筹模式很早就被很多非政府组织(NGO)使用,捐助者对他们的资助没有回报期望;兰伯特和施温巴赫(Lambert and Schwienbacher,2010)研究发现"非营利"性项目更容易成功融资,生产产品的众筹项目比提供服务的众筹项目更容易成功融资;易卜拉欣和弗里扬蒂娜(Ibrahim and Verliyantina,2012)认为在线众筹模式能够为印度尼西亚的小微商业提供帮助,他们设计了一个涉及投资者、志愿者、商业合作伙伴、指导者、非营利性组织的众筹模型,该模型还包含资金的审查、监管过程。在线众筹模式的一个典型特点就是社交化,社交因素影响出资人的体验、出资人与筹资人关系、筹资成功率等。格伯等(Gerber et al.,2012)的研究认为,众筹融资项目的风险可能来源于项目发起人和投资人各自不同的融资与投资目的,项目发起人的目的可能是融资、吸引公众的注意力,从公众中获得产品或服务的反馈等;项目投资人的目的则可能是获得回报、志趣相投、分享自己的专业技能和设想等。在应用方面,众筹融资在音乐唱片制作和出版业等领域都得到了广泛的应用。由于众筹融资模式是从国外输入的新事物,国内一开始多为报纸等媒体的新闻报道,这一时期对互联网众筹做系统研究的中文文献很少见到(见表1-4)。

表 1-4　中国知网主题词检索 21 世纪互联网金融研究文献数量的年份分布　　单位：篇

年份	互联网金融	第三方支付	P2P+网贷	互联网众筹
2016	7977	3804	1093	1139
2015	8124	4054	960	1108
2014	6130	4141	540	439
2013	1561	2611	160	47
2012	56	1600	13	1
2011	6	1748		
2010	3	1277		
2009	7	723		
2008	6	681		
2007	1	615		
2006	2	469		
2005	3	182		
2004	1	3		
2003	1	7		
2002	5	4		
2001	3	3		

注：本数据依据 2017 年 9 月 28 日在中国知网的主题词检索结果制作。

这一时期在第三方支付研究方面，安东尼等（Antony et al., 2006）对 C2C 电子商务中消费者采用第三方支付（OES）的影响因素进行了实证研究，他们发现市场因素（产品价格、欺诈率、卖家信誉等）对消费者是否采用 OES 起着决定作用，卖家信誉能够明显影响消费者的感知信任进而影响 OES 的采用，消费者的 OES 采用决策和 C2C 平台的隐性推荐程度具有一致性；张等（Zhang et al., 2007）对电子商务市场中第三方支付服务的采用动力进行了仿真研究，他们开发出了基于离散型事件的仿真模型，该模型包括策略型交易者、诚实型交易者、OES 提供商、政府监管者等四种参与者，仿真结果表明，OES 能够弱化交易者欺诈企图并改善市场的交易安全状况，占优的 OES 费率并非利润最大化水平，电子商务市场中的法律机制对 OES 提供商的利润水平有直接影响，第三方支付的一个主要应用环境是在线零售；谭润沾（2010）基于第三方支付发展的视角提出了银行支付业务的战略重要性，指出第三方支付业务的蒸蒸日上影响金融体系的结算体制，随着利率市场的不断调整，非息业务对传统银行业的影响不容小觑；巴曙松、杨彪（2012）通过分析欧美等国的监管经验，总结了我国第三方支付行业发展的规律及存在风险，并提出了针对性的建议措施。由此可见，这一时期的第三方支付研究大多是围绕服务于电子商务及其对传统银行业务的影响展开的。由表 1-4 可以看出，国内的第三方支付研究从 2005 年开始活跃，并且关注度逐年增加。

由中国知网检索发现，提出接近真实含义的"互联网金融"名词的是一位名字为王小乔（2010）的新闻记者，其在 2010 年 6 月的一篇《支付宝，等待一个"互联网金融新贵"的诞生》的新闻报道中使用了"互联网金融"一词。2012 年 11 月中国农业银行首席经济学家向松祚（2012）在农业银行举办的网银十周年庆典活动上发表了题为"迎接互联网金融时代"的演讲时指出：互联网金融模式将在未来考验传统银行业的生存能力，如果允许第三方支付、互联网社区和电子商务企业发展金融，传统银行业将遭受巨大冲击。对互联网金融进行系统研究的是被业界和学术界捧为互联网金融概念与模式研究的开拓者的谢平（2012）；曾刚（2012）在讨论了谢平的互联网金融模式之后，从基于货币金融理论视角分析了互联网金融的特点及发展问题；万建华（2012）也以"互联网金融模式创新与未来金融业变局"为题，对谢平提出的互联网金融模式及其理论研究进行了学术点评。

（3）第三阶段：2013～2015 年，业态爆发期的互联网金融研究。

引爆我国互联网金融热潮的是余额宝理财事件。2013 年阿里巴巴集团联合天弘基金，通过支付宝平台开展的货币基金——余额宝横空出世，借助支付宝庞大的用户基础和资金存量，以及跨界套利的无监管状态，余额宝一经推出，其高收益和高流动性便引起了国人的众多关注，"余额宝引爆互联网金融潮 天弘基金半年吸金超千亿元"（隋文靖，2013）的新闻事件，也让大家见识到了运用互联网平台做金融服务的巨大魅力。正因为此，2013 年更是被称为"互联网金融元年"（马文刚，2013）与互联网金融的爆发元年（曹淑彦，2013）。此后，更多的互联网金融经营模式出现在大众的视野，如"宝宝类"产品紧随余额宝的步伐纷纷亮相、P2P 网络借贷平台呈现爆发式增长、众筹融资平台也开始起步，而且第一家专业的互联网保险公司众安保险获批等，这一系列的创新发展使全国人心沸腾，"互联网金融"这一词汇也被大众接受。在十二届全国人大二次会议上，"互联网金融"一词首次被写进政府工作报告，明确提出"要促进互联网金融的健康长远发展"。自此，国内的互联网金融研究也进入一个高潮阶段，如表 1-6 所示，在中国知网上以"互联网金融"为主题词搜索的文献数量，2012 年为 56 篇，2015 年则达到 8124 篇，转眼间热度提高 145 倍。这一时期，我国的互联网金融研究所关注的问题已不再仅仅是分散的针对各具体业态的专题研究，而是以云计算、大数据为技术支撑的发展研究和以互联网金融这个大范畴针对其新业态的全方位、各视角综合交叉的系统性研究为特色，研究内容包括诸如王洪生和张玉明（2014）、姚玉安（2015）、史晨阳和李安怀（2015）等对云计算环境下互联网金融发展的研究；刘新海（2014）、孙杰和贺晨（2015）、杜永红（2015）等对大数据时代的互联网金融创新模式与发展战略的研究；王念、王海军、赵立昌（2014），李智（2014）、王国刚和张扬（2015）等对互联网金融概念内涵与外延的研究辨析；李博、董亮（2013），郑联盛（2014），施青华、刘兰娟（2015）等对互联网金融运营模式与业务边界的分析研究；姜奇平（2013），赵洪江、陈林（2015），赵学峰（2015）等对互联网金融的技术基础与创新发展的探究；张影强（2013）、夏政（2015）、汪桥红（2015）等对互联网金融的生态链与生态系统的研究；杨东（2015），王宝刚、荆伟（2014）、刘宪权（2015）等对互联网金融的合规性分析与立法建设研究；杨虎等（2014）、许洪高（2014）、杨群华（2013）等对互联网金融安全与风险控制的研究；张影强（2015）、李勇坚（2015）、嵇新然（2015）等对互联网金融模式的国内外比较研究；马腾跃（2015）、尹海员等（2015）、张国（2015）等对互联网金融监管与健康发展问题的研究等。

此时我国的互联网金融发展迅猛，一时之间，各种"宝宝类"理财产品、各种高回报承诺的借贷理财平台、各类网上众筹产品等粉墨登场，真假难辨，乱象丛生（李新江，2014；杨婧如，2014）。互联网金融的发展状态不但引发了业界、学界的担忧和争议，也引起了政府的重视。为促进互联网金融的健康规范发展，中国人民银行联合相关部委发布了《关于促进互联网金融健康发展的指导意见》。从此，互联网金融的乱象分析与健康规范发展又成了一大研究热点，如广东财经大学金融电子商务研究中心"互联网金融乱象调查研究课题组"对我国互联网金融乱象展开的调查研究；① 沈伟民等（2014）对 P2P 以平台第三方身份试图通过"脱媒"改变成金融属性的"越轨行为"而引发巨大争议的分析及其对 P2P 网贷整个行业前景越来越模糊的担忧；时任中国人民银行副行长刘士余表态：互联网金融业务不能触及红线（苗燕，2013）。在此种背景下，我国的互联网金融研究随着国家监管政策的变化而进入了下一个新阶段。

（4）第四阶段：2016 年至今，业态整治期的互联网金融研究。

针对互联网金融行业乱象纷呈的野蛮生长境况及其出现的一系列触及监管红线的违法违规现象，国务院批准人民银行等 17 个部门联合开展互联网金融风险专项整治行动，我国互联网金融从此进入整顿与规范发展期。随着互联网金融风险专项整治的推进，互联网金融创新发展的支撑环境也在发生着巨大变化，已经由原来的互联网、移动网、云计算、物联网、大数据支撑，发展到了以区块链技术、智能 AI 技术等更先进的技术为支撑的金融科技时期（肖风，2016）。此阶段的互联网金融研究呈现三大特征：一是以互联网金融风险控制为核心的整治策略、技术方案、立法建设、行业自律与标准化建设等的系统研究；二是以 FinTech 金融科技创新为热点的互联网金融发展新路径及未来前景的研究；三是互联网金融监管与金融科技应用发展的综合性研究。

在中国知网上分别以"互联网金融风险专项整治""互联网金融+FinTech"为主题检索词，两者都是仅能搜索到 2016 年和 2017 年的相关文献，其他年份为零，说明互联网金融风险整治研究和互联网金融科技创新研究均是因监管政策的变化与技术创新环境的变化在近两年才出现的新课题。

互联网金融风险专项整治方面的研究包括，黄震（2016）提出了互联网金融风险整治的逻辑思维，认为要实现风险整治之后的长效机制的建设，必须排除风险和治理机制建设并举，实现监管机制与互联网金融创新相配合的逻辑；杨东（2016）提出了技术驱动型监管的互联网金融治理新思维；冯乾、宋丹（2017）认为互联网金融风险专项整治需重视行为监管；胡滨、郑联盛（2017）提出金融科技倒逼监管改革的思路，认为最为理想的监管方式是在金融监管委员会下设立金融科技创新中心；李勇坚、王弢（2016）从互联网金融风险专项整治行动方案中分析了银行与互联网金融的协作关系。

在互联网金融科技创新领域，叶纯青（2016）认为 FinTech 可以看作互联网金融发展到下一个阶段的代名词，其所依赖的技术支撑将从互联网上升到科学技术，这种提升也许不会产生大的变革，但其变化是循序渐进且不可忽视的，FinTech 的技术主要涉及大数据、

---

① 广东财经大学金融电子商务研究中心：《互联网金融乱象调查报告》，载于《证券时报》2014 年 12 月 4 日。

区块链及人工智能等，尤其是人工智能作为 FinTech 发展的一个很重要的科技方向，通过引入机器学习和人工智能技术，让金融活动更具科学属性和智能化，从而提升客户体验，这也与 FinTech 提倡的用科技提高金融效率相吻合；邹均（2016）认为区块链是下一代互联网颠覆性技术、是最近 500 年以来在金融领域最重要的突破，是 FinTech 领域中当之无愧的天之骄子；钟鸣长（2016）在对新加坡 FinTech 生态系统建设进行详细分析的基础上指出，中国互联网金融目前总体上还处于 FinTech1.0 阶段，呈现一种"快、偏、乱"的现象，亟须转型与升级，我们要充分意识到 FinTech 产业发展的必要性和紧迫性，厘清互联网金融与 FinTech 的关系，学习和借鉴新加坡的先进做法和思路，成立专门的管理机构，确定明晰的发展目标，提供资金支持，推行"监管沙箱"，调动国内和国际市场资源，发挥政府、市场和企业的作用，全方位地打造 FinTech 生态体系；李文红、蒋则沈（2017）从监管者的视角探讨了金融科技（FinTech）发展与互联网金融监管的内在关系，并指出，金融科技是否会从根本上改变现有业务模式和监管框架还有待观察，金融科技具有积极作用，但也存在潜在风险和监管挑战，目前国际监管组织普遍加强了对金融科技的关注和研究，各国监管机构也密切关注金融科技发展，但仍然按照金融业务属性，根据业务实质适用相应的监管规则，同时加强跟踪研究和风险评估，不断完善监管方式，金融科技是金融业发展进程中的正常现象，既不应"神化"，也不应"轻视"，监管者应坚持按照金融业务本质实施监管，维护市场公平竞争，同时加强对新兴技术的关注、监测和研究，做好监管准备。

在互联网金融监管与金融科技应用发展的综合性研究领域，娄飞鹏（2016）研究认为互联网金融存在不同于传统金融的特点，现有金融监管不利于全面监管互联网金融风险，决策者在谋划互联网金融监管方案时要充分关注互联网金融的科技属性，以及科技属性对互联网金融运营成本和经营理念及行为的影响，进而采取更具针对性的金融监管措施；肖见光、徐文德（2017）对英国的金融"监管沙箱"模式进行了详细介绍与分析；叶文辉（2017）也详细分析了英国"监管沙箱"的运作机制及其和积极作用，在此基础上重点研究了"监管沙箱"对我国互联网金融监管的借鉴意义，提出应通过建立"沙箱"测试机制、实行创新产品干预、营造公平竞争的监管环境等措施，实现在风险可控的前提下更好地促进互联网金融的创新发展；黄震、蒋松成（2017）也研究了境外的金融科技与"沙箱"监管，指出中英两国达成了就金融科技"监管沙箱"的合作协议，认为"监管沙箱"将对我国互联网金融监管产生积极的影响。

本章小结

本章以产业发展史的视角，概述了互联网金融新业态的诞生及其发展历史，分析了互联网金融产生与发展的技术经济背景；从业态演变与行业实务的角度分析了我国互联网金融的发展现状与未来趋势，在调查研究的基础上专门分析了我国互联网金融表现出的行业乱象，并提出了一些治乱策略；从学术史的角度，分析研究了我国互联网金融产生与发展过程中呈现出的关键"瓶颈"与诸多热点问题。通过本章的学习阅读，使读者基本上可以把握互联网金融的科学概念、业态模式、业务边界、运营规范等,从总体上把握互联网金融的发展现状与未来趋势。

训练思考

1. 论述互联网金融与网络金融在平台性质、诞生时间、运营主体、产品类型与服务对象等方面的差异与联系。
2. 以图表形式展示互联网金融业态的系统全貌及其生态关系。
3. 什么是"监管沙箱"?对我国互联网金融监管有何实际意义?
4. 撰写一篇不少于4000字的题为"互联网金融的发展史与互联网金融的学术史"的研究性文章。

互联网金融的技术基础

2.1 网络通信技术

【课前阅读】

马蔚华：比尔·盖茨当年对传统银行预言给我刺激很大

凤凰财经讯 由清华大学主办的"清华五道口全球金融论坛"于2014年5月10日至12日在北京举行。凤凰财经作为唯一全媒体合作伙伴，为您全程实时直播本次会议。

论坛上，壹基金理事长、招商银行原行长马蔚华在会上提到，"比尔·盖茨很早就想做直接软件公司，20世纪80年代就要取代银行的支付业务，后来由于银行游说联储就没让他成功，但是比尔·盖茨当时放下一句话，说你们传统银行如果不改变，就是21世纪要灭绝的'恐龙'。当时我到招行对我刺激很大，我一直受它的刺激把互联网运用到商业银行了。"

马蔚华认为，"互联网金融和银行以传统金融用互联网形式去做业务，这二者之间我觉得没有根本的对立，算不上什么颠覆性的创新。像现在比较火的小米手机，叫'屌丝逆袭'，还有特斯拉叫'跨业打劫'，这个说颠覆性还有可能。传统银行和互联网企业做金融，它们最本质的应该叫优势互动、相辅相成，它们有挑战，这个挑战对双方进一步改革发展都有利"。

（资料来源：http://finance.ifeng.com/a/20140510/12306653_0.shtml，2014-05-10。）

上述阅读材料以招商银行原行长马蔚华的亲身体验来说明网络信息技术对金融业的影响。网络通信技术改变了银行与整个金融业的业态模式，招商银行于20世纪90年代率先推出网络银行业务，使招商银行的技术水平与网络银行业务走在了同业的前列。在马蔚华看来，传统金融机构的网络金融和互联网企业做互联网金融二者之间没有根本对立，而是优势互补、相辅相成，有挑战，但对双方的改革发展都有利。说明网络通信技术既是传统金融革新发展的基础技术，同样也是互联网金融创新发展的基础技术之一。

2.1.1 网络通信技术概述

目前全世界正处于第四次产业革命爆发初期，其基本特征是以新技术革命带动消费升级、经济转型和社会进步。作为人类社会信息共享与协作的基础平台，信息网络已成为支撑科技竞争、经济繁荣和互联网金融发展的基础。

而作为信息网络的技术基础，网络通信技术的发展起着极其重要的作用。网络通信技术是计算机网络与通信技术的重要结合，它是指通过计算机和网络通信设备对图形和文字等形式的资料进行采集、存储、处理和传输等，使信息资源达到充分共享的技术。网络，是用物理链路将各个孤立的工作站或主机相连在一起，组成数据链路，从而达到资源共享和通信的目的。通信，是人与人之间通过某种媒体进行的信息交流与传递。

网络通信技术可分为以下构成。

1. 计算机网络

计算机网络是计算机技术和通信技术相结合的产物，它将位于不同地域的多台具有独立处理能力的计算机设备，通过通信介质连接起来，由网络软件进行协调管理，并遵循标准的网络通信协议（如 TCP/IP 协议），以实现网络资源共享和信息传递的目的。通常，计算机网络由服务器、终端、网络设备、通信设备和通信链路组成。按照网络覆盖范围和计算机互联的距离，可以分为局域网、城域网、广域网。

2. 互联网技术

互联网（internet）是一个规模庞大的数据通信网络，由遍布全世界的计算机网络和计算机通过电话线、卫星及其他远程通信系统以网络协议进行通信和相互连接的计算机网络的集合。Internet 将不同的计算机、软件平台和网络连接起来，实现了资源能共享。连接在 Internet 上的计算机网络既有单个计算机、网络内容供应商（如新浪、网易等网站），也包括计算机、局域网、广域网与城域网等。这些计算机与网络一般通过网络服务商（internet service provider，ISP）连接到 internet，有些网络本身就是 ISP。计算机网络和互联网技术的迅速发展是开展网络金融的基础。

3. 无线网络技术

所谓无线网络，就是利用无线电波作为信息传输的媒介构成的无线局域网（WLAN），与有线网络的用途十分类似，最大的不同在于传输媒介的不同，利用无线电技术取代网线，可以和有线网络互为备份。与传统有线网络相比，无线网络的特点主要体现在以下两个方面。

（1）无线网络组网更加灵活。无线网络使用无线信号通信，网络接入更加灵活，只要有信号的地方都可以随时随地将网络设备接入网络。

(2) 无线网络规模升级更加方便。无线网络终端设备接入数量限制更少，相比有线网络一个接口对应一个设备，无线路由器容许多个无线终端设备同时接入无线网络，因此在网络规模升级时无线网络优势更加明显。

4. 卫星网络技术

所谓卫星网络，就是利用空间通信卫星作为信息传输的媒介构成的通信网。

常见的卫星网络技术是卫星移动通信业务，它是指地球表面上移动地球站或移动用户使用手持终端、便携终端、车（船、飞机）载终端，通过由通信卫星、关口地球站、系统控制中心组成的卫星移动通信系统实现用户或移动体在陆地、海上、空中的通信业务。GPS（全球定位系统）就是一种典型的卫星移动通信服务。

5. 固定电话网络技术

固定电话在现代是重要的通信手段之一，通过声音的振动利用话机内的话筒调制电话线路上的电流电压，也就是将声音转换为电压信号通过电话线传送到另外一端电话，再利用送话器将电压信号转换为声音信号。因为通常固定在一个位置，所以称为固定电话，也就是平常说的电话座机。随着移动通信技术的发展，固定电话网络的发展速度变慢，但它依然是人们使用最多的通信工具之一。

6. 有线电视网络

有线电视是一种使用同轴电缆作为介质直接传送电视、调频广播节目到用户电视的一种系统。它是相对于无线电视（开路电视）而言的一种新型广播电视传播方式，是从无线电视发展而来的。有线和无线电视有相同的目的和共同的电视频道，不同的是信号的传输和服务方式以及业务运行机制。有线电视仍保留了无线电视的广播制式和信号调制方式，并未改变电视系统的基本性能。数字化、集成化和网络化是有线电视网络的主要发展趋势。

7. 金融网络

金融网络是指基于金融电子化建设，在互联网上实现的金融活动，包括网络金融机构、网络金融交易、网络金融市场和网络金融监管等方面。从狭义上讲，是指在互联网上开展的金融业务，包括网络银行、网络证券、网络保险等金融服务及相关内容；从广义上讲，金融网络就是以网络技术为支撑，在全球范围内的所有金融活动的总称，它不仅包括狭义的内容，还包括网络金融安全、网络金融监管等诸多方面。它不同于传统的以物理形态存在的金融活动，而是存在于电子空间中的金融活动，其存在形态是虚拟化的，运行方式是网络化的。它是信息技术特别是互联网技术飞速发展的产物，是适应电子商务发展需要而产生的网络时代的金融运行模式（赵海军，2013）。

当前网络通信技术正处于深度交叉融合发展向新技术革命发展的重要转折时期。一方面，网络通信领域的各种单项技术发展已趋于性能极限，网络通信技术正呈现高速光互联、云计算、大数据、新型微电子与光电子器件、大规模射频和天线技术密切结合与相互融合的特征，以应对互联网络业务爆炸式增长与多样性发展的应用需求。另一方面，传统网络通信技术的发展正逐渐遇到靠渐进式改进难以继续发展的重大障碍：摩尔定律难以维系，传统的基于"光—电—光"转换原理的高速网络核心设备的性能正逐步受制于功耗的限制，以 IP 为基础的传统互联网络越来越难以实现业界所追求的可管、可控、可信之目标，可方便用于移动互联的无线频率资源正趋于枯竭等，必须在网络通信技术的基本原理、基础器件、资源利用方式、系统构架等方面寻求新的基础性和革命性突破，才能使未来的网络通信技术满足人类社会更为长远的发展需求（尤肖虎，2017）。

2.1.2 网络通信技术的前沿发展

第一，互联网络已在世界范围内形成庞大的生态系统和难以撼动的发展惯性，也在某种程度阻碍了信息通信领域革命性新技术的发生。以 IP 为核心的技术体系仍然将主宰未来 5～10 年全球信息网络的发展，但将面临可扩展性、安全性、实时性、可管理性等重大技术挑战。

第二，互联网技术体系并非一成不变，革命性的新元素不断融合到现有 IP 技术体系中。随着不同类型的需求快速增长，除引发互联网流量持续快速增长外，网络流量的非均匀分布特性、网络服务内容多样化，使得灵活的链路调配能力和丰富的业务适配能力成为网络发展的关键，引发软件定义网络（SDN）、网络功能虚拟化（NFV）及信息中心网络（ICN）等新兴技术快速发展。

第三，面向特殊应用的工业互联网将有可能成为互联网技术体系取得率先突破的关键领域。随着互联网与传统行业深度融合发展，"互联网＋""工业 4.0"等将成为国民经济命脉领域的新支柱，对现有互联网在可靠性、实时性、服务等级、业务多样性等方面提出了一系列全新的挑战，轻量化、可裁剪、软件可定义的 IP 网络代表了未来行业应用的发展方向。

第四，IT 技术融合步入加速发展期，技术与产业生态在未来 10 年将发生剧烈变革。信息网络节点具备融合感知、计算、存储及处理功能，使得网络的技术和设备向"IT 化""云化""数据中心化"演进，平台通用化成为电信领域重要的发展方向，带来网络架构演进、设备形态变化和组网运营模式变革，OTT 运营商、电信运营商、设备制造商正在寻求自己在未来产业发展中的全新定位。

第五，3D、虚拟现实、全息图像等高带宽新兴业务的快速普及，使网络传输容量的进一步快速提升仍然任重而道远。2021 年全球 IP 流量将增长至 2016 年的 3 倍，高峰期流量将达到 1 Pbps，其中 80% 以上是视频流量。P 比特级传输、E 比特级交换、千兆以上接入将逐步成为现实，核心路由交换设备正面临功耗及器件的极限，单台设备耗电上万瓦甚至更多，光电转换及相关的高速 A/D 和 D/A 器件正成为技术"瓶颈"，100 Gbps 光传输技术已规模商用，400 Gbps 开始标准化并出现样机，下一代 T 比特级速率 100T 单模单纤 WDM 已实现，容量提升正逐渐遭遇"瓶颈"。

第六，4G－LTE 移动通信技术发展方兴未艾，并正作为一种基础技术逐渐扩展其应用范围。以中国移动为代表的运营商，其 4G 用户的普及率已经超过 50%，并仍然处于快速发展期。面向车联网、物联网及终端直通应用的 LTE-V、LTE-U、LTE-D 等技术标准正逐步成熟，面向小数据、大链接物联网应用的窄带 LTE（NB–IOT 或 NB–LTE）受到业界广泛的关注，有望成为一种大范围覆盖的物联网运营基础设施，从而为拓展基于公网的物联网应用开启全新的方向。

第七，我国将于 2020 年启动 5G 商用，除满足移动互联网业务 10 年 1000 倍的扩容需求之外，5G 还试图将信息网络的应用范围从目前的人与人通信拓展至人机物协同通信、超密集连接物联网、车联网及工业互联网等更为广泛的领域。端到端网络切片技术成为业界研究的热点，以满足移动互联网业务多样性的需求，但用"用一张网络满足所有需求"的发展夙愿仍将面临巨大的技术挑战。

2.1.3　网络通信技术在互联网金融行业的应用与发展

随着网络通信技术的发展和普及，近年来我国的互联网金融发展迅猛：新型机构不断涌现，市场规模持续扩大。2013 年 6 月 13 日，阿里巴巴集团支付宝上线"余额宝"类存款业务。仅仅两个月之后，阿里巴巴余额宝募集资金已达到 250 亿元，累计用户数已达到 700 万左右，超过此前一年所有国内基金新增客户数量的总和。2013 年 8 月 1 日，上市公司同花顺推出货币基金管理产品"收益宝"。和同类产品的捆绑销售不同，收益宝的投资者可以自由选择货币基金，在网上可进入相应的充值平台。2013 年 8 月 5 日，随着微信 5.0 版的正式推出，由腾讯公司和财付通联合推出的微信支付也随之问世。

根据互联网金融运作主体的不同，可以将其划分为电商介入模式、互联网企业介入模式、银行结算的第三方支付模式、P2P 模式、众筹模式等。

（1）电商介入模式。是指以阿里巴巴、京东商城为代表的电商介入金融领域所形成的互联网金融模式。

（2）互联网企业介入模式。是指互联网企业介入到金融服务领域所形成的模式，它们本身并不直接为客户提供金融服务而以服务金融机构为主。这类模式主要以各类基金代销网站和金融信息服务网站为主，如东方财富、融 360、好贷网等。

（3）银行结算的第三方支付模式。通过银行结算的第三方支付模式，即涉及银行支付结算体系的第三方支付，如财付通、支付宝。

（4）P2P 模式。P2P 网络借贷（peer-to-peer lending）平台，是 P2P 借贷与网络借贷相结合的金融服务网站。即由具有资质的网站（第三方公司）作为中介平台，借款人在平台发放借款标，投资者进行竞标向借款人放贷的行为。P2P 模式的核心就是利用互联网几亿人之间的信息不对称，让他们相互对接把信息的不对称减少到最小。

（5）众筹模式。众筹，由 crowdfunding 一词翻译而来，即大众筹资。在美国，如果有人有好的想法就可以把这个想法放到网上，让大众对其投资，然后用这个产品的收益回报投资者。投资者在网上投资可以获得股权。

根据互联网金融服务形式的不同，可以大致将其分为三种主要的经营模式：传统金融服务的互联网延伸、金融的互联网居间服务和互联网金融服务。传统金融服务的互联网延伸是指传统的金融机构（主要是银行）借助互联网的便捷性和强大的影响力将自己的服务务在互联网上进行推广,最典型的代表是网上银行和电子银行。其中,网络银行主要是以工商银行和招商银行为首,取得了很多成绩,其中之一就是实现了数据大集中,形成了南北数据中心,完成了灾备建设。金融的互联网居间服务主要包括第三方支付平台、P2P信贷、众筹网络等。互联网金融服务是网络形式的金融平台,这一模式大多是以阿里、京东为代表的电商向金融行业的渗透,包括互联网基金(如天弘增利宝货币基金)、网络小额贷款公司(如阿里小贷)、保险销售平台(目前以 B2C 模式为主)等。

互联网金融能大大降低交易成本、分散风险并扩大金融服务的范围,让个体经营户、小微企业和普通民众都受益匪浅。罗伯特·希勒(2012)认为,金融体系应该扩大化、民主化和人性化,监管更加技术化,但谁也不应该拒绝金融和新的形态,这是金融为好的社会所能贡献的。比尔·盖茨曾说过,传统银行如果不改变现状,就是一群 21 世纪行将灭绝的"恐龙"。有关人士指出,互联网金融突破了时间和空间的界限,这是物理网点做不到的。现在互联网金融只是对商业银行、证券公司提出挑战,未来发展到互联网货币的形态,将是对央行的挑战。[①]

2.2 移动互联网技术

【课前阅读】

肖风谈 FinTech:信息社会的金融技术架构

有人说互联网金融是 FinTech 的中国叫法,也有人说互联网金融和 FinTech 不是同一个物种。我认为,互联网金融其实是 FinTech 的初级阶段,或者,把互联网金融称为 FinTech1.0 版,也许更准确。

记得三年前,有人曾质疑当红的互联网金融,认为它根本就不存在,互联网金融只不过是好事者生搬硬造出来的"生词"而已。其中一条理由居然是:用"internet finance"搜索不到任何相关的英文信息,也就是说在英文江湖里居然没有任何互联网金融的传说!

到底什么是互联网金融?阿里巴巴集团前首席技术官、阿里云的缔造者王坚博士的一段话给了我很大的启发:"中文里说的互联网,与之对应的英文应该是 Internet 加上 WWW。这里的 Internet 就是指物理上的连接,这里的 WWW 就是万维网,常被简称为 Web(网页),指的是在线的那些内容。只不过 Web 占据了传统互联网九成以上的连接内容,所以两者经常被混为一谈。"连接只是说你连到了计算机上,"在线必须在互联网上实现"(王坚:《在线》,中信出版社出版 2006 年版,第 38 页)。我在同样由中信出版社出版的著作《投资革命:移动互联时代的资产管理》一书中也曾经写道:"'上网'与'在线'这两种与互联网不同的关系状态,意义与价值有云泥之别!"

王坚说道:"互联网技术,把离线变成了在线,而后者给人类社会带来的变化说不定

---

① 《互联网金融势不可挡,监管层表态支持创新但底线不能碰》,http://finance.china.com.cn/roll/20130817/1734557.shtml。

会超过人类第一次使用火。"互联网金融，核心不是"internent finance"，而是"web finance"。一切都因为在线而变得价值非凡！

互联网金融时代的到来，一是有赖于移动通信技术的诞生；二是有赖于智能手机的普及；三是有赖于人们从上网到在线的与互联网发生关系模式的变化。因为在线，所以互金！

在线的本质是人类社会的一场"数字化迁徙"。第一次大迁徙发生在史前，人类先祖从非洲热带迁徙到更适合生存的温带；第二次大迁徙发生在近代，人类从非洲、亚洲迁徙到欧美；第三次大迁徙发生在现代，人类从贫穷的乡村迁徙到富裕的城市；现在，伴随着从工业社会向信息社会的发展，人类正在从物理空间迁徙到数字空间：电子商务帮助我们重构了数字化的商业关系，社交网络帮助我们重构了数字化的人际关系……

（作者肖风系中国万向控股副董事长、万向区块链实验室发起人。节选自：《财经》，http://magazine.caijing.com.cn/20161228/4217966.shtml，2016 – 12 – 26。）

上述阅读材料告诉我们，互联网金融的核心不是"internent finance"而是"web finance"，互联网金融的兴起和普及得益于移动通信技术，得益于智能手机的普及，得益于人们从上网到在线与互联网发生关系模式的变化。即因为在线，所以互金！移动互联网技术对互联网金融的发展有着特别的意义。

2.2.1 移动互联网金融概述

移动互联网金融是传统金融行业与移动互联网相结合的新兴领域。近年来，移动互联网在我国发展迅猛，伴之而来的是金融行业各种模式的创新也层出不穷，移动互联网金融（即"互联网 +"移动终端应用于金融行业）应运而生，并且得到快速发展。随着大数据、云计算、社交网络等新一代互联网技术的迅速崛起，移动互联网金融涌现出更多的新模式、新产品和新公司，不难想象，移动互联网金融的未来前景将会更加乐观。

1. 移动互联网

20世纪出现并且广泛普及的互联网让人们的学习、工作以及生活方式、思维理念受到越来越深刻的冲击和改变，人们也因此充分享受到社会进步和科技发达带来的各种方便和快捷。但是，随着宽带无线接入技术和移动终端技术的不断发展，人们越来越不满足于静态固地方式，更希望随时随地甚至移动过程中随时从互联网获取信息和服务，移动互联网在这种背景下脱颖而出。移动互联网是一种采用移动无线通信方式，通过智能移动终端获取业务和服务的新兴业务模式。移动互联网包含终端（包括平板电脑、智能手机、电子书、MID等）、软件（包括操作系统、数据库、中间件和安全软件等）和应用（包括工具媒体类、休闲娱乐类和商务财经类等不同应用与服务）三个层面。

2. 互联网金融新模式

互联网金融是实现资金融通的新兴服务模式，它是以依托于互联网的云计算、社交网络及搜索引擎等工具，实现资金支付、融通和信息中介等业务的一种新兴金融。作为内生性金融创新模式，互联网金融是为适应新的需求而产生的新模式及新业务，它利用互联网技术与通信技术等现代信息技术手段，通过与传统金融业务互相渗透、互相融合，实现共融性发展。目前，互联网金融的创新主要集中在理财领域，随着余额宝等参与者的不断增多，互联网金融的优势更加得到凸显，它降低了理财"门槛"，减少了金融交易成本，撬动了投资理财、电商消费等大众化领域，提升了新的消费层次，塑造了新的商业模式，打造了新的金融服务格局。

3. 移动互联网金融

移动互联网金融是传统金融行业与移动互联网相结合的新兴领域。移动互联网金融以平板电脑、智能手机和无线 POS 机等各类移动设备为媒介工具，实现资金支付、股票交易、基金买卖、购买保险等业务的新兴金融模式。从广义上来说，移动互联网金融从属于互联网金融，但从实际效果来看优于互联网金融，因为移动互联网金融和互联网金融虽然都是基于互联网平台，但是有线互联网是人随网走，网线在哪儿，就只能到哪儿上网，而移动互联网是网随人动，人在哪儿，网络就到哪儿，就能够在哪儿上网。移动终端的高度便携性让移动互联网金融具备更多的优越性，并且使之成为传统金融机构与互联网企业等多方市场主体为了在移动互联时代生存和发展需要竞相抢夺的"制高点"。

2.2.2 移动互联网对金融服务的影响

1. 操作更便捷

随着智能手机、平板电脑的使用越来越便捷、应用越来越广泛，用户可以因为它们的操作简单、随时上网、携带方便的优点，更好地享受互联网提供的金融服务。当前，只要通过在手机等移动终端上按键就能及时、快捷地实现资金转账、支付及证券交易等金融功能。并且，时下移动网络具有的推送功能，更能让广大客户在较短的时间内获得自己想要的金融信息，当用户看到某个喜爱的商品，借助手上的移动设备就能够很快识别商品的基本属性、价格情况及购买渠道，客户只需借助移动终端按几个键就能购买并完成所有金融服务流程。

2. 参与度更高

移动互联网使众多用户能够直接参与金融生产。以用户购买商业银行理财产品为例，在传统的银行服务 B2C（这里 B 指商业银行，C 指手机用户）模式下，只有银行发行标准化的产品后，用户再进行选择和购买自己最接近的需求产品。但在移动互联网金融时代，商业银行可以基于大数据分析，有针对性地邀请用户主动提出需求，比如金融产品的期限、金额及风险偏好等，当具有同类需求的用户达到一定数量时，商业银行可以根据客户需求来发行相应产品，从而实现商业银行与客户的价值共创。

3. 中间成本更低

传统线下的 POS 刷卡器的硬件成本不低，交易还受场地固定的约束。而作为硬件终端的手机，不但更便宜，并且使用更方便。移动互联网使得品牌商与移动用户更容易建立长期联系，方便买卖双方直接交流沟通，使品牌商与移动用户之间制定游戏规则，加快摆脱中介平台和加速商业民主化进程，直到彻底抛弃中介平台。因此，移动互联网金融让股票、期货、黄金等金融产品的交易可以变得随时随地进行，让品牌商与移动用户对中介平台逐渐摒弃，不但减少了中间环节，而且提高了效率，大大地降低交易成本。

4. 协作性更好

移动互联网金融融合了通信、IT、信息和金融等多个行业。比如，通过移动终端，实现水、电和煤气等费用缴纳的移动支付，实现股票类交易的移动证券，实现购物消费的移动电子商务，实现行内或者跨行不同账户间的移动转账等，这些业务都需要以银联为代表的金融机构、通信运营商、信息网络安全企业和掌握移动互联网入口的互联网公司、以支付宝为代表的第三方支付机构等多个参与方的合作，在共生互赢的模式和机制上，为了彼此的利益和发展，势必培育和建立各行各业更为紧密的协作和配合关系。

5. 透明度更强

移动互联网金融将过去固化的生活方式转变成移动化，将传统的金融经营和管理模式变得更加开放透明。在移动互联网，有些用户愿意在一些群体里暴露自己的行踪和经历，比如在微理财上获得一笔授信，会主动将体验过程与人分享，这就提高了自己的透明度，增强了朋友对自己的信任度，提升了自己的个人信用，从而获得金融行业的更高授信。并且，移动互联网用户通过移动终端能够实时地了解到通过哪家银行的信用卡能够享受优惠，能否申请消费贷款等金融信息，这将会促进各种金融信息变得更加透明和公开。

2.2.3 移动互联网技术架构

移动互联网的出现带来了移动网和互联网融合发展的新时代，移动网和互联网的融合也会是在应用、网络和终端多层面的融合。为了满足移动互联网的特点和业务模式需求，在移动互联网技术架构中要具有接入控制、内容适配、业务管控、资源调度、终端适配等功能。构建这样的架构需要从终端技术、承载网络技术、业务网络技术各方面综合考虑。

图 2-1 所示为移动互联网的典型体系架构模型。

（1）业务应用层：提供给移动终端的互联网应用，这些应用中包括典型的互联网应用，如网页浏览、在线视频、内容共享与下载、电子邮件等，也包括基于移动网络特有的应用，如定位服务、移动业务搜索及移动通信业务（如短信、彩信、铃音等）。

（2）移动终端模块：从上至下包括终端软件架构和终端硬件架构。

- 终端软件架构：包括应用 App、用户 UI、支持底层硬件的驱动、存储和多线程内核等。

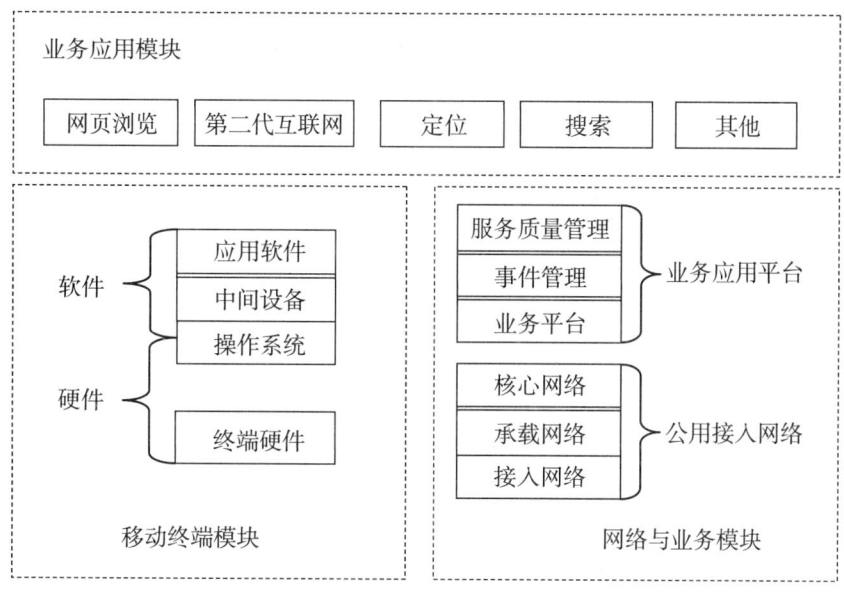

图 2-1 移动互联网的体系架构

- 终端硬件架构：包括终端中实现各种功能的部件。

（3）网络与业务模块：从上至下包括业务应用平台和公用接入网络。

- 业务应用平台：包括业务模块、管理与计费系统、安全评估系统等。
- 公共接入网络：包括接入网络、承载网络和核心网络等。

从移动互联网中端到端的应用角度出发，移动互联网的业务模型可分为五层。

一是移动终端：支持实现用户 UI、接入互联网、实现业务互操作。终端具有智能化和较强的处理能力，可以在应用平台和终端上进行更多的业务逻辑处理，尽量减少空中接口的数据信息传递压力。

二是移动网络：包括各种将移动终端接入无线核心网的设施，如无线路由器、交换机、BSC、MSC 等。

三是网络接入：网络接入网关提供移动网络中的业务执行环境，识别上下行的业务信息、服务质量要求等，并可基于这些信息提供按业务、内容区分的资源控制和计费策略。网络接入网关根据业务的签约信息，动态进行网络资源调度，最大程度地满足业务的 QoS（quality of service）要求。

四是业务接入：业务接入网关向第三方应用开放移动网络能力 API 和业务生成环境，使互联网应用可以方便地调用移动网络开放的能力，提供具有移动网络特点的应用。同时，实现对业务接入移动网络的认证，实现对互联网内容的整合和适配，使内容更适合移动终端对其的识别和展示。

五是移动网络应用：提供各类移动通信、互联网及移动互联网特有的服务。

另外，技术团队要始终把安全放在第一位，竭尽全力保障投资人的资金安全与信息安全。参照国家信息系统安全等级保护的要求，制定综合的安全治理措施，主要应该包括以下三个方面。

一是基础技术设施安全建设。采用企业级防火墙；HTTPS数据传输加密；分布式数据存储与备份；抗DDoS（distributed denial of service）服务；跟踪最新漏洞，及时系统升级。

二是提高代码的安全性。制定代码规范和各种开发规范，确保开发人员能够写出安全的代码；开发代码扫描工具，扫描代码；代码审查，代码交叉审核；单元测试与自动化测试。

三是建立监控与反馈系统。及时发现潜在的问题，化被动为主动；为可能发现的问题制定应急预案；监控重点敏感数据与功能，发现异常及时进行阻断和报警。

最后，技术团队要为整个技术平台制定出长期的改善目标，包括：持续改善系统架构，更好地支持业务扩展；降低系统耦合，提升对变化的响应速度；建立更完整的公共平台、基础框架、基础类库，提高开发效率；合理地增加或减少系统间交互，提升系统性能、稳定性；完善配置、监控、预警、日志系统，提升系统运维效率及发现问题的速度，等等。

2.2.4 移动互联网金融发展前景

1. 手机上网人数的增长提供了有利条件

据工业和信息化部最新发布的通信业经济运行情况的数据显示，当前我国移动电话用户规模达12.9亿户，普及率达每百人94.6部，移动互联网用户总数超过8.99亿户。其中，使用手机上网的用户总数达到8.58亿户，占总网民数的九成多，手机保持第一大上网终端地位。数据表明，我国移动互联网发展已进入全民时代，这是移动互联网金融能够加快发展的强有力支撑。

2. 移动支付设备和平台的创新发展奠定了坚实基础

通过可穿戴移动设备的推出和应用，支付方式将更具多样化和便捷化，如声波支付、虹膜识别等先进技术将使金融变得无处不在，金融和个人之间的关系也将是如影随形。并且，伴随着中国金融移动支付公共服务平台的建立和不断完善，联网通用、安全可信的中国移动金融可信网络已经形成，这为广大手机用户提供了一个安全、快捷的移动支付环境，也必有效地促进移动互联网金融产业的规范、有序发展。

3. 新产品和服务的探索应用注入了持续动力

信息技术及移动互联网的飞速发展，让越来越多的企业、创业者进入移动互联网金融领域，伴生了更多产品和服务的创新推出。随着微信的普及，微信银行、微信理财、微信支付深受广大用户欢迎；社交化是移动互联网的重要特征，如微博的出现为人们提供了一个即时发言平台，人们只要带上移动终端，就可以随时随地和朋友交流金融体验、分享金融资讯、建立金融社交；余额宝、百度理财等创新型移动互联网金融都具有需求引致的特点，不但营销费用低，而且效果很好。各种金融产品和服务的不断创新，打破了传统金融格局的垄断局面，同时，也为移动互联网金融的发展注入了生机和活力。

2.3 物联网技术

【课前阅读】

物联网与金融模式新革命

信息技术给社会及人们的经济生活带来了深刻影响，如时下热议的互联网金融，而物联网的发展又会给金融行业带来怎样的变化呢？

我们认为，物联网以其全新的架构体系，让实体世界实现有组织、主动地感知互动，让虚拟经济从时间、空间两个维度上全面感知实体经济行为、准确预测实体经济的走向，让虚拟经济的服务和控制融合在实体经济的每一个环节中，这必将推动传统金融模式的一场新革命，并催生一种全新的金融模式——物联网金融。

物联网——主动、有组织地感知互动

我们知道，传感器采集信息、通信传输、中心进行处理的架构是传统智能化的测控系统。而物联网是以实体世界的感知互动为目的，以社会属性体系架构为核心的全新综合信息系统。如果把传感器比作人的鼻子、眼睛、耳朵的话，神经是传输系统，大脑就是指控中心，传统的测控系统是把系统比作一个人，物联网则是由这些"人"组成的团队、社会，"他们"有协同、有分工、有组织地去完成实体世界的感知互动。测控系统能完成人为的一些简单的测控场合，比如工业自动化，只有物联网的社会属性架构的高自适应的体系，才能满足纷繁复杂的实体世界的感知互动的要求。

物联网是信息技术发展第三次产业浪潮的推动者。以 PC 机为代表的信息处理推动信息产业进入第一次产业浪潮——智能化时代；移动通信、互联网为代表的信息传输推动信息产业进入第二次产业浪潮——网络化时代；物联网使信息获取产生革命性的变化，正推动信息产业进入第三次产业浪潮——社会化时代。

物联网面向实体世界，对实体世界进行追踪历史、把控现在、预测未来，改变的是实体产业的本身。比如，物联网让传统智能安防监控从事后追踪变革为事前预警；让传统智能交通的红绿灯控制车流量变革成车流量控制红绿灯；让传统基于 RFID、条码、二维码的物流信息化被动管理变革成主动无遗漏环节监管，等等。物联网对传统产业的变革将远远超过互联网的影响。

（节选自：《光明日报》，http://epaper.gmw.cn/gmrb/html/2014-05/29/nw.D110000gmrb_20140529_1-15.htm，2014 – 05 – 29。）

上述阅读材料向我们展示了物联网技术是如何改变实体经济、改变现代金融体系的。物联网面向实体世界，改变的是实体企业本身，物联网对传统产业的变革将远远超过互联网的影响，物联网对互联网金融的影响也将是广泛和深远的。物联网以其全新的架构体系，正在催生一种全新的金融模式——物联网金融。

2.3.1 物联网概念

物联网（internet of things）通过传感器、射频识别技术（radio frequency identification，RFID）、全球定位系统（GPS）等技术，实时采集任何需要监控、连接、互动的物体或过程，采集其声、光、热、电、力学、化学、生物、位置等各种需要的信息，通过各类型的网络接入，实现物与物、物与人的链接，实现对物品和过程的智能化感知、识别和管理。在这个网络中，物品彼此进行"交流"，实现自动识别和信息的互联共享。

从技术的角度来说，物联网技术主要有四个层面。第一层是设备层。就是"物"的层面，此层面包含传感器、网关、终端硬件等。物联网的数据在这个层面从各种设备中被感知和产生。第二层是网络层。各种物理设备通过各种方式进行组网，形成了物联网的初级形态。第三层是数据采集和分析层。数据在第三层中被集中采集到一个计算中心，通常是云计算平台，进行数据整理和计算而得到有用的分析结果。可以说，第三层是物联网的灵魂。第四层是分析结果的展现和应用。这一层完成物联网结果的反馈和与其他系统的对接，给生产、生活带来实质帮助。以上四个层面组成了在各行各业实现物联网方案的基本技术框架。

物联网作为继计算机、互联网后信息产业革命的第三次浪潮，早已蔓延到社会生产经营的方方面面，也将对社会经济中枢的金融行业产生深远影响。金融物联网是指物联网技术在金融行业的全部应用。从一项或一组物联网技术对金融企业的内部管理支持和流程优化，到完整的物联网商业应用场景与金融企业具体业务的结合，再到多维度、全链条的智慧网络建设及数据应用推动的金融模式变革与创新，物联网技术在金融领域的应用不断深化，相关产业也呈现出强劲的发展势头。

金融机构利用以物联网为核心的信息技术，进行金融信用、杠杆、风险和服务的创新，从而将深刻变革银行、证券、保险、租赁、投资等众多金融领域的原有业务模式。其中，物联网技术之于金融信用体系的创新，在于金融机构在物联网技术支撑下，重构其与监管部门、非金融企业、服务对象等相关参与者之间的新型信用体系；物联网技术之于金融资本杠杆的创新，在于金融机构通过构建物联网技术应用场景来引导更多的参与者投入实体经济，推动单一的金融资本杠杆向多样性的资本、技术等资源组合杠杆的转变；物联网技术之于金融风险管理的创新，在于金融机构通过共享实体经济的物联网数据信息，实现智能客观的风险定价；物联网技术之于金融产品服务的创新，在于金融机构利用物联网技术实时地获取客观的市场需求，进而动态地调整金融服务，推动被动的融资服务向主动的融资融智服务转变。

金融物联网包含了物联网技术、金融服务及实体经济的生产运营场景等基本要素。其中，金融和物联网技术是金融物联网的两个核心要素，相辅相成，互为支持；而实体经济的生产运营场景则是金融物联网的现实载体，金融服务与物联网技术将在其中作为基础要素融入实体经济的商品或服务中。金融物联网构成的新型生产关系，因其高度的开放、协作以及全面的去中介化，使信用、跨期价值交易的成本无限下降，产品服务边际成本趋近于零,业态边界也将趋于无穷大,可以扩张到所有的社会生活、生产和运营中,囊括所有的商业和非商业参与者。

2.3.2 物联网对金融的影响和作用

物联网和金融相互影响、渗透并不断进行跨界融合已经成为必然趋势。物联网对金融的最大价值是提供了对客户和交易进行客观观察的手段,金融机构可以利用物联网技术和信息通信技术,提高自己的风险识别和控制能力,并推动金融产品和服务创新,提供新型的支付、资金融通、投资、资产管理及信息中介等各种金融服务,扩大金融服务的广度和深度。[①]

1. 有效解决交易信息不对称问题

随着物联网技术的突飞猛进,世界本身正在成为一种信息系统。物联网提供物与物、物与人的交互信息,通过对海量数据信息的存储、挖掘和深入分析,金融机构随时随地掌握"人"和"物"的形态、位置、空间、价值转换等信息,并且充分有效地交换和共享,从而有效克服信息不对称问题,为大到服务战略、小到业务决策提供全面、客观的依据。以汽车保险市场为例,由于保险人和投保人之间信息不对称,骗保时有发生。如果保险公司在投保车辆上安装物联网终端,对驾驶行为进行综合评判,则可以根据驾驶习惯的好坏确定保费水平。出现事故时,物联网终端实现远程勘察,实时告知保险公司肇事车辆的行为。保险员不到现场即可知道车辆是交通事故还是故意所为,不但解决了骗保问题,还可以快速赔付、提升赔付效率。

2. 促进信用体系更加客观化

物联网数据是通过底层传感器采集的实实在在的客观数据,它克服了互联网数据存在的社交数据多、交易数据少、采集方法主观因素多等问题。借助物联网技术,金融机构对于客户前端信息的主观调查被传感器实时采集的客观数据所代替,从而获得更加真实有效的数据,以这些数据为基础的风控模式将从滞后的、基于主观的信用评价进化为实时的、基于客观数据的信用评价。此外,物联网还将促进信息量和维度大大提升,能够更加全面地反映企业和个人的自然属性和行为属性,提高信用体系的可靠性。物联网对金融的革命性影响在于信用体系的夯实,未来甚至可能重塑社会信用体系。

3. 优化金融资源配置

物联网技术的进步将大大改善信息不对称,使金融机构能够以更加精细、动态的方式对信息流、物流和资金流进行"可视化管理",在此基础上进行智能化决策和控制,合理引导资金流向和流量,促进资本集中并向高效率部门转移,从而达到优化资源配置的目的。

---

① 陈静:《中国金融科技发展概览(2016)》,电子工业出版社2017年版。

融合了物联网技术的金融服务，全过程电子化、网络化、实时化和自动化，能大大降低运营管理成本。此外，得益于"物联网 + 大数据 + 预测性算法 + 自动化系统"，采集信息的边际成本近乎为零，服务长尾客户再无边界限制，金融服务将可以惠及更广泛的企业和人群。

4. 促进智慧金融的发展

智慧金融表现为金融机构可向客户提供与其日常生活内容紧密相关的洞察、建议、产品或服务，真正交付定制化体验。以金融支付为例，随着移动通信、互联网和近场通信技术的融合发展，利用指纹、虹膜、掌纹、掌静脉、声纹等进行个人身份鉴定的生物识别技术日趋成熟，传统密码支付将逐步被识别支付替代。物联网技术在支付中应用后，会感知消费者的周边环境和自身的状态，以确保支付者的资金安全、人身安全，还可通过透彻感知，将支付行为与企业运营状态、个人健康、家庭情况的动态变化相关联。这意味着，无论是面对个人或企业，金融机构不仅可以预测客户的需求，还能够根据客户不断变化的情况做出积极响应，及时提供相关的解决方案，助力客户实现目标，带来全新的智慧式金融体验。

2.3.3 金融物联网发展情况

随着信息化发展、"中国制造2025"等国家战略的推进，物联网产业进入飞速发展阶段，金融物联网应用方案逐步丰富，相应金融业务模式渐成体系。物联网技术与金融的结合，涉及银行、保险、融资租赁等多个业务方向，既有对这些机构内部运营管理的提升，也有金融模式的创新。

1. 物联网技术在金融企业内部运营管理的应用

目前，物联网在金融企业运营管理方面的应用从功能上主要可以分为两个维度。
（1）提高企业内部管理能力。

物联网感知设备能够实时不间断地对物体状态信息进行反馈，对金融企业的安全防卫、突发事件反应、提升内部运营效率等提供了很好的帮助。例如，航天信息提供的RFID银行运钞箱管理系统采用远距离射频感应技术，通过安装在运钞箱的电子标签与安装在金库的读写器之间的射频通信，记录和管理运钞箱出入金库的业务流程，通过网点的手持便携设备，记录和管理各个营业网点的运钞箱，实现了银行运钞箱在金库与营业网点间的自动化管理，提高了银行运钞箱管理效率与安全性，提升了银行的综合竞争力。

另外，金融物联网还能提升金融企业内部重要资料的管理能力，比如部分银行和保险公司采取的档案盒电子标签，不但可以实现业务进度查询、处理意见读写和流程时效管理，还能为内部服务计价、风险追责等提供证明。

（2）提升服务质量和客户体验。

物联网信息的传送是建立在物与物之间的，减少了人为的影响，对保障金融信息传输安全有很好的效果。例如，集成电路卡（IC卡）、移动支付的兴起及指纹、虹膜支付的逐步应用,都是物联网技术在金融支付安全领域的应用体现。物联网不但保障信息传输的安全,还可以利用感知设备收集的真实数据集,延伸出更多的、特色化的应用形式,极大地提升金融企业的客户体验。例如,远程开卡机通过摄像等读取设备提高了客户开卡的效率;微软研发的金融产品信息桌通过物联网技术可以智能地向客户展示金融产品信息及提供更多金融服务资讯,客户甚至可以在信息桌上完成金融产品或服务的购买。

2. 物联网技术与供应链金融业务的结合

物联网技术在帮助不同产业优化升级的过程中,发展出来的管理功能和数据信息可以帮助金融企业优化风险管理、简化业务操作流程,并推动产品创新。RFID、智能视频、工业二维码等物联网技术能够对商品流转、仓储进行实时的识别、定位、跟踪、监控等系统化、智能化管理,使金融机构能够从时间、空间两个维度全面感知和监控动产的存续状态和变化过程,有效地提升了供应链金融业务风险管理和操作效率。

(1)物联网在汽车供应链金融中的应用。

平安银行依托自身在汽车供应链金融领域的优势,在"车厂—供应商"供应链融资环节,引入了物联网传感系统和智能监管系统,开创了物联网技术下"智能监管库存融资"模式,实现了技术监管对人工现场监管的优化升级、银行信贷业务模式的重塑和优化,极大地降低了人力成本和道德风险,并为银行风险管理提供了强劲的大数据支撑。

(2)大宗商品动产融资。

平安银行与大型港口、公共仓库等仓储物流企业建立战略合作,采用智能仓储监管方案,对钢铁、有色、石油、化工等大宗商品仓库进行物联网改造升级,实现对动产融资业务项下抵质押物的实时动态监管,赋予动产以不动产的属性,囊括静态仓储和动态物流中的大宗商品,真正激活交易商品的金融属性。

(3)交易见证及配套金融服务。

伴随商品交易线上化的全面普及,贸易真实性问题成为限制交易配套金融服务发展的主要因素。电子交易平台、仓储物流企业、金融机构等应用物联网技术将线上信息化交易过程与线下商品实物的交割连接在一起,使得商品交易、实物交割与金融机构的资金监管、支付清算等服务匹配,达到交易信息流、物流和资金流的统一。

海格物流将RFID、重力感应器等物联网设备应用在高价酒类的仓储物流中,实时读取线下交易商品品名、规格及数量等信息,准确监测货物的库存和物流状态,并将物联网化的仓储、物流信息系统与线上交易信息系统直连,为买卖双方动态掌控交易商品、快速判断交易时机提供了有效支撑,由此配置的交易见证、支付结算及供应链融资等金融服务也得到了很好的发展。

(4)仓单认证、交易及配套金融服务。

仓单的交易及融资由于近年来的虚假仓单、重复质押及监管过失等问题陷入了发展困境,频发的风险事件影响行业信用体系的同时,也影响了商品交易的活跃度。交易市场、交割仓库、期货公司及银行等应用物联网技术将大宗商品实物与电子仓单绑定,使得仓单信息能根据实物的物理变动、权属变化等进行实时调整,并用套期保值交易锁定仓单价值，进而实现大宗商品实物交易及融资的单证化和线上化。

目前，已有多家机构在进行仓单物联网化的研究和推动工作，其中有仓储机构、大宗商品核心厂商，也有一些其他第三方机构，都致力于通过互联网、物联网及大数据等新兴技术，对仓单及其项下货物的相关信息进行动态、持续、统一的登记公示，逐步形成了集仓单认证、仓单征信、仓单保险、仓单交易及投融资于一体的仓单服务方案。

3. 物联网技术与保险的结合

对保险业来讲，精算最大的困难是无法获得准确全面的风险数据，物联网技术的应用和普及将深刻地改变保险业态，让消费者更受益的精准定价保险产品时代已经开始萌芽，实时核保、实时定价等新技术应用，将使"一车一价"车险、带病投保健康险、弹性保额重疾险、防误导销售等变得可行。

平安产险、百度与车载诊断系统（on-borad diagnostic，OBD）制造商元征科技在车联网保险方面建立了合作，共同推出基于OBD、基于位置服务（location based service，LBS）技术的车联网智能硬件——百度地图版（Golo），通过对车主行驶数据的持续分析，为其提供便捷、快速、个性化的车险服务，并通过与汽车产业链上各方参与者的信息共享，围绕汽车的"买、卖、养、用、玩"等场景，提供汽车按揭、安全咨询、加油、洗车等多元化服务。

此外，针对个人的寿险和健康险方面，保险行业也已开始尝试运用物联网技术，并催生出新的商业价值。例如，众安保险推出的一款基于日常慢跑的重疾险产品，就是将客户每天慢跑达标情况与保费优惠结合起来。这一看似简单的变革，却是保险精算传统的一大突破，改变了传统保险产品固定费率、固定保障、无法细分人群的旧模式，极大地提升了客户体验。

2.4 云计算技术

【课前阅读】

云计算，打开互联网金融巨大的想象空间

浙江省金融业发展促进会秘书长汪炜：5年，金融机构会将数据抛到云中

很高兴来到马云的一个新的地盘——阿里云创业创新基地。大家都知道马云是"预言大师"，一个企业家过冬问题，一个改变银行的预言，虽然都引发了巨大争议，但都已被市场所验证。我在这里也学一下马云，说一个大胆的预言，5年以后所有的金融机构都将会把数据抛到云上面。

为什么能够有这样的一个预言？因为互联网金融，金融的互联网化已经成为一种趋势，云计算必然成为未来金融机构提供金融服务的一个非常重要的手段。原因有三个。

第一，云计算是互联网金融战胜传统金融的一个核心技术。因为，只有在互联网上，才可以真正去运用大数据云计算技术。而大数据才是真正的金融的核心资源。云计算一定

会成为金融的核心技术。如同阿里小贷,大量的交易数据,而交易数据就是一种能够对企业的未来的经营收入做前瞻式的预测数据。以前所有的预测都是后瞻式的。在未来更重要的是很好地运用前瞻的数据,进行更加理性的预测。而前瞻式的预测的数据支撑,主要是来源于互联网。

第二,云计算是互联网环境下避免金融危机的关键性技术。大家可能说你这个说远了。云计算跟金融危机有什么关系?但是大家都知道,经济危机,往往是由金融危机如金融活动的不确定形式而引发的,金融波动具有非线性,这是人类很难把控的问题。金融危机到目前为止主要有两类。第一类是系统性危机,比如1992年的金融危机和2008年的次贷危机。

第三,云计算是互联网时代金融机构高效的技术后台。大家都知道,金融机构设备投入比较多,从使用的效率来,它存在大量的IT成本。传统的IOE结构,后台的资源容量超过50%、60%以上,庞大的基础设施建设的投入,普遍利用效果不好,一个系统锁定一批资源,没有办法进行动态资源共享。而且金融机构是广泛经营的一种生态形式。在各地开营业部、分支机构、建设自己的IOE,但投入资金量非常大。未来,金融业发展需要更多地考虑更低成本的开放式存储、分布式计算。

事实上,云计算在金融机构运用当中面临非常严重的制约。最突出的是监管政策的限制,加上对安全政策的忧虑,这是现实情况。但云计算进入金融业,本身也是一次边缘革命。未来,金融会有三大"革命",第一是民间金融走向民营金融;第二是金融业务交叉深入,比如原来个人理财是银行或者银行商会来做,但未来可能是资本市场也可能是证券公司来做;第三是金融的互联网化,我们绝大部分的金融业务都将在互联网上得以实现。

(资料来源:http://www.csdn.net/article/2013-10-28/2817312/1。)

上述阅读材料以马云的互联网技术颠覆和改变金融生态环境的预言为榜例,预测5年以后所有的金融机构都将会把数据抛到云上面。说明云计算技术是未来金融机构举足轻重的一种技术类别,云计算将打开互联网金融巨大的想象空间。

2.4.1 金融云计算概述

云计算是一种IT资源的交付和使用模式,是指通过网络以按需、易扩展的方式获得所需的硬件、平台、软件及服务等资源。它是由分布式计算(distributed computing)、并行处理(parallel computing)、网格计算(grid computing)发展来的,是一种新兴的商业计算模型。

云计算是推动信息技术能力实现按需供给、促进信息技术和数据资源充分利用的全新业态,是信息化发展的重大变革和必然趋势。发展云计算,有利于分享信息知识和创新资源,降低全社会创业成本,培育形成新产业和新消费热点,对稳增长、调结构、惠民生和建设创新型国家具有重要意义。当前,云计算已引发金融领域重大变革,是金融科技的重要组成部分。

1. 云计算加速金融行业 IT 架构转型

受多种因素的影响，长期以来我国金融业的关键核心业务信息系统、灾备系统等主要基于国外高端软硬件。这些高端软硬件有力地推动了我国金融业的发展。然而，在"互联网+"时代，业务的转型发展对 IT 系统的安全性、可用性与业务持续性提出了更高的要求，基于上述因素，国外高端软硬件技术架构的弊端逐渐显现。

一是建设和运维成本偏高。多数金融机构一直以来采用最成熟、可靠的 IT 技术路线，通常使用国外主流厂商提供的信息技术和商业产品进行集中式部署，在信息技术实施、支持和保障上很大程度依赖于信息技术供应商，存在技术标准不统一、新技术应用和技术创新缓慢、投入产出比低下等问题，也使金融机构自身缺乏核心技术积累，在技术路线选择上受制于国外厂商，被几大国外公司垄断。随着基础设施规模不断扩大，数据中心建设成本不断攀升。

二是资源交付效率低。在金融服务互联网化、移动化发展趋势下，以及互联网金融公司竞争、利率市场化等挑战下，金融机构在战略和战术上积极应对，提出了互联网金融、大数据、电子商务等新的战略目标，并以此加速业务模式创新。但这些目标所需要的海量信息技术处理能力往往无法通过传统 IT 基础设施解决方案有效满足，即使传统方案能够实现，企业也难以承受漫长的建设周期。因此，要满足新业务发展的响应速度，探索、采用新技术已经成为必然选择。

三是资源调整不灵活。金融机构在传统系统架构下资源分配往往是固定的，是按照单个应用系统资源需求进行建设和部署，资源之间形成孤岛，不能灵活调整，例如，在淘宝"双11"促销和电商秒杀等业务需求中，传统技术架构只能按照业务峰值配置基础设施资源，造成巨大的资源浪费。随着互联网金融、电子商务等业务快速发展，对基础设施资源的灵活调整、弹性伸缩提出了更高的要求。

四是运行风险日益突出。金融机构数据中心作为"金融业跳动的心脏"，稳定运行和控制风险是第一要务。一方面，基础设施故障、突发业务压力、频繁变更上线等均可能影响系统的稳定和服务质量，而随着业务部门和金融监管机构要求的不断提高，对数据中心高可用性的要求日益严格；另一方面，数据中心对外部基础设施、外部技术和服务的依赖性不断增强，网络入侵、信息泄露等安全风险日益突出。

相反地，近几年国内外云计算发展十分迅猛，除了新兴的云计算厂商在大力推动云计算发展之外，一些传统 IT 厂商也纷纷向云计算转型，云计算技术和服务越来越成熟、越来越开放和标准化，逐渐在多个领域广泛应用。

正是在这种新旧技术交替发展的过程中，我国金融业也在悄然发生改变，一些新兴金融机构迫于成本、人力的压力，直接使用云计算服务，有力支撑了业务快速增长；与此同时，一些传统金融机构为应对移动互联网时代下的金融业务发展需求，也在探索向云计算、分布式架构转型。

2. 金融云计算部署模式

根据使用云计算平台的客户范围的不同，云计算部署模式可以分为公共云、行业云

（如金融云）、专有云和混合云。公共云指不限制客户范围的云计算平台；专有云指专为某个机构服务的云计算平台；混合云指前述几种部署模式的组合；金融云（属行业云）主要指仅限于为金融行业服务的云计算平台，包括金融机构自建的专有金融云、云服务商为金融业提供的公共金融云，以及上述两种模式组合的混合金融云。

3. 金融云计算服务模式

同其他领域的云计算服务模式一样，金融云计算服务模式也是由云服务商提供的资源类型来决定的，主要分为软件即服务（software as a service，SaaS）、平台即服务（platform as a service，PaaS）、基础设施即服务（infrastructure as a service，IaaS）三种模式，在 SaaS 模式下，云服务商向客户提供的是运行在云基础设施之上的应用软件。在 PaaS 模式下，云服务商向客户提供的是运行在云计算基础设施之上的软件开发和运行平台。在 IaaS 模式下，云服务商向客户提供虚拟计算机、存储、网络等计算资源，提供访问云计算基础设施的服务接口。[①]

4. 金融机构应用云计算服务的好处

金融机构应用云计算服务，可获得以下四大益处。

一是减少开销和能耗。采用云计算服务可以将硬件和基础设施建设资金投入转变为按需支付服务费用，客户只对使用的资源付费，无须承担建设和维护基础设施的费用，避免了自建数据中心的资金投入。云平台使用虚拟化、动态迁移和工作负载整合等技术提升运行资源的利用效率，通过关闭空闲资源组件等降低能耗；多租户共享机制、资源的集中共享可以满足多个客户不同时间段对资源的峰值要求，避免按峰值需求设计容量和性能而造成的资源浪费。资源利用效率的提高可以有效降低运营成本，减少能耗，实现绿色IT。

二是增加业务灵活性。对于使用公共云服务的客户，不需要建设专门的基础设施，缩短业务系统建设周期，使客户能专注于业务的功能和创新，提升业务响应速度和服务质量，实现业务系统的快速部署。对于部署专有云平台的企业，通过云服务供给方式和一键式部署，提高了资源的交付效率及业务的灵活性。

三是提高业务系统可用性。云计算的资源池化和快速伸缩性特征，使部署在云平台上的客户业务系统可动态扩展，满足业务对IT资源的迅速扩充与释放，从而避免因需求突增而导致客户业务系统的异常终端。云平台的备份和多副本机制可提高业务系统的健壮性，避免数据丢失和业务中断。

四是提升团队专业性。云计算技术发展迅速，需要有专业技术团队及时更新或采用先进技术和设备，以提供更加专业的技术、管理和人员支撑，使用户能获得更加专业和先进的技术服务。通常只有公共云服务商或大型金融机构具备这些技术能力。

当前我国仍有大量小型或微型金融机构，缺乏完善的基础设施和充足的科技人员，使用公共云服务可以使这些机构在短时间内具备原先只有大机构才能具备的技术能力。

[①] 《信息安全技术——云计算服务安全指南》（GB/T31167）。

2.4.2 金融云计算发展情况

近年来,我国金融监管部门逐步明确对云计算的支持,公共云服务商进一步加大在金融领域的投入,越来越多的云服务商建设了专门为金融机构服务的金融行业云。同时,越来越多的金融机构开始考虑使用公共云服务或自建专有云平台,金融业的云计算市场在逐步扩大。

1. 金融业云计算部署模式

行业云为主,公共云、专有云、混合云并存。2016年,在使用云计算的金融机构中,多数机构选择使用金融行业云,以进一步提高安全可靠性,满足金融监管的要求。一些大型机构尝试使用专有云,以提高自身对云平台的可控性。一些互联网金融公司由于长期没有受到严格的监管而选择使用公共云。个别机构尝试混合云,在提高核心数据安全可控性的前提下通过混合云来达到资源弹性伸缩的目的,灵活应对"流量洪峰"。

2. 金融业云计算服务模式

IaaS为主,PaaS、SaaS为辅。2016年,金融机构在采购云计算服务时,仍然以IaaS服务模式为主,实现资源虚拟化。一些机构也在尝试使用PaaS服务,为网络金融相关的业务系统构建分布式和服务化系统架构,支撑弹性伸缩和敏捷IT。一些云服务商还通过云市场的方式为金融机构提供第三方的SaaS服务。

3. 金融业云计算服务的主要场景

保险业已有全面应用,银行业、证券业多在外围应用。

(1) 保险业核心业务系统。

由于保监会发布了明确支持云计算的指导文件,因此一些网络保险公司或新兴保险公司已把核心业务系统运行在具有较高安全保护等级的云平台上。

(2) 非核心系统。

对于云计算,金融机构(尤其是银行业金融机构)多数还处于试水的阶段,尚未把核心业务系统和数据库部署到云平台上。大部分金融机构选择采用X86服务器搭建云计算平台,将原来承载在主机或小型机上的一些外围应用服务改造为集群化部署方式,使其不会因硬件故障导致系统运行中断,之后得以将改造后的应用服务迁移到云计算平台。而核心系统仍采用相对传统的部署方式。

(3) 互联网业务接入的前置系统。

近年来,由于电子商务等互联网相关业务的快速发展和爆发特性,金融机构内部IT系统越来越难以支撑相关业务。例如,"双11"大促销,部分金融机构为了支撑"秒杀"类的业务,只能将部分业务压力进行转移,为缓冲系统压力,降低系统风险,金融机构开始将部分网络业务的前置系统转移到云计算平台上来抵抗峰值压力,才能更为从容地应对业务的峰值冲击。

(4) 企业互联网网站系统。

由于互联网网站技术相对简单、受众覆盖范围广、不涉及太多金融交易、需要高质量的互联网网络平台来提升用户体验，所以一些机构将企业的互联网网站部署在云计算平台。利用云计算平台高质量的网络环境和全方位的地理覆盖，能够为这些机构带来更好的用户体验，同时降低这些机构的互联网带宽需求，节约 IT 运行成本。

(5) 证券业务行情系统。

由于证券业务的行情系统只有公开信息，不涉及客户隐私，且对互联网资源要求很高，所以特别适合使用云计算方式来提供服务。一方面，云平台通常具有很高的带宽；另一方面，使用云计算能满足行情淡季和旺季对资源弹性伸缩的需求。

(6) 互联网金融服务系统。

互联网金融系统包含微贷、消费金融等相关业务系统。对于互联网金融服务初创企业，由于其系统需要新建，没有历史技术包袱，通过云服务商提供的云服务可以快速搭建业务系统，降低前期投入，且天然的互联网业务特性也适用于云计算相关技术。

(7) 网络学习等辅助系统。

企业的网络学习系统是企业内部员工的培训系统，要通过互联网进行访问，并不涉及金融业务，安全等级要求较低，但对用户和系统性能要求较高，因此，部分金融机构将此类系统部署在云平台不仅提高了系统管理灵活性、降低了运营成本，还大幅改善了用户体验。

(8) 企业开发测试环境。

一些金融机构（尤其是银行业金融机构）在试水云计算时，早期仅仅把云计算系统用于开发测试环境，进行应用系统的开发和测试。通过云计算平台的搭建，这些机构的 IT 部门开始逐步体会到云计算平台实现 IT 资源服务化带来的好处，能够大幅降低系统环境准备的时间和应用上线周期，使整个开发测试过程更为敏捷。

4. 金融云计算多层次发展方向

云计算将促进金融信息技术和数据资源的充分利用，并推动金融服务的持续创新。金融行业云计算服务下一步的重要发展方向是实施架构转型、提升资源效率、推进业务创新、提升用户体验、增强安全防控。其整体发展将包含三个层次：

第一个层次是金融机构实施架构转型，并完成开发测试及运行环境、金融服务场景、金融应用的云化。

第二个层次是形成金融机构的开放服务平台。金融机构要有策略、有计划、有针对性、安全合规地对金融服务进行开放。通过金融机构自身的信用认证、接口等公共服务应用程序接口（application programming interface，API）、第三方合作伙伴 API 的开放和融合，将金融服务结合或植入合作伙伴所提供的服务场景中，形成多种创新的金融 SaaS 服务，提升金融机构业务创新、数据分析、安全防控的能力。

第三个层次是形成金融机构间共建共享的云生态。通过金融机构间、互联网企业、云服务商、第三方金融软件应用提供商的合作，实现服务资源集中共享，建立灵活高效的金融应用市场。通过金融机构服务能力的输出和外部服务能力的引入，实现合作共赢，形成有利于各参与方的生态化体系。以阿里云为例，其于 2016 年 4 月推出阿里云开放生态体系（也称"云市场"），提供不满意退款、全程担保交易与软件交付全程监管支持，打造公平、便利的软件市场环境，实现云计算生态各方的能力和资源共享。截至 2016 年 8 月，已有近千家软件服务提供商提供了超过 3000 款软件，涵盖企业应用、服务市场、网站建设、云安全、基础软件、数据市场和行业解决方案 7 种市场类目，全面覆盖创业、上云、电商、金融、直播等 20 个行业市场，实现了云软件统一的交付标准，支持镜像、编排、容器、API、SaaS、服务、下载 7 种交付方式，实现了近百种阿里云产品、4000 多个渠道商和 230 多万用户之间的资源共享，提供了一键开通"软件＋云计算资源"的功能，使软件开发商转变为一站式集成、实施、交付服务提供商。

多个金融机构尤其是中小型金融机构可以采用"合作建立、共同经营"的机制建立联盟云（行业云联盟）：一方面，在提升自身机构的云化开发、升级、部署、管理、创新效率的同时切实降低成本；另一方面，利用基于联盟云的生态体系，既聚合机构间力量，又能够根据自身特点获取所需外部资源，形成差异化竞争优势。

5. 云计算的典型应用

（1）业务背景。

近年来，互联网金融行业飞速发展，对 IT 平台的快速构建、高并发访问、风险控制和安全防护提出了非常高的要求。传统的金融 IT 系统已经很难满足互联网金融的快速发展，必须通过互联网技术和云计算架构来满足要求。

（2）部署架构描述。

在互联网金融系统的技术架构中，需要能支持高并发的用户访问，需要采用去中心化的企业级分布式应用服务（enterprise distributed application service，EDAS）集群架构，结合分布式关系型数据库服务（distributed relational database service，DRDS）及分库分表策略，以彻底解决架构中的单点和热点问题，实现全链路监控并根据用户流量动态扩容和高峰限流。同时实现：①根据系统特点，采用同城容灾架构；②前端接入高防集群，提供海量的抗攻击能力；③通过 EDAS 和 DRDS 实现应用和数据库层的弹性扩展，随时应对更大、更具偶发性的业务压力；④关系型数据库服务（ralational database service，RDS）、消息通知服务和键值存储服务等更多服务化的云产品，让业务构建更简单、更快速、更稳定。

（3）成功案例：红岭创投电子商务股份有限公司。

红岭创投电子商务股份有限公司（以下简称"红岭创投"）是 P2P 行业的领跑者。一直以来，红岭创投网站总交易量及月均交易量都远远高于同行其他网站。随着红岭创投步入快速发展的轨道，为满足日益增长的需求，平台需要新的系统架构以保证网站安全高效地运行。为此，红岭创投联手云服务商，运用全新的云计算技术和去中心化的互联网分布式集群架构，对现有系统进行全面深度的改造，彻底解决了原有架构中的单点和热点问题，实现全链路监控并根据用户流量动态扩容和高峰限流。在 2015 年"双 11"期间，红岭创投平台在短短 35 分钟就突破 1 亿元的成交量，全天最终交易额达到 29.34 亿元，全天成功投标 96099 次，成交 49410 笔借款，平均每 1.7 秒就有一个满标。

2.4.3 金融云计算发展展望

云计算从原来的一种可能性变成了必然的趋势,各机构将不再讨论是否应该使用云计算,而是讨论应该如何用好云计算技术。

1. 金融机构将进一步扩大云计算技术的应用范围

随着监管部门态度的逐渐清晰,金融机构将更加放心地使用云计算来构建新型 IT 系统,主动探索利用云计算技术实现架构转型,逐渐从辅助系统、外围系统扩大到关键系统甚至核心系统。

2. 公共云服务商将继续加大投入

随着金融业云计算市场的逐渐升温,云服务商在未来必将加大在金融业的投入,IaaS 服务竞争将逐渐白热化,PaaS 服务的竞争将逐步开始,部分企业还将开始提供 SaaS 服务。

3. 云计算领域新技术将继续演化

由于研发运维一体化(DevOps)逐渐深入人心,容器技术将成为热门并快速普及,它能带来快速部署和持续交付的能力。虽然容器技术在隔离性和成熟度方面仍不完善,但已经成为云计算技术领域未来的发展趋势之一。微服务和分布式技术架构将逐渐成为未来应用架构发展的趋势。同时,亚马逊推出的无状态事件驱动计算服务展现了无状态计算的潜力,以及对未来云计算发展方向的影响。

2.5 大数据技术

【课前阅读】

大数据会成为未来互联网金融的核心

国务院去年 3 月在杭州市开启了非常重要的试点叫跨境电子商务综合试验区,之后又开放了 12 个城市,到现在是 12+1,这个试验改革到今天已经有一年半时间。大概进行到第一年的时候就发生了一种情况。因为这一次的跨境电商改革是中国外贸转型的非常重要的一步。地方政府把海关报关、检验检疫、税务、审计等的工作通过单一窗口方式搬到网上。再配套一些第三方的互联网公司,如阿里巴巴、亚马逊、慧聪等这些公司协助中国外贸公司在这个平台上进行外贸进出口贸易。这大大提高了中国外贸透明度。到今年年初的时候,很多人都看到了机遇。

上个月的时候阿里和杭州市政府在杭州市选择了 300 家杭州市重点外贸企业做了一件事,就是每家给 50 万美金的金保,非常类似于 2003 年的支付宝。国内公司通过单一窗口平台和国外公司做贸易,对方要采购国内企业的商品的话,它可以先把钱打到第三方窗口,然后国内企业拿钱去采购,采购之后再把东西给他。这是上个月刚刚开始的。如果说这条路走通得话,就可以看到中国外贸未来发展和中国互联网金融产业会出现一个非常大的交融。

我们在京东做调研的时候看到一个景象,未来企业或者说个人,和金融之间的关系将是交易过程当中的一个环节。在京东上所有做贸易的公司可以向京东做短期贷款,所有贷款都不需要担保,因为在京东上有交易数据,贸易公司的信用在交易过程当中产生。在阿里和京东的平台上,我们可以看到未来金融发生的一个重要的特征,就是它不再是一个交易本身,它的时间会成为利润衡量的维度之一,这已经超出了银行给企业贷款的基本模式。这是我们在外贸领域看到的一个基本情况。随着中国内贸市场慢慢繁荣,这一部分的变革也会进入到中国的内贸市场。

第二大亮点,大数据会成为互联网金融的核心。人工智能和区块链这两个技术,在未来会使数字货币在金融市场当中的使用权重大大增强。同时可以彻底改造人和金融机构之间的关系。所以在大数据意义上,未来的金融机构的核心能力不是存量的改造,而完全是增量的变化。在这种情况下,金融机构的核心能力,无论是网点能力、客户能力还是产品能力,在大数据和人工智能的范畴当中,所有的资产都可能会失去意义。

第三个亮点,互联网成为金融社群化试验的工具。经过这几年的发展,陆金所人均年交易量是5000~6000元。中国的中产阶级开始出现,越来越多的金融衍生品需要向中国的中产阶级贩售,所有这些东西是无法完全通过互联网在线实现的。一般来说,大家好像说这又回到了传统银行私人银行业务,私人银行点对点的模型又开始发挥作用了。但是其实,我们并没那么看。浙江省工商银行在浙江省就有超过3000个私人银行的理财人员,一个省就要3000人,去服务大概100万客户,所以这还是一个非常传统的、人力成本非常高的交易模式。

如果说通过大数据方式,通过人脸识别方式,可以把高净值并愿意接受新的金融产品的人抓取出来,那很可能现在银行所保有的这一块,现在来看还是一个非常具有竞争能力的私人银行业务,他们自己也是通过社群化的方式,重新打通用户的关系点。

(资料来源:节选自吴晓波,《大数据会成为未来互联网金融的核心》,http://sike.news.cn/statics/sike/posts/2016/08/219505256.html,2016-08-19。)

上述阅读材料是知名财经作家吴晓波2016年8月18日在第二届中国(上海)互联网金融峰会上主旨演讲的文字摘录。吴晓波以跨境电子商务的应用场景向我们展示了互联网金融和电商大数据的未来前景:大数据会成为未来互联网金融的核心。

2.5.1 大数据及其产业概述

当今,信息技术为人类步入智能社会开启了大门,带动了互联网、物联网、电子商务、现代物流、互联网金融等现代服务业发展。"大数据"这一概念的提出可以追溯到2008年。当年9月,《自然》(*Nature*)出版了《大数据》(*Big Data*)专刊。2011年2月,

《科学》(Science)联合其姊妹刊推出了一期关于数据处理的专刊——Dealing with Data，从互联网技术、互联网经济学、超级计算、环境科学、生物医药等多个方面介绍了海量数据所带来的技术挑战。与此同时，麦肯锡、IBM 等知名跨国商业机构纷纷提出"大数据"概念和行业展望。在国内外相关领域的共同推动下，"大数据"已从概念演化为集科学原理、信息技术、数据理念为一体的集合体。

1. 从资源视角来看，大数据是新资源，体现了一种全新的资源观

自 2000 年以来，以 Hadoop 为代表的分布式存储和计算技术迅猛发展，极大地提升了互联网数据管理能力，引发全社会开始重新审视"数据"的价值，开始把数据当作一种独特的战略资源对待。未来 5 年，全球数据将呈指数级增长。根据国际数据公司(International Data Corporation，IDC)统计，2014 年全球数据总量为 8ZB，预计 2020 年达到 44ZB。我国数据总量为 909 EB，占全球数据总量的 13%。其中，媒体、互联网数据量占比为 1/3，政府部门、电信企业数据量占比为 1/3，其他的金融、教育、制造、服务业等数据量占比为 1/3。2020 年，我国数据量将达到 8 060EB，占全球数据总量的 18%。

2. 从技术视角看，大数据代表了新一代数据管理与分析技术

传统的数据管理与分析技术以结构化数据为管理对象，在小数据集上进行分析，以集中式架构为主，成本高昂。与"贵族化"的数据分析技术相比，源于互联网的、面向多元异构数据、在超大规模数据集上进行分析、以分布式架构为主的新一代数据管理技术，与开源软件潮流叠加，在大幅提高处理效率的同时，成百倍地降低了数据应用成本。例如，Hadoop 技术可将数据存储和分析的成本由原来的 3 万 USD/TB，压降到 300～1000 USD/TB；新一代计算平台 Spark 进一步将 Hadoop 的性能提升了 30 多倍。类似的开源技术在极大提高数据分析效能的同时，大大降低了数据分析的技术"门槛"，为企业提供了低成本的大数据技术方案。

3. 从理念视角看，大数据打开了一种全新的思维角度

大数据的应用赋予了"实事求是"新的内涵：一是"数据驱动"，即经营管理决策可以自下而上地由数据来驱动；二是"数据闭环"，互联网行业往往能够构建包括数据采集、建模分析、效果评估到反馈修正各个环节在内的完整"数据闭环"，从而能够不断地自我升级、螺旋上升。

当前，国内外缺乏对大数据产业的公认界定。从技术体系的角度来看，市场普遍认同的大数据技术体系包括以 Docker 为代表的容器微服务技术、以 Hadoop 为代表的大规模分布式存储计算技术、以 Spark 为代表的大规模数据分析建模技术、以 Kafka 为代表的数据总线技术、以 HBase 为代表的非结构化查询语言(no structured query language，NoSQL)技术、以 Redis 为代表的内存数据库等。从数据应用的角度来看，大数据产业既包括在大数据采集、存储、管理、挖掘等环节提供数据资源供给、数据分析服务、数据应用产品的"核心大数据企业"，也包括诸多非信息技术领域中，运用大数据理念、技术来提升运作效率、提高决策水平的"大数据生态企业"。

根据 IDC、Wikibon 等咨询机构预测,2016 年,全球大数据核心产业规模约为 300 亿美元。中国信息通信研究院预计,2016 年我国大数据核心产业的市场规模将达到 168 亿元,2017~2018 年将维持 40% 左右的高速增长。华沙经济研究院预计,欧盟 27 国因大数据生态的建立,至 2020 年将获得 1.9% 的额外 GDP 增长;美国麦肯锡咨询公司预计,到 2020 年,美国大数据应用带来的增加值将占当年 GDP 的 2%~4%;中国信息通信研究院预计,到 2020 年大数据将带动中国 2.8%~4.2% 的 GDP 增长。[①]

未来,大数据技术将呈现出数据源更丰富、处理技术更强大、分析技术更精准等趋势。数据源方面,经过行业信息化建设,医疗、交通、金融等领域已经积累了大量的数据资源;而随着物联网的应用、移动互联网的普及,来自社交网络、可穿戴设备、车联网、物联网及政府公开信息平台的数据,将成为大数据增量数据资源的主体。数据处理技术方面,谷歌文件系统(Google file system,GFS)、Hadoop 分布式文件系统(Hadoop distributed file system,HDFS)技术的出现,奠定了大数据存储技术的基础;而日后出现的 MapReduce(映射规约模型)、Storm、Dremel、Spark、Pregel 等各类大数据技术,进一步提升了大数据处理能力,在开源社区的不断努力之下,性能更高的新技术将不断涌现、快速更新。数据分析技术方面,大数据为人工智能、深度神经网络的研究突破提供了技术和数据保障。未来,大数据技术不但能够大大降低企业部署联机分析处理(on line analytical processing,OLAP)、数据挖掘等数据分析工作的成本,更可在大体最结构化/半结构化数据及文字、图片、音频、视频等非结构化数据中获得更多的价值。

2.5.2 金融行业大数据现状

随着大数据技术的快速发展,大数据在金融业的应用场景正在逐步拓展,在风险控制、运营管理、销售支持和商业模式创新等细分领域都得到了广泛的应用。

1. 金融行业数据源概览

金融行业内部积累的大数据资源、行业外部获取的大数据资源均可为金融行业所用。按照具体的业务场景,可将金融行业内的大数据源划分为银行业数据、证券期货业数据、保险业数据和互联网金融平台数据等方面。

(1)银行业数据。

银行业数据主要包括五个方面:即客户信息数据;由客户交易获取的结构化数据;银行业务处理过程中采集的用于集中作业、集中授权、集中监控的影像、视频等非结构化数据;银行网站点击中隐含的大量客户需求或产品改进信息;各类媒体、社交网络中涉及的银行信息等。

(2)证券期货业数据。

证券期货业的经营对数据的实时性、准确性和安全性的要求较高。证券期货数据包括

---

① 中国信息通信研究院:《大数据白皮书(2016)》,http://www.cttl.cn/data/bps/201612/P020161228287754680380.pdf,2016-12-28。

实时行情、历史金融数据、统计数据、新闻资讯等，数据涵盖股票、期货、基金、债券、股指期货、商品期货等与宏观经济、行业经济息息相关的多个方面。证券期货数据的数据量大、变化快，期货数据每秒更新两次，每日产生上万笔数据。宏观经济数据包括国内宏观经济数据、地区经济数据、行业经济数据、国外宏观经济数据四大类，涉及超过13万个经济指标、670万条经济数据。新闻资讯不仅包括新闻信息和机构研究报告，还包括论坛、微博发布的网络舆情信息，这些数据需要采用网络爬虫、语音分析等非结构化数据处理方法进行数据挖掘。

（3）保险业数据。

保险业数据包括保单、理赔单、电话营销录音、保险业相关行业业务数据、与具体险种相关的行业外数据（气象、经济指标、区域统计指标等）、医疗保险记录和病历、汽车险及投保者的驾驶违章记录数据等。保险业的非结构化数据多为影像数据。这些数据为保险公司的各类决策提供支持，支撑保险营销、定价等业务的开展。

（4）互联网金融平台数据。

互联网金融平台数据包括支付数据、网络融资服务数据等方面。支付数据即用户的转账汇款、机票订购、火车票代购、保险续费、生活缴费等支付服务数据；网络融资服务数据主要是贷款方的财务报表、运营状况、个人财产等资信相关数据，以及投资方的个人基本信息、行为信息及偏好信息。互联网金融公司除了在自身服务平台上搜集数据外，还可以在互联网上获取如用户的网页浏览数据、其他平台交易数据、网络言论等数据资源，对客户的行为进行交叉验证。

2. 国内金融行业大数据应用现状

由于行业本身的特点，金融行业在"大数据"概念提出之前，一直是数据治理、数据分析领域的积极实践者，并在数据仓库、数据分析平台、数据挖掘等领域进行了卓有成效的实践。近年来，金融行业积极吸纳、学习"大数据"理念和相关技术，结合自身业务将既有的数据分析工作推向了新的高度。目前，大数据治理和分析能力已经成为各类金融机构的核心竞争力和发展的重要推动力。

以下是国内金融行业大数据的一些典型应用场景。

（1）银行业的大数据应用。

国内商业银行对数据的集中、规整、分析、挖掘可以追溯到2000年前后，近年来，银行IT系统建设积极采用大数据所带来的开放、聚合、互联、智能的理念和相关技术体系，取得了一系列应用成果。

① 大数据平台建设。

实现目标：基于既有的数据仓库或内部数据分析挖掘平台，及时跟进、评估开源社区和大数据行业的技术发展进展，搭建融合数据仓库和开源技术的大数据处理平台，使商业银行有能力基于行业内外的数据源开展各类大数据应用。

具体内容：在现有统一的数据库架构下，逐步审慎评估、纳入 Hadoop、YARN、Spark、Tez、HBase、Kafka、OceanBase、NoSQL、内存计算、流计算和图计算等技术，使用个人电脑架构服务器搭建更具经济性的计算集群，以期在数据吞吐量、处理速度、数据源多样性、IT运维成本等方面获得较高提升，有效支持商业银行在线上、线下各类业务的效率提升和融合。

② 大数据产品创新。

实现目标：基于商业银行多年积累的海量内部数据，纳入合规合法的外部数据，开发出"门槛"更低、更加便捷高效的创新产品，提升产品的竞争力。

具体内容：在多年积累的产品体系基础上，进一步提高内部数据的打通、整合、挖掘水平，纳入覆盖面更广、颗粒度更细的内部数据，借助特征工程、机器学习等大数据分析技术，结合征信、税务、互联网公开数据等外部数据源，在个人/对公信贷、供应链金融等业务场景中进行产品创新尝试，开发出线上申请、快速审批的互联网信贷产品。

③ 大数据风控尝试。

实现目标：利用大数据的先进技术，打通内部、外部数据，提升内控合规、反欺诈、信用风险管理等方面的技术水平。

具体内容：采用大数据总线技术，提升数据获取的颗粒度和数据更新速度，借助网络爬虫、图数据库、机器学习等大数据技术，提升数据分析的精度和场景匹配度，全面掌握客户风险情况，提升非现场审计的业务占比，在提高风控质量的同时，有效提升业务效率，减少时间、资金和人力资源的支出。

④ 大数据营销服务探索。

实现目标：利用行内积累的客户数据，结合大数据分析技术，准确理解客户需求，发掘潜在客户，提升对客户的感知能力和个性化营销、服务水平。

具体内容：引入非结构化数据处理技术，结合大数据总线技术、机器学习建模、个性化营销技术，利用内部各渠道积累的数据，强化客户行为数据的收集利用，提升数据获取的颗粒度和数据更新速度，通过线上或线下客户经理等通道，准确感知客户的实时需求，并实现全渠道的伴随式服务和营销。

(2) 保险业的大数据应用。

① 费率计算模型优化。

实现目标：利用过往业务中积累的真实理赔数据，结合内部和外部大数据，通过构建更加精细的模型，实现保费的精准差异化定价，提升盈利能力。

具体内容：利用大数据平台，将内部的客户属性信息、外部获取的客户行为习惯信息与真实的客户理赔数据进行关联，进而使用因子分析、特征工程、逻辑回归、决策树、随机森林等算法，经过多轮数据建模与场景化调优，构建出基于大数据的保费定价模型，对不同理赔概率的客户提供差异化的报价。

② 客户结构优化。

实现目标：利用历史积累数据，从既有的客户群中探索出高价值客户群，为进一步优化客户结构提供决策参考。

具体内容：借助关联分析、回归建模、机器学习建模等方法，结合业务规则，对赔付率正常、件均保费高、库存高的客户群体进行精确定位设计专项营销，提升高价值客户群的业务转化率。

③ 好名单优选。

实现目标：利用数据挖掘方法进行客户营销转化率分析，区分目标客户的营销转化率，提升营销成功率。

具体内容：使用回归分析、决策树建模等多变量分析技术，利用既有数据和外部数据资源，对客户进行精准画像，进而以转化率为优化目标，建立营销转化率预估模型，发现转化率高的客户，优先实施营销。

④ 基于客户行为的营销资源优化。

实现目标：基于历史数据和客户行为数据，实现营销资源的合理配置和有效使用，从而提升营销效果。

具体内容：对营销资源管理系统及历史数据进行分析，结合外部数据，分析客户行为偏好，找出投保最优配置，同时对投保系统进行优化，逐步形成投保全生命周期管理的完整流程。

（3）证券业的大数据应用。

证券业是典型的数据生产行业和数据驱动型行业，无论是经纪业务中更好地获客、为客户提供投资咨询和辅助决策，还是资产管理中的量化投资模型的建立，都已经离不开大数据的支撑。

① 大数据经纪业务。

经纪业务作为典型的通道中介，券商服务标准趋同，陷入价格竞争的红海，而大数据的引入为券商提供差异化服务提供支撑，助力券商将经纪业务由通道类业务转变成包含增值服务的金融服务，深刻改变着行业竞争格局。

客户营销：建立潜在客户识别模型和新增客户质量评估模型，制定针对性的营销方案，大大提高拉新效率；对于存量客户，通过建立客户渠道偏好模型、客户购买倾向预测模型、客户投资能力评价模型、产品关联分析模型、客户满意度评价模型和客户忠诚度评价模型等，制定针对性地促进客户活跃度的应对方案，开展相应的营销活动，提高客户活跃度和贡献度。

客户转化率提升：通过对客户交易习惯和行为分析，提升客户交易的频率、客户的资产规模，从而提升业务收益。具体而言，就是根据客户的行为偏好，推荐不同的服务：对于交易频率低且年收益率较低的客户，推荐理财产品；对于交易频率高、收益水平高的客户，推送融资服务；对于交易频率低、资金量大的客户，主动提供投资咨询服务。

证券咨询服务：利用大数据技术提升投资咨询服务水准，增强客户黏性。例如，基于每日实时抓取的新闻资讯和股票、政经相关数据，通过大数据分析，帮助用户快速获取全网关注的投资热点。

② 大数据资产管理业务。

实现目标：通过构建大数据模型，理顺主力资金与散户资金、主力行为与市场走势、散户情绪与市场走势等的关系，从而增加投资胜率；利用大数据技术，建立针对各个市场、面向不同用户的交易策略，让投资者能够科学稳定地在全球市场投资。

具体内容：利用大数据建立算法交易与量化投资平台，为证券公司资产管理部、证券投资部提供包括高频行情、智能策略交易与交易报盘绿色通道等在内的更加丰富、高效的策略化投资手段；借助大数据技术挖掘历史数据、高频数据和实时分析当前流式数据，通过交易策略的多维运算发现获利机会，根据设定策略全自动委托下单，从而快速完成交易服务，保证执行效率，降低冲击成本，同时实现高端客户的个性化营销，提升客户价值。

（4）基金业的大数据应用。

大数据一个重要的应用是用来进行辅助投资、制定投资策略。具体来看，大数据可以用来进行选股和择时。选股方面，就是利用大数据甄选出基本面向好或投资各关注度较高的股票并形成投资组合，前者如根据电商网站统计数据购买近期销售向好、价格提升的产品品类的股票；后者如根据财经网站股票板块不同股票浏览数据筛选出近期关注度较高的股票。择时方面，可以利用大数据捕捉投资者的市场情绪。例如，根据财经网站股票板块的点击量、关键词如"股票"的搜索量、博客中股票市场文章的发表和点击量等构建情绪指数，在市场情绪上涨时提升组合仓位，在市场情绪回落时降低组合仓位。

（5）互联网金融的大数据应用。

互联网金融企业多数为纯线上服务，与客户没有直接接触，它收集客户数据的来源主要分为四类：第一类是自身积累的数据，这主要包括客户在金融服务类网站的行为记录，如电商的交易日志、支付的流水记录，以及一切登录浏览等行为；第二类是通过各类线上线下合作伙伴获取的数据，如行业黑名单、法院审判结果、第三方信用评估等；第三类是通过爬虫从互联网上采集的公开数据，包括新闻、各种空间自媒体、微博；第四类是客户授权从其他系统获得的数据，如客户的信用报告、联系人、工资单、银行流水、电商记录、信用卡流水、通话记录等。这些信息单独存在的价值都不大，但当它们汇聚成海量信息，成为大数据，经过数据采集、清洗、分析、建模、机器学习等一系列步骤，就可以建立集中式大数据平台提供服务。目前大数据在互联网金融行业的应用较为突出的领域有授信、风控反欺诈、营销、动态定价等。

① 用户画像。

无论是借钱还是投资，企业都需要深入了解客户，包括客户的收入水平、偿还能力、消费偏好、资产配置等，甚至还包括客户的心理状况、社会关系、所处行业的趋势等。这些对于客户投资借贷行为的预测都有着至关重要的意义。通过大数据分析，互联网金融企业可以把客户的属性标签从几十个扩展到几百甚至几千个，从而360度无死角地描述一个客户。

② 快速授信。

互联网金融通过大数据等技术手段降低了征信成本和营销成本，使更广泛的人群拥有了贷款/投资的机会，现在行业小额贷款的审批速度已经普遍达到了十秒甚至秒级。

③ 风控/反欺诈。

互联网在降低金融服务成本的同时，也给金融欺诈打开了方便之门。各种以"钻补贴推广空子"获利的"羊毛党"日益猖獗。身份伪造、恶意逾期等行为使互联网金融行业损失数以十亿元计，每个企业都为如何堵住漏洞发现欺诈绞尽脑汁。

通过对用户网络行为、设备动态、平台行为、交易行为及整体行为的分析，可以形成一个用户的行为数据图片。例如，通过大数据业务分析和技术分析手段特别是特征工程能力对这些海量数据进行处理；通过大数据关联叠加后利用特征工程可以找出各种"羊毛党"的行为规则。在识别"羊毛党"后,平台需对"羊毛用户"进一步细化分析,综合评判各细分人群对平台的影响,依照平台的目标制定差异化运营措施,并从技术和业务角度制定响应的运营措施。

欺诈行为包括伪造信息提高授信,利用流程漏洞套利,甚至盗窃、伪造身份骗贷。由于互联网的非接触性和便捷性,使这种欺诈实施起来更隐蔽,完成起来更迅速。在进行大数据反欺诈时,通常需要多个风控模型协同工作,这里包括基于用户个人申请信息的模型、基于用户社交关系的模型和基于用户历史交易的模型等。同时,还可以使用机器学习模型来自动发掘非线性的特征组合,提高识别的准确率。大数据反欺诈的一个明显优势是,当模型众多、计算量达到一定程度时,结论和数据之间的关系已经无法靠人类经验来解读,这种情况下任何针对单一风控模型的造假就变得极为困难甚至毫无可能。例如,对一些有组织的骗贷行为,比如使用多个手机号登记、用多个空壳公司为其提供在职证明、填写不同的亲属关系等,利用人工手段进行甄别费时费力,通过大数据分析就很容易发现这些数据之间的关联,从而进行预警。

④ 大数据营销。

对于互联网金融服务机构来说,它的一个永远的痛点是:如何在第一时间洞察客户的金融需求,使用有效手段触达客户,推荐最适合的产品,引导客户在本机构完成贷款或进行投资。

大数据在营销方面的一个解决方案包括分析信贷产品、洞察目标客群、做客群画像;通过意愿预测模型,预测客户意愿;对客户进行分层,对不同价值等级采取不同的营销手段;结合客群共同特征进行营销模板的设计;实时性的数据反馈,进行模型的优化迭代;对客户的动态分析,帮助风控建模及交叉营销。由于结合了大数据的精准营销模式,整体响应率、符合率都比传统模式有较明显的提升,模型逐步的优化迭代,各环节营销效果也呈上升趋势。

⑤ 动态定价。

动态定价是指抛开传统的围绕产品的固定定价模式,将价格与服务的场景、对象绑定在一起,更精准地用价格杠杆应对风险,达到提高收益的目的。这个应用的典型例子是运费险:通过大数据分析,让保险公司能够针对具体的人和商品来进行定价。具体来说,就是通过对退货风险的大数据分析,发现退货概率与消费者属性及消费场景的内在关联关系。例如,女性更容易退货;鞋类退货率高。再通过数据建模和深度学习,制定出总收益最高的保险费策略。于是,对低退货风险的人和商品,运费险只要几毛钱;而在高退货风险的情况下,运费险甚至可能比商品价格还贵。最终保险公司提高了收益。另一个目前开始流行的动态定价的应用是动态利率。对于同一类信贷产品,针对不同用户,甚至针对不同场景下的同一个用户,都可以实现利率实时计算,而不是基于某种预先设置的静态策略。

(6) 大数据的流通。

随着大数据时代的来临,金融、商贸、医疗、教育、人工智能等产业对数据流通共享的需求日益增长。IDC 报告显示,截至 2014 年年底,全球 70% 的大型企业机构已经购买了外部数据;到 2019 年,这一比例将达到 100%。工业和信息化部电信研究院《中国大数据发展调查报告（2015）》显示，我国32%的企业已通过外部购买所需要的数据，企业迫切希望政府开放公共信息资源（64.7%）和促进数据流通交易（63.6%）。①

国外大数据流通市场始于2008年前后，得益于较为完善的法律制度、信用体系和数据开放环境，企业间数据交易较为活跃。根据《2016大数据全景图》（马特·图尔克，美国第一标记（First Mark）风险投资公司），国外规模以上数据经纪服务企业有70多家，包括推特（Twitter）、领英（LinkedIn）、甲骨文（Oracle）、微软、富士通（FUJITSU）等企业都已涉足。

国内大数据流通市场起步于2010年，尚处于初始阶段。在交易所建设方面，2015年4月14日，全国首个大数据交易所——贵阳大数据交易所正式挂牌运营并完成首批大数据交易。由上海经济和信息化委员会指导的上海大数据交易中心也于2016年4月1日挂牌成立。此外，诸如北京数海科技、数据堂、北京腾云天下科技有限公司（Talking Data）、中关村大数据产业联盟等企业和产业联盟在数据交易流通领域开始布局。

对于敏感度较高的金融行业大数据，其流通价值是可以预见的。业界普遍认为，必须要依托政府和市场的双重力量。由数据供方、数据平台、数据需方和监管机构四方参与的数据交易机构作为兼具"技术、信息安全和法律保障"的数据价值转化渠道，可以有效规范数据交易行为，实现商业价值、个人隐私和公共利益的平衡。

2.5.3 金融大数据发展展望

1. 金融行业内部、外部数据的融合力度进一步加强

金融行业的信息化程度较高，并已在多年的数据治理过程中积累了丰富的数据资产。近年来，一些金融机构已经尝试多种跨界合作的场景，并在其中尝试接入税务、工商、运营商等外部数据，实现内部金融数据与外部行业数据的融合，已经初步发掘了大数据融合的协同价值。

与此同时，一批非金融企业进入金融服务领域，这些"外来者"过去往往在行业中已经有很深的沉淀，或多或少也积累了一定量的数据。进入金融领域后，原有数据被重新梳理，从而从另一个角度审视其数据价值。原有行业数据的金融短板也要求企业引入更多的数据，通过跨界融合产生新的数据应用场景。

未来，金融行业内部、外部数据将进一步融合，大数据应用将获得更全面、细致的数据基础，从而推动更多基于大数据的金融业务创新。

2. 大数据对金融业务的驱动作用进一步显现

近两年，金融机构在充分消化、吸收大数据技术的基础上，利用大数据的理念与技术，开展了一系列的大数据应用，从用户画像深入用户特征分析，并通过不同角度的业务特征分析把数据应用扩展到日常运营、产品创新、风险控制、个性化客户服务等主要的业

---

① 中国信息通信研究院：《中国大数据发展调查报告（2015）》，http：//www.cttl.cn/data/bps/201509/P020150907532770111212.pdf，2015-09。

务领域。在一些业务领域中,大数据已经深度融入业务流程的计划、执行、监控、评估等环节,形成了业务大数据的完整闭环。通过大数据闭环,可以快速验证数据应用的效果和价值。[①]

大数据与人工智能将推动新一波金融创新。诸如深度学习、图分析、自然语言处理、语音识别、图像内容理解等技术也在快速演进,将会逐渐发展成为金融细分业务的数据驱动引擎。智能投资、精准营销、反欺诈、反黑产等数据引擎已经进入实战阶段,显现出很高的业务价值。未来,越来越多的精细化、全流程的闭环业务驱动引擎将会出现,在金融经营活动的各个领域发挥价值,提升金融机构的经营效能。

3. 金融机构与大数据服务机构的合作进一步深化

近年来,一些金融机构与专业的大数据服务机构合作,将自身对金融业务、客户市场的深度理解与大数据服务机构的数据资源整合能力、大数据技术实践能力结合起来,共同研发出了新颖、实用、高效的大数据金融应用,获得了市场与客户的共同认可。在这一过程中,一批技术过硬、依法合规开展大数据服务的新型专业机构逐渐涌现,这类以大数据服务作为主营业务的新兴机构,往往在金融机构的细分业务领域提供数据技术层面上的各种技术工具和技术服务。

金融大数据的应用开发唯快不破,面对激烈的市场竞争,越来越多的金融机构将与数据交易市场、数据应用提供商、数据驱动引擎开发商等专业大数据服务机构进行合作,从数据获取、存储、分析、呈现等各个层面上开展协同创新,共同发掘金融服务的新价值。新兴大数据服务机构将由此成为金融大数据生态的重要组成部分。

2.6 区块链技术

【课前阅读】

制造一夜暴富神话的 ICO,很可能是一场骗局

ICO,是"initial coin offering"的缩写,意为初始代币发行,对应股票市场中 IPO(首次公开募股)的概念。只不过它发行的不是证券,而是加密数字货币。一般而言,一个完整的 ICO 项目需要 3 个步骤。

(1)一家公司或团体表示自己计划或正在研究区块链技术,同时在公有链上内置可转让流通的代币(加密数字货币,与比特币类似);

(2)投资者以比特币、以太币等虚拟货币换取代币,以此作为其权益凭证;

(3)项目发行的代币登上交易平台,投资人进行买卖(这是制造暴富神话的关键一步)。

代币是否有价值,取决于其背后的区块链技术是否有价值。这里先强行科普一下区块链技术。维基百科对其定义是:基于去中心化的对等网络,用开源软件把密码学原

---

① 陈静:《中国金融科技发展概览(2016)》,电子工业出版社 2017 年版。

理、时序数据和共识机制相结合,来保障分布式数据库中各节点的连贯和持续,使信息能即时验证、可追溯但难以篡改和无法屏蔽,从而创造了一套隐私、高效、安全的共享价值体系。

简单来说,它就是利用计算机程序记录全网所有交易信息的"公开大账本"。比如你从市场上买了一个比特币(典型的区块链货币),千万台电脑都会记录你收到了一个比特币。这样的数据记录非常安全,因为除非所有的电脑都完蛋,不然数据不会丢失,也不会出错。

从这个角度看,区块链技术是有价值的:它可作为可靠的数据库来记录各种信息,也是存储永久性记录的理想解决方案,还能解决多点信息交互过程中的信任问题。

然而,区块链技术有价值,并不代表所有的 ICO 项目都有投资价值。据业内人士介绍,过去的 ICO,企业需要自行建一条公链,而写一条公链的代码需要几个月的筹备,而现在以太坊(一家美国公司)提供了更好的区块链基础设施,只要写一个智能合约,企业就可以发行自己的代币,而且迅速进入流通。很多企业盲目制造无用代币,只是为了融资圈钱,如一些美容、社交、白酒、竞技等"奇葩"ICO 项目也开始发行代币。

更重要的是,区块链技术虽然有应用前景,但仍需解决网络安全和区块容量等诸多问题,能否成功应用有待验证,即使投资良心企业推出的 ICO 项目,短期内也难有多少收益。如果项目失败,代币成了垃圾币,投资者更会血本无归。

(资料来源:节选自"腾讯新闻今日话题",http://view.news.qq.com/original/intouchtoday/n4001.html,2017-09-01。)

上述阅读材料向我们阐释了区块链技术的概念、价值和应用。区块链技术作为新一代数据库的底层记录技术,具有很广阔的应用前景,不但造就了比特币等虚拟货币,还将对包括互联网金融在内的金融应用、财会记录、维权确权应用等产生划时代的影响,将会在众多社会经济领域创造出诸多细化的应用场景。

2.6.1 区块链概述

区块链技术起源于 2008 年由化名为"中本聪"(Satoshi Nakamoto)的学者在密码学邮件组发表的奠基性论文《比特币:一种点对点电子现金系统》,[①] 不过该文重点讨论比特币系统,区块链被描述为用于记录比特币交易的账务信息。比特币是数字货币的一种应用形态,采用去中心化的运作模式,每笔交易被记录在区块上,具有公开性、透明性。但是,随着比特币区块链的扩容,交易费用开始升高、价格波动性强、容量限制、确认时间变长等缺点开始显露。区块链技术结合智能合约的应用空间打开,优点开始展现,区块链技术开始独立于比特币获得更大的产业应用空间。作为比特币运行的底层支撑技术,区块链是一种极其巧妙的分布式共享账本技术,对金融乃至各行各业带来的潜在影响甚至不亚于复式记账法的发明。2014 年前后,业界开始认识到区块链技术的重

---

① Satoshi Nakamoto,"Bitcoin: A Peer-to-Peer Electronic Cash System",https://bitcoin.org/bitcoin.pdf.

要价值,并将其用于数字货币外的应用领域。2015年,《经济学人》(*Economist*)在封面介绍区块链为创造信任的机器,即区块链可以在没有中央权威机构的情况下,为交易双方建立起信任关系。

区块链的实质是由多方参与共同维护一个持续增长的分布式账本(distributed ledger),其核心在于通过分布式网络、时序不可篡改的密码学账本及分布式共识机制,建立彼此之间的信任关系,利用由自动化脚本代码组成的智能合约来编程和操作数据,最终实现由信息互联向价值互联的进化(见图2-2)。

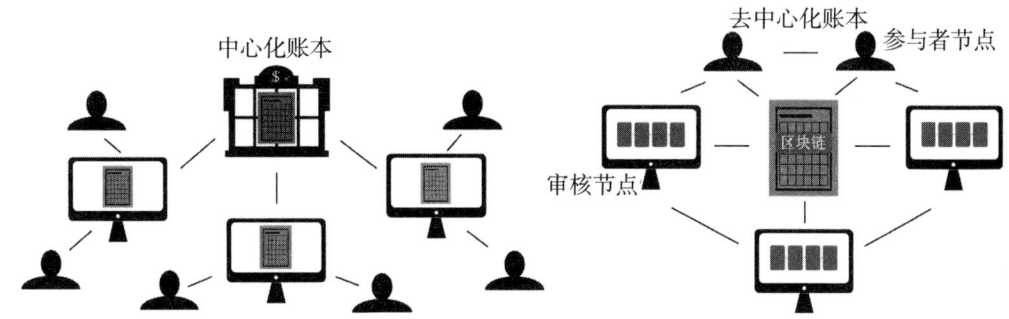

图2-2 从中心化账本(左)到去中心化账本(右)

区块链技术作为创造信任的机器,主要有以下特点。

1. 去中心化

区块链构建在分布式网络基础上,网络中没有中心化的物理节点和管理机构,网络功能的维护依赖于网络中所有具有维护功能的节点完成,各个节点的地位是平等的,一个节点甚至几个节点的损坏不会影响整个系统的运作。

2. 建立中介信任

区块链采用基于协商一致的规范和协议,通过数学原理和公开透明的算法,使整个系统中的所有节点能够在去信任的环境自由安全地交换数据,实现交易双方在不需要借助第三方权威机构(如中央银行等)信用背书下通过达成共识建立信任关系。

3. 公开透明

区块链作为共享账本,除了交易各方的私有信息被加密外,区块链的数据对所有人公开,所有参与者看到的是同一账本,能看到这个账本所发生和记录的每一笔交易,能查询、验证区块链上的数据记录。

4. 时序不可篡改

区块链采用带有时间戳的链式区块结构存储数据,具有极强的可追溯性和可验证性。系统中每一个节点都拥有最新的完整数据库拷贝,一旦信息经过验证添加到区块链上,就会永久存储。

2.6.2 区块链系统的运作

区块链是比特币的底层技术，它可以理解为一种公共记账的机制，它并不是一款具体的产品。其基本思想是：通过建立一组互联网上的公共账本，由网络中所有的用户共同在账本上记账与核账，来保证信息的真实性和不可篡改性。而之所以叫作"区块链"，顾名思义，是因为区块链存储数据的结构是由网络上一个个"存储区块"组成一根链条，每个区块中包含了一定时间内网络中全部的信息交流数据。随着时间推移，这条链会不断增长。

比特币是迄今为止最为成功的区块链应用场景。2008年底，比特币之父中本聪发表了一本关于其研究的电子现金系统的9页白皮书；2009年初，中本聪在位于芬兰赫尔辛基的一个小型服务器上挖出了比特币的第一个区块——创世区块。

中本聪很清楚建立一个支付系统的信用必须解决防止"重复支付"问题，即不能造假币。中心化的信用系统是靠国家机器防止造假币；而中本聪的伟大创新是给每一笔交易"盖时间戳"（timestamp）。每10分钟一个区块（block，相当于网络账本），把这10分钟的全网交易都正确地盖上时间戳。根据亚当·斯密的观点，"市场上的人是贪婪的"。贪婪的"矿工"们会去竞争这10分钟一个区块的记账权，竞争的规则就是正确记账的同时要去解SHA256难题，谁能证明自己的计算机算力最快（所谓PROOF OF WORK机制），他就能竞争到这10分钟区块的合法记账权，并得到25个比特币的奖励。这就是所谓的"挖矿"过程，实际是建立一个全网总账——区块链的去中心化信用过程，所以"矿工"更本质的职能是"记账员"。

中本聪在其比特币白皮书中，比较详尽地叙述了这个信用系统建立的过程。

第一步：每一笔交易为了让全网承认有效，必须广播给每个节点（node，也就是矿工）；

第二步：每个"矿工"节点要正确无误的给这10分钟的每一笔交易盖上时间戳并记入那个区块（block）；

第三步：每个"矿工"节点要通过解SHA256难题去竞争这个10分钟区块的合法记账权，并争取得到二十五个比特币的奖励（前4年是每10分钟50个比特币，每4年递减一半）；

第四步：如果一个"矿工"节点解开了这10分钟的SHA256难题，他将向全网公布这10分钟区块记录的所有盖时间戳交易，并由全网其他"矿工"节点核对；

第五步：全网其他"矿工"节点核对该区块记账的正确性（因为他们同时也在盖时间戳记账，只是没有竞争到合法区块记账权，因此无奖励），没有错误后他们将在该合法区块之后竞争下一个区块，这样就形成了一个合法记账的区块单链，也就是比特币支付系统的总账——区块链。

一般来说，每一笔交易必须经过6次区块确认，也就是6个10分钟记账，才能最终在区块链上被承认为交易合法。所以，所谓比特币就是这样一个账单系统：它包括所有者用私钥进行电子签名并支付给下一个所有者，然后由全网的"矿工"盖时间戳记账，形成区块链。图2-3更直观地解释了区块链的运作。

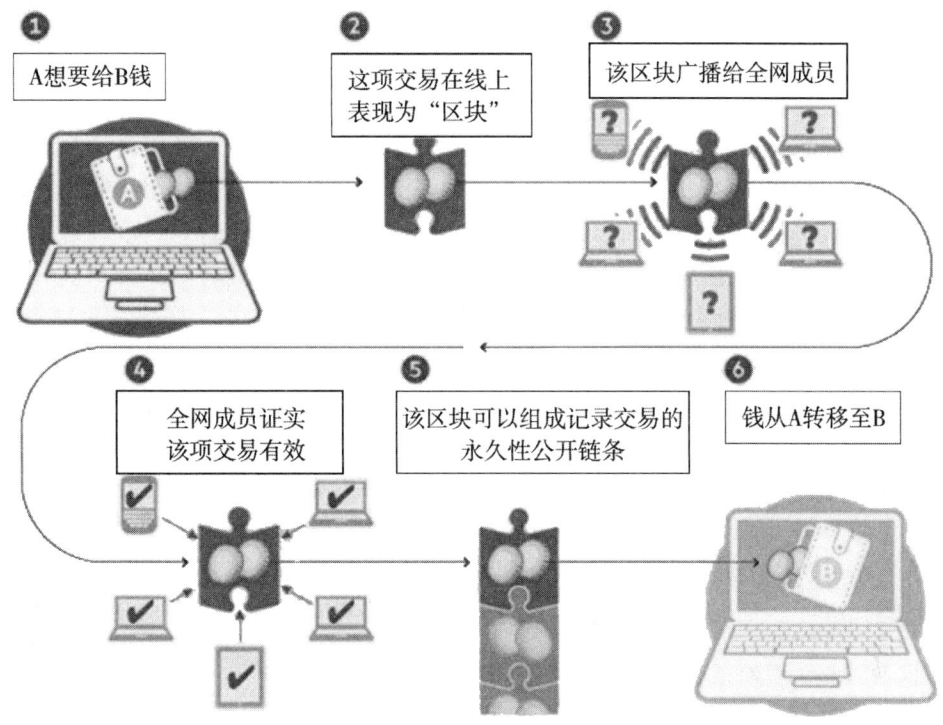

图 2-3 区块链的运作

2.6.3 区块链对金融业的影响和作用

2015 年被业界视为区块链元年，全球掀起了区块链技术研发和投资热潮。2016 年是区块链产业深化发展和全面加速前行的一年，全球已有超过 24 个国家正在投资区块链技术，80% 的银行已在 2017 年前启动区块链项目，50% 的第三方数据存证机构已经或正在进行区块链存证的应用尝试，90 多家中央银行加入了区块链讨论，90 多个公司加入了区块链联盟，产生了超过 2500 项区块链相关专利。

区块链之所以引起金融界的一致关注，原因在于它改变金融的巨大潜力有可能给金融业带来新机遇、新挑战。互联网巨头微软、阿里、IBM 等公司也都有围绕区块链技术采取行动；高盛集团更是称区块链技术将"颠覆一切"。国际货币基金组织（International Monetary Fund，IMF）在《虚拟货币及其扩展的初步思考》[1] 报告中指出，区块链技术具有改变金融的潜力。英国政府发行的《分布式账本技术：超越区块链》提出将优先在传统金融行业应用区块链技术。[2]

---

[1] International Monetary Fund, "Virtual Currencies and Beyond: Initial Considerations", https://zh.scribd.com/doc/296087195/Virtual-Currencies-and-Beyond-Initial-Considerations.

[2] UK Government Chief Scientic Adviser, "Distributed Ledger Technology: Beyond Block Chain", https://www.gov.uk/government/uploads/system/uploads/attachment_data/file/492972/gs-16-1-distributed-ledger-technology.pdf.

1. 区块链技术使中央银行发行法定数字货币成为可能

比特币是一种基于区块链（或分布式）支付体系的货币或交换价值，它是一种由私营机构或网络社区发行的私营数字货币，也是一种创新的支付系统。各国央行均认识到数字货币能够替代实物现金，降低传统纸币发行、流通的成本，提高支付结算的便利性；并增加经济交易透明度，减少洗钱、逃漏税等违法犯罪行为，提升央行对货币供给和货币流通的控制力；同时，通过发展数字货币背后的区块链技术应用，并将其扩展到整个金融业及其他领域，可以确保资金和信息的安全，提升社会整体效能。

2. 区块链技术具有提升金融机构协同服务能力的潜力

银团贷款、供应链金融、贸易融资等业务可能涉及不同国家的多家金融机构、多家企业，需要相互之间较长时间的协调，业务办理过程也较为复杂。通过区块链的平台，不但可以减少中转费用，还因为区块链安全、透明、低风险的特性，提高了资金的安全性，加快了结算与清算速度，大大提高了资金利用率。区块链技术具有提升不同金融机构间开展业务的自动化程度、简化协同流程、加快协同效率的潜力。

3. 区块链技术具有降低金融运营成本的潜力

金融机构各个业务系统与后台工作往往面临长流程、多环节。现今，无论VISA、Master Card还是支付宝都是中心化机构运营，资金转移要通过第三方机构，这使跨境交易、货币汇率、内部核算环节时间成本过高，并给资本带来了风险。区块链技术能够优化金融机构业务流程，减少前台和后台交互，节省大量的人力和物力，有望降低金融运营成本。

4. 区块链技术具有改善业务审计系统的潜力

当前在业务审计过程中，需要花费大量人力、物力去核查被审单位资金余额及交易合同或资金等数据的真实性。区块链的技术特点使所有交易数据都公开透明、不可篡改地记录在区块中，任何交易数据都可以被查询和追溯，从而提高审计效率，降低审计成本，提升审计结果的可靠性。

5. 区块链技术将有助于金融监管及合规性检查

区块链技术的公开透明、时序不可篡改等特性可以帮助金融监管机构监控每一笔资金的流入流出，从而有助于管控金融资产，增强打击洗钱、地下黑产等违法犯罪活动的力度，防范金融市场中的系统性风险。区块链的技术特性也可以改变现有的征信体系，如在银行进行"认识你的客户"（KYC）时，将不良纪录客户的数据储存在区块链中。通过区块链的智能合约技术可自动验证交易和用户合规性，提高合规性检查效率，降低合规性检查成本及出错概率。

2.6.4 区块链技术在互联网金融行业的应用与发展

中国人民银行早在2014年就开始研究数字货币。2016年，区块链引起国内媒体、风险投资和金融界的一致关注。金融机构、以 BAT 为代表的互联网公司等纷纷投入力量，探索区块链在金融领域的应用。

1. 数字货币

区块链的技术特性为我国数字货币发行的可能性提供了一种可选的底层技术支撑。我国中央银行——中国人民银行在 2016 年 1 月 20 日召开的数字货币研讨会上肯定了数字货币在降低传统货币发行等方面的价值，并表示中央银行在探索发行数字货币。同年 2 月，中国人民银行行长周小川表示：数字货币作为法定货币必须由中央银行来发行，要保留货币主权的控制力，数字货币的发行、流通和交易，都应当遵循传统货币与数字货币一体化的思路，实施同样原则的管理。区块链技术是一项可选的技术，中国人民银行部署了重要力量研究探讨区块链应用技术，但是到目前为止区块链占用资源还是太多，应对不了现在的交易规模，未来能不能解决，还要看看再说。2016 年 9 月，中国人民银行数字货币研究团队指出由中央银行推动发行法定数字货币势在必行，并分析了法定数字货币运行的关键和竞争优势、数字货币核心技术体系、中央银行数字货币使用对现行支付体系的影响，给出了中央银行数字货币原型的构想。[①]

2. 数字票据

目前票据业务主要存在三方面问题：一是票据的真实性，市场中存在假票、克隆票、刑事票等伪造假冒票据；二是划款的即时性，即票据到期后承兑人未及时将相关款项划入持票人账户；三是违规交易，即票据交易主体或者中介机构存在一票多卖、清单交易、过桥销规模、出租账户等违规行为。

区块链技术的特性能够消除票据市场的中介乱象，通过智能合约编程的方式提高票据交易的效率，降低监管成本。2016 年，金融界、互联网金融企业及科技公司对于应用区块链技术开发票据系统充满期待。例如，中国互联网金融协会区块链研究工作组牵头"区块链技术与数字票据"课题，课题组从实际业务需求和区块链技术特征出发，完成了数字票据发行、流转、贴现、承兑等核心环节设计，搭建了数字票据联盟链，在测试环境下模拟核心企业、财务公司、银行等多个分布式验证节点，实现了概念验证。测试结果证明了可编程数字票据的可行性，体现了在了解你的客户（KYC）、平等性、流动性和分布式共享总账等方面的优势。但同时，私钥使用安全、智能合约嵌套、多资产复杂性等可能成为新的挑战。又如，恒生电子试验区块链票据应用，进行试用场景研究、技术问题分析、业务问题分析。在试用场景研究上，完成了区块链在票据背书转让场景、贴现转贴交易场景的应用分析；在技术问题上，分析了区块链部署的成本性能、安全、智能合约等问题；在业务上分析了链上数字资产与实际金融资产锚定、资产转让涉及资金清算等问题。目前，中央银行正在牵头研发数字票据。

---

① 姚前：《中国法定数字货币原型构想》，载于《中国金融》2016 年第 17 期。

3. 跨境支付

当前跨境支付清算都需要借助第三方中介，经过开户行、中央银行、境外银行等多道程序。由于每一机构都有自己的账簿系统且互相隔离，彼此之间需要建立代理关系、在不同系统进行记录、与交易对手进行对账和清算等，可能导致一笔汇款需要 2~3 天才能到账，在途资金占用量极大，而且需要支付大量的手续费。成本和效率成为跨境支付汇款的"瓶颈"所在。

区块链技术可以摒弃第三方中介的角色，实现点到点快速且成本低廉的跨境支付。不但可以全天候支付、实时到账、提现简便及没有隐形成本，也有助于降低跨境电商资金风险及满足跨境电商对支付清算服务的及时性、便捷性需求。2016 年 4 月，我国初创公司 OKCoin 推出了基于区块链技术的小额跨境支付平台 OKLink，试图解决跨境汇款时间长、手续费高、透明性低等问题。

4. 数字资产

传统的资产服务如资产所有者证明、真实性公证等，均需要第三方的介入才可以完成，只有通过资产发行方、资产接收方、流通平台的三方介入，资产才可以完成整个流通过程。当前资产流通渠道有限，导致资产服务流通成本增加。此外，当资产进入流通后，需要依赖资产发行方完成使用和转移，从而限制了资产流通只能在发行方系统用户群内。

基于区块链技术能提高数字资产流通效率、降低流通成本、扩大流通范围，资产发行方均可在区块链上登记、发行任何可数字化的资产。一旦数字资产进入区块链流通，便不再依赖于资产发行方，从而扩大了流通范围。流通渠道由原来的中心控制变为分布式流通，降低了流通成本。区块链的交易即结算功能使实时清算成为可能，大幅提高了数字资产流通效率。例如，太一云[①]、布比、维优、好扑等公司探索了基于区块链的数字资产管理平台，实现了数字资产登记、交易和查询等功能。

5. 金融交易

目前，证券的登记、清算和结算涉及中央结算机构、银行、第三方支付平台、证券和交易所等多个机构，交易过程需要层层中介传递以及权威机构公证，效率低、成本高，限制了全国市场的整体发展。

区块链有望为证券市场交易带来新变革。例如，2016 年 6 月，微众银行联合腾讯打造"区块链云服务 BaaS"。针对在"微粒贷"对账清算流程中效率不足的技术"瓶颈"，微众银行充分利用区块链技术的不可篡改、增加信任、有效共识、智能合约、交易快速确认、可追溯等特性，与华瑞银行共同开发了基于区块链的联合贷款备付金管理及对账平台。合作行通过此系统可以在 Web 页面上准实时查看备付金账户的当前余额、今日放款总金额、今日还款总金额、今日其他划入和今日其他划出总金额；可按天查看经过对账后

---

① 太一云为北方工业股权交易中心及沈阳金信商品交易中心设计的基于区块链技术的交易系统，在数字资产交易领域提供商品流通全程区块链登记、产品溯源及防伪服务。

的每日汇总信息（昨日余额、当日余额、当日放款、当日还款、当日其他划入和当日其他划出金额）及流水对账结果；可查看对账异常的详细信息。

该备付金管理及对账平台的最大优势在于，让机构与机构间的互信关系转变为共同对技术的信任关系，从而把此前"T+1"的对账周期缩短到准实时。该系统提供全面统一的备付金管理及对账信息管理视图，合作行可全面实时了解信贷及资金交易信息，进行实时的头寸监控，提升运营效率。而且，除需进行基础设施资源申请、网络配置等运维支撑型工作外，合作行无须进行额外系统开发工作。该系统的数据在生产区加密上链，在生产区解密查看，链上数据的传输和存储全部加密。上链数据不包含用户和合作行相关信息，仅有完成对账功能所需的最小数据元素（交易流水号、交易发生时间、交易金额、交易标示）。目前，微众区块链节点部署在腾讯云上，合作行节点可以选择部署在腾讯云，也可以部署在行内机房，由合作行自主评估。此外，通过智能合约的使用还可实现实时流水对账、准实时发现对账差异、实时计算合作行备付金账户当日发生额与当日余额等功能。

又如，厦门国际金融技术资产交易中心、深圳瀚德创客投资有限公司及深圳农村商业银行共同开发的K块链金融交易平台，于2016年9月7日完成了区块链资产收益权转让交易。2016年4月，由太一云研发设计的基于区块链商品交易中心——沈阳金信商品交易中心官方门户网站上线试运营，并开启商品登记服务。锐波天下（北京）科技有限公司也正在构建以区块链为基础的新型股权交易平台，构建一个介于一级市场与二级市场之间的"1.5级"市场，将实体世界的资产和权益数字化，以点对点的方式，让个体可以在网络中直接进行登记发行、转让交易、清算交割等金融业务，缩短传统金融模式的运营成本和生态链条。

6. 融资众筹

区块链技术在股权登记管理、股权转让流通、智能合约等方面为融资众筹带来了深刻的变化。使用数字货币进行众筹，采用区块链协议发起和管理众筹项目，费率低、易流通、透明、稳定、可审计，智能合约还可以保证未达到预定目标时资金自动退回。币众筹依托我国数字货币门户巴比特，支持比特币/人民币两种支付形式与回报型/股权型两种众筹模式，目标是通过闪电网络与侧链技术建立股权众筹区块链解决方案，在区块链上实现股权众筹的登记、发行、转让、清算等金融业务。截至2016年10月，币众筹已经陆续完成巴比特社区股、比特大陆蚂蚁R1路由器、比特币to da moon耳机、邻萌宝等140多个数字货币和区块链行业项目众筹，总众筹金额超过人民币2486万元。小蚁将实体世界的资产和权益进行数字化，发布了通过点对点网络进行登记发行、转让交易、清算交割等金融业务的分布式网络协议。2016年8月8日，小蚁正式启动国内面向全球的ICO众筹项目，并支持可退回机制和多重签名担保来保证资金安全透明；至9月7日计划截止，共筹得6129个比特币。金股链是基于布比区块链平台构建的股权众筹平台，通过不可篡改权凭证来增强股权登记的公信力，追踪股权交易历史，促进股权的交易和流转，保障私人股权交易转让的参与方公开、透明、共建、共享、共监督；通过将智能合约与数字股权凭证绑定，创建出一种智能股权形态，替代线下纸质协议和中介机构；同时，易于扩展支持股权交易的合规性，利于监管部门监督、审计，提高股权管理效率。金股链已于2016年5

月完成第一版系统开发，7月成功完成500万元天使轮融资资金。为落实中国人民银行、银监会等中央金融管理部门关于"P2P网络借贷"相关管理规定，北京市金融工作局和北京阿尔山金融科技有限公司正在共同推动基于区块链技术的网贷风险监管系统建设。该系统区块链底层采取超级账本技术，并对多个功能模块进行了系统改进，提高区块链账本记录效率，增加了监管节点；设计分层式、模块化的系统结构，利用成熟的容器技术、集群技术和DEVOPS开发运维自动化等技术，增强了系统的可拓展性，提高系统的稳定性和持续运维能力；系统整合了区块链、云计算、大数据等信息技术，采用了国产密码算法，从物理安全、网络安全、系统安全、管理安全、代码安全等多个层次，保障了系统的安全可靠性。

7. 供应链金融

目前国内贸易融资市场已达到10万亿元人民币，预计到2020年可增长到20万亿元。然而，在可观的规模和增长背后，我国从"供应链金融1.0"的"1+N"商业模式发展至今的"供应链金融3.0"历经了十几年，仍然面临许多"瓶颈"：供应链上信息不对称导致授信对象局限；链上的采购信息与销售信息透明性、可信赖性差导致的科技整合局限等。

区块链技术的开放性、多方确认、账户透明、真实验证、不可篡改等特性，成为突破"瓶颈"的最佳选择。在供应链溯源方面，区块链可以实现从原材料生产、采购到商品的加工、包装、运输、销售，真实信息分布式记录、删改可查、包装数据源真实有效可追踪查验。在供应链金融数字化方面，区块链能大幅减少人工的介入，将目前通过纸质作业的程序数字化、透明化，极大地提高效率及减少人工交易可能造成的失误。2016年5月，基于区块链技术的正品身份防伪识别和透明供应链管理平台"唯链"发布，生产商、渠道商、零售商、海关、商检、用户等所有角色同时接入，生产、分发、物流、销售、审验、消费等所有环节同时记录，同时还提供了智能合约模板实现生产流程中对产品权限的管理。物链是由布比（北京）网络技术有限公司开发的供应链管理云平台，并于2016年5月宣布完成数百万元天使轮融资。

8. 互助保险

区块链能够实现对新兴保险业务模式的革新，增强保险市场对风险的记录能力、透明度、识别准确度和反应速度。劳合社保险、安联保险、基石保险、阳光保险等众多保险公司纷纷启动区块链应用计划。区块链技术可以实现真正的P2P或众筹保险模式，基于智能合约建立按需定制的保险合约，替代传统的保单协议，使管理过程更简单、更自动化、更透明、成本更低；使合约执行速度更快；同时保险公司的角色也将逐渐变为专业咨询和互惠池机制管理，而不是直接承担风险。

2016年3月8日，阳光保险集团采用区块链作为底层架构帮助寿险公司推出"阳光贝"积分；7月28日，再次帮助寿险推出基于区块链的保险卡单"飞常惠航空意外险"，该产品1份可使用20人次，可自用或通过发红包功能赠予他人，激活后立即生效。

"水滴互助"是一个针对重大疾病推出的互助保障平台，于2016年5月10日获得了美国国际数据集团（International Data Group，IDG）、腾讯、真格等机构的5000万元风险投资。2016年7月初,"水滴互助"与易安保险、慕尼黑再保险、宜信保险等机构共同成立了区块链保险实验室,将在该领域进行更多探索,进一步提供给用户更安全可靠的服务。"众托帮"产品"众托1号抗癌互助医疗计划"于2016年7月正式上线,截至9月28日,用户成功突破200万大关。"众托帮"利用区块链技术解决自证公正性、假理赔等传统保险行业的信任难题。2016年7月9日,基于区块链技术的互联网创新互助保障服务平台"同心互助"正式上线,提供针对30种重疾、意外伤害、过劳猝死等的互助保障计划。

9. 其他方面的应用

2016年年底前,中银香港拟开始运用区块链技术于按揭业务,利用技术进行物业估算的数据传输,香港本地的两家物业估算公司也将参与其中。将区块链技术引入物业估算工作,不仅可以节省纸张及时间、提升效率,而且更为安全。在按揭申请流程中,牵涉递表及审批等,文件繁复,在区块链"去中心化"下,参与这项业务的各方人士获得所需文件之余,亦能确保文件真实,而过往纪录几乎不能篡改,亦可以追溯,大大提升伪造文件难度。在按揭业务中引入区块链技术,除了审批速度加快以外,客户感受并不会很明显,因为区块链属于后台技术,但随着加入的机构越来越多,未来的发展和创新空间很大。与此同时,中银香港正在与香港应用科技研究院一起研究区块链技术在贸易金融等领域的创新。

本章小结

本章概述了移动互联网技术、物联网技术、云计算技术、大数据技术、区块链技术等支撑互联网金融创新发展的相关技术及其应用场景,为进一步学习和把握互联网金融的行业特征及其运行发展规律提供科普支持。

训练思考

1. 简要论述互联网金融科技创新的时代特征。
2. 简述互联网金融科技的发展历程。
3. 根据本章内容总结并图示大数据金融生态链。
4. 描述你所用智能手机拥有哪些互联网金融功能。
5. 在日常生活中你遇到过哪些物联网金融服务?
6. 列表描述基于物联网技术的各种可能的金融服务业务。
7. 中国金融监管层为什么突然宣布停止ICO平台交易活动?
8. 根据区块链技术的基本特征畅想并描述区块链的各种应用场景。

互联网金融的理论基础

3.1 网络经济理论

当今社会,网络已经深入每个人的生活。网络经济是在互联网基础上进行生产和消费的经济行为,是一种全新的经济业态。网络经济具有全天候、高科技、方便性、快捷化、全球化等特点,是传统经济发展的必然趋势。人们的网络经济实践缔造出了网络经济特有的理论体系,这些理论包括网络生产理论、网络商品供给理论、网络商品需求理论、网络价值实现理论、网络商品价格理论、共享经济理论等。

3.1.1 网络生产理论

网络生产的基本条件是网络,核心生产要素是知识和信息。网络的出现使社会生产方式发生了根本性的改变,网络技术的应用与发展是划时代的产业技术革命,网络生产依靠自己无限扩展和效用递增的特性,使社会生产效率成倍增加。网络生产还出产自己特有的信息产品和信息服务,并且依赖于知识和信息。而知识和信息是可以传输、复制、存储和再加工的,知识和信息既是网络生产的要素,又是网络生产的结果,并且可以无限制地重复开发利用,其突破了传统生产资料的稀缺性限制,一次投入可得到长期多次反复使用,使社会生产成本大幅度降低。再者,网络的无限沟通与信息的充分交流可减免生产与消费间的诸多环节,把企业与消费者紧紧地联系在一起,可以节约大量的社会资源并促进各类资源的有效配置,从而使全社会的整体生产效益得到数倍乃至级数倍的放大。

边际收益递增是网络生产的基本规律。大工业时代,边际收益随生产规模的扩大而呈递减趋势。然而,网络生产中边际收益呈递增趋势,表现在三个方面:一是网络经济边际成本随着网络规模的扩大而呈递减趋势。由于网络产品的投入是一次性的,产品开发出来以后,复制成本可以忽略不计,在生产出第一份信息产品之后的大批量产品的边际成本几乎为零,利润则呈激增态势。二是网络信息价值具有积累增值和传递效应。对信息的连续投资不仅可以获得正常的投资收益,还能形成信息集成的资源性增值和连锁传递的扩展效应。三是随着网络规模的扩大将产生一种虚拟集聚效应,使网络生产的产能得以大幅度的扩张,网络生产效率与效益得到级数级的放大。

3.1.2 网络商品供给理论

在传统经济中,价格与供给是相互影响的,若价格上升,那么供给也增加;若价格降低,供给必然减少。反之,若供给增加,价格则降低;供给减少,价格必然上升。而在网络经济中,价格与供给的关系不再是互动关系,而是单边撬动关系,亦即供给决定价格,价格对供给影响有限,随着供给的增加,网络产品的销售价格将越来越低,而价格对供给的作用显得非常微弱。这是由网络生产理论的"边际收益递增"规律决定的。

网络商品供给理论的典型表现是"赢家通吃"——竞争胜利者获得绝大部分乃至全部市场,而失败者将被淘汰出局。为了实现"赢家通吃",网络企业纷纷提供"免费午餐",如免费邮件、免费网页、免费下载等服务,以赢得最广泛的客户、占领更大的市场。网络信息产品的投入往往是一次性的,而成本回收则是长期的过程,如果在竞争中被淘汰,那就意味着以前的投资完全失败。因此,为了争取更多客户,网络产品经营者总是想方设法降低使用价格,甚至免费。因为网络产品具有相当的使用惯性,消费者一旦习惯了使用某种网络产品,要其更换另一种产品往往很困难,如习惯了使用Windows产品,就很难转到使用金山办公软件产品上去;长期使用QQ的用户很难转移到MSN上去;反之亦然。因为其在原系统上已经锁定了大量的网友资源或客户资源,转移起来需要很大的"转移成本",所以,在网络信息市场上,"赢家通吃"成了一种很正常的现象。

网络商品供给理论的基本定理可以总结为:在边际收益递增(亦可称报酬递增)规律作用下,降低价格可以达到垄断市场和大幅度增加利润的双重目的。

3.1.3 网络商品需求理论

1. 网络经济外部性理论

网络经济外部性理论是网络商品需求理论的基础,是从事网络营销的理论前提,认识网络经济外部性理论对于我们正确把握网络经济有着重要的作用。

外部性理论是由马歇尔于1890年在其经济学巨著《经济学原理》中提出来的。美国经济学家萨缪尔森对外部性的解释是:在生产和消费过程中给他人带来非自愿的成本或收益,即成本或收益被强加于他人身上,而这种成本或收益并未由引起增加成本或收益的人加以偿付。确切地说,外部性是指一个经济主体的行为对另一经济主体的福利产生影响,而这种影响并未从货币上或市场交易中反映出来。

由此可见,外部性有积极和消极之分,前者称外部正效应,后者称外部负效应。外部性的存在使私人成本与社会成本、私人收益与社会收益之间出现了不一致,私人边际收益与社会边际收益相悖离。私人成本是指为了生产或消费一件物品,生产者或消费者自己所必须承担的成本费用。社会成本是厂商、个人在生产或消费一件物品时,整个社会所必须承担的成本费用。私人边际收益是指生产者或消费者在生产或消费一件物品时所获得的回报或效用。社会边际收益是指在生产或消费一件物品后,整个社会所获得的福利增加。在不存在外部性的和完全竞争的市场机制下,私人成本就是生产或消费一件物品所引起的全部成本,私人收益就是生产或消费一件物品所能获得的全部收益,私人边际成本与社会边际成本相等,私人边际收益与社会边际收益相等,从而保证了社会边际成本与社会边际收益相等。但现实社会外部性现象到处存在,特别是网络经济条件下,任何一个人的生产与生活都与别人的生产与生活相联系,外部边际成本与外部边际收益普遍存在。因此,研究网络经济,必须先研究网络社会公共产品的外部性问题和网络产品的外部性问题。

公共产品具有共同消费和非排他性特征,因此它是经济外部性的典型形式。公共产品一旦提供出来,便在同一时间内使多个个体得到好处,且无法把那些不为此产品付费的人排除在公共产品的消费或使用之外。那么,其他消费该公共产品的消费者付出的成本为零。既然不投资也能享用公共产品,那么大多数人都不愿为公共产品投资,让别人投资提供公共产品,自己免费享用,成了市场经济的一种普遍心理。这就会使市场价格机制配置资源的手段失效,为解决这一问题,往往是由政府出面干预或政府投资生产并提供公共产品,以满足社会需求。相反,私人产品则是完全竞争性的,它要求任何一个经济主体对他的额外消费都以其他人放弃对该产品的消费为代价。介于公共产品和私人产品之间的具有部分排他性和部分竞争性的产品,我们称之为准公共产品。

网络产品的外部性问题非常突出,因为网络信息产品具有兼容性特征,用户加入某个网络中,会使该网络中的其他用户效用增加,进而整个网络的总效用增加。其实质是,随着互联网用户数量的扩张,使互联网的整体功能增强,具体表现为各网站数量与信息量的增加会使无限加入的各用户的使用效用增加,从而使互联网的功能进一步增强乃至无限扩大,呈现出网络经济外部性的正效应。互联网的最大特点是端点之间的无限制互联,因此网络产品具有一定的非排他性和非竞争性特征,具有公共产品的属性。但网络不是纯公共产品,属于准公共产品,人们使用网络不是全免费的,任何想加入网络中来的用户都必须支付一定的费用和成本(网络服务需要基础设施的建设投入),因此网络产品具有部分的排他性特点。正是因为网络产品属于准公共产品,所以网络经济中的市场机制仍然会起作用。

2. 边际效用递增理论

在传统的经济学中,边际效用处于递减的趋势。但网络经济的边际效用却呈现递增趋势,这是由网络信息产品消费的特殊性决定的。

一是信息产品消费的锁定性。也叫使用惯性,就是一旦使用了某种品牌的信息产品,该产品又满足了其基本需要,那么消费者为了节约消费成本,就不会轻易去换用另一种产品,而将自己锁定在该品牌产品上。

二是网络的外部性特点。随着互联网用户数量的扩张,使互联网的整体功能增强,新增加的互联网用户不但使其他用户效用增加,而且也同样增加自己的边际效用。

三是信息产品消费的自我扩张性特点。一旦某种信息产品获得了市场的广泛认同，这种产品的用户规模就会迅速膨胀，当某种信息产品的用户基数较大时，与该产品配套的辅助产品种类会更多、更全，使用该产品也更方便，消费者获得的产品效用会更大。而新的消费者会自发地选择该信息产品，这又进一步扩大了它的规模，这种规模的扩大又引起了网络外部性的正反馈循环，循环往复，使信息产品消费规模呈现出自发的扩张趋势。正是由于网络经济这种与传统经济完全相反的经济特性，形成了与传统经济完全不同的经济运行规律。这可以总结为：网络产品的外部性会进一步推动消费的增长。

3. 网络需求曲线理论

网络产品的市场需求曲线是一条开始下降，达到一定的点以后开始上升的"V"型曲线。这与传统产品个人需求曲线的单方向下倾斜不同。因为边际效用决定需求价格，随着市场价格的下降，需求量增加，但这种增加超过1以后，边际效用下降，需求呈下降的趋势；而对于网络产品，当需求量增加，增加的消费者在自身取得边际收益的同时，也为其他消费者提供了外部性收益，市场上消费者愿意支付的价格也随之提高。

3.1.4　网络价值实现理论

1. 个性化经济理论

个性化需求的实现是网络价值实现的闪亮表现。随着网络经济的发展和人的个性解放，网络产品的个性化需求越来越普遍、越来越强烈，网络经济开始出现个性化经济现象——为满足网络产品的个性化需求而出现的差别规模经济。差别规模经济是指为了满足消费者个性化的需要，在差别产品、灵活制造、小批量生产的基础上形成的规模经济。在传统的规模经济中，企业通过同种产品的大批量生产来降低生产成本，获得规模收益，实现规模经济；而网络经济则要满足消费者个性化定制的要求，提供差别产品、灵活制造、小批量生产，实现差别经济。

差别规模经济的出现是网络经济时代人们追求个性化发展的需要，是网络企业追求利润最大化的必然选择。在网络经济条件下，企业可以直接面对每一个具体的消费者，而每一个消费者的消费欲望和偏好是不同的，在市场上表现为需求的多样性，为了满足这种个性化和多样性的需要，企业必须生产出差别产品。虽然灵活制造的小批量差别产品由于差别设备投入而要比大规模生产花费较大的成本，但因为它满足了人们个性化发展的需要，其价格要比单一的无差别产品高得多，所获得的利润比大批量产品更多。在现代计算机自动控制下的灵活制造系统的生产力条件下，不仅使差别规模经济具有了较高的商业价值，而且比单一的规模经济更胜一筹。

2. 网络经济增长理论

网络经济增长理论从宏观的角度分析经济增长的内在动因，它从网络经济的特点出发，分析经济增长的成因及变化，分析经济增长的根本动力，分析网络经济如何使资源在全球范围内进行配置,从而把握网络经济增长的特点。

在网络经济条件下,知识和信息成了最重要的生产要素。知识和信息可以提高投资的回报率,反过来又促进知识积累,这种积累通过经济的外部性,不但可以使一种产品生产过程本身产生递增收益,还可以使资本和劳动等其他生产要素的收益增长。因此,知识和信息不仅可以给个别企业带来递增收益,还可以给全社会的产出带来递增收益,知识和信息作为生产要素实现了经济的长期稳定增长,这是网络经济条件下经济增长的新源泉。

与传统经济增长理论相比,网络经济增长理论具有如下特点。

第一,影响经济增长的主要因素发生了根本变化。传统经济条件下,经济增长主要是靠劳动和投资的增加,其特点是以资源耗费为代价。在网络经济条件下,推动经济增长的根本动因是知识的创造和信息的积累,发达国家知识和信息对经济的贡献率已达到80%以上。网络经济时代,网络成为最重要的生产工具,网络生产力不但提高了企业生产的灵活性和效率、降低了生产成本和管理成本,而且提高了企业的服务水平、增加了销售辐射范围,推动经济高速发展。网络经济的发展还促进了一些知识和技术密集型新兴产业的快速发展,并成为经济发展的火车头。网络经济时代,社会消费热点从物质消费向知识和信息消费转移,知识和信息成为人们的主要消费品。

第二,创新成为经济增长的主要源泉。创新不仅是企业发展的灵魂,还是一个国家竞争力的核心,创新在网络经济条件下得到了充分发挥,并成为一种经济机制和技术过程,各种新思维、新理念、新产品、新技术、新工艺的不断出现,不但改变了市场、改变了企业管理模式、改变了社会生活,也改变了一个国家在国际上的地位。

第三,网络经济使各种资源在全球范围内得到优化配置。网络经济时代,企业间的竞争转向知识和信息的竞争,谁先拥有最先进的知识与信息,谁先占有最新的技术标准并主动推动技术标准的应用普及,谁就会在竞争中占主动。全球网络与技术标准可以使任何企业在全球内配置资源,可以根据国际成本最低的原则,在它们认为最有利可图的国家或市场选择合作伙伴进行生产和销售。

第四,人力资源开发在网络经济增长中发挥着决定性作用。网络经济实质上就是信息经济、知识经济,而知识存在于人们的脑海中,只有充分发挥人的主观能动性,大力加强知识和技能训练,才能加快劳动力的知识积累和知识更新,才能提高劳动者的创新能力。

第五,信息技术成为网络经济增长的直接动力。信息技术促进了劳动生产率的提高,使传统产业得以升级改造,促进了产业的集约化经营。信息技术本身所形成的信息产业成为经济发展的火车头,对全球经济增长做出了重要贡献。

3.1.5 网络商品价格理论

1. 信息商品价格形成理论

商品价格是由商品价值决定的,信息商品也不例外,但信息商品价格的形成要比一般商品复杂得多。信息商品的价值来源于它的稀缺性和外部增值性。信息商品的稀缺性是指相对于无限多样的信息需求或浩瀚的信息世界而言,人们实际的信息需求或具体的信息资源则是一种社会的稀缺资源,是由信息的不对称性决定的。信息商品的外部增值性则是产生信息需求的根本原因与动力。信息化时代,社会最紧缺的资源是信息商品。信息之所以会成为商品,是因为信息从业人员将无限多样的信息需求予以归类整理,将浩瀚无序的信息世界改造成了规整有序的信息实体,极大地提高了信息的使用价值,其中不但凝聚了信息劳动者的一般劳动,还凝聚了信息劳动者的特殊劳动。这是形成信息商品价格的内在基础。

在信息化社会中,信息消费者从信息拥有者手中获得所需信息,必然要让渡一部分利益给信息提供者,信息消费者让渡的这部分利益构成信息拥有者的收入,这部分收入正是依赖于信息而形成的,而这种信息的使用价值则是"它可以使信息消费者减少相应的损失或获得更大的劳动收益"。在现实中,如果生产者了解消费者的完全信息,消费者也完全了解生产者的信息,那么,生产者的供给价格就等于消费者的需求价格,信息提供者或信息运营商(通常说的ICP)就得不到任何利益。但由于信息的不对称,生产者和消费者都不可能掌握完全信息,由于信息的不完全,就可能导致双方的利益受损,信息拥有者或信息经营者的出现,解决了他们之间的难题。信息拥有者或信息经营者对于生产者和消费者来说都是卖方。生产者依靠信息经营者提供的信息,可以将库存产品卖出去,愿意支付一定的信息费;而消费者依靠信息经营者提供的信息,可以低价方便地买到自己所需的高质量产品,也愿意支付一定的信息费。理论上,信息经营者得到的信息费不应超出消费者的需求价格与生产价格之间的差额,否则,生产商和消费者都不会来购买信息产品。现实市场中,信息经营者不只是一个,但无论有多少个信息经营者,他们提供信息价格的总和只能是生产价格与消费价格之间的差额,超过这一差额,生产商和消费者都宁愿去自己搜索而不愿意借助信息经营者的中介服务。由于信息稀缺性的差别,不仅信息的价格不同,而且占商品价格的比例也不同。当生产者的信息相对稀缺时,生产者支付的信息费相对较高;当消费者信息相对稀缺时,消费者支付的信息费相对较高。因此,信息的完备程度是影响信息商品价格的直接因素。

信息价格形成因素分析,对我们深入认识网络经济有着特别重要的意义。因为它不仅是一个生产过程,也是一个利润再分配过程。作为生产过程,网络经济为我们提供了信息生成的手段,生产者和消费者都应当学会自己生成信息以降低成本。作为利润再分配过程,尽快实现面对面的生产和消费将是降低成本、提高效率和收益的有效途径,也是网络经济学所追求的目标。

2. 市场正反馈理论

传统经济理论认为,在竞争市场上,需求曲线和供给曲线共同决定市场的均衡价格和均衡数量,当商品供不应求时,消费者之间的竞争促使价格上涨,市场回到均衡点;当商品供过于求时,厂商之间的竞争使价格下降,市场重新达到均衡点。均衡价格是市场力量相互作用的结果。但在网络经济中,情况发生了变化。网络产品的边际消费效用是递增的,即最后消费该产品的消费者获得的效用比以前消费该产品的任一消费者获得的效用都高,同时每一个新消费者的加入都会增加原来的消费者的效用。消费网络产品的消费者越多,这种产品的价值就越大,这就是网络经济基本定律之一的梅特卡夫(Metcalfe)定律：网络的价值是参与联网的计算机数量的平方。网络产品同样符合这个规律。梅特卡夫定律与网络外部性、网络效应的本质是一样的。这样，一旦一种网络产品在市场上有了一定的规模，消费者就会自我发展，产品本身会推动市场规模进一步扩大，也就是说，随着成员的增加，产品价值迅速膨胀，而价值的膨胀又吸引了更多的消费者，产生正反馈效应；而消费者少的网络产品，由于其价值得不到充分的体现，对消费者的吸引力就小，它的市场规模会越来越小。网络经济表现出了强烈的正反馈效应。

所有的网络产品都面临一个用户数量的问题：当网络产品的用户数量超过某个数值时，该产品就会表现出强大的网络效应，产生超额利润，而最终没有突破该数值的网络产品则面临着在市场上消失的危险。这个数值就是临界容量。临界容量是指保证消费者能够从购买的网络产品中受益所需的最少的消费者数量。因此，这个临界容量可以解释为能够保证该网络产品开始赢利的最少的消费者数量。

网络时代是"赢家通吃"的时代，对于一个成功的网络产品来说，在均衡时它在市场上的占有率应该达到80%~90%，即网络产品的临界容量应该是在其用户量占所有潜在消费者人数的10%~20%的时候。例如，某财经类信息服务网站拥有700多万的注册用户，它提供一种网络产品——股票行情分析软件，专门为具备上网条件的股民提供信息服务。一直以来，该软件都是免费提供给用户使用的，使用该软件的用户数有70万，现在公司决定对该软件进行收费，能否让用户购买行情分析软件，很重要的一点就是需要知道现有的软件用户量有没有突破临界点，产生网络效应。假设该软件未来是一个非常成功的网络产品，则它应该占所有潜在消费者数量的80%~90%，而临界容量应该是所有潜在消费者数量的10%~20%。根据中国证监会提供的数据，当时中国已经有7000万股民；同时根据中国互联网信息中心（CNNIC）提供的数据，当时我国网民人数达到8700万，占13亿人口的6.7%。因此，对该财经类信息服务网站来说，所有的潜在消费者数量应为具备上网条件的网民人数，即7000万×6.7% = 470万，根据这个数据可以估计出该行情分析软件用户的临界容量应该为47万~94万。而当时免费使用该软件的用户数已达70万，已基本上突破了临界容量，因此公司决定对该软件实行收费。从公司的销售情况来看，在很短的时间内，这70万免费用户中已经有10多万成为公司的收费用户，而且每天还在以1000多的数量递增，可见该软件已经突破了临界点，正在产生网络效应。

（1）梅特卡夫定律。

梅特卡夫定律是一种网络技术发展规律，是3Com公司的创始人、计算机网络先驱罗伯特·梅特卡夫提出的。梅特卡夫定律的主要内容是，随着用户数量的增加，网络的价值以用户数量的平方的速度增长。如果一个网络中有 n 个人，那么网络对于每个人的价值与网络中其他人的数量成正比，这样网络对于所有人的总价值与 $n\times(n-1)$ 成正比（周琰，2015）。如果一个网络对网络中每个人的价值是1元，那么规模为10倍的网络的总价值等于100元；规模为100倍的网络的总价值就等于10000元。网络规模增长10倍，其价值就增长100倍。

梅特卡夫定律提出，网络的价值与联网的用户数的平方成正比。所以，手机上联网的微信越多，微信的价值就越大。新技术、新产品、新服务只有在有许多人使用它时才会变得有价值。使用微信的人越多，微信才变得越有价值，进而能吸引更多的人来使用，最终提高微信的吸引力和总价值。一个微信用户没有任何价值，几十个微信用户的价值也非常有限，成千上万的微信用户就很有价值了，上亿微信用户组成的社交网络才能把微信的价值极大化。当微信的用户已经过亿，并且每天还在不断增长的时候，它的影响力会逐步增大，它的价值也会呈爆炸性增长。

腾讯的手机游戏收入、广告收入很大一部分来源于微信的引流。微信是移动互联网时代的第一张船票，腾讯的市值超过 3500 亿美元，向 4000 亿美元迈进，在这个过程中，微信为腾讯股价的上涨起到了关键性的作用。根据腾讯发布的 2016 年和 2017 半年财报显示，2016 年上半年，微信和 WeChat 合并月活跃用户数达 8.06 亿，同比增长 34%；2016 年上半年总收入为人民币 676.86 亿元，比 2015 年同期增长 48%。2017 年上半年，微信和 WeChat 的合并月活跃账户数达到 9.63 亿，比 2016 年同期增长 19.5%；2017 年上半年总收入为人民币 1061.58 亿元，比 2016 年同期增长 57%。

2017 年上半年微信用户数相对于 2016 年上半年只增长了 19.5%，但是收入却增长了 57%。可以看出，腾讯的收入增长速度超过了用户的增长速度。腾讯体现出了梅特卡夫定律的魔力，随着用户数的增长，每个用户的价值也在增加，这使腾讯的盈利能力以更快的速度增加。

传统的物质资源一经使用就被消耗掉；与传统的物质资源不同，微信资源的奇特性不仅在于它可以被无损耗的消费，而且微信的消费过程、使用过程很可能同时就是微信信息的生产过程，它所包含的知识或感受在消费者那里催生出更多的知识或感受，使用消费它的人越多，它所包含的信息资源就越大。微信的威力不仅在于它能使信息的消费者数量增加到最大限度（全人类），更在于它是一种传播与反馈同时进行的交互性媒介（这是它与报纸、杂志、收音机和电视机最不一样的地方）。随着微信用户人数的增长，微信将为腾讯带来更大的价值。

（2）达维多定律。

达维多定律是由曾任职英特尔公司高级行销主管和副总裁的威廉·H. 达维多（William H. Davidow）提出并以其名字命名的。达维多定律认为，在网络经济中，进入市场的第一代产品能够自动获得 50% 的市场份额，因此，一家企业如果要在市场上占据主导地位，就必须第一个开发出新一代产品，又第一个淘汰自己的老产品（李乾文、姜琳琳，2008）。也许公司的产品那时还并不完美，但是第一个推出是最重要的。

2014 年 2 月，高通公司发布了两款最新的 64 位移动系统芯片——骁龙 610 和 615。2016 年 7 月，高通宣布骁龙 821 处理器发布，性能和速度相比骁龙 820 快 10%。2016 年 11 月，高通公布了下一代骁龙处理器——骁龙 835，高通骁龙 835 芯片于 2017 年初发布，支持最新的 Quick Charge 4.0 快速充电技术，基于三星 10nm 制造工艺打造。高通骁龙 835 处理器将取代骁龙 821/820，成为高通公司顶级移动处理器。高通公司不断推出工艺更先进、运算速度更快的手机芯片，反映了高通公司的一个长期战略，即运用达维多定律的方法，要比竞争对手抢先一步生产出速度更快、体积更小的手机芯片，然后通过一边削减旧芯片的供应，一边加大新芯片的供应，同时逐步降低新芯片的价格，使手机制造商和手机用户不得不跟随其步伐。高通公司通过使用这种战略，把许多竞争对手远远抛在了后面，因为这些竞争对手在此时生产出的产品尚未能达到高通公司制定的新标准。

高通公司在产品开发和推广上奉行达维多定律，获得了丰厚的回报。高通公司始终是手机芯片的开发者、倡导者，乃至手机芯片标准的制定者。其产品不一定是性能最好的、速度最快的，如高通 810 芯片发热严重，但高通公司始终保持产品是最新的，为此，高通公司不惜淘汰自己哪怕是市场正卖得好的产品，也要推出新产品。

达维多定律揭示的真谛是：不断创造新产品，及时淘汰老产品，使成功的新产品尽快进入市场，形成新的市场和产品标准，也就是掌握行业标准，制定游戏规则。

3. 网络商品风险价格理论

作为网络商品的生成者，网络商品价格的形成不在于自己，而在于该商品的购买者。当该商品能为社会接受时，网络商品的生成者可以"一夜暴富"；当自己的商品难以为社会认可时，就一钱不值。因此，对于网络商品的生成者来说，网络商品生产的风险系数是很大的。

作为网络商品的消费者，买主的主观评价隐含着网络商品的价格风险。由于网络商品的利用或最终消费的领域与方向在市场上是确定的，购买与否完全取决于买主的购买取向与主观评价，主观评价高，网络商品的价格相对就高，这种主观评价可能跟现实不一致甚至完全不一致，购买者必须要为自己的主观评价承担全部责任并支付全部货款。买主对网络商品的收益预期也同样隐含着网络商品的购买风险。网络商品的价格本质上是一种根据概率对预期收益进行计算的结果，由于买主往往不能占有完全信息，只能是完全信息预期，这个预期就是其可能给出的最高价。由于这种预期的不确定性，网络商品市场价格包含较大风险。

（1）边际成本递减。

边际成本是指每多生产一单位的产出所引起的总成本的增加。在传统的工业经济活动中，常见的边际成本是呈"U"型变化的，即开始时边际成本随着产量的增加而减少；当产量达到一定程度时，随着产量的增加而增加（缪代文，2003）。

互联网企业要提供网络产品和服务，前期需要投入巨大的人力、物力、资金去做研发，一旦产品或服务研发成功，额外提供产品或服务的成本是相当低的，甚至可以认为趋近于零。

与传统工业活动不同，互联网产品或服务虽然需要大量的研发费用以及推广费用，但当其一旦研发成功并投入市场，除了可忽略的复制成本外，该产品的总成本基本保持不变（叶明，2014）。使用其产品或服务的用户越多，则每个用户的平均成本就越低，即每多获取一个用户，每多提供一个产品或服务，其增加成本基本趋近于零。互联网产品或服务的用户越多，每个用户所承担的成本就越少，这充分体现出边际成本递减的规模经济效应，公司也更容易盈利。

携程旅行网创立于 1999 年，总部设在中国上海，员工 30000 余人。携程旅行网成功整合了高科技产业与传统旅行业，除了固定的人力成本、房租、水电费、物业费、研发成本等，携程为用户提供服务的边际成本是递减的，由此携程向超过 2.5 亿名会员提供各种低价的无线应用、酒店预订、机票预订、旅游度假、商旅管理及旅游资讯在内的全方位旅行服务，成功地俘获了消费者的心，成为中国市场占有率第一的在线旅游公司。

(2) 免费价格策略。

对于传统商业市场而言，免费价格策略是不可想象的，因为企业提供产品和服务需要付出大量的成本。每个企业都要追求利润，如果免费，企业很可能倒闭。互联网企业的网络服务依靠自己边际成本递减的特性，让免费成为可能。互联网时代的免费现象似乎比任何时代都多，免费即时通信软件、免费电子邮箱、免费安全软件，这些免费的产品在网络上随处可见。中国很多互联网企业都是学习国外企业的，但是它们通过免费模式打败了很多国内外的竞争对手，如淘宝用免费打败了 ebay；360 安全软件用免费打败了卡巴斯基、江民。

目前，免费价格策略是互联网市场营销中最常用的营销策略。它通过把自己的产品或服务免费提供给消费者使用，从而让更多消费者愿意使用其产品或服务。在网络经济时代，互联网企业愿意免费提供产品或服务，常见的理由有以下三种：第一，互联网产品和服务具有不可触摸性，没有现实事物参考，大多是时空消费同时性的服务产品，免费使用才能使消费者愿意使用其产品或服务，进而判断出产品或服务的适用性和价值；第二，互联网产品和服务的研发成本较高，但边际成本极低，基本为零，有利于其采用免费或者搭配赠送等策略进行扩张；第三，从消费者的心理来说，免费永远能够快速吸引消费者，企业要想快速占领市场，让更多的用户使用其产品或服务，达到"马太效应"，实现强者恒强，其产品或服务价格越低越好。

在对用户免费开放进入和获取产品或服务的同时，对有广告和宣传需求的用户进行收费，互联网市场逐渐形成了双边市场。这种商业模式也使用户使用规模成为互联网最稀缺的资源。现有企业的用户规模越大，越能吸引广告主购买，同时对后进入者的壁垒也就越大。因而我们可以得知，越大的企业越会利用其自身的优势并结合"免费"的定价策略来扩大其用户规模（王智渊，2014）。未来，互联网企业会为用户提供免费的基本服务（搜索、通信、社交、新闻、邮箱），对一些增值服务收费，满足企业盈利的需要。

3.1.6 共享经济理论

随着移动互联网的兴起，共享经济也越来越深入每个人的生活，如滴滴打车、摩拜单车等。共享经济借助网络等第三方平台，将供给方闲置资源使用权暂时性转移，实现生产要素的社会化，通过提高存量资产的使用效率为需求方创造价值，促进社会经济的可持续发展。共享经济涉及供给方、需求方、共享经济平台等参与主体（郑志来，2016）。从供给端来看，供给端将多余的资源拿出来共享，提高存量资源利用率，并获取一定收益；从需求端来看，需求方通过租、借等共享方式既满足了自己的需求，又降低了自己的使用成本；从共享经济平台来看，共享经济平台结合闲置资源的位置共享、应用大数据算法等实现供给端与需求端匹配，通过提成获取收益。

共享经济主要具有三个特点：一是以现代信息技术、通信技术、网络技术、移动互联网技术为支撑。其核心是以移动互联网技术为基础和纽带，实现产品或服务的所有权和使用权的分离，在产品或服务的拥有者和使用者之间实现使用权共享交易。其发展理念是"不为我所有，但为我所用"。在这种模式下，每个人既可能是产品或服务的提供者，也可以是产品或服务的需求者,实现社会资源的有效配置和利用。二是共享经济是一种绿色低碳、环保的经济发展方式。共享经济让人们借助网络平台,将自己多余的资源共享给需要的人,扩大人际交流圈,让人们学会分享和合作,改变传统产业的"大规模生产,大规模购买"的供给模式,提高资源利用率,减少浪费,形成了一种新的供给模式和交易关系。美国的 Uber 和中国的滴滴就是这方面的典型应用,它们减少了人们购买汽车的数量,降低了城市中汽车的使用量,让城市交通压力变小,污染减少。三是改变了很多人的工作方式和就业方式。传统的工作和就业是员工和公司签约,受公司雇用,按照公司要求固定时间上下班。共享经济将传统经济活动中的诸多生产要素进行了重新组合、加工、分配、销售和购买,改变了传统公司和员工之间的雇佣关系,人们可以同时作为产品或服务的生产者和消费者,自由选择工作时间、地点。

滴滴出行是涵盖出租车、专车、快车、顺风车、代驾及大巴等多项业务在内的"一站式"出行平台。滴滴出行利用移动互联网技术连接了司机和乘客,改变了传统打车方式,建立培养出大移动互联网时代下用户现代化出行方式。2016 年,滴滴估值超过 500 亿美元,每天的日活跃用户数超过 1000 万。

3.2 平台经济与双边市场理论

3.2.1 双边市场理论

双边市场是区别于单边市场的一种市场结构,主要区别是第三方经济主体的介入。外部性(externalities)对科斯定理失效的可能作用是双边市场存在的主要原因(储新民、李琪,2009)。根据市场情形可以将网络外部性分为使用外部性和成员外部性,它们构成了网络价值的核心(Rochet J.,Tirole J.,2006)。卡茨和夏皮罗(Katz & Shapiro,1985)较早对网络外部性进行了研究,他们将网络外部性分为直接网络外部性和间接网络外部性。双边市场的出现在时间上晚于传统单边市场,然而两者并不是独立存在的,黄民礼(2007)指出,单边市场向双边市场演进至少必须具备三个条件:一是双边需求同时存在;二是能够凝聚并维持足够数量双边客户的平台;三是存在买卖双边的交叉网络外部性。

彼埃尔·R. 吉博(Pierre Régibeau,2005)认为,双边市场可以通过三个联合特征来识别:结构、外部性和非中性。以交叉网络外部性和价格结构非中性两个标准定义双边市场已得到普遍认同(李艳,2014)。阿姆斯壮(Armstrong,2006)以交叉网络外部性存在与否为依据,认为双边市场中交易买卖的双方通过参与中间层(intermediary)或平台(plat-form)进行交易,并且参与一方的买者(卖者)加入平台的收益取决于加入该平台的卖者(买者)的数量(Armstrong,2006)。阿姆斯壮(2006)以及罗切特和蒂罗尔(Rochert & Tirole,2005)则以价格结构非中性为依据,认为当价格水平一定时,如果买卖双方价格结构的变化会影响平台的交易量,说明价格结构非中性,市场类型表现为双边市场,如若不然,则为单边市场。从实证的角度分析,双边市场可以分为三种类型（David S. Evans，2003）：市场创造型（market-makers）、受众创造型（audience-makers）和需求协调型（demand coordinators）。

3.2.2 基于双边市场理论的平台经济

1. 平台经济的技术基础

与传统单边市场不同，双边市场的主要特征是第三方平台企业介入经济活动，经济活动模式由传统的"买方—卖方"变为"买方—平台—卖方"，其中平台一般是指电子商务平台（e-commerce platform），即利用互联网络为有交易需要的主体（包括自然人和法人）提供的为交易过程服务的场所和环境，其直接表征和载体是以"网站"为中心的人、信息技术和商务服务的有机结合（储新民、李琪，2009），其应用形式有B2B、B2C、C2C等。以平台的建设运营主体为准，电子商务平台可以划分为以下三类（李艳，2014）：

（1）自营电子商务平台。

自营电子商务平台是指有交易需求（销售或采购）的企业自行投资建设并运营的电子商务平台，大型企业通常选择此形式，如海尔商城、联想在线商城等。另外，产业电子商务平台实质上也属于这种类型，如航空业的Exostar和Aeroxchange两个平台，在支持买卖交易、优化供应链、开发行业内电子商务标准、获取战略资源和联合开发产品等方面发挥作用。

（2）第三方电子商务平台。

第三方电子商务平台是由专门从事电子商务服务的企业投资、运营的，平台提供商为交易活动各方提供场所（虚拟空间）和环境。这类平台是当前最活跃、最富有成效的形式，适应中小企业的需求（中小企业由于资金、技术、人力等约束不能自建自营），如阿里巴巴B2B国际贸易平台、淘宝C2C交易平台、支付宝支付平台等。

（3）自组织电子商务平台。

自组织电子商务平台是有交易需要的个人或微型企业，在不能自建和参与第三方平台的情况下，利用各种信息网络渠道（包括网站、邮件、电话、传真、IM等）自发形成的交易网络。这些网络没有明显的表象，但却实际上存在，但其范围和规模均受到很大限制，多表现出区域性特征，如校园内书刊、饮食、娱乐、旅游等供给与需求信息散见于BBS、QQ群、手机短信网络当中。

电子商务平台的出现使双边市场不断涌现，传统单边市场受到冲击，并逐渐开始转型。互联网金融在这样的背景下快速成长。互联网金融是指具有平台属性的、提供居间服务的互联网金融，包括第三方支付平台、P2P、众筹融资平台以及互联网货币基金理财平台，从业务功能上分别对应支付、融资和理财。其中，P2P、众筹业务本身具有非常明显的双边市场特征，而第三方支付、互联网货币基金销售更多的是依附于第三方双边平台，并将平台已有的用户基转化成自身的客户基以开展业务，在一定程度上也体现了双边的特质（李艳，2014）。互联网金融作为双边市场理论下的实践，是在互联网技术发展的基础上建立的，以互联网为依托，越来越多的传统单边经济活动向双边经济活动转化。

2. 平台经济的双边市场属性

双边市场基于互联网技术而出现，依托电子商务平台而成长，然而不是所有的电子商务平台都具有双边市场特征。例如，自营电子商务平台实际上自身就是交易的一方，其主要努力目标是吸引另一方的参与，这只是一种单边市场形式。自组织电子商务平台由于缺乏可见的"平台"，或即使有平台但其目标多样化而并非集中于此交易双方，也没有定价权可言，故也不是双边市场，不过，这种类型却可以通过"独立平台"或"专门频道""专业群"的建设来获得双边市场特征，以实现交易双方的交互性正向网络外部性对交易本身的促进。只有第三方电子商务平台具备双边市场所必需的三个条件：平台、定价权和量价关系（储新民、李琪，2009）。

埃文斯（Evans，2003）指出，识别双边市场的基本特征有三：其一，存在不同需求的两边或多边用户，且构成同一次交易的两方；其二，各边用户的需求具有联合特征，彼此依赖，交叉网络外部性明显；其三，需要一个平台企业通过非对称定价将其间的外部性内部化。[1]

3. 双边市场下平台的定价行为

双边市场经济下，第三方平台的主要任务是将平台两端用户吸引到平台上进行交易，目前，大部分平台多采用非对称定价吸引用户并使他们之间的网络外部性内部化（李艳，2014）。这种非对称定价方式间接说明了平台两端用户对平台的网络外部性是不同的，一般情况下，一端用户对平台的正网络外部性越大，其对平台的价值越大，能够为平台吸引更多的另一端用户，这也正是双边市场理论的核心所在。同样，在电信双边市场中，运营商对业务厂商的定价策略与平台双边市场的交叉网络外部性大小有关。运营商对业务厂商的收入分成比例与消费者的交叉网络外部性正相关，与业务厂商的交叉网络外部性负相关（任丽、吕亮，2011）。运用这种非对称定价模式的平台有第三方支付平台、众筹平台等。

4. 双边市场下用户多归属行为与平台竞争

用户多归属行为是指用户同时在两个或两个以上的同类平台上交易的行为，与单归属行为相对应（李艳，2014）。在双边市场经济现实活动中，平台两端的用户都会存在多归属行为。潜在收益是用户选择单归属和多归属行为的重要判断准则。平台的主要目的则是通过竞争手段争取令更多的用户选择单归属行为，通过这种方式提高平台的交易量，促进平台利润的持续稳定增长。

双边市场经济形势下，交易平台数量逐渐增多，其涉及的业务也逐渐增长，同种或者相似业务的平台为争取更多的用户相互竞争加剧。随着经济水平和国民素养的提升，平台消费端的需求呈现出个性化和品质化等特点，如何把握消费端用户不断变化的消费心理诉求将成为未来平台竞争关键所在（任丽、吕亮，2011）。

---

[1] Evans D. S., "The Antitrust Economics of Multi-Sided Platform Markets", *Yale Journal on Regulation*, 2003, 20 (2).

平台两端用户的网络外部性呈现出此消彼长的现象，平台与供给端用户分成比例的提升会逐渐压缩供给端用户的利润，这在一定程度上削弱了供给端的发展动力，长期的利润压缩状态存在使供给端用户流失的弊端。对于平台而言，具有网络外部性的业务一定程度上可以增强平台消费端用户的网络外部性，在这种情况下，第三方平台应该通过必要的优惠措施吸引更多的消费端用户进入平台，消费端用户的增多将弱化平台因利润分成提升导致供给端用户减少的负面作用。

未来的平台竞争发展要逐渐摆脱同业务竞争，新起的平台要构建自身的平台特色，避免与已有平台经济业务的同质化。平台还要意识到，其责任不仅仅局限于提供交易技术平台，还要在制度上鼓励供给端不断进行业务创新，用创新业务吸引新的消费端用户，提高业务质量，提升消费端用户体验。

3.2.3　互联网金融平台的发展机制

无论互联网金融平台源自何种路径形成，从平台经济学角度看，其生态组织演化发展在内在机制上具有共同性。互联网金融平台的演化发展机制一般由五力驱动机制、集成创新机制和关联生长机制等共同构成。

1. 五力驱动机制

一般来说，互联网金融平台初始发展的动力来自五个方面。第一，计算机技术、网络技术、通信技术的发展，使整个社会慢慢变成一个网络化的社会，互联网金融平台的形成有了一个技术支撑。第二，互联网企业业务发展的需要。中国的互联网企业最开始做的业务都是商务、社交、游戏、新闻，没有一个涉及金融。随着互联网企业业务的发展，互联网企业发现现有的金融机构不能提供自己所需要的金融服务，自己不得不开展互联网金融业务，随着用户的增多和业务的发展，互联网金融平台慢慢形成。第三，传统金融机构的改变。随着互联网时代的到来，传统金融机构为了服务客户，不得不把自己的业务转移到网络上去，形成传统金融机构自己的网络金融平台。第四，金融去中介化。随着大数据、"互联网+"时代的来临，各种P2P借贷平台、网络众筹、各种理财产品如雨后春笋般出现，网民之间不用通过银行而直接自己进行金融交易成为可能，与传统金融机构相比，这些网络金融平台手续费比较低，网民有动力通过这些金融平台去开展业务。第五，平台内生发展。互联网金融平台是一个开放发展的平台，平台与外部环境之间保持着密切的联系，外部环境的改变会促使互联网金融平台进行自我改变和发展。

2. 集成创新机制

互联网金融平台是一个典型的平台经济，外部驱动动能与内在组织创新动能依托平台组织架构不断进行聚合累积，并通过平台组织内在的信息流、资金流与利益流传递到平台组织内部各个要素主体，各要素主体通过平台组织进行关联集聚整合和重新匹配，促使互联网金融平台做出适应性变革，互联网金融平台组织架构不断蜕变创新。平台集成创新的直接结果，是平台金融服务功能、交易规则、交易方式和技术手段发生由量变到质变的改变;互联网金融平台由初始市场和基础产业向关联市场和关联产业进行同质融合,体现为新的平台模式出现与新业态功能形成(张成虎、胡啸兵,2015)。

3. 关联生长机制

当互联网金融平台创新累积到质变阶段,互联网金融平台会实现业务功能的大扩张,会覆盖人们生活的方方面面,支付宝就是这方面的典型代表。通过最开始的支付业务,支付宝发展出了便民生活、财富管理、资金往来、教育公益、第三方服务等子模块,每个模块都单纯成系统,但是又与支付宝的支付业务紧密关联,支付业务通过对上述业务的关联,促进了各个业务的快速增长,形成了一个无所不包的互联网金融平台。

3.3 长尾理论

3.3.1 长尾理论概述

1897 年,意大利经济学者帕累托(Pareto)注意到 19 世纪英国人的财富和收益分配,通过调查取样,发现大部分的财富流向了少数人手里。帕累托从大量具体的事实中发现:社会上 20% 的人占有 80% 的社会财富,即财富在人口中的分配是不平衡的。同时,他还发现生活中存在许多不平衡的现象。他认为,在任何一组东西中,最重要的只占其中一小部分,约 20%;其余 80% 尽管是多数,却是次要的。这就是著名的"二八定律"。

2014 年 10 月,《连线》杂志主编克里斯·安德森(Chris Anderson)首次提出"长尾"(long tail)这一概念,用来描述诸如亚马逊之类网站的商业和经济模式。长尾理论是互联网时代兴起的一种新理论,由于成本降低、效率提高,当商品储存、流通、展示的场地和渠道足够宽广,商品生产成本急剧下降以至于个人都可以进行生产,并且商品的销售成本急剧降低时,几乎任何以前看似需求极低的产品,只要有卖,都会有人买。这些需求和销量不高的产品所占据的共同市场份额,可以和主流产品的市场份额相当,甚至更大。长尾理论示意如图 3-1 所示。

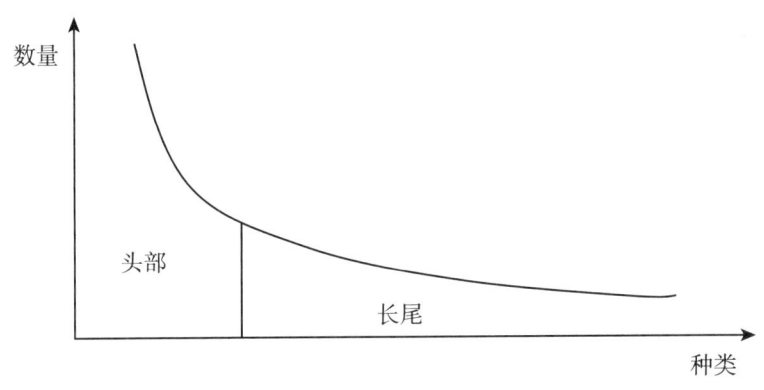

图 3-1 长尾理论示意

长尾理论被认为是对传统的二八定律的颠覆。如图 3-1 所示，横轴是种类，纵轴是销量。典型的情况是只有少数产品销量较高，其余多数产品销量很低。

过去人们只关注重要的人或重要的事，如果用正态分布曲线来描绘这些人或事，人们只关注曲线的头部，而将处于曲线尾部、需要更多的精力和成本才能关注到的大多数人或事忽略。例如，传统的银行是将二八定律应用到极致的典型代表，银行认为 20% 的富人为银行带来了 80% 的利润，对于这些富人给予"VIP"待遇，有专门的贵宾室，有专人接待并进行服务。对于 80% 的普通客户，银行对于他们基本上只提供基本服务，很多服务甚至由自助设备提供。长尾理论认为，银行应关注 80% 的普通客户，这部分积少成多，可以积累成足够大甚至超过头部的市场份额。

长尾理论的基本原理是聚沙成塔，创造市场规模。如果满足以下三个条件，长尾就能得以实现。第一，冷门的长尾产品数量要远远大于头部的畅销产品；第二，基于互联网技术的广泛应用，搜索引擎技术全面渗透，消费者能够以低成本获取符合自身需求的产品，即长尾产品的获取成本和交易成本要处于超低水平；第三，虽然每一种冷门长尾产品市场份额较低、销量较少，但是，当市场所有长尾产品形成一个整体时，其市场份额能够和为数不多的畅销品相抗衡（陆岷峰、吴建平，2016）。重视长尾的力量，开发长尾市场，成为当今企业取得市场主导权的重要法宝。

3.3.2 互联网金融发挥长尾效应的策略

互联网金融的服务对象主要集中于金融需求的尾部市场。互联网金融要想获得好的、长远的发展，必须重视长尾效应。

1. 延长长尾

互联网金融发展的驱动因素依然是金融机构能够取得可持续收益，而大规模的客户交易量是持续收益的必备条件之一。因此，互联网金融发展的核心是吸引新投资者并增加交易意愿，提升用户规模和交易频率。互联网金融虽具有互联网和金融的双重属性，但其创新强调的是互联网技术在金融中的应用，所以，注重互联网金融的连接技术和信息处理技术的发展，改善互联网金融服务和产品质量，降低用户的搜寻成本和交易风险，提高产品的收益，吸引更多的潜在投资者投资互联网金融，是互联网金融发展的核心（霍兵、张彦良，2015）。延长服务对象需求长尾、扩大服务范围、实现范围经济是开展互联网金融业务的发展导向（见图 3-2）。

截至 2016 年底，余额宝总规模已突破 8000 亿元，用户数超 3 亿，其中农村用户超过 1 亿。[①] 余额宝总规模及用户数快速增长的原因在于：个人用户的占比超过 99%。余额宝在三四五线城市和农村地区不断普及，吸引用户将年末奖金、回笼资金存到余额宝。余额宝个人投资者占比高达 99%，1000 元以下的投资者占比 70%，余额宝单日净赎回量从来

[①] 王潘：《余额宝宣布总规模超 8000 亿 用户数突破 3 亿》，http://tech.qq.com/a/20170103/031529.htm，2017-01-03。

没有达到1%。可以看出,余额宝大部分用户的投资金额不多,但是数量众多。余额宝能有今天的规模及影响力,长尾用户功不可没。

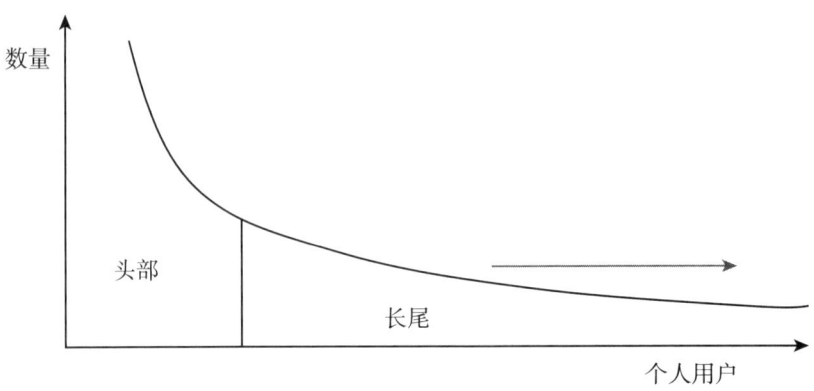

图 3-2　延长长尾尾部客户

2. 加厚长尾

互联网金融要想获得长久的、持续的、稳健的收益,必须为用户创造高水平的价值。一般而言,互联网金融公司可以通过以下方式来为用户创造价值。第一,增加消费者对于金融产品和服务的接触和了解,这意味着即使有好的产品和服务,强大的营销也必不可少。第二,积极建立和维护自身的官方网站和微信公众号。互联网金融企业的官方网站、微信公众号可以体现企业的文化、特色、产品、服务及擅长的领域,企业应实时在官网、微信公众号上发布和更新企业的相关信息、产品和服务资讯以充分发挥其宣传功能,完善官网和微信公众号的服务功能,达到吸引潜在客户购买产品和服务的目的。第三,加强互联网金融平台间的合作。不同的互联网金融平台的主攻业务方向不同,平台之间应当强强联合,利用各自不同的优势产生协同效应,实现互利共赢(孙俞,2017)。

只有为用户创造高价值,用户的投资意愿、交易意愿才会得到很大的提高,投资者的交易金额和频率也会增加,从而导致互联网金融市场上的长尾向上移动,每个用户会为互联网金融公司带来更多的收益(见图3-3)。

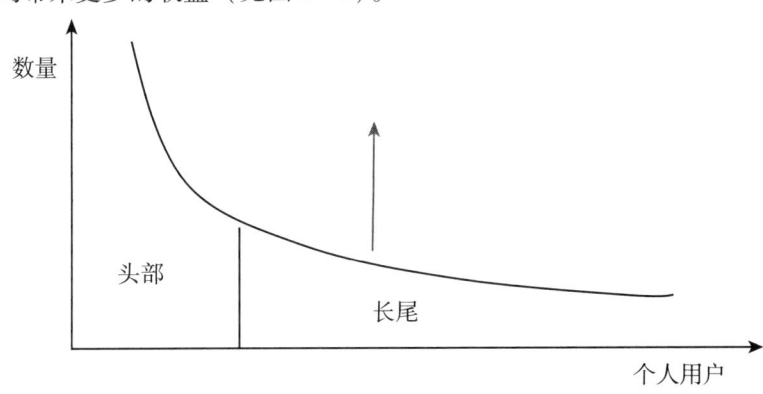

图 3-3　加厚长尾尾部客户

3. 驱动头部用户向长尾转移

互联网金融用户年轻人居多，他们更容易接受新生事物，对理财有更多的需求。互联网金融平台通过更灵活的理财方式，以比银行更高的收益、更全面的信息披露等方式来吸引互联网金融用户，让用户把资金从传统金融市场转移到互联网金融市场，驱动头部用户向长尾转移（见图3-4）。

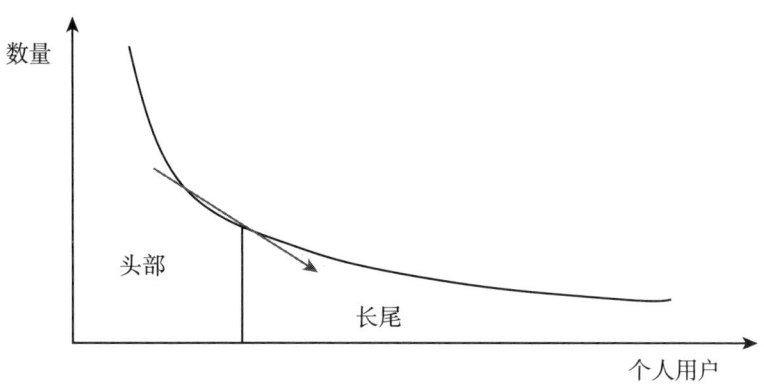

图3-4 驱动头部用户向长尾转移

2013年，支付宝推出了余额宝。余额宝既可以当作活期存款，用户可以随时使用，又提供了比银行定期存款更高的理财收益，使很多传统金融用户把资金从银行转移到余额宝。

3.3.3 长尾效应在互联网金融中的典型应用

普惠金融这一概念由联合国在2005年提出，是指以可负担的成本为有金融服务需求的社会各阶层和群体提供适当、有效的金融服务，小微企业、农民、城镇低收入人群等弱势群体是其重点服务对象。普惠金融一定程度上可以理解为长尾理论在金融行业的应用，其实质是扶持处于"尾部"的弱势群体及自身可持续发展的金融体系。发展普惠金融可以从以下三个方面入手。

1. 政府和市场相结合，搭建互联网金融普惠导向发展的政策体系

政府在加强征信支付等金融基础设施建设的同时，也采取了一些激励性政策措施引导普惠金融发展。如中国人民银行综合使用差别存款准备金率、支农支小和扶贫再贷款、再贴现等货币政策工具；财税和监管部门出台一系列财税奖补和差异化监管政策等。另外，政府支持政策不能包打天下，强调普惠金融要走市场化、可持续发展道路，金融机构等市场主体应该在普惠金融发展中发挥主导作用。政府在完善互联网金融监管政策配套、强化政策贯彻落实的同时，适度放宽互联网金融准入标准，下放审批权限，并在分析前期国内外互联网金融发展成功实践经验的基础上，大力支持各层次的互联网金融公司突破传统金融"灌溉"模式，充分发挥互联网金融高效、便捷、个性化定制等优势，以覆盖小微企业等传统金融机构放弃的长尾市场,让尽可能多的群体获得与其需求相匹配的金融服务。监管部门要在制度层面保证互联网金融普惠导向发展创新驱动力和业务发展的可持续性,在法律允许的范围内积极进行互联网金融创新,适时开展互联网金融创新业务试点,并对风险实施有效管理和充分披露,通过有效的数据分析和资产组合规避风险,在此基础上提高普惠金融客户应对风险的意识和能力(陆岷峰、吴建平,2016)。

2. 大力发展数字金融,助力解决高风险、高成本问题

数字金融涵盖了传统金融的数字化、移动化,以及新兴的互联网金融等领域。数字金融在解决普惠金融传统问题,即小额涉农金融服务的高风险、高成本问题上具有天然优势。

近年来,中国数字普惠金融的发展十分迅速,取得了很大的成绩:从存取款、转账支付等基本金融服务,到贷款融资、保险保障、投资理财等综合金融服务;从小额分散的个体金融服务到相对大额集中的全产业链授信;从前端的信用评估、客户获取到中后端的风险控制管理。数字技术对产品研发、业务模式以及风险控制的渗透正不断深入,应用前景和发展潜力不断拓展——非现金支付方式和数据征信驱动的业务模式,使金融机构能够更准确地识别和管理风险。

通过现有大数据技术,对海量的交易支付、融资结算、资信风险评估等多方面数据进行收集和积累,充分提升金融数据挖掘能力。数字普惠金融在很大程度上有效解决了小额涉农贷款中天然存在的高风险、高成本传统难题,同时在结合线下投资者适当性管理前提下还能够提供保险、衍生品、货币汇兑等组合式服务。

3. 推动产品创新,延伸长尾边界

传统金融机构和互联网金融平台充分利用云计算、大数据技术等现代信息化科技手段,运用网络银行、手机银行、互联网金融 App 等新型支付工具和手段降低服务成本,降低金融服务的"门槛",延伸金融服务的深度和广度。结合自身所在地的具体经济环境和政策环境,创新产品设计,由单一信贷产品提供商向多元化金融服务供应商转变,建立科学的、动态的风险管控系统,更好地服务处于不同地域、不同层次、不同行业、不同规模、不同发展阶段经济主体的多元金融需求。响应金融管理部门的号召,充分利用金融管理部门多种普惠金融的优惠政策,优化现有业务品种组合,延展产品服务范围,探索多种组合担保方式,加大对"瓶颈"领域或薄弱环节的支持力度,延伸长尾边界(林山,2015)。这样既提高了传统金融机构和互联网金融平台推行普惠金融的积极性,又为普惠金融的可持续发展提供了内在动力。

3.4 大数据信息确权理论

2016 年 12 月,华为发布荣耀 Magic 手机,这是荣耀发布的首款概念机,由华为 2012 实验室耗时近两年时间研发而成。Magic 基于 Android 系统重新开发了 Magic Live 系统,这是华为手机首次尝试人工智能应用。该款手机可根据微信聊天内容自动加载地址、天气、时间等信息；也可在通话、购物时提示相关服务信息。为此，微信的拥有者腾讯认为华为不仅在获取腾讯的数据，还侵犯了微信用户的隐私，双方由此产生冲突。作为两家科技巨头，华为与腾讯冲突的背后折射了用户信息的所有权问题，以及商业开发与用户隐私之间的制衡问题。

3.4.1 信息确权的理论需求

互联网时代，网络用户的海量个人数据和信息以聚合形式存在于社交网络、电子商务、网络游戏、地图、移动智能终端等网络平台，特别是一些大型的互联网公司已经形成对个人数据和信息的实际控制和垄断，公民作为数据内容的主体完全不能控制自己的个人数据和信息，根本无法了解自己的信息和数据在何时、何地、被何人、以何种方式非法收集、使用、加工、传输。现实生活中，很多人因为个人信息被泄露、无序开发和滥用，导致经济和精神上的损失，但是信息维权又很艰难。

信息确权理论建设是为鉴别并解决信息资源开发利用与信息服务市场中的信息侵权行为和信息维权难题而提出的一个创设性理论框架，以期能为规范我国信息消费行为、为激发人们的信息生产热情及信息资源建设的积极性提供理论指导，为信息资源开发利用的法制化建设提供理论支持，更为各类信息资源产权保护保驾护航。在大数据环境下，数据信息的产权问题更加受关注，无论是国家自然科学基金重大研究计划"大数据驱动的管理与决策研究"，还是近两年国家社科基金的申报指南，均对大数据的产权问题给予了专题指引，国务院关于《促进大数据发展行动纲要》也明确提出"促进数据资源流通，建立健全数据资源交易机制和定价机制，规范交易行为"，数据资源流通与交易定价机制的建立首先要解决的就是数据产权的确权问题（赵海军，2017）。

2017年3月，十二届全国人大五次会议表决通过了《中华人民共和国民法总则》。民法总则第111条规定，自然人的个人信息受法律保护。任何组织和个人需要获取他人个人信息的，应当依法取得并确保信息安全，不得非法收集、使用、加工、传输他人个人信息，不得非法买卖、提供或者公开他人个人信息。可以看到，民法总则并没有就"个人信息权"做出法律定义，但可以清晰地看出民法总则确定的"个人信息权"，其保护的核心不在于"个人信息"本身，而重点在于如何规制第三人对公民个人信息的收集、使用、加工、传输等行为。因此，公民行使信息权利的基础，是基于公民作为信息内容的主体有权决定其个人信息在何时、何地及以何种方式被何人收集、使用、加工和传输（王春晖，2017）。

3.4.2 信息确权的技术手段和协商

每一件知识产品都有一个承载具体知识内容的"信息实体"，每一个"信息实体"都拥有自身基本的信息属性，其中包括该"信息实体"的名称、生产者、生产日期、具体内容、文件信息量的大小、文件格式、所有权人、信息发布者、信息发布平台、信息载体等基本要素，这些基本要素都是通过一定的信息处理技术而标引或附加在"信息实体"之上的（如电子签名技术），而信息确权过程就是异向的、确认这些基本的信息属性的技术处理过程。

"信息实体"被知识创造者或互联网金融机构生产出来，一经开展商业化利用，就必然会触发信息的知识产权问题。现实生活中，当人们产生利益纠纷的时候，在司法上常常采取当事人协商机制。信息确权及商业化开发利用也可以实行当事人协商机制。信息确权工作可以采取知识产权约定的事前协商机制和知识产权争议的事后协商机制。事前协商机制是"信息实体"进入信息市场流通、进行商业化开发的事先约定，即"信息实体"被发布、发表、被二次开发利用之前关于信息权利约定的事先声明。后者是在"信息实体"的传播、交易、利用过程中产生的信息产权纠纷或侵权事件时当事人之间的协商处理机制，当事人可以私下协商，也可以委托第三方进行仲裁，或诉诸法律由司法机构来调解或判决（赵海军，2011）。

随着人们的信息确权意识越来越强，信息确权是互联网金融进一步发展的必然要求。

3.4.3 信息确权在互联网金融领域的应用

1. 互联网金融信息确权的内容

大数据时代金融信息的内容非常广泛，互联网金融用户在进行交易过程中，第一步就是要向交易平台或交易对象提供个人信息，信息包括个人姓名、身份证号码、年龄、工作单位、银行卡账号、个人住址、联系方式等。交易过程中用户的收入、交易对象、交易金额、交易地点等信息也被相关机构获知。除了这些原始信息，互联网金融机构通过对收集到的金融大数据进行分析，甚至还可以从中推知个人职业、消费习惯、朋友圈等信息，从而勾画出具有消费者专属性的主观评价。这些信息蕴含着极高的商业价值，金融机构可以据此精确了解金融消费者的需求，实现产品和服务的升级更新，提高决策的效率和理性。在信息就是金钱的互联网时代，互联网金融机构通过大数据运算所得到的个人信息，在法律上的保护价值与原始信息并无二致，甚至由于其信息指向性明确而更需要法律保护。在对金融信息进行界定时，不应局限于数据本身，而应综合考虑数据的产生、转换、使用、传输、储存等过程。在这一系列过程中，金融信息经历了不同形态的衍化，归于不同主体的管控之下，发挥着不同形式的功能。因此，金融信息在内容上应当包括两部分：一部分是通过各种方式收集到的原始信息（姓名、工作单位、银行卡号）；另一部分是通过对原始信息进行分析运算而得出的二次信息（刘斌，2015）。

2. 金融信息确权与利用的平衡

传统时代，金融机构与金融用户之间的信息利用关系存在两种常见的解释。一种解释认为信息从金融用户提交给金融机构开始就完成了所有权的转移，从此信息归属于金融机构，信息的开发利用就归属于金融机构，与金融用户没有任何关系；另一种解释则认为金融机构和金融用户之间是"保管"关系，金融用户为了享有金融产品及服务而提供自身的信息，金融机构只是将这些信息作为加密手段或是金融产品的附属品予以保存。

到了互联网时代，随着大数据的广泛应用，互联网金融机构对收集到的用户信息进行分析，对信息分析能产生何种结果并不总是知情。在很多情况下，大数据分析所产生的结果是超乎预料的，即使互联网金融机构事先向被收集方告知了相关信息，数据分析的结果也仍然可能超出告知范围。

金融信息确权与开发利用之间的矛盾，其实质是公平与效率之间的优先选择。信息确权规则过严，实现了用户金融信息公平价值，但会大大限制信息的供给，互联网金融机构也会减少对金融信息的需求，进而抑制金融创新的动力，进一步加剧金融市场的信息不对称，造成金融市场成本的上升。信息利用优先，直接体现了金融信息的流通价值，但金融用户个人利益及信息安全会受到损害。

从世界范围内来看，在信息确权与信息开发博弈之间，主流趋势以信息确权、信息保护为优先。为了平衡信息确权、信息保护与信息开发之间的冲突，并凸显信息确权、信息保护优先的理念，在我国金融信息权保护的法律建构中，金融用户和金融机构之间的信息法律关系宜适用准"委托—代理"关系。信息的部分权利能被委托给金融机构予以行使，信息的利用价值被开发，使金融机构不仅仅保管信息，还能对信息进行分析和加工。但只有作为信息主体的金融用户才能对自身的信息数据享有最完整的金融信息权权能，其他金融信息使用方所拥有的权利都是由金融用户所授予，受到金融用户信息权的制约和限制。在权利义务的规则设计上，亦应倾向于保护金融用户一方，有必要加重金融机构的法定义务，以进一步增强金融用户参与金融市场的信心和安全感（张继红，2016）。金融机构或其他第三方在使用金融用户的信息时，不能损害金融用户的合法利益，要随时保障金融客户的知情权。

3.5 标准化监管理论

标准化监管理论是关于监督管理标准化实施情况与实施效果的学问，即指导人们如何使被监管事物及其运行秩序达到最佳状态，从而获得最优监管效果的理论体系；指导人们如何将标准化科学理论和现代管理理论相结合，形成一套统一的、科学的、规范的监管机制，包括标准化监管的组织架构、监管流程、监管内容、监管方式及原理机理体系等。标准化科学理论已经相当成熟，但关于标准化监管的理论研究还处于探索阶段。广东财经大学金融电子商务研究中心研究员赵海军（2016）在"树立互联网金融的标准化监管思想"的评论文献中初步阐述了标准化监管思想；著名银行监管专家李怀珍（2007）很早就提出"用标准化理念指导银行监管实践"，并结合自己的银行监管工作实践阐述了标准化监管的几个核心问题。

3.5.1 标准化与标准化监管

我们国家对标准的官方定义是"为了在一定的范围内获得最佳秩序，经协商一致制定并由公认机构批准,共同使用的和重复使用的一种规范性文件(注:标准宜以科学、技术和经验的综合成果为基础,以促进最佳的共同效益为目的)"(中国标准出版社第一编辑室,2003)。标准表现为一种具有公共制度性的知识产品,它必须应用于社会经济实践,才会"在一定的范围内获得最佳秩序"与"最佳的共同效益",应用是其最终目的。标准的研制只是标准工作的基础性活动,标准化即如何将标准科学而合理地应用于相关的社会经济实践,才是标准工作的主要内容与核心任务。标准化是一个从企业到行业、从经济到社会、从人文到自然、从地方到国家、从国家到国际的,由规制到执行的极其复杂的系统工程。因此,需要研究标准化的组织方式、实施途径及其宏微观经济效果与战略选择问题,国际标准化与国家经济安全问题,以及各类标准化行为主体的标准化动因、影响因素及其行为效果的计量评价问题等。我国1988年12月29日公布的《中华人民共和国标准化法》对标准化的定义进行了明确的界定:在经济、技术、科学及管理等社会实践中,对重复事物及概念,通过制定、发布和实施标准,达到统一以获得最佳秩序和社会效益。由上可以看出,标准化已从单纯的技术工作范畴发展到管理工作范畴,这为行业监管利用"标准化"工作方法奠定了理论基础。这就是行业的标准化监管问题。

标准化监管是指行业监管者根据经验和规律制定监管标准,然后按统一的标准来规范监管行为,即对监管的目标、方式和行为制定的一系列规范,在一定的时期内应保持相对的稳定和统一。做好行业的标准化监管,必须要明确标准化监管的对象、标准化监管的目的意义、标准化监管的战略目标、标准化监管的方法步骤,以及标准化监管的理论基础等。为了充分发挥标准化监管理论的实践指导意义,即"指导人们如何使被监管事物及其运行秩序达到最佳状态,从而获得最优监管效果",有必要根据相关学者的研究成果,对标准化监管理论体系的核心内容做些深入研究。

3.5.2 标准化监管理论要关注的核心问题

1. 监管目标标准化

监管的目标标准分为总体目标标准和具体目标标准。在各国标准化监管实践中,总体目标通常是以法律的形式确定下来,并成为统一各国监管行为的准则。具体目标则是各地监管机构结合本地情况制定的实现总体目标的可操作性目标,它是由标准的管理属性即可操作性所决定的。在银行监管实际工作中,监管者往往注重目标的统一性,忽视目标的可操作性,结果导致监管行为的盲目性,降低了监管效果。《中华人民共和国银行业监督管理法》在总则部分就开宗明义地明确了我国银行监管的总体目标是:"促进银行业的合法、稳健运行,维护公众对银行业的信心。银行业监督管理应当保护银行业公平竞争,提高银行业竞争能力。"银监会从监管路径角度将这个目标准则具体化为四个监管工作目标:通过审慎有效的监管,保护广大存款人和消费者的利益;通过审慎有效的监管,增进市场信心;通过宣传教育工作和相关信息披露,增进公众对现代金融的了解;努力减少金融犯罪。

2. 监管过程标准化

监管过程标准化主要是针对监管者的监管行为与工作流程的标准化。监管绩效不仅取决于静态的监管制度、监管目标，更取决于监管人员实施监管行为的动态过程。因此，除了建立统一、明确、量化的监管标准外，还应注意加强对监管人员实际监管行为过程的标准化管理。这就是国际上所强调的基于规则的监管，即对监管工作所有环节都制定严密的业务流程和操作规则，并随着金融业的不断发展而定期更新，以保证监管人员操作的规范化和统一化，提高监管效率，减少监管差错发生。中国银监会成立后，依据风险监管理念，制定了市场准入、非现场监管流程和一些具体业务的监管指引，使我国的银行业监管过程向标准化方向迈进了一大步。但在监管的操作和执行层面，一定程度上仍然存在没有结合实际细化监管流程或执行监管规程不力等现象。银行业的行业监管应当根据银监会的工作制度和监管指引要求，并结合具体细分行业和地方的监管实际，对监管过程进一步具体化、规范化和标准化。首先，在监管机制的设计上，从监管目标、板块协调、监管治理、监管保障等方面制定监管运行机制框架意见，规范市场准入、现场检查和非现场监管以及上下级监管机构之间的有机衔接和互动。其次，为保障所有监管环节的相互连接和有效运行，依据风险监管理念，还要制定涵盖监管的各个方面和各个环节的详细工作制度，以提高整个监管过程的标准化程度和水平。

3. 监管方法标准化

监管方法标准化是指监管行为遵循统一规范的监管模式、分析范式，以及运用与之相配套的监管工具等。目前，国际金融业正处于资本监管向风险监管和承诺监管的过渡阶段，我国也已进入多种监管形式并重并以风险监管为基本特征的阶段。国际金融监管界一直在探索风险监管模式下规范统一的监管方法。从确立这种方法的要求来说，它应包括以下四个方面：一是识别风险的各类指标体系；二是精确计量分析风险的各种监管工具；三是全过程监控风险的持续分析范式（如风险矩阵，表格化、定期化、模块化分析等）；四是监管与被监管互动安排（包括跟踪、提示、协商、处罚）等。随着新巴塞尔协议的实施，将会有更多的计量和监测信用风险、市场风险和操作风险的计量模型被研发和总结出来，利用这些监管工具将极大地提高对监管对象的风险评估和预警能力，有利于比较各家金融机构的风险程度，金融监管将进入崭新时代。目前，由于我国金融业监管的公共基础设施尚不完善，法人机构的法人治理机制也存在缺陷，导致我国金融监管数据采集的规范性较差，真实性、全面性不高，信息利用率较低，我国的风险监管基本上仍停留在依赖监管人员自身的业务素质和直觉判断的基础上，统一的规范的风险分析模式没有确立，各地因监管评价模式及其指标的不同，很难相互比较监管效果。因此，结合我国金融业经营实际，借鉴国际普遍认可的先进监管方法和技术，是提高我国风险监管水平迫切需要解决的问题。

4. 监管工作考核标准化

对监管工作考核制定科学的标准，将监管者相关行为的实际效果内化到其个人的收益成本预期之内,进而取得监管者个人行为与监管机构组织要求的协同,是标准化监管的一项重要内容。由于监管工作的特殊性,既要约束监管人员的行为,使其依法合规实施监管,防止监管宽容,也要尽可能保护其履行监管职责的积极性,避免由于责任考核的过度严厉而导致其行为过于谨慎,出现监管过度问题,这是制定监管考核标准的关键点和难点。对于科学的考核标准包括哪些内容,国际上没有统一的规定,因为考核标准因体制、机制不同而呈现不同的特点,通行的做法是与资产监管量、风险程度和风险监管效果相联系。

5. 金融业标准化监管的发展历程

李怀珍(2007)认为,金融业监管引入标准化管理是在1980年以后的事。在1980年以前,各国监管当局认为每家银行面对许多独特的风险,从而拒绝接受统一的标准。这种一行一个标准的监管方法与当时世界经济繁荣、银行以传统业务为主、银行全球化进程尚未开始密切相关。但在20世纪70年代以后世界经济发生转变,西方各国银行开始面临通货膨胀、浮动和不稳定的汇率以及异常波动的利率等系统性冲击。为了保护客户和银行自身的利益,银行被迫推动金融市场向三个方向发展,即全球化、金融创新和投机。由于各国监管当局缺乏统一的标准化的监管措施,各家银行资产和负债业务不断增加,资产证券化(如抵押贷款等传统银行资产被转换为可销售的工具)以及或有负债、表外项目等创新产品不断出现,给银行带来巨额风险。在此背景下,为了维护整个银行系统的稳健运行,避免系统性风险,十国集团成立了银行业监管委员会,即现在的巴塞尔银行监管委员会,其主要职责是协调监管合作,制定新方法监管国际银行,对银行资本和其他方面制定标准。1981年,委员会公布了首份资料,即现在的年度"国际银行监管发展报告",此研究报告成果开始在十国集团各银行监管实践中执行,从而拉开了监管当局对银行实施标准化监管的序幕。1988年7月15日,经过各国反复谈判,巴塞尔银行监管委员会公布了巴塞尔协议的最终稿,即《统一资本计量与资本标准的国际协议》,从此以后,虽然银行监管引入标准化管理颇有争议,但标准化监管方式在银行业监管中已占主导地位。到目前为止,巴塞尔委员会相继公布了一系列的控制信用风险、市场风险、操作风险、公司治理和监管治理、有效银行监管核心原则等各种监管标准,构建了标准化监管的基本框架,通过协议和承诺的方法在各国推行,从而使世界各国的银行业监管开始迈向统一的标准化监管时代。金融行业标准化监管的主要内容实质上是一种科学的操作规范,它通过建立和完善金融行业监管各环节的标准,进而形成金融行业监管的标准体系,对金融监管的各级机构和部门的监管活动实行系统管理和整体管理,从而提高监管工作质量、效率和水平,实现监管有据、监管有度、监管有力、监管有方的最优监管状态。根据管理过程理论,按照标准在金融监管中的作用,金融监管应在监管目标、监管过程、监管方法、监管考评等方面实行标准化,而且,金融监管标准化的范围将随着监管实践和监管技术的不断发展而扩展。

3.5.3　互联网金融标准化监管研究实践

互联网金融标准化监管的研究实践是专门针对互联网金融的行业监管问题进行的标

准化监管的研究与思考。除了赵海军（2016）及李静宇（2017）专门针对互联网金融行业所做的标准化监管研究之外，还有不少学者从互联网金融机构或其细分业态的角度来探讨其标准化监管问题。如宋立志（2016）专门探讨了互联网金融机构信息标准化管理问题，认为随着互联网和信息技术的发展，互联网金融成为我国社会创新发展的重要驱动力，互联网金融的领域细分和行业深入对金融市场的影响逐渐凸显，然而，鉴于"互联网+金融"的双重风险，基础信息标准化管理值得深入思考，宋立志从行业风险、信息标准、管理需求三方面阐述了加强从业机构信息标准化管理的原因，并建议标准化管理从业机构信息、统一市场准入操作，以利于提升监管效率和风险预警能力。王玮（2015）提出以标准化为手段引导和规范我国网络借贷行业健康有序发展，他认为我国网络借贷行业取得了快速发展，也暴露出许多问题，这些问题可以集中概括为"三无"，即"无准入'门槛'，无行业标准，无有效监管"，对网络借贷行业实施标准化监管已刻不容缓。为促进我国互联网金融的标准化发展与标准化监管研究，中国互联网金融协会及相关部门还联合召开了互联网金融标准化工作研讨会，并成立了互联网金融标准研究院（周琰，2017），这对于我国互联网金融的标准化监管研究将是一个很大促进。

3.6 金融风险控制理论

在金融市场中，投资者在关心收益的同时，也在关注着市场和产品的风险。金融风险是投资的核心，如何在投资的时候规避和控制风险是至关重要的。本节主要对金融风险控制理论进行简单的介绍，同时联系互联网金融现况进行分析。

3.6.1 认识金融风险控制理论

金融风险控制理论是指通过一系列包括风险辨识、风险度量、风险管理在内的活动，将资产组合的收益率偏离其预期收益率的程度控制在可承受范围内的一门学问。对金融风险控制理论的理解，需要注意以下三点。

第一，金融风险控制理论大致有三部分内容。一是风险的辨识，它是风险控制的基础；二是金融风险的度量方法，这是风险控制的核心内容；三是金融风险的管理策略。

第二，金融风险控制理论也是一个系统论。金融风险控制理论所包含的三个部分，即风险辨识、风险度量、风险管理，每一部分都可以作为单独的方法论，但是，就金融风险控制理论而言，这三部分是一个整体，缺一不可。

第三，金融风险控制理论只是控制风险的方法论，它不能完全消除风险。在风险管理这一部分有很多的策略，但是这些策略只能削弱风险、降低整体风险。比如，我们很熟悉的一句话"不要将鸡蛋放在一个篮子里"就是典型的分散策略，但是这种方法并不能完全消除风险，至少系统风险还是存在的。

3.6.2 金融风险控制理论的基本构成[①]

1. 风险辨识的方法

风险辨识的方法有许多,这里只介绍其中比较经典和应用比较多的三种方法。

(1) 现场调查法。

现场调查法是指投资者对可能遭遇风险的机构、部门进行详尽的现场调查,从而识别风险。这种方法的步骤一般有:调查前的准备工作、现场调查、调查报告。

现场调查法的应用十分广泛,主要是因为该方法简单、实用,而且往往可以获得第一手资料,这样能在一定程度上保证所得资料的可靠性。但是这种方法也存在一定的缺陷。首先,它的使用对象大都为机构投资者、咨询机构等,对于个人投资者而言,在使用这个方法时容易遇到阻碍。其次,这个方法存在一定的主观性。因为进行现场调查时并没有固定的方法,只能依靠调查人员的敏锐观察力,从这一点来说,这个方法缺乏客观性。

(2) 客观风险测定法。

客观风险评定法是一种以反映经营活动的实际数据为依据进行金融风险辨识的方法。传统的客观风险评定法就是我们很熟悉的财务报表分析,通过对财务指标的分析来对企业的存在风险进行辨识。沃尔评分法(Wall grading method)是目前最常用的客观风险评定法。随着金融风险管理活动的深入,单一的财务指标分析已经不能满足风险辨识的需要了,为此,人们建立了各种综合评价指标体系。

客观风险测定法相对来说比较客观,数据获取途径也比较多,但是,在如何选择比较合适的财务指标来进行分析时还是存在一定的困难。

(3) 幕景分析法。

也称为情景分析法,是一种辨识引致风险的关键因素及其影响程度的方法。幕景分析主要包括情景构造和情景评估。前者是情景分析的基础;后者则是在完成情景构造后,评估该情景的发生对资产组合价值变化的影响和后果。

幕景分析法能使投资者充分考虑不利情景的影响,重视评估偶然事件,尤其是极端事件的危害。在金融风险度量中,压力试验方法就是常用的一种可测定极端事件风险的幕景分析法。

2. 风险度量方法

(1) 名义值度量法。

名义值度量,顾名思义就是用资产组合的价值作为该组合的市场风险值。这种方法是用损失整个组合资产的价值来衡量风险的,使用方便、计算简单。但是,很明显的,这种做法在大多数情况是会高估风险的,因为在大多数情况下是不会损失整个资产价值的,这是一种较为粗糙的度量方法,准确性比较低。这种方法只适用于对风险十分厌恶的投资

[①] 本节主要参考张金清:《金融风险管理》(第二版),复旦大学出版社 2011 年版。

者,他们对风险的厌恶程度较高,适合这种比较谨慎的方法。

(2) 灵敏度方法。

这种方法最早是应用于度量利率风险。这种方法的思路很简单,就是对市场风险因子进行一个灵敏度分析。从数学的角度对其基本思想进行定义,可以归纳如下。

我们首先将资产组合的价值映射为不同风险因子的函数。其中,假设资产组合的价值为 P,受到 n 个风险因子 $x_i(i=1,2,\cdots,n)$ 的影响。利用定价理论可以得到的资产组合价值关于市场风险因子的映射关系为 $P=P(t,x_1,\cdots,x_n)$,再利用泰勒(Taylor)展开式,近似得到资产组合价值随市场因子变化的二阶式。即:

$$\Delta P \approx \frac{\partial P}{\partial t}\Delta t + \sum_{i=1}^{n}\frac{\partial P}{\partial x_i}\Delta x_i + \frac{1}{2}\sum_{i,j=1}^{n}\frac{\partial^2 P}{\partial x_i \cdot \partial x_j}\Delta x_i \cdot \Delta x_j \quad (3.1)$$

其中,$\Delta P = P(t+\Delta t, x_1+\Delta x_1, x_2+\Delta x_2, \cdots, x_n+\Delta x_n) - P(t, x_1, x_2, \cdots, x_n)$;$\Delta x_i$ 表示市场风险因子 x_i 的变化;$\frac{\partial P}{\partial t}$ 表示资产组合对时间 t 的灵敏度系数;$\frac{\partial P}{\partial x_i}$ 和 $\frac{\partial^2 P}{\partial x_i^2}$ 分别表示资产组合对风险因子 x_i 的一阶灵敏度和二阶灵敏度($i=1,2,\cdots,n$)。

可见,资产组合的风险来自风险因子未来变动的方向和幅度的不确定性。式(3.1)表明,资产组合所面临的风险主要取决于两个因素:一是资产组合价值对风险因子变动的灵敏度;二是风险因子自身变动的方向和幅度。

金融市场上的风险种类有很多,比如信用风险、操作风险、流动性风险等,每种风险对资产组合的影响是不一致的,对于不同的金融工具和不同的市场风险因子,需要定义不同的灵敏度指标。常见的灵敏度指标有期限、久期、凸度、β 系数和用于度量衍生品风险的 δ、γ、θ、Λ、ρ 等。常用的灵敏度方法有简单缺口模型,到期日缺口模型或利率敏感性缺口模型,久期、凸性与缺口模型,β 系数和风险因子敏感系数等。

灵敏度方法在度量风险的时候简单明了,应用方便不复杂,十分适用于由单个市场风险因子驱动的金融工具且市场因子变化很小的情形。同时,灵敏度分析的可靠性难以保证,并且无法给出资产组合价值损失的具体数值,有待进一步的完善。

(3) 波动性方法。

波动性方法是指用风险因子的变化导致的资产组合收益的波动程度来度量资产组合的风险。在统计学中,我们常用方差或者标准差来表示资产组合的风险。而波动性方法实际上就是利用这个概念来度量风险的。这个方法最早是由马科维茨(Markowitz)在其经典的投资组合选择理论中提出来的。

利用波动性来度量风险,我们需要了解的便是如何计算资产(资产组合)的方差或是标准差。下面我们就对资产(资产组合)的标准差的计算进行一个简单介绍。

① 单种资产风险的度量。

假设某种金融资产收益率 r 为随机变量,其预期收益率即数学期望为 μ,标准差为 σ。则标准差的计算公式为:

$$\sigma = \sqrt{\sum_{i=1}^{m}(r_i - \mu)^2} \quad (3.2)$$

根据计算结果，σ 越大，说明资产的收益率波动率越大，则风险也就越高；反之，则说明资产的风险越小。

② 资产组合风险的度量。

和单种资产风险的度量一致，我们也可以用资产组合的方差或者标准差来度量资产组合的风险。

假设资产组合 $\omega = (\omega_1, \omega_2, \cdots, \omega_n)^T$，$\omega_i$ 为第 i 项资产在资产组合中所占的比例，且满足 $\sum_{i=1}^n \omega_i = 1$，$r_i$ 为随机变量，是第 i 项资产的收益率，$i = 1, 2, \cdots, n$。于是，资产组合的标准差为：

$$\sigma_p^2 = \sum_{i=1}^n \sum_{j=1}^n \omega_i \omega_j Cov(r_i, r_j) = \sum_{i=1}^n \sum_{j=1}^n \omega_i \omega_j \rho_{ij} \sigma_i \sigma_j \qquad (3.3)$$

波动性方法的优点在于它使用简单、方便，但它也存在着明显的不足，即在使用时往往会偏离实际，而且它和灵敏性方法一样，在度量风险时无法给出一个较为准确的数值。

(4) VaR 方法。

VaR（value at risk）方法是针对灵敏度方法和波动性方法的不足提出来的，它是目前金融风险度量尤其是市场风险度量的主流方法。

VaR 也简称为"在险价值"，其具体含义是指市场处于正常波动的状态下，对于给定的置信水平，投资组合或资产组合在未来特定的一段时间内所遭受的最大可能损失，用数学语言表示就是：

$$Prob(\Delta P < -\text{VaR}) = 1 - c$$

其中，$Prob$ 表示概率测度；$\Delta P = P(t + \Delta t) - P(t)$ 表示组合在未来持有期 Δt 内的损失；$P(t)$ 表示组合在当前时刻 t 的价值；c 为置信水平；VaR 为置信水平 c 下组合的在险价值。

VaR 有方法以下五个特点：其一，计算 VaR 的基本公式仅在市场处于正常波动的状态下才有效，而无法度量极端情形时的风险。其二，VaR 是在某个综合框架下考虑了所有可能的市场风险来源后得到的一个概括性的风险度量值。而在置信度和持有期给定的条件下，VaR 值越大说明组合面临的风险越大；反之，则资产组合所面临的风险越小。其三，因为 VaR 可以用来比较分析由不同的市场风险因子引起的、不同资产组合之间的风险大小，所以 VaR 是一种具有可比性的风险度量指标。其四，在市场处于正常波动的状态下，时间跨度越短，收益率就越接近于正态分布。此时，假定收益率服从正态分布计算出来的 VaR 值比较准确、有效。其五，置信度和持有期是影响 VaR 值的两个基本参数。

VaR 相对于灵敏度方法和波动性方法而言，具有更广泛的使用范围。用 VaR 方法计算所得的风险度量值具有可比性，更易被人们所接受。但是，它也存在一定的局限性，比如它只能度量市场处于正常波动状态下的风险，对于一些极端情形，它也无能为力。而且这种方法基于的投资理念是"历史总会重演"，在这种基础上所得出来的风险度量值就容易与实际不符，可靠性易受到质疑。

3. 金融风险管理策略

金融风险管理策略是指受险主体在特定的风险环境下所采取的管理风险的措施。不同类型的金融风险具有不同的性质和特点，投资主体可以有选择地采取对应的金融风险管理策略。金融风险管理策略主要有预防策略、规避策略、分散策略、专家策略、对冲策略和补偿策略。

3.6.3 金融风险控制理论的实际应用

互联网金融的发展模式有许多种，如众筹、P2P 网贷、第三方支付、数据货币、大数据金融、信息化金融机构以及金融门户等。在大数据和云计算技术的加持之下，互联网金融的发展也是一路高歌。但是，对于互联网金融风险的控制还是不可以掉以轻心的。

> 引例

基于 P2P 网贷对互联网金融风险控制的认识

P2P（peer-to-peer lending），即点对点信贷。它是指通过第三方互联网平台进行资金借、贷双方的匹配，需要借贷的人群可以通过网站平台寻找到有出借能力且有出借意愿的人群，帮助贷款人通过和其他贷款人一起分担一笔借款额度来分散风险，也帮助借款人在充分的信息中选择有吸引力的利率条件。它有两种运营模式：一种是完全线上模式，其特点是资金借贷活动都通过线上进行，不结合线下的审核。通常这些企业采取的审核借款人资质的措施有通过视频认证、查看银行流水账单、身份认证等。另一种是线上线下结合的模式，借款人在线上提交借款申请后，平台通过所在城市的代理商，采取入户调查的方式审核借款人的资信、还款能力等情况。

对于 P2P 平台而言，风险主要由流动性风险、市场风险、信用风险组成。王立勇、石颖（2016）基于 2014 年的数据，采用二层次 CRITIC – 灰色关联模型，从流动性风险、市场风险和信用风险构建互联网金融风险评价体系，综合评价了三类风险和整体风险在 2014 年的表现情况；并且基于 VaR 模型具体测算了互联网金融的流动性风险、市场风险、信用风险以及整体风险的风险水平。结果发现：

（1）互联网金融行业中，各维度风险相互交织，共同影响金融系统风险。由于互联网金融多网交织产生的复杂特性，同一事件会从不同的渠道产生不同维度的金融风险，并在虚拟网络中迅速传递，对互联网金融风险产生影响。

（2）在互联网金融风险指标体系中，信用风险占据了最为重要的地位，这与 P2P 网贷平台经营借贷业务的特征相符。我国 P2P 网贷平台的主要市场是小微企业和个人小额信贷，尚不涉足汇率、股票和商品，基本不存在汇率风险、股价风险和商品价格风险；同时，利率风险主要来自金融行业的同业竞争，故在整体金融风险评价时，信用风险水平较高。

（3）随着互联网金融行业的不断发展，P2P 市场的规范程度不断提高，银行系、国资系等优质平台的涌入，信息样本的不断增加，加上央行降低利率、投放 SLF 等操作从各方面缓解并在一定程度上降低了互联网金融行业的流动性风险、市场风险和信用风险，并激励现存平台不断提升内部控制和风险管理能力，提高行业整体抗风险能力，进而降低互联网金融整体风险。

（资料来源：王立勇、石颖，《互联网金融的风险机理与风险度量研究——以 P2P 网贷为例》，载于《东南大学学报》（哲学社会科学版）2016 年第 2 期。）

从上面的例子和实践得知，要进一步控制和降低互联网金融风险，完善相关监管法律体系并尽快建立专业的风险监管机构是刻不容缓的。之后，随着互联网金融业务的快速发展，信息样本逐渐增多，可以通过发挥大数据、云计算技术的独特优势，增强对交易对手评级授信的准确性和适度性，从而降低互联网金融整体风险。

本章小结

互联网金融起源于网络经济，有了网络经济，才有互联网金融。网络经济受梅特卡夫定律、达维多定律、边际成本递减等影响，可以实行免费价格策略，进行资源的有效共享。互联网与金融深度融合是大势所趋，将对金融产品、业务、组织和服务等方面产生深刻的影响。两者的深度融合产生了 P2P 网络借贷平台、第三方支付、众筹平台等互联网金融平台。这些互联网金融平台发展迅速，给我们的日常生活和社会带来了巨大的改变。互联网金融的用户大多属于普通网民，是传统金融机构所忽视的部分。在互联网的快速发展下，长尾效应得以显现，互联网金融机构大都重视长尾用户，大量的长尾用户可以为互联网金融机构带来巨额的收益。互联网金融的快速发展也带来了很多问题，如资金安全问题、信用问题、技术问题等，为了解决上述问题，需要对互联网金融信息进行确权，加强对互联网金融的监管，确保互联网金融健康稳健的发展。

训练思考

1. 互联网企业的边际成本为什么很低？
2. 互联网企业免费提供产品或服务的原因有哪些？
3. 支持互联网金融发展的基础理论有哪些？简述之。
4. 简述互联网金融平台的发展机制。
5. 互联网金融发挥长尾效应的策略是什么？
6. 信息确权技术手段有哪些？
7. 论述互联网金融标准化监管理论的核心要义。
8. 分组讨论如何根据金融风险控制理论来指导互联网金融风险控制实践。

第4章

互联网金融的基本业态

业态一词来源于日本，大约出现在20世纪60年代，常用来描述经营活动的具体形态。它是指针对特定消费者的特定需求，按照一定的战略目标，有选择地运用商品经营结构、经营场所、价格政策、服务方式等经营手段，提供销售和服务的类型化服务形态。简而言之，业态是为满足不同消费需求进行相应的要素组合而形成的不同经营形态。

互联网金融作为一种新兴的金融业态，不是互联网和金融业的简单结合，而是在电子商务快速发展的基础上，自然而然为适应新的需求而产生的新金融模式和新业务形态。进入21世纪以来，随着互联网技术的快速发展，金融与互联网之间的关系越发密切。借助于互联网的思维方法和计算技术，金融大大提升了自身的功能和效率。特别是大数据、云计算、搜索引擎和移动支付等技术的发展，为互联网企业与金融行业相结合打开了通道。一方面，互联网企业通过这些技术创新得到了海量信息的支持；另一方面，互联网企业借助网络技术在信息、数据处理方面的优势逐渐涉足金融业务领域。与此同时，现实中广大中小企业、小微企业长期以来融资难、融资贵的现状又为互联网金融发展提供了成长土壤，巨大的需求与技术上的突破为互联网金融发展创造了广阔的发展空间。正是基于各种条件的变化，2013年以来，我国互联网金融在短时间内得到了快速发展，第三方支付、P2P、众筹等业务模式迅猛发展，给传统金融业带来了强大的冲击，余额宝等互联网理财方式的涌现更是使全民投资盛况空前，互联网金融成为全民关注的焦点。

当前互联网金融格局由传统金融机构和非金融机构组成。传统金融机构主要指传统金融业务的互联网创新以及电商化创新、App软件等，有人称之为金融互联网；非金融机构则主要指利用互联网技术进行金融运作的电商企业、P2P模式的网络借贷平台、众筹模式的网络投资平台、挖财类（模式）的手机理财App（理财宝类），以及第三方支付平台等。因此，互联网金融的基本业态主要有第三方支付、P2P网络借贷、互联网众筹、互联网理财、金融信息门户、大数据金融等。

4.1 第三方支付

【课前阅读】

中国第三方支付的扩张程度超过美国

中国第三方支付是特指具备一定实力和信誉保障的第三方独立机构,一般以银行合作的方式,提供交易支持工具和平台,实现资金的转移。目前主要有以互联网为媒介的互联网支付和以手机为媒介的移动支付,以及交易量比较小的预付卡支付和银行卡收单业务等。支付工具目前以手机扫描二维码、NFC 近场支付为主。

2010 年以来,中国第三方支付市场的交易规模保持 50% 以上的年均增速迅速扩大,已成为全球的领跑者。据《2016 中国第三方移动支付市场研究报告》统计数据显示,2016 年中国第三方支付总交易额为 57.9 万亿元人民币,相比 2015 年增长率为 85.6%。其中,移动支付交易规模为 38.6 万亿元,约为美国的 50 倍。

中美两国第三方支付业务的扩张程度与两国各自的金融特点息息相关。在美国,由于传统金融机构对无纸化支付普及的努力,以及对普通用户金融服务的重视,美国第三方支付机构无法在用户体验和感知上超过传统金融机构,只能作为传统金融机构的辅助手段而存在。而在中国,由于传统金融机构长期忽视用户体验,不重视普通用户的金融需求,特别是中国无纸化支付普及的缓慢,这些因素都给了中国第三方支付独立发展壮大的机会。由于支付是高频次、高感知的功能,用户不可避免地会在支付工具上存放一定数量的资金。所以,中国第三方支付机构能够以支付功能作为突破口,在用户体验和感知上超过传统金融机构,并能够在支付功能的基础上衍生出更多的增值业务。

(资料来源:摘自凤凰财经专栏作者蔡凯龙的专题评论,http://finance.ifeng.com/wemoney/special/zhongguodisanfang。)

第三方支付制度是整个互联网金融生态环境的基础制度。虽然目前对互联网金融的模式分类还存在很多争议,但无论是支付功能本身,还是互联网金融产品的销售渠道,或者是基于互联网的融资服务,甚至包括虚拟货币,都离不开第三方支付。第三方支付的作用不仅体现在其与电子商务的结合中,其在供应链金融模式构建、支付清算体系的完善、货币结构改变等方面都具有相应作用。

4.1.1 第三方支付的科学概念

2005 年瑞士达沃斯世界经济论坛上,阿里巴巴集团 CEO 马云第一次提出了"第三方支付"(the third party payment)的概念,并做出了相关阐释。随着淘宝、京东等电子商务平台的迅猛发展以及网上购物理念的深入人心,以支付宝、财付通等为代表的第三方支付产业迅速崛起,通过在商户和个人用户之间构建一个便捷支付的桥梁——第三方支付账户,一方面,可以解决跨行、跨地的支付问题;另一方面,也能够通过信用中介的方式保证交易安全。随着这种互联网支付公司的发展,"第三方支付"这个名词开始出现,并为社会逐渐认知和接受。

1. 第三方支付的含义

在第三方支付发展起来之前,并未产生第一方支付和第二方支付的概念。第一方支付就是现金支付;第二方支付则是依托于银行的支付,如银行汇票、银行卡支付等。作为两种传统的支付方式,它们有着悠久的发展历史。随着信息技术的发展,现金支付和银行卡支付在实际使用过程中开始面临地域、距离、网点、时间等方面的限制,在有更加快捷、便捷的选择后,这两种支付方式逐渐淡出历史舞台。现金支付逐渐成为第三方支付的辅助手段,依托于银行的支付也更倾向于巨额交易的场景。

关于第三方支付的定义,从不同的维度审视"第三方支付",将会得到不同的理解。从主体角度看,建立一个根植于互联网的连接线上到线下的完整支付渠道,并满足客户之间的交易结算、资金划转、货币支付、信息反馈、数据统计等需求,是第三方支付服务的核心与本质;从客体角度看,互联网应用的成熟、移动通信网络的普及再加上计算机技术的完善,都保证了第三方支付机构可以在商家、消费者和银行之间构架链接,实现了资金在三者之间的转移与结算等功能。这里,第三方支付更倾向于解读为一种支付交易结算的支持工具与功能载体。从内容角度看,独立的第三方支付机构为消费者与商家提供了交易结算与网上支付等服务。因此,从服务的具体内容角度分析,第三方支付服务可以归类为支付结算系统接口和通道服务。

总结归纳:第三方支付是指具备一定实力和信誉保障的独立机构,采用与各大银行签约的方式,通过与银行支付结算系统接口对接而促成交易双方进行交易的网络支付模式。

2. 第三方支付的特点

第三方支付是指在与各家银行密切合作的前提下,为商户提供整合型网上支付服务。其特点有:

(1) 简便性。第三方支付平台提供了一系列的应用接口程序,在一个界面上同时整合多种银行卡支付方式,负责交易结算中与银行的对接,有效避免与银行及多方机构进行交易谈判,使网上购物更加快捷、便利。

(2) 低成本性。用户使用第三方进行支付避免了与多家银行进行协商,节约了谈判成本。另外,第三方支付平台的收费也较低,有些甚至是免费的,这样可以帮助用户降低运营成本,也降低了银行的网关开发费用。

(3) 安全性。第三方支付一般有较成熟的技术支持,资金也可以在第三方账户上保留一定时间,为发现交易是否正常提供了时间支持。另外,第三方支付平台本身依附于大型门户网站,其信用依托也来自与其合作的银行的信用,较好地突破了网上交易中的信用问题。

(4) 多功能性。第三方支付平台提供了更多样化的增值服务。如帮助商家网站实现实时交易查询和交易系统分析;提供方便及时的支付和退款服务;维护客户和商家的利益。

(5) 通用性。第三方支付服务系统很好地打破了银行卡壁垒。目前我国实现在线支付的银行卡各自为政,每个银行都有自己的银行卡,这些自成体系的银行卡纷纷与网站联盟推出了在线支付业务，客观上造成消费者要自由地进行网上购物，须持有多张不同的银行卡，商家也必须装有各个银行的认证软件，这样极大地制约了网上支付业务的发展。第三方支付平台则很好地解决了该问题，只要商家和消费者在第三方平台上有自己的账户，就可以自由地进行交易。

3. 第三方支付的一般流程

作为非金融支付机构的第三方支付，其一般的运作模式为：买家选购商品后，通过发卡行将资金支付至第三方平台账户；第三方支付机构收到货款后，通知商家履行其发货义务；买方持卡人在评估、确认其所获得的商品或服务符合商家交易前的承诺后，向第三方支付平台发出付款指令；资金从第三方支付平台划转至商家相关结算账户，完成资金支付。

第三方支付机构在这个过程中起到了信用中介的作用，其具体交易流程如下：

（1）消费者登录电子商务网站，浏览相关商品信息，并确定购买细则；

（2）电子商务网站将消费者浏览信息与商品选择信息等发送给卖家，并自动生成相关交易法律合约；

（3）买家通过网银等方式向其开户行发出付款指令；

（4）买家开户行将对应款项支付给第三方支付平台；

（5）卖家在获得电子商务网站的指令信息后，开始发货；

（6）物流配送网络将商品送到买家手中；

（7）买家在检查其收到的商品具体情况后，确认无误，向第三方支付平台确认已收到商品；

（8）第三方支付平台将商品对应的付款信息发送给卖家；

（9）买家向第三方支付平台发出划款指令；

（10）第三方支付平台将交易款项划转至卖家在开户行的账户。其具体支付流程图如图4－1所示。

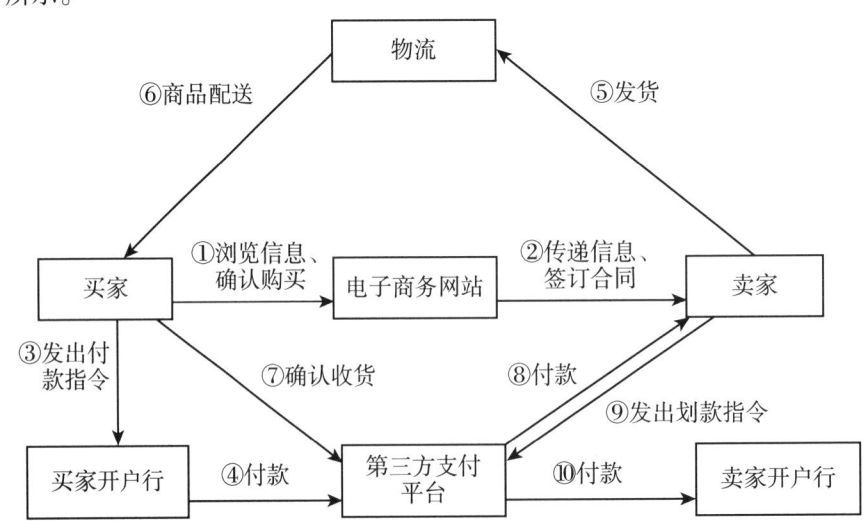

图4－1 第三支付流程

资料来源：《中国支付清算发展报告（2013）》，第29页。

4. 中国第三方支付的发展

随着电子商务在国内的快速发展，第三方支付行业也发展迅猛，第三方支付平台已经成为大多数用户的消费端口，为互联网金融公司积累了大量的用户消费数据。根据艾瑞网《2017 年中国第三方支付市场监测》数据报告显示，2016 年中国第三方支付转账规模为 37.7 万亿元，增长率为 15.3%。2012~2016 年中国第三方支付转账规模及增速如图 4-2 所示。

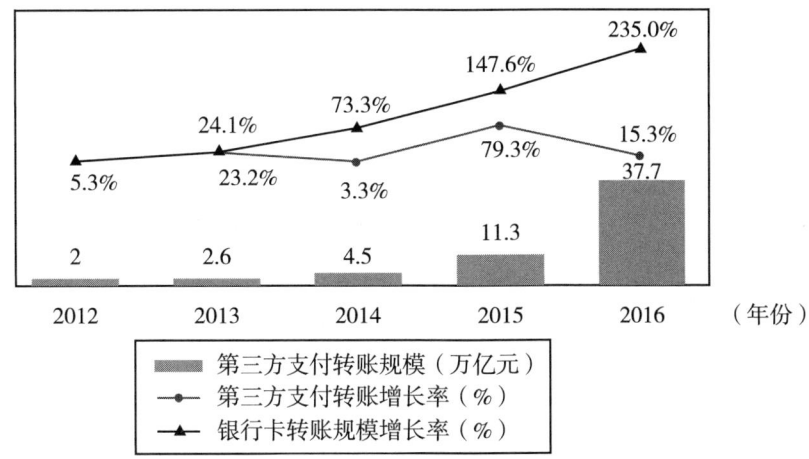

图 4-2　2012~2016 年中国第三方支付转账规模及增速

资料来源：艾瑞网，www.iresearch.cn。

（1）我国第三方支付的发展历史。

我国的第三方支付业紧随银行体系与电子商务的变革，主要经历了萌芽、发展、转型升级、制度化监管四个阶段。

第一阶段：萌芽阶段（2000~2003 年）。

为了有效解决电子商务中出现的资金流问题，2000 年环迅支付和首信易支付 2 家企业成为首批提供第三方网上支付平台的企业，搭建了在线支付平台，为初生的中国电子商务提供网关和基础应用服务。2001 年，环迅支付成为国内唯一支持 Visa 和 Master Card 的在线支付服务平台。2003 年，环迅支付已成功地与国内 20 家主流银行建立了支付接口，成为当时国内签约银行最多的支付企业。同时，环迅支付平台于 2003 年投入运营并完成首次在线支付。同一年，支付宝等支付企业相继成立，加入了中国网上支付行业的大家族。随着越来越多支付企业的进入，中国第三方支付行业从萌芽阶段渐渐发展起来。

第二阶段：发展阶段（2004~2006 年）。

当时国内网络购物市场暂处于萌芽期，整个市场规模只有 10 亿元左右，买卖双方间缺少信任，支付方面也存在着巨大"瓶颈"，这些都严重阻碍了国内电子商务的发展。对此，支付宝在 2003 年年底率先推出了"担保交易"模式。买家先把账款打到支付宝，支付宝通知卖家发货，买家收到货后确认付款，再由支付宝将款打给卖家。这一担保交易模式的推出，有效解决了网上交易及付款中的信任问题，为网上信任文化的推广普及奠定了基础,很好地促进了中国电子商务的发展。

第三阶段:转型升级阶段(2007~2010年)。

随着越来越多的支付企业加入第三方支付大家庭,第三方支付市场的竞争加剧。在竞争过程中,第三方支付企业也开始意识到,不同行业对包括资金安全、风险控制、资金管理和行业应用在内的复合需求在不断增加。为了满足各行业的需求,网上支付行业开始不断深入不同的行业中,开发定制化的行业资金解决方案。第三方支付平台开始独立运作,逐步向淘宝之外的商家开放。以支付宝为代表的第三方支付企业开始独立运作第三方支付平台,并向其他行业开放。短短几年内,第三方支付业务范围已经覆盖了B2C购物、航空机票、旅游、房产等众多领域。支付宝也凭借其创新性一跃成为中国最大的第三方支付平台,其市场份额占中国整个市场份额的50%以上。

第四阶段:制度化监管阶段(2010年底至2017年)。

2010年6月,中国人民银行公布了《非金融机构支付服务管理办法》。2010年12月,中国人民银行又公布了《非金融机构支付服务管理办法实施细则》。这两个文件对第三方支付的定义和性质、申请和许可、监督与管理及罚则进行了详细规定。这两个文件的出台,对第三方支付产生了深远的影响。随着第三方支付平台的普及,第三方支付行业风险的监管也在不断升级。2017年1月发布的《中国人民银行办公厅关于实施支付机构客户备付金集中存管有关事项的通知》,要求互联网金融支付机构交付客户备付金。2017年7月召开的全国金融工作会议进一步指出,要把主动防范化解系统性金融风险放在更加重要的位置,科学防范、早识别、早预警、早发现、早处置,着力防范化解重点领域风险,着力完善金融安全防线和风险应急处置机制。各第三方支付企业在努力发展业务的同时,还必须按照规定要求,规范业务、申请许可、深化改革,适应监管的需要。

(2)我国第三方支付的发展现状。

目前,第三方支付正处于监管加强和行业突围阶段。现阶段我国第三方支付的发展呈现如下特点:

第一,市场规模不断壮大。根据艾瑞网发布的统计数据,2016年中国第三方支付交易规模达到80万亿元,同比增长率接近100%。2016年第三方支付转账规模同比增长235.0%,而银行卡转账增速为15.3%,第三方支付转账也开始成为个人转账首选。市场规模不断壮大的主要原因有:一是第三方支付逐步渗透到网络购物、旅行预订、生活缴费等各领域,推动了整体市场交易规模的上涨;二是相关规定的出台使第三方支付企业获得了更加宽阔的市场发展空间;三是电子商务、旅行预订等支付相关行业的繁荣发展推动了支付电子化进程,带动了第三方支付行业的快速成长。

第二,竞争加剧,交易依然较为集中。在中国整个第三方支付市场迅猛发展的同时,一大批第三方支付企业成长壮大起来。从2011年5月到2015年3月,中国人民银行分8批发放了270家支付业务牌照。[①] 这一方面得益于用户支付习惯的养成;另一方面也受益于不同年代的不同热点。2013年以前,中国第三方支付的增速主要由以淘宝为代表

---

① 王雨馨:《第三方支付进入优胜劣汰阶段 监管方式更加灵活》,http://news.eastday.com/eastday/13news/auto/news/china/20170503/u7ai6741419.html,2017-05-03。

的电商引领。2013年余额宝出现后，金融成为新的增长点。2016年，以春节微信红包为契机，转账成为交易规模的增长动力。

根据艾瑞咨询发布的2016年第四季度的统计数据显示，支付宝的市场份额达到55%，财付通市场份额约为37%，其他众多支付企业的市场份额之和约为8%，如图4-3所示。在行业整体规模迅速增长的同时，支付宝和财付通拥有庞大的用户群体和丰富的支付场景，占据了绝对的市场优势，并且仍在不断培养用户黏性、开拓新的支付场景以巩固行业地位。

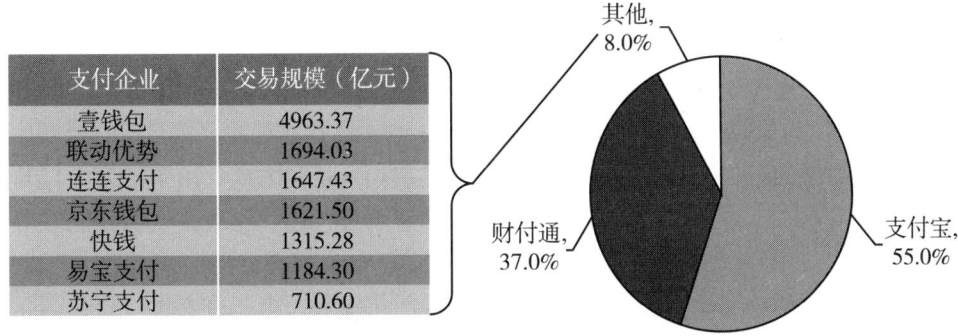

图4-3　2016年第四季度中国第三方移动支付交易规模及市场份额

资料来源：艾瑞网，www.iresearch.cn。

第三，服务不断深入。随着计算机技术、网络技术和通信技术的不断进步，第三方支付工具不再局限于为电子商务提供基础服务，它不再仅是一个网络购物的支付工具，为网络购物提供支付"瓶颈"解决方案，而是在不断扩大其服务范围。如今，人们可以足不出户，通过网络、手机、电话，甚至Email的方式预订机票及缴纳水电费、煤气费、教育培训费等，也可以通过第三方支付工具进行收款、信用卡还款等（见图4-4）。可以说，第三方支付提供的服务种类不断丰富，正日益影响和改变着人们的生活方式，在方方面面为人们的生活提供便利和贴心服务，正逐渐成为我们的生活助手。

图4-4　2017年中国移动支付场景丰富化

资料来源：艾瑞网，www.iresearch.cn。

第四，创新与风险并存。随着我国网上支付产业深入发展，第三方支付企业为突出自身核心竞争力，追求差异化发展道路，纷纷进行创新，使第三方支付创新得到迅猛发展。目前，第三方支付行业的创新主要朝着两方面发展：一方面，更注重工具的通用性，面向用户需求,提供大众需要的更好的通用服务解决方案;另一方面,追求细分市场创新,争取根据行业或是客户群的特点提供最优的服务解决方案。例如,随着团购网站的发展,越来越多的第三方支付企业开始与团购网站合作。与此同时,由于第三方支付机构爆发的重大风险事件,监管层的处罚频率和力度明显增加。据《中国支付清算行业运行报告(2017)》显示,因注销、主动申请注销、不予续展和续展合并等因素,270家非银支付机构在2016年缩减为255家。

(3)我国第三方支付的发展趋势。

随着人们生活方式的改变和创新的深化,第三方支付还会获得新的发展机会。将来,我国第三方支付将呈现以下发展趋势:

第一,推进普惠金融的发展。第三方支付积累了大量的用户数据,完成了互联网金融征信和风控数据池的原始积累,为后续金融服务的开展铺平了道路。余额宝的到来,正式点燃了互联网金融的星星之火,教育了用户,使其从小众走向大众。由第三方支付开启的普惠金融,将高高在上的金融变成了平易近人的邻家业务,用户通过手中的智能终端便唾手可得。

第二,国际化趋势明显。随着贸易和结算的国际化发展,第三方支付将会在国际贸易和国际结算中发挥越来越重要的作用。第三方支付企业将改变目前主要集中在国内发展的格局,有实力的企业将会扩展业务范围,走出国门,为国际贸易和国际结算提供支付清算服务。较为可行的两种拓展方式为:一是通过战略投资,技术、运营经验输出,入股并扶持国外本土移动支付企业,建立全球化用户移动支付服务;二是通过剧增的中国游客出国消费行为,向国外商家推广移动支付服务,并通过国外商家的改变来进行国外本土化市场的培育,并增强国外本土对移动支付的认知程度,建立全球化商户移动支付网络。

第三,创新不断加强。随着技术的进步和客户需求的多元化,创新将会不断加强。2011年以来,支付宝推出了条码技术,商户通过扫描用户手机上的条形码即可向用户发起收银。快钱也推出了"快刷"产品,一插即刷的功能让手机变成了移动POS机,这些都是创新的结果。随着近年网联的建立,以及监管方式强化与更加灵活,优胜劣汰的行业格局已经形成。除了提供第三方支付服务外,第三方企业必须在业务上进行创新。如通过支付所产生的实际交易数据,深入了解企业端需求,提供更多定制化服务,才能在市场上走得更远。

第四,并购潮起。《非金融机构支付服务管理办法》的公布,显著提高了第三方支付行业的准入"门槛"。根据该办法,要在全国范围内从事支付业务,其注册资本最低限额为1亿元,拟在一省范围内从事支付业务的,注册资本最低为3000万元。中国人民银行于2016年10月开始对非银行支付机构进行风险专项整治工作。截至2017年1月底,全国已经清理出239家无证非法从事支付业务的机构。这些不能获得牌照的企业,将会逐步被"大鱼"吃掉。例如,支付宝已收购了安卡支付;上海富友金融技术有限公司完成了与福建信和通商务有限公司"佰通卡"的并购;国美控股旗下的香港上市公司国美金融科技公告称,将斥资7.2亿元收购天津冠创美通电子商务有限公司全部股权。如今,随着央行对第三方支付的不断调整,支付机构牌照价格水涨船高,支付机构牌照价格已从2015年前的5000万元,飙涨到7亿元以上。相信在未来一段时间内,并购的浪潮仍会持续,有可能愈演愈烈。

@ 小链接

中国第三方支付大事件

◇ 1999 年,第三方支付企业诞生。

◇ 2010 年,网上支付跨行清算系统(俗称"超级网银")正市上线,提供 7×24 小时全天候处理网银贷记业务、网银借记业务、第三方贷记业务以及跨行账户信息查询业务。

◇ 2011 年,央行颁布了首批《支付业务许可证》,加强对从事支付业务的非金融机构的管理。

◇ 2011 年,人民银行下发第一批支付牌照,包括支付宝、银联商务、财付通、快钱等在内的 27 家企业获得第三方支付牌照。

◇ 2013 年,支付宝上线余额宝业务。通过余额宝,用户存留在支付宝的资金不仅能拿到利息,而且和银行活期存款利息相比收益更高。

◇ 2014 年,微信红包上线,中国人民银行暂停二维码支付业务。中国人民银行下发紧急文件《中国人民银行支付结算司关于暂停支付宝公司线下条码(二维码)支付等业务意见的函》,暂停支付宝、腾讯的虚拟信用卡产品,同时叫停的还有条码(二维码)支付等面对面支付服务,并要求支付宝、财付通将有关产品详细介绍、管理制度、操作流程等情况上报。

◇ 2014 年,人民银行公布《支付机构客户备付金存管方法》,以保障消费者合法权益为根本,从严管理客户备付金的存放和使用,确保客户资金安全。

◇ 2015 年,移动支付爆发式增长。2015 年中国第三方移动支付交易规模达 12.2 万亿元,同比增长 103.5%。

◇ 2015 年《非银行支付机构网络支付业务管理办法》出台,第三方账户实名制及个人支付账户分 Ⅰ、Ⅱ、Ⅲ 类,以保证账户安全,维护正常经济秩序,有效防止洗钱、恐怖融资等行为。

◇ 2016 年,Apple Pay 进入中国。Apple Pay 在中国的合作方是银联,上线后将支持 19 家银行借记卡和信用卡,除"五大行"中农工建交外,还包括民生银行、平安银行、招商银行等。

◇ 2016 年,中国银联正式发布《二维码支付标准》,扫码支付市场步入"规范时代"。采用支付标记化技术,通过制定统一的技术安全机制,确保持卡人账户、资金等关键要素的安全。

◇ 2017 年,中国人民银行发布《中国人民银行办公厅关于实施支付机构客户备付金集中存管有关事项的通知》,纠正和防止支付机构挪用、占用客户备付金,敦促第三方支付机构回归支付业务本源。

(资料来源:艾瑞网,www.iresearch.cn。)

4.1.2 第三方支付的业务模式

根据消费者、商户、银行等对不同业务的不同需求，第三方支付机构发展出多种业务模式，不仅丰富了支付产业的服务内容、扩展了涵盖范围，也满足了国民经济在互联网金融领域的多样化需要。

1. 结构视角

从结构视角看，第三方支付可分为支付网关模式和平台账户模式两种。

（1）支付网关模式。

支付网关模式只是一个简单的通道。第三支付平台为商家提供了一个可以兼容多银行支付方式的接口平台，它将多种银行卡支付服务整合到一个界面上，充当电子商务交易各方与银行的接口，负责交易结算中与银行的对接，消费者通过第三方支付平台付款给商家。

（2）平台账户模式。

平台账户模式是指交易各方均在第三方支付平台开设账户。平台账户模式又可细分为监管型账户支付模式和非监管型账户支付模式。两种模式的区别主要在于第三方支付平台是否在买方确认收到商品前，代替买卖双方暂时保管货款，充当信用中介。在监管型账户支付模式下，第三方支付平台凭借其实力和信誉实行"代收代付"和"信用担保"，协助完成支付结算。支付宝就属于典型的监管账户支付模式。在非监管型账户支付模式下，第三方支付平台完全独立于电子商务网站，仅为用户提供支付产品和支付系统解决方案，不具有担保功能。快钱就属于典型的非监管型账户支付模式。

2. 业务视角

目前主要有以下两种较常见的业务模式。

（1）收取交易费。

第三方支付平台先与银行确定一个基本手续费率，然后在这个费率基础上加上自己的毛利润，在每次转账时向客户收取一定的费用。第三方支付平台服务商的政策也各不相同，有些只对企业收费、对个人免费，有些则实行完全免费。

（2）沉淀资金利息。

转入第三方支付平台账户里的资金并非都立即用完，这样留存的资金就保存在服务商的账户里，形成沉淀资金利息收入。对第三方支付平台而言，沉淀资金可分为两大类：第一类是待清算资金（如利用支付水电煤气费、还信用卡和银行卡转账）。第三方支付平台通过银行代付一般有一定周期，这些资金在被划走前就会成为沉淀资金。第二类是中间账户资金。第三方支付平台的一大功能是信用中介，顾客利用第三方支付平台在网上购物后，资金首先被划拨到第三方支付平台中间账户，顾客收到货物再主动或被动确认付款。第一类资金的沉淀周期太短，因此备付金账户的利息收入主要还是来自第二类沉淀资金。

然而，自2010年6月起，中国人民银行前后四次共发放了大约200张类型各异的支付牌照，市场竞争越来越激烈。以往可以获得交易金额的 0.5%～1% 的交易佣金，由于互联网支付市场一时间涌入了各方资金力量，短时间内盈利空间被大大压缩。

为了摆脱"瓶颈"，第三方支付企业也纷纷开始拓展新业务，先后推出了理财服务、行业解决方案、移动支付、跨境支付等结算业务，并开始在支付基础上叠加营销和类金融服务，通过与财务管理、金融服务、营销管理等各类应用叠加，让支付的效应得以延伸，并从产业链金融、精准营销等方面获得相应的收益。其中，以大数据为基础的创新业务可能是最具潜力的发展方向。原因在于，互联网支付行业经过多年的发展，积累了一定的用户数据和交易数据，这些数据能够成为包含巨大价值的"金矿"。未来第三方支付企业最重要的核心业务很可能就是基于数据挖掘和加工商业创新应用，传统的支付结算业务将会成为"副产品"。但传统的支付结算也不会完全消失，因为它可以源源不断地为企业提供市场数据。

实际上，国内的第三方支付企业已经认识到了蕴含巨大价值的大数据，也开始采取系列变革措施。最为典型的是阿里巴巴集团。它用支付宝把淘宝、天猫和阿里巴巴 B2B 旗下的几个平台都打通了，在网络小贷服务上也获取了巨大利润。此外，其他第三方支付企业也开始了积极探索。例如，主要集中在企业应收应付账款融资服务研发的快钱，和合作银行之间采用将企业的应收账款或应付账款信息与产业链上下游企业一段时间内的资金流转数据统一的方法来合作，企业客户可以此从银行贷到款项。这种基于大数据的独特业务模式在未来会越来越多。第三方支付企业要进一步推进，需注意两个关键点：一是通过产品和服务创新来吸引客户，以构建巨大的数据源；二是积极扩展新型业务，推动数据资产的开发和利用。

3. 风险权责归属视角

这一分类是基于第三方支付在交易中的法律风险责任归属，即当出现欺诈交易时，第三方支付平台是否应当对客户损失负责。按照这一视角来看，第三方支付有两大模式类型：银行网关与信用担保模式和基于服务内容的支付通道与资金托管模式。

（1）银行网关模式与信用担保模式。

银行网关模式是指银行与第三方支付服务提供商关于统一银行支付网关（银行支付网关是互联网公用网络平台和银行内部的金融专用网络平台之间的安全接口，网络支付的电子信息必须经过支付网关处理后才能进入安全的银行内部支付结算系统，进而完成安全支付的授权和获取）接口问题达成协议，第三方支付机构为消费者与商家提供支付网关服务，二者均可通过网关接口与网上银行进行直接联通，实现资金流动、信息传递以及数据共享等。这种模式下，商家的准入"门槛"较低，有利于活跃交易；此外，银行无须针对商户开发对应的支付接口和支付文档，不存在版本匹配与兼容性等问题，降低了银行的技术成本与运营成本，提高了银行参与的积极性。当然，这一单纯的"桥梁"模式，也意味着第三方支付机构只是充当了中介角色，并不对交易双方的真实信用、交易可信度等承担连带责任，主体风险责任并没有发生变化。这一模式以首信易支付为主要代表。

信用担保模式是指第三方支付平台在提供银行网关接口服务的同时，还对交易本身做出担保承诺，即当双方出现交易欺诈等问题时，第三方平台需要对利益受损者进行补偿。具体是指，当消费者购买商品后，商品支付款会进入第三方支付平台的账户，在商家发货、消费者确认无误之后,第三方平台才会将款项转至商家账户。例如,在此过程中,若商家故意欺诈或者商品以次充好,支付款会返还消费者。所以,信用担保模式可以有效提升交易的可信度,减少交易纠纷等。这一模式以阿里巴巴旗下的支付宝为主要代表。

此外,银行网关模式与信用担保模式在具体支付流程方面也存在着诸多区别。

银行网关模式流程:买方在网络商城选定商品后,向第三方支付平台发送支付指令;平台分析处理后,向买方开户行的网上银行发出转账指令;网上银行将款项划拨至平台的银行账户;平台与卖方进行资金结算、转账等操作;卖方在收到款项后,安排发货(见图4-5)。

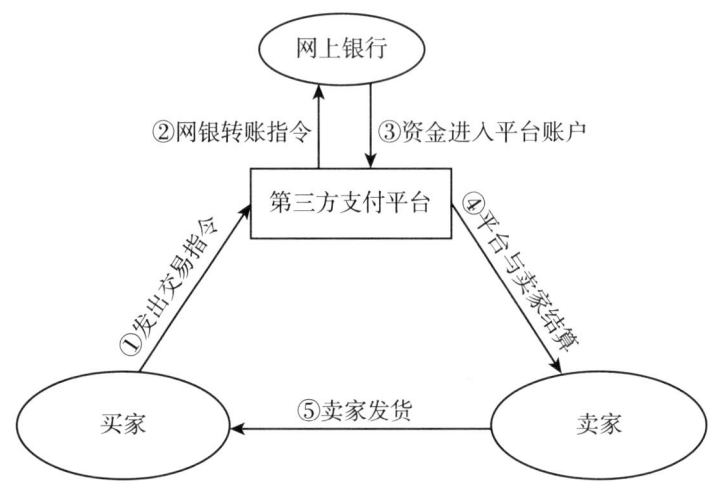

图4-5 银行网关模式流程

信用担保模式流程:买方向平台发出支付指令后,平台与买方开户行进行信息传递与结算;平台暂存交易资金,并将支付信息传递给卖方,要求卖方及时发货;买方收到货物并确认后,将反馈信息传递给平台,平台最后与卖方进行资金结算、交割(见图4-6)。

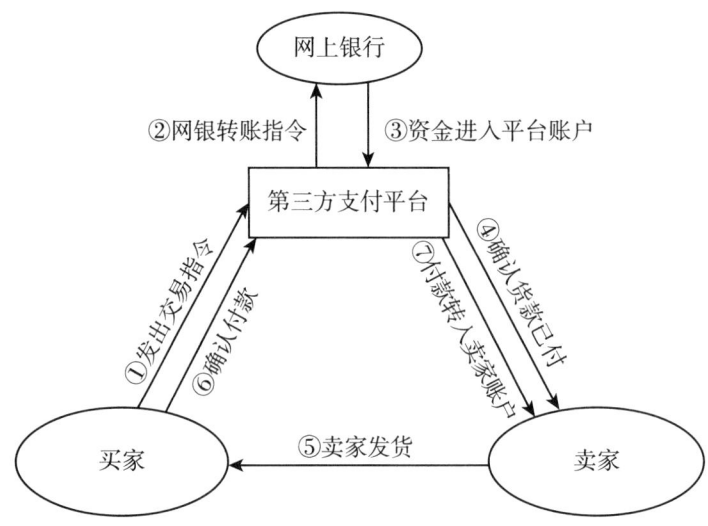

图4-6 信用担保模式流程

(2) 支付通道模式与资金托管模式。

这一分类方式主要取决于第三方支付平台提供具体服务的深度与广度。

第三方支付通道模式是指，第三方支付机构只为交易双方提供网上交易的接口等服务，而不需要为交易双方建立特定的交易对接账户与监管账户。这一模式下，整个交易过程可以分为两大部分：买方与平台之间的交易结算和平台与卖方之间的交易结算。资金先进入平台的银行账户，再转入卖方的银行账户。

第三方支付资金托管模式则对具体的交易账户、资金流动、操作步骤等有着更详细的要求。这一模式最典型的应用为互联网金融创新之一——P2P。以 P2P 为例，借贷双方均需在第三方支付平台申请注册开立交易对接虚拟账户，投资者通过支付接口向其虚拟账户充值，并投资于某一理财产品。资金便从贷出方的虚拟账户转至借入方的虚拟账户，在资金总额达到标准后，资金即从借方在平台的虚拟账户转移至借方的真实银行账户。同理，借方将本金收益返还给投资者的过程则完全是上述过程的"逆过程"：借方首先将资金充值到其在平台的虚拟账户，平台根据 P2P 网站的统计数据将资金分别划转至投资者开立的虚拟账户，投资者可以将这部分资金转至真实银行账户或者用于其他项目投资。该模式的最大优势在于实现了 P2P 平台与资金的隔离，有效避免了平台的"资金池"操作，而这一操作很容易带来诸如期限错配、利率错配、"庞氏骗局"甚至非法集资等风险。

4.2 P2P 网络借贷

【课前阅读】

中国互联网金融海外上市第一股——宜人贷

宜人贷是中国在线金融服务平台，成立于 2013 年，其通过互联网、大数据等科技手段，为中国城市白领人群提供信用借款咨询服务。在公司成立当年（2013 年）8 月，宜人贷针对投资用户推出了智能理财工具 App"宜定盈"，该产品主打"一键智能投标"功能，能够不间断地将出借人资金与优质借款人标底进行准确对接，让用户仅通过手机便可实现快捷的 P2P 理财体验。该产品推出不到两年，单项累计交易促成金额就已突破 10 亿元。2014 年 10 月，宜人贷又针对借款人推出了手机借款端的"极速模式"产品，用户只需提供简单的个人信息，后台将在 10 分钟内完成借款审批流程，实时给出授信额度。不足一年时间，该产品的单独累计放款额也突破了 10 亿元。2015 年 12 月 18 日，宜人贷在美国纽交所成功上市，成为中国互联网金融海外上市第一股。

（资料来源：新浪科技，http://tech.sina.com.cn/i/2015-05-14/doc-icpkqeaz4214508.shtml。）

4.2.1 P2P 网络借贷的科学概念

P2P 网络贷款是一种将非常小额度的资金聚集起来借贷给有资金需求人群或小微企业的一种商业模型。所谓 P2P，就是指不同的网络节点之间的小额借贷交易（一般指个人）。

这种商业模式由 2006 年"诺贝尔和平奖"得主尤努斯教授（孟加拉国）首创，需要借助电子商务专业网络平台帮助借贷双方确立借贷关系并完成相关交易手续。

1. P2P 网络借贷的含义

借贷是一种古老的资金融通方式，传统上的民间借贷多是以一个人直接向个人借款的方式进行，借贷行为是点对点的，不经过任何第三方机构（如银行），发生在对等主体之间，因而本身就是一种点对点、个人对个人的借贷，在这种形式下，借贷的价格（利息）由借贷双方参考一般的市场行情进行约定，交易达成速度快、成本低。然而，传统点对点的民间借贷具有范围受限、需求匹配难、风险高的特点，一般只能局限于熟人圈子，市场规模受到限制。随着工商业的发展和银行业的兴起，借贷大都通过银行或类似的金融中介机构进行，民间借贷只能在有限范围内发挥补充作用。

随着互联网的发展和信用环境的成熟，互联网的连接作用使数量众多的借款人与放款人（投资者）能够建立跨越地域和熟人圈子的联系，点对点借贷关系的发生范围被极大扩展，基于互联网的 P2P 借贷应运而生。

根据《网络借贷信息中介机构业务活动管理暂行办法（征求意见稿）》（2015 年 12 月，银监会会同工业和信息化部、公安部、国家互联网信息办公室等部门研究起草），P2P 网络借贷是指个体和个体之间通过互联网平台实现的直接借贷。网络借贷信息中介机构是指依法设立的专门从事网络借贷信息中介业务活动的金融信息中介公司。该类机构以互联网为主要渠道，为借款人与出借人（即贷款人）实现直接借贷提供信息搜集、信息公布、资信评估、信息交互、借贷撮合等服务。

简单地说，就是有资金并且有理财投资想法的个人，通过有资质的中介机构牵线搭桥，使用信用贷款的方式将资金贷给其他有借款需求的人。其中，中介机构负责对借款方的经济效益、经营管理水平、发展前景等情况进行详细的考察，并收取账户管理费和服务费等收入。这种操作模式其实就是一种民间借贷方式，只要贷款利率不超过银行同期贷款利率的 4 倍，就是属于合法的。

2. P2P 网络借贷的特点

通过 P2P 借贷网络平台，出借人可以自行将资金出借给平台上的其他人，而平台则通过制定各种交易规则来确保放款人以较好的方式将资金借给借款人，同时还会提供一系列服务，帮助更好地进行借款管理。总的来说，P2P 借贷具有以下一些特点：

第一，P2P 借贷是基于特定信息中介的，该信息中介多以网站的形式存在，直接展示所有的借款申请，投资人可主动选择出借对象。借款需求达成后，借款人了解资金都来源于何人，投资人也了解自己的资金都出借给何人。借贷双方的信息基本对等，尤其是投资人大致能够知道每一笔投资的风险，在一定程度上消除了信息不对称。

第二，P2P 借贷平台（信息中介）只从用户审核、借贷需求审核和资金定价的角度间接控制全局性风险，不介入单笔借贷风险的经营；既不事先归集资金，更不进行金额与期限的错配，与传统银行吸储、放贷的模式存在显著区别。

第三，由于是点对点的直接投资，风险只在借款人与投资人之间传播，P2P 借贷平台不再是风险的聚集和承担中介，因此它不需要为每笔贷款计提风险准备金，也不用遵循有关银行资本金充足率的要求，更不必为了防止挤兑配置大量流动性、低收益的资产。这是P2P借贷业务的本质特点，有利于降低总体资金成本，同时提高资金利用效率。

第四，P2P借贷具有细微、密集的特点，其风险分布总体上符合大数定律。P2P借贷平台的风险控制主要体现于采用自动化的模型与算法，批量处理借款申请的审核与定价问题，使之能够从总体上逼近期望的回报率即可。

第五，由于边际成本较低，P2P借贷平台可以充分发挥借款人与投资人的双边网络效应，即借款人的数量越多，借款需求越旺盛，就会吸引越多的投资人；反之，投资人的数量越多，投资需求越旺盛，就会吸引越多的借款人。在双边网络的正反馈激励之下，平台用户的数量及交易额可以实现指数级的增长，进一步降低平台的运营成本，提高资金的利用效率。

总的来说，基于互联网的P2P借贷改变了基于传统银行界的间接资金融通方式，形成了新的借贷模型，使长期隐藏于地下的民间借贷获得新生。然而，基于互联网的P2P借贷并不仅仅是民间个人借贷的互联网化，它更深层次的意义在于"金融脱媒"，即采用新型的技术手段与去中心化的思想改变风险传播模式、扁平化金融中介，提高资金使用效率，让借贷交易双方都能够从中获益，衍生出金融普惠和金融民主化价值。

3. P2P网络借贷的产生与发展

最早的P2P借贷行为发生在英国，2005年3月，网络借贷网站ZOPA在英国开通，互联网开始影响人们的借贷行为和生活。随后，2006年2月，美国第一家P2P借贷平台Prosper上线运营。紧接着，中国第一家P2P借贷平台拍拍贷在2007年8月成立，但是直到2011年，中国的P2P借贷市场才开始爆发式增长，平台数量和年度总交易额均以每年4~5倍的速度递增。

4. P2P借贷的作用

第一，中国的主流金融机构难以覆盖全国市场，大量消费者、个体工商户和小微企业的借款需求无法得到满足。P2P平台的存在能为此类群体提供一定的资金供给，又可以通过适当的方法控制风险，使总体信用环境有所改善，从而实现帕累托改进。

第二，征信数据稀少是中国P2P借贷业务的先天不足，P2P借贷业务的开展有利于这一状况的改善。通过大量尽职调查，大量借款人的信用数据被汇集，信用档案得以建立，为其日后的信用活动奠定了数据基础。今后，通过建立信用数据共享机制，将分散的借款人信用档案进行汇集，可以在很大程度上弥补央行征信和商业征信的不足。

第三，将借贷人的信用状况同其借贷成本相结合，对信用良好的借款人给予较快速和较低成本的民间借款，这不仅有利于整体信用环境的建设，而且有利于对投资者进行市场教育，提高其风险选择和风险自负意识。

第四，规范运营的P2P借贷平台通过对空白市场的开拓获取立足点，经过数年的经营，已经逐渐建立面向小微信贷市场的核心金融能力，在用户筛选、信用评估、风险发现、风险控制和风险缓释等风险管理的诸多方面积累了丰富的经验，日益向正规化发展。

第五,核心金融能力的增强和信用数据的积累,已经使部分 P2P 借贷平台具备独立开展征信工作和标准化小额信贷技术输出的能力。通过开辟第三方征信业务、强化数据审贷技术等工作,传统金融机构的负担有所减轻,使其能更专注于核心业务,为在更大范围内改善金融市场效率提供了可能性。

第六,P2P 借贷市场正逐步表现出利率市场化的趋势,对于不同区域、行业、信用资质的借款人,平台给出的综合借款利率各不相同,并受到平台之间竞争的影响,这种局部的利率市场化将为未来的全面利率市场化提供一个近距离观察窗口。

P2P 借贷在进入中国之后产生了较大的变化,这一变化由中国的特殊国情决定,虽然存在明显不足,但是也表现出巨大的发展潜力和价值。国内 P2P 借贷的高成本和高风险依然是时刻悬在行业头顶的达摩克利斯之剑。采取有效措施降低 P2P 借贷平台的融资成本和潜在风险,将是中国 P2P 借贷业务发展的关键所在。

4.2.2　P2P 网络借贷的业务模式

P2P 借贷作为一种基于网络平台的点对点借贷模式,至少包含了三个参与方:借款人、平台和投资人。国外的平台大多从网络上直接获取借款人和投资人,直接对借贷双方进行撮合,不承担过多的中间业务,模式比较简单。相对而言,国内的 P2P 借贷行业则根据具体国情、地域特色和平台自身优势,对 P2P 借贷的各个环节予以细化,形成了多种多样的 P2P 借贷模式(见图 4-7)。目前,在行业汇总被广泛采用的业务模式主要包括纯线上、债权转让、担保/抵押、O2O、P2B 模式和混合模式。

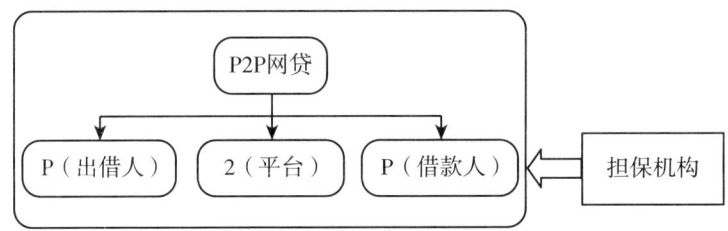

图 4-7　P2P 网贷结构示意

1. 纯线上模式

纯线上模式的最大特点是借款人和投资人均从网络、电话等非物理渠道获取,多为信用借款,借款额较小,对借款人的信用评估、审核也多通过网络进行。这种模式比较接近于原生态的 P2P 借贷,注重数据审贷技术,注重用户市场的细分,侧重小额、密集的借贷需求。纯线上模式承担的风险较小,对借贷的技术要求较高,但由于运营难度较大,存在一定的局限性。比较典型的是拍拍贷。

2. 债权转让模式

借款人和投资人之间存在着一个中介——专业放款人。专业放款人可以起到提高放贷速度的作用,其运营方式是:先以自有资金放贷,然后将债权转让给投资者,紧接着再使用回笼的资金重新放贷。其经营模式类似于资产证券化，只是转移标的不是资产，而是债权。这一转让模式多见于线下 P2P 平台，但是由于其债权转移的规模大、信息不透明，因而蕴含着巨大的金融风险。目前，其较多以理财产品为包装，宜信便是一种典型的债权转让平台。

3. 担保/抵押模式

该模式或者引进第三方担保公司，或者要求借款人提供一定的资产，因而其发放的不再是信用贷款。一般来说，此项 P2P 平台运营模式对于担保公司的经营要求较高，若担保公司能够满足合规经营的要求，采取合适的手段和方法，降低担保、抵押资产的风险，提高资产流动性，此时投资者的借贷风险会显著降低。但是，由于存在第三方担保公司，此种模式的 P2P 借贷平台的业务流程会有所延长，综合费用率和融资效率均会受到挑战，不利于整个金融体系的顺畅运行。目前，典型的担保/抵押模式包括陆金所、开鑫贷和互利网等。

4. O2O 模式

该模式在 2013 年引起较多关注，主要特点是借贷平台和借款人由投资人和小贷公司分别开发，前者专心改善投资体验、吸引更多的投资者；后者专心开发借款人，业务规模可以迅速扩张。但是，这种模式容易割裂完整的风险控制流程，导致合作双方的道德风险，容易造成平台为吸引投资人而忽视借款客户审核；小贷公司全力扩大借款人数量，而降低审核标准。典型的 O2O 模式平台包括互利网、向上 360 等。

5. P2B 模式

该模式在 2013 年获得较大发展，其中 B 指的是企业（business）。这是一种个人向企业提供借款的模式。P2B 模式的特点是单笔借贷金额高，从几百万元至数千万元乃至上亿元，一般都会由担保公司提供担保，而由企业提供反担保。该模式需要 P2P 借贷平台具备强大的企业尽职调查、信用评估和风险控制能力，否则即使有担保、有抵押，单笔借款的违约可能就会打破担保公司的保障能力。同时，该模式不符合小微、密集的特点，投资人不易充分分散投资、分散风险，相关压力转移至平台，对平台的风险承受能力提出了更高的要求。典型的 P2B 模式平台有爱投资、积木盒子等。

6. 混合模式

许多 P2P 借贷平台在借款端、产品端和投资端的划分并非总是泾渭分明。例如，有的平台既通过线上渠道开发借款人，也通过线下渠道开发；有的平台既撮合信用借款，也撮合担保借款；还有些平台既支持手工投标，也支持自动投标或定期理财产品。这些平台可统称为混合模式，典型代表为人人贷。

总的来说，纯线上平台的数目较少，线下平台多采用债权转让模式；大量线上平台都采用担保/抵押模式；真正的 O2O 模式平台数量不多，但是同时承担线下开发借款人、线上开发投资人职责的平台极多；第三方交易平台刚刚出现；P2B 模式平台数量不多，发展速度极快；混合模式平台的数目增长也较快。上述模式之间也经常存在交叉，尤其是与担保/抵押模式形成交叉，例如，P2B模式平台和O2O模式平台大多会引入担保/抵押机制。

4.3 互联网众筹

【课前阅读】

北大1898咖啡馆

2013年10月18日，北京大学校院附近出现了一个咖啡馆——北大1898咖啡馆，这是一个以熟人圈子为基础，依傍着燕京文化、背景和资源的众筹咖啡馆。发起人是时任北大校友创业联合会秘书长的杨勇。杨勇刚开始创办这家咖啡馆时，并不知道他走的是一条众筹路子，一条适合中国国情的众筹之路。2009年年底开始，杨勇作为北京大学第一个跨行业校友会（北大校友创业联合会）的秘书长，在每年举办的100多场活动中感到，"始终都没有自己的地盘，迫切地需要归属感"。于是寻找归属感就成了北大1898咖啡馆的初心。杨勇首先找到一处400平方米左右、可以接受年租金价格的地方确定为咖啡馆的地址。然后他充分调动熟人圈的信任资源："我们要开一家咖啡馆，大家一人出点钱，有自己的一个地方。你们每年都得接待别人，把钱放在一起，我们自己来接待"。这样咖啡馆征集了200个股东，"第一批交钱的人，每人3万""你出3万，返你3万消费卡。除了自己消费，还能转赠。只要这个咖啡馆生存没问题，你爱怎么折腾，就怎么折腾。"第一批股东全部来自创业联合会。主要是点击科技的王志东、创新工场的陶宁、蓝色光标的赵文权，还有拉卡拉的孙陶然等。开业前后三天的盛况，让杨勇意外，甚至是惊喜，"没想到会来那么多人，1500多人，都挺有来头，北京大学的校领导，中关村管委会的领导，各个协会的会长、秘书长，各个校友会的秘书长等，每个股东也都介绍自己的朋友过来。""很重要的媒介就是微信，大家来了以后会拍照，拍照了之后就发微信朋友圈。"以至于半个月后，杨勇去深圳开北大全球校友工作会议，全国各地20多个城市的校友，都知道了北京这个角落里有一家叫北大1898的咖啡馆，校友们已经开始邀请杨勇过去开连锁店，"全球的校友都知道了"。北大1898咖啡馆一出生，似乎就风华正茂！

（资料来源：百度文库，https://wenku.baidu.com/view/dc77f942b7360b4c2e3f64da.html?from=search。）

4.3.1 互联网众筹的科学概念

1. 众筹的含义

众筹（crowdfunding）即大众筹资或群众筹资。中国香港译作"群众集资"，中国台湾译作"群众募资"，在美国有时也叫作"众投"，在法国称作"参与性融资"。

众筹是指用团购+预购的形式,向网友募集项目资金的模式。众筹利用互联网和 SNS 传播的特性,让小企业、艺术家或个人对公众展示他们的创意,争取大家的关注和支持,进而获得所需要的资金援助。现代众筹指通过互联网方式发布筹款项目并募集资金。相对于传统的融资方式,众筹更为开放,能否获得资金也不再由项目的商业价值作为唯一标准。只要是网友喜欢的项目,都可以通过众筹方式获得项目启动的第一笔资金,为更多小本经营或创作的人提供了无限的可能。一般来说,众筹是由项目发起人在众筹平台上创建项目,介绍自己的产品、创意或需求,设定筹资期限、筹资模式、筹资金额和预期回报率等;平台运营方就是众筹网站,负责审核、展示筹资人创建的项目,提供服务支持;投资人则通过浏览平台上的各种项目,选择适合的投资目标进行投资。

众筹平台既是项目发起人的监督者和辅导者,也是出资人的利益维护者。首先,要拥有网络技术支持,根据相关法律法规,采用虚拟运作的方式,将项目发起人的创意和融资需求信息发布在虚拟空间里;其次,在项目筹资成功后要监督、辅导和把控项目的顺利展开;最后,当项目无法执行时,众筹平台有责任和义务督促项目发起人退款给出资人。

2. 众筹的一般流程

众筹由发起人、出资人和众筹平台构成。其简单的交易流程如图 4-8 所示。

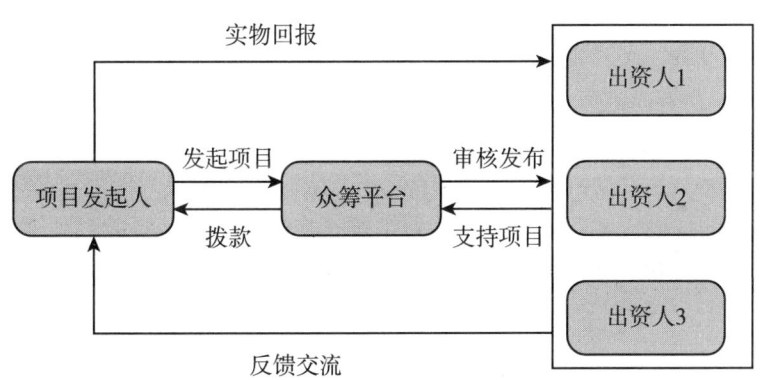

图 4-8 众筹的简易交易流程

(1) 发起项目。

项目发起人在众筹平台发起项目申请,为融资项目制作宣传资料,确定融资金额和进度等目标;众筹平台对该众筹计划进行审核和筛选,保证项目质量,控制风险;审核通过后,在平台网站上展示项目,积极发挥发起人和投资人之间的桥梁作用,吸引潜在投资者。

(2) 投资项目。

投资者根据自己的偏好对平台公布的筹资项目进行投资。

(3) 转移项目资金。

如在规定的时间内项目所有人达到融资目的,则融资成功,项目融资人获得款项;反之,众筹平台会将融到的资金退还给投资者,项目停止。

（4）给予回报。

融资成功后，项目进入实施阶段，发起人向投资者实现之前所承诺的回报。

在上述流程中可以看到，众筹活动中存在 4 个比较重要的机制：融资机制、回报机制、信息沟通机制、投资者保护机制。

3. 众筹的特点

作为一种新型的有别于传统金融的融资方式，众筹以互联网为依托，借助信息平台和社交网络，实现投融资双方需求的对接和撮合，满足创意经济、小微经济的需求，并具有以下特点。

（1）开放性。

无论身份、地位、职业、年龄、性别，只要是有想法有创造能力的人都可以发起项目；无论出资金额多少，无论是否有投资经验，只要对项目感兴趣，都可以为项目投资；众筹为普通民众提供了直接参与金融市场的渠道，缓解了资本市场资金紧张而民间资本投资无门的双重问题。

（2）多样性。

众筹的领域具有多样性，在中国的点名时间网站上的项目类别涉及科技、设计、音乐、影视、食品、漫画、出版、游戏、摄影等多种行业。

（3）大众性。

依靠大众的力量，支持者通常是普通的民众，而非公司、企业或风险投资人；额度小，"门槛"低，从数百元开始，大多为 1 万元到 10 万元的规模，聚少成多。

（4）社交性。

众筹融资实际上是发动网络上的"陌生人"参与项目投资，借助于互联网的社交属性，让互不相识的投融资者双方在众筹平台上进行交流，了解项目的创新性和可行性，从而促成融资的成功。众筹平台的获客能力和网络社交影响力在很大程度上决定了项目融资的成功率。

（5）风险性。

尽管众筹通过分散化的方式可以降低投资风险，但作为一种新型的金融模式，它仍有其自带的风险。例如，项目没有达到预期众筹金额后的退款难；因供应链产能问题导致的未按期发货等。众筹平台有项目审核和风险预警的义务，但不可能对风险完全兜底，更多是承担信息撮合的角色。

4. 众筹的发展

众筹最初是艰难奋斗的艺术家们为创作筹措资金的一种手段，现已演变成初创企业和个人为自己的项目争取资金的一个渠道。众筹网站使任何有创意的人都能够向几乎完全陌生的人筹集资金，消除了从传统投资者和机构融资的许多障碍。

众筹的兴起源于美国网站 Kickstarter，该网站通过搭建网络平台面对公众筹资，让有创造力的人可能获得他们所需要的资金，以便使他们的梦想有可能实现。这种模式的兴起打破了传统的融资模式，每一位普通人都可以通过该种众筹模式获得从事某项创作或活动的资金，使融资的来源不再局限于风投等机构，而可以来源于大众。众筹模式在欧美逐渐成熟并推广至亚洲、中南美洲、非洲等地区。

国内众筹与国外众筹最大的差别在支持者的保护措施上：国外项目成功了，马上会给项目发钱去执行；国内为了保护支持者，把它分成了两个阶段，会先付50%的资金去启动项目，项目完成后，确定支持者都已经收到回报，才会把剩下的钱交给发起人。截至2014年7月，国内有分属于股权众筹、奖励型众筹、捐赠性众筹等不同形式的平台数十家不等。

4.3.2 互联网众筹的业务模式

目前国内众筹平台的发展受国外的影响较大，各类众筹平台从文化创意、科技硬件、股权融资、实业众筹等方面将众筹平台进行细分，深度挖掘众筹平台的市场。总的来说，众筹的活动主要涵盖社会事件、电影和表演艺术、商业和企业、时尚、能源和环境、信息和通信技术等，其主要模式可以分为以下五类。

1. 公益众筹

公益众筹简单地说就是网络上的微型公益平台，它基于公益和慈善筹资，投资人对项目或创新产品进行无偿捐赠，投资人不期待任何回报。这一类平台在美国、英国、日本等国家有一定的发展，美国发展尤其成熟。这与美国税收政策和公益性文化背景相关。比较著名的公益众筹平台有 Gofundme 和 Crowdtilt。

这种模式的投资者就像"慈善家们"，让众筹更像是街头"每日一捐箱"的线上版本，捐助额度从几元到几万元不等。其运营模式主要有以下三种：其一，由用户个人发起公众募捐。根据《中华人民共和国公益事业捐赠法》，个人向公众募捐都是"不合法"的。但个人公募企事业不"违法"。"不合法"和"违法"中间往往有灰色地带。例如，腾讯公益有一个项目，就是利用朋友圈的个人关系为需要帮助的人募集捐款。其二，有公益众筹平台根据《基金会管理条例》设公募基金会，代替有资金需求的一方向公众发起募捐。但公募基金会申请"门槛"较高，据说非常难以获批。其三，微公益模式。由有公募资格的 NGO 发起、证实并认领，公益众筹平台仅充当纯平台作用。腾讯和淘宝已有类似模式的产品（"乐捐"和"有求必应"）。

2. 回报众筹

回报众筹属于先筹资、后回馈的模式。创业者起初只有一个想法，想法与消费者之间还有一条很长的资金链。回报众筹可以让创业者的资金来自购买产品的人，这一融资安排缩短了资金链。当前，比较著名的回报众筹平台有 Kickstarter、Indiegogo 和 Fundable。一部分影视文学产品往往通过回报众筹模式筹资。

3. 产品众筹

产品众筹是指创业者将产品项目通过互联网平台面向公众进行筹资，以促进产品更好地发展。对于想通过众筹模式来创业的企业来说，先使用产品众筹的形式作为初创阶段的尝试，待产品和商业模式都形成并且相对稳定后，再考虑使用股权众筹来进一步募集更多的支持。当前，众筹模式中产品众筹模式较为普遍。例如，Kickstarter 就是一家产品众筹网站，截至 2012 年 10 月，在 Kickstarter 上发布的产品数量累计达到 76909 个，其中 44%成功地募集到了期望的资金。

4. 股权众筹

股权众筹是指筹资人在向社会公众进行招商时，会以公司的股份作为回报。这一安排有利于为前景较好的项目进行融资，同时也能更好地吸引投资者。

著名的股权融资平台有 Circle Up、Angel List、Wefunder 和 Fundable。目前，国内股权众筹的领军企业网信金融，2013 年 12 月原始会平台上线，用了 5 个月的时间，目前已拥有 500 多个注册用户、300 多位个人投资人、100 多家机构投资人，上线了 60 多个创业项目，并完成了 1 亿多元的融资额。

在中国，股权众筹对于完善多层次资本市场体系，拓宽中小微企业融资渠道都具有积极意义。但发展股权众筹最大的问题是存在非法集资的法律风险，股权众筹最容易触碰擅自发行股票的红线，这也是股权众筹在发展中需要考虑的政策因素。

5. 产权众筹

房地产众筹模式与股权众筹模式类似，这种众筹方式目前在美国兴起，其操作模式同样依托于美国的 JOBS 法案。一般来说，房地产投资回报率相对较高且稳定，但因为投资"门槛"比较高，流动性、变现能力较差。产权众筹的出现则可以有效解决这一问题，让用户能凭借前期的产权比例获取相应的利息回报。作为一种新型投资模式，产权众筹企业会选择与多家房地产公司和其他第三方公司合作，将想要购置的房源放到自身产权众筹平台上。众筹的资金规模不大，主要针对的是收益稳定的商业地产，房源购置后可以用来出租，也可以出售，投资人投资的资金按照房源估值获得相应比例的价值，也就是房屋的产权。中国发展产权众筹的障碍首先来自国内资本市场的严格管制，其次是国内商业地产价格较高，房地产众筹模式属于高风险资产类别，收益将没有法律保证。

4.4 互联网理财

【课前阅读】

腾讯理财通大数据出炉

理财通是腾讯官方理财平台，为用户提供多样化的理财服务。精选货币基金、保险理财、指数基金等多款理财产品。可官网、微信、手机 QQ 三平台灵活操作，随时随地无缝理财。官网最高支持 1000 万元额度。

为丰富生活化理财场景，让腾讯理财通用户享受更多生活特权，腾讯理财通宣布与深圳万科达成跨界合作，推出腾讯理财通累计收益抵扣房款、腾讯理财通 VIP 用户专享购房优惠、腾讯理财通购房梦想计划、万科员工及业主专属理财活动等多项计划，帮助广大用户更轻松地圆置业梦。

腾讯理财通大数据显示，全民互联网理财热度已超出想象。理财资产方面，一位 45 岁武汉天秤座男用户以 1451 万元排名第一；累计收益方面，一位 37 岁西安天蝎座男用户以 310893 元夺得第一；累计申购金额方面，一位 34 岁杭州天秤座男用户以 44080473 元居首；而累计申购次数居首位的是一位 36 岁福建宁德白羊座男用户，累计申购次数多达 5946 次。腾讯理财通理财资产 TOP10 榜单中，上海上榜 5 人占 50%，北京以 3 人次之，武汉和洛阳并列排名第三。上海用户中，41 岁静安区巨蟹座男用户以 939 万元的理财资产荣登榜首，40 岁虹口区水瓶座男用户以 764 万元的资产拿下第二，40 岁浦东新区天蝎座男用户 753 万元稳坐探花。除此之外，理财资产位居四五的用户依次是 45 岁黄浦区射手座女用户、53 岁徐汇区处女座女用户，理财资产均超过 500 万元。上海女掌钱多，理财资产是上海男用户的 1.8 倍，是全国女用户的 3.5 倍。

腾讯理财平台负责人闫敏宣布，截至 2016 年 4 月，腾讯理财通用户数已突破 5000 万。

（资料来源：网易财经，http：//money.163.com/16/0425/12/BLGEKC7H00253B0H.html。）

4.4.1 互联网理财的科学概念

1. 互联网理财的含义

互联网理财是指通过互联网管理理财产品。即投资者或家庭通过互联网获取商家提供的理财服务和金融资讯，根据外界条件的变化不断调整其剩余资产的存在形态，以实现个人或家庭资产收益最大化的一系列活动。

2. 互联网理财的内容

互联网理财的内容包括：网上股票理财、网上计算存贷款利息、网上投保、网上自助缴费、网上自助转存、网上自助汇款等。

互联网理财除以上介绍的这几个品种，还有网上自助贷款、网上账户挂失、网上理财咨询等。随着金融服务的完善，网络理财被越来越多的居民接受，客户方便了，银行和券商也节省了人力和网点建设费用，网络理财给大家带来的是"双赢"。

互联网理财是一种新事物，理财贯穿于我们生活中的各个细节，随着互联网与网民生活的日益融合，互联网理财应该会成为网民生活中的一个热点。

3. 互联网理财步骤

互联网理财为投资者尤其是个人投资者提供了极为方便的投资途径。面对金融信息海洋和瞬息万变的金融市场，只有充分利用互联网手段才能各显神通，处处掌握先机。一般而言，互联网理财有以下必不可少的步骤。

(1) 选择投资领域。

金融投资领域很广泛，比如在国内和国外的货币市场、资本市场、商品市场、房地产市场都可以进行投资。因此，需要我们在关注各方面的网络信息源（华尔街杂志在线版、金融时报、亚洲网、中国财经网、新浪网财经分页等）的基础上，在投资领域上做出判断和选择。

(2) 选择理财工具。

在理财工具的选择上，一般是综合权衡各种资产存在方式的流动性、安全性、风险性，根据自己的需要和风险偏好进行选择。

(3) 分析市场行情。

这类似于一般所说的技术面分析。跟踪选定理财工具的历史走势，通过研究以往价格和交易量数据，进而预测未来的价格走向。此类型分析侧重于利用历史数据生成图表与公式作为研究依据，以捕获主要和次要的趋势，并通过估测市场周期长短，识别买入（卖出）机会。常用的有四大理论：道氏理论、波浪理论、量价理论、K线图理论。很多网站都提供实时的报价和历史数据的下载，有的网站还直接生成K线图等投资分析工具。即使不能提供实时报价信息，一般网站都能提供当天的开盘价、收盘价和交易量。

(4) 研究投资。

这就是一般所说的基本面分析。相对于技术面分析，基本面分析强调的是从影响资产价格的因素出发，预测未来的价格波动趋势。例如，对于股票而言，这些因素包括经济因素、政治因素、公司自身因素、行业因素、市场因素、心理因素等。这些都能在互联网上找到充分、丰富的信息。

(5) 核实投资对象。

这是指在互联网上搜集该资产的评价信息或一些专业的评价报告、投资建议等。对于投资者来说，这个领域目前可能是互联网上开发利用程度最低的领域。网络经济时代，投资者可以登录专门的投资分析网站，也可以通过搜索引擎或目录服务得到此类信息。

当然，由于互联网的开放性和隐蔽性，同时也造就了投资市场上的"噪音制造者"，也就是存在一些为了操纵市场价格而传播虚假信息的投资者或机构。将来应建立一定的规则和采取智能侦查的手段，提高投资者对互联网信息的判断和识别能力。

(6) 发出交易指令。

投资者在做好充分的准备工作以后，就可以发出实际的交易指令。国内外有很多网站提供网络金融交易平台。有的是单一性的，仅提供单一的金融产品或服务，如网络银行、网络保险、网络证券、理财等；有的则是提供综合性的金融服务，投资者登录该网站犹如进入了一个金融超市，可以自由选择证券、保险等各种理财工具。交易指令的种类繁多，一般有限价指令、止损指令等。

(7) 监控交易。

在发出交易指令之后，投资者还要通过各种方法收集市场信息，监控资产的市场价格变化，以及时调整投资方案。在这方面互联网发挥着越来越重要的作用。很多网站提供从实时报价到收盘价的全方位服务，提供各种各样的投资建议，用户还可以自定义搜索引擎定期收集信息。如想获得更多的相关信息，投资者还可以使用HTML语言编写Web网页，建立自己的有价证券监控器。

4. 互联网理财的优势

(1) 信息优势。

信息优势主要体现为信息量的广泛与传播的迅速。投资者毕竟不是专家,长久以来困扰着他们的是信息不对称的问题。投资者可以在网上轻松地掌握全国各地甚至全球的财经信息,而各金融网站传递的信息几乎没有数量限制。一般来说,网络证券交易提供的行情更新时间在 8~10 秒内,快于其他任何一种委托方式。

(2) 成本优势。

互联网理财服务与传统的理财服务相比,节省了大量的运营成本,使服务供应商能够不断地提高服务质量和降低服务费用,最终使投资者受惠。首先节省的是设立庞大经营网点的费用;其次大幅度节省了通信费用;另外,还整合了数据等资源,优化了工作流程。数据统计显示,一般新建一家营业部需一次性投资 500 万~2000 万元不等,日常营业费用为每月 25 万~80 万元,而发展虚拟的网上理财网站的投资仅为其 1/3~1/2,日常费用更是只有其 1/5~1/4。

(3) 时空优势。

互联网理财空间上覆盖面广,业务范围可以覆盖全球,拥有无限扩张的全球化目标市场;时间上提供全天候营业服务,真正做到了每周 7 天、每天 24 小时营业,极大地方便了客户。

(4) 服务优势。

互联网理财可以提高服务质量,最明显的就是给投资者提供个性化服务。以前,一般投资者不是专家,要进行技术面分析和基本面分析都是相当困难的,需要耗费大量的时间和精力。但是借助互联网,尤其是网络的信息搜集功能,投资者可以获得权威的研究报告和现成的投资分析工具。

(5) 效率和质量优势。

在金融市场上,效率就是金钱。而理财活动要耗费投资者的时间、金钱和精力去搜集信息、研究市场行情、研究投资工具、做投资决策等。互联网理财的运用可以节省投资者每一步骤的投入,提高理财的效率,使投资者处处掌握先机,最终提高投资者的应变能力;而且,互联网技术和计算机技术的应用,使投资者可以减少投资的盲目性和随意性,提高理财活动的质量。

4.4.2 互联网理财的业务模式

对于一般消费者来说,互联网理财能让其享受较为便利的投资渠道;对于收入较高的阶层而言,互联网理财能为其带来有效的理财建议和投资指导,实现其财富的保值增值。

1. 互联网理财平台

互联网理财平台主要分为金融机构自有平台和第三方机构平台。从网络技术上看,分为基于传统互联网的 PC（个人计算机）平台和基于移动互联网技术的移动终端平台。

（1）金融机构。

在金融机构中，拥有互联网视野的银行、证券、基金、保险和信托公司均已建立起自有互联网金融平台。与此同时，大量非金融机构也参与到第三方金融销售平台的搭建中，其中以网络技术和运营类企业为主。在金融行业中，银行类业务均以机构自有平台为主。主要的国有商业银行和股份制商业银行均已建立起基于互联网的 PC 平台，且大多数已经或者正在推出移动互联网平台。以中国工商银行为例，其早在 2000 年之前就开始通过网上银行进行企业宣传并配置基础查询功能和基本账务处理功能，另外，除面对一般客户的"工行手机银行"外，还推出网络安全应用"工商银行 U 盾"、针对短信业务的"工行短信银行"、针对企业用户的"工行企业手机银行"和针对国际客户的"工行手机银行（ICBC Mobile Banking）"。在移动网络平台应用的功能方面，以工商银行 iPhone 版为例，目前已经支持账户管理、转账汇款、个人贷款、缴费、手机股市、基金、外汇、贵金属、理财、信用卡等各类金融服务。一般客户基本可以通过移动 App 和自动柜员机（ATM）办理日常生活中 90% 以上的银行服务，对于银行网点的依赖度已经大幅降低。在工商银行将网络移动平台应用提上企业发展日程之际，其他主要商业银行也开始将网上银行向自助银行发展，以柜面业务替代为中心，使用户足不出户就可以办理绝大多数银行业务。

（2）证券公司。

证券公司通过行业系统开发商定制软件，建立起以经纪业务为中心的网上交易系统。所有证券公司具有包括基于浏览器/服务器（B/S）架构和客户/服务（C/S）架构的 PC 平台的网上交易系统。绝大多数证券公司基本实现了移动互联网的自主开发交易平台，或者通过行业系统开发商提供的移动互联网应用程序的接口实现了移动互联网证券交易。虽然目前的网上交易系统均可以较好地支持传统经纪业务，但在创新业务的支持领域仍有非常大的提升空间，特别是针对移动互联网平台的应用。而证券交易也是移动互联网金融最早实现的服务之一，其应用主要分为软件开发商平台（同时可以支持多家券商）和证券公司平台（绝大多数是软件开发商开发的定制平台）。目前，基于 iOS 平台和安卓平台的移动互联网证券欧诺公司交易软件基本能够支持股票交易和查询、基金开户和申赎，部分较为领先的证券公司交易软件已经可以支持报价式回购、证券公司集合理财产品交易、第三方存管支持等，但在分级基金拆分与合并、场内货币市场基金的申赎、融资融券业务等创新业务的支持方面还有待提高。大智慧、同花顺、东方财富、玩的咨询等主流证券软件开发商均根据市场变化推出了相应的移动互联网应用。例如，大智慧除推出大智慧炒股应用外，还推出了"大智慧银行理财"来配合银行推广银行理财产品；东方财富除推出"东方财富通"炒股软件外，还分别推出"天天基金网"应用作为基金销售平台，为旗下知名的股吧论坛推出"股吧"应用，推出"财富管家"应用来推广银行理财产品。

（3）保险和信托业务。

在保险业务方面，各主要保险公司均开发了 B/S 架构的互联网投保平台，大部分保险公司还推出了移动互联网应用。同时，各保险公司还通过第三方保险代理平台、电子商务及诸如携程、艺龙等 B/C 方式实现各类型保险产品的销售。

在信托业务方面，部分信托公司已开发出 B/S 架构的互联网信托销售平台，但信托产品主要还是通过银行、证券公司和第三方销售平台等线下模式实现销售。随着信托产品购买群体的逐步壮大,部分银行、证券公司和第三方销售平台已经开始支持信托产品的互联网销售。

(4) 基金业务。

基金是采用互联网平台销售发展最快的行业之一,主流基金公司不仅开发了 B/S 架构的互联网销售平台,还大量通过银行的互联网销售平台、证券公司的客户端、第三方销售公司的互联网平台和移动互联网平台实现销售。国内各家主流基金公司均在 iOS 平台上推出了各自涵盖基金资讯、基金净值和基金交易的 App 软件,起初汇添富基金旗下的"现金宝"和华夏基金旗下的"活期通"都是基于货币市场基金的应用,推出时间最早,影响力也最大。

(5) 电商、社交应用与第三方平台。

以支付宝推出余额宝为旗帜,电商和第三方支付平台加入金融产品销售平台已经成为金融行业最热议的话题。而在大量有关第三方支付平台销售金融产品的咨询中,市场关注度最高的就是以货币市场基金为代表的现金管理工具类产品。其中,阿里巴巴在淘宝网和天猫商城上开通的保险频道,成为车险、意外险、旅行险、健康险、少儿险和财产险的重要销售平台。此外,其与多家保险公司合作,以理财产品的名义销售投资性保险产品、与光大银行联合推出"定存宝"业务,以央行允许的 3 个月、6 个月和 1 年的利息上浮 10%为卖点,通过积分宝激励(在支付宝平台上约等于现金)方式促销。

2. 互联网理财模式

根据理财平台提供的核心服务、目标客户以及盈利方式等,可以将在线理财网站大致分为工具型理财网站、交易型理财网站和建议型理财网站三大类。

(1) 工具型理财网站。

工具型理财网站属于互联网金融理财方式的又一类创新行为,不仅能够吸引大量青年客户群体,而且有利于促进产品创新的进一步扩展。由于网站对于用户的收费模式不同,其盈利一般按照如下方式进行:一方面,向用户收取工具及程序的使用费;另一方面,从交叉销售中获取收入,后者更加重要。比较有代表性的工具理财型网站包括敏特(Mint)、快克(Quicken)和百盾(Bundle)等。

(2) 交易型理财网站。

传统的国外财富管理服务机构包括商业银行和投资银行等机构,如高盛集团、美林证券(即现在的美银美林)、摩根大通以及瑞银集团等。这些机构将复杂的金融产品和理财建议提供给那些拥有较多财富的高净值及超高净值客户。目前,全新财富管理公司的兴起在一定程度上影响了财富管理市场的运作方式,那些传统的财富管理机构正面临来自 Wealthfront、Market Riers、Personal Capital 等新兴互联网理财机构的挑战和冲击。这些新兴互联网理财机构运用信息技术,通过使用计算机算法、大数据等分析方法及工具来评估投资的风险及收益,帮助客户建立个性化、定制的投资组合。

(3) 建议型理财网站。

大多数传统理财顾问机构的动机和出发点都是向客户兜售金融产品,而建议型理财网站提供的只是理财方面的建议,有些建议是基于对用户的消费和支出等行为的观察而提出的;有些是关于个人理财的概念建议,其目的是期望用户培养和建立起健康、可持续的个人理财习惯。其中具有代表性的公司包括 Learn Vest、Daily Worth 和 SIGFig 等。

4.5 互联网金融门户

【课前阅读】

融360:淘金者的送水工

在北京中关村东南角,有一栋名为"互联网金融中心"的大厦,这里几十家公司是互联网金融的淘金者,它们提供贷款、理财等各类互联网金融产品。而位于其中的融360金融搜索平台,是中国互联网金融的典型业态之一,随时"连接"贷款、信用卡、理财,却无须"拥有"任何一个金融产品,扮演着"淘金者的送水工"角色。

融360成立于2011年11月,2012年正式上线。公司搭建了一个金融产品的搜索、推荐和服务平台,创业之初从贷款起步,目前业务范围涵盖贷款、信用卡与理财。融360的模式定位在"搜索+匹配+推荐"的金融搜索平台。比如,你想借5万元装修房子,可以在网站输入贷款用途、金额、期限及个人信息,系统自动在数据库中搜索、配对,找到不同金融机构的小贷产品,输出一份相应的银行及其他信贷机构的列表。这张列表上呈现了银行名称、信贷产品、利率、总利息、月供、放款时间和贷款总额等信息。用户进行比较后,可以在线填写申请材料,申请一家或几家银行贷款。申请完成后,相关银行的信贷经理会与申请人进行电话联系,确认信息,申请人可以再度比较各家银行的产品,之后就可以去分行或支行申请贷款。融360就是这样利用大数据、搜索等创造性技术和服务切实帮助中国的小微企业和消费者,方便、快速、比较安全地找到贷款。

融360坚持对用户免费,盈利模式主要有以下四种。一是向金融机构推荐贷款客户,并收取推荐费,这一部分盈利来源需要平台的细致匹配来支持。二是撮合交易,在用户申请贷款过程中,融360帮助用户完成整个贷款流程。贷款获批后,融360收取贷款额的一定比例作为返佣。三是金融机构投往该网站的广告费,需要依托海量流量产生,但广告收益并不是融360收入的重点。四是"一站式的服务费"——融360为金融机构提供风险管理,对风险管理的服务费是融360盈利模式中占比越来越重的部分。

(资料来源:根据经济观察2015年12月28日同名报道整理改编。作者:叶大清。)

4.5.1 互联网金融门户的科学概念

互联网金融门户是指利用互联网进行金融产品的销售以及为金融产品销售提供第三方服务的平台。它的核心就是"搜索+比价"的模式,采用金融产品垂直比价的方式,将各家金融机构的产品放在平台上,用户通过对比挑选合适的金融产品。

互联网金融门户多元化创新发展,形成了提供高端理财投资服务和理财产品的第三方理财机构,提供保险产品咨询、比价、购买服务的保险门户网站等。这种模式不存在太多政策风险,因为其平台既不负责金融产品的实际销售,也不承担任何不良的风险,同时资金也完全不通过中间平台。

4.5.2 互联网金融门户的业务模式

互联网金融门户按照不同的标准进行分类,可分为不同的类别。

1. 按服务内容及服务方式划分

根据相关互联网金融门户平台的服务内容及服务方式,可以将互联网金融门户分为第三方资讯平台、垂直搜索平台和在线金融超市三大类。

(1)第三方资讯平台。

第三方资讯平台是提供全方位、权威的行业数据及行业资讯的门户网站。典型代表为网贷之家、和讯网等。

(2)垂直搜索平台。

垂直搜索平台是聚焦于金融产品的垂直搜索门户,消费者在门户上可以快速地搜索到相关的金融产品信息。典型代表为融360、安贷客等。

(3)在线金融超市。

在线金融超市的业务形态是在线导购,提供直接的购买匹配,因此该类门户集聚着大量金融类产品,利用互联网进行金融产品销售,并提供与之相关的第三方服务。典型代表为大童网、格上理财、91金融超市以及软件和信息服务交易所科技金融超市等。

2. 按服务领域划分

根据细分的服务领域进行分类,互联网金融门户又可以根据汇集的金融产品、金融信息的种类,将其细分为P2P网贷类门户、信贷类门户、保险类门户、理财类门户以及综合类门户五个子类。

其中,综合类门户致力于金融产品、信息的多元化,汇集着不同种类的金融产品和服务信息。P2P网贷门户、信贷类门户、保险类门户、理财类门户四种互联网金融门户主要聚焦于单一类的金融产品及信息。互联网金融门户作为交易服务商,始终围绕为顺利实现交易的各个环节提供在线金融服务。

4.6 大数据金融

【课前阅读】

国内首家大数据征信平台 Wecash 闪银

Wecash闪银作为国内首家大数据信用评估公司,成立于2013年11月。它使用大数据分析技术和机器学习技术,这项技术可以进行身份识别,并结合个人社交行为及其他互联网信息,对个人信用进行在线评分,将用户数以亿计的互联网行为转化为"互联网信用",建立全新的信用体系,打通多维生活场景,建造多元化服务方式,为个人消费者提供便利。它的服务准则是:更快、更精准的信用决策。Wecash 闪银可以在 3 分钟内完成信用决策,继而撮合投资方,大幅降低资金供需双方的信息不对称和交易成本。

截至 2016 年 3 月,Wecash 闪银已拥有 4000 万激活用户,覆盖了大部分线上用户群体,由此产生了海量数据库信息积累。闪银通过用户对教育信息、金融数据、社交网络、运营商、电商数据和合作机构数据的授权,获得百万级带标记实名样本,千万级非标记实名样本,亿级匿名样本,千万级黑名单数据,亿级电话号码数据。同时,闪银采用 4000 多条风险维度的机器学习模型和 2000 多条专家规则系统,实现极速自动评估,并且通过自动化的监控,实现分析模型每月的迭代更新,是当前大数据信用评估领域的典型应用。在世界银行征信业国际委员会的工作会议中,与会者将其称为"闪银模式",给予了高度评价。

(资料来源:根据 C 资讯有关报道整理,http://www.csdn.net/article/a/2014-04-17/2807415。)

4.6.1 大数据金融的科学概念

大数据金融是指集合海量非结构化数据,通过对其进行实时分析,可以为互联网金融机构提供客户全方位信息,通过分析和挖掘客户的交易和消费信息掌握客户的消费习惯,并准确预测客户行为,使金融机构和金融服务平台在营销和风控方面有的放矢。

基于大数据的金融服务平台主要指拥有海量数据的电子商务企业开展的金融服务。大数据的关键是从大量数据中快速获取有用信息的能力,或者是从大数据资产中快速变现的能力,因此,大数据的信息处理往往以云计算为基础。

4.6.2 大数据金融的业务模式

目前,大数据服务平台的运营模式可以分为以阿里小额信贷为代表的平台金融模式和以京东、苏宁为代表的供应链金融模式。

1. 平台金融模式

阿里小贷以"封闭流程 + 大数据"的方式开展金融服务,凭借电子化系统对贷款人的信用状况进行核定,发放无抵押的信用贷款及应收账款抵押贷款,单笔金额在 5 万元以内,与银行的信贷形成了非常好的互补。阿里金融目前只统计、使用自己的数据,并且会对数据进行真伪性识别、虚假信息判断。阿里金融通过其庞大的云计算能力及数十位优秀建模团队的多种模型,为阿里集团的商户、店主实时计算其信用额度及其应收账款数量,依托电商平台、支付宝和阿里云,实现客户、资金和信息的封闭运行,在有效降低风险因素的同时,真正做到了一分钟放贷。

大数据能够通过海量数据的核查和评定,增加风险的可控性和管理力度,及时发现并解决可能出现的风险点,对于风险发生的规律性有精准的把握,将推动金融机构对更深入和透彻的数据的分析需求。虽然银行有很多支付流水数据,但是各部门不交叉,数据无法整合,大数据金融的模式促使银行开始对沉积的数据进行有效利用。大数据将推动金融机构创新品牌和服务,做到精细化服务,对客户进行个性定制,利用数据开发新的预测和分析模型,实现对客户消费模式的分析,以提高客户的转化率。

2. 供应链金融模式

京东商城、苏宁的供应链金融模式是以电商作为核心企业,以未来收益的现金流作为担保,获得银行授信,为供货商提供贷款。

大数据金融模式广泛应用于电商平台,以对平台用户和供应商进行贷款融资,从中获得贷款利息以及流畅的供应链所带来的企业收益。随着大数据金融的完善,企业将更加注重用户的个人体验,进行个性化金融产品的设计。未来,大数据金融企业之间的竞争将存在于对数据的采集范围、数据真伪性的鉴别,以及数据分析和个性化服务等方面。

本章小结

本章讨论了互联网金融的六个基本业态:第三方支付、P2P 网络借贷、互联网众筹、互联网理财、互联网金融门户、大数据金融。

第三方支付狭义上是指具备一定实力和信誉保障的非银行机构,借助通信、计算机和信息安全技术,采用与各大银行签约的方式,在用户与银行支付结算系统间建立连接的电子支付模式。从广义上讲,第三方支付是指非金融机构作为收、付款人的支付中介所提供的网络支付、预付卡、银行卡收单以及中国人民银行确定的其他支付服务。第三方支付已不仅仅局限于最初的互联网支付,而是成为线上线下全面覆盖、应用场景更为丰富的综合支付工具。目前,市场上第三方支付公司的运营模式可以归为两大类:一类是以支付宝、财付通为首的依托于自有 B2C、C2C 电子商务网站,提供担保功能的第三方支付模式;另一类就是以快钱为典型代表的独立第三方支付模式。

P2P 网贷即点对点信贷,是指通过 P2P 公司搭建的第三方互联网平台进行资金借、贷双方的匹配,是一种"个人对个人"的直接信贷模式。我国 P2P 网贷平台可以从三个角度来进行分析。根据借贷流程的不同,P2P 网贷可以分为纯平台模式和债权转让模式两种。根据用户开发、信用审核、合同签订到贷款催收等整个业务流程对互联网的运用程度,P2P 网贷平台的运营模式也可以分为纯线上模式和线上线下相结合模式。根据是否提供担保,P2P 网贷平台分为无担保模式和有担保模式,有担保模式中又包含第三方担保模式和平台自身担保模式两类。

互联网众筹是指项目发起人通过利用互联网和 SNS 传播的特性,发动公众的力量,集中公众的资金、能力和渠道,为小企业、艺术家或个人进行某项活动或某个项目或创办企业提供必要的资金援助的一种融资方式。众筹项目种类繁多,不只包括新产品研发、新公司成立等商业项目,还包括科学研究项目、民生工程项目、赈灾项目、艺术设计、政治运动等。经过几年的迅速发展，众筹已经逐步形成奖励制众筹、股份制众筹、募捐制众筹和借贷制众筹等多种运营模式，典型平台包括点名时间、大家投、积木网等。

互联网理财是指通过互联网管理理财产品。即投资者或家庭通过互联网获取商家提供的理财服务和金融资讯，根据外界条件的变化不断调整其剩余资产的存在形态，以实现个人或家庭资产收益最大化的一系列活动。

互联网金融门户是指利用互联网进行金融产品的销售以及为金融产品销售提供第三方服务的平台。它的核心就是通过"搜索+比价"的模式，采用金融产品垂直比价的方式，将各家金融机构的产品放在平台上，用户通过对比挑选合适的金融产品。

大数据金融是指依托于海量、非结构化的数据，通过互联网、云计算等信息化方式对其数据进行专业化的挖掘和分析，并与传统金融服务相结合，创新性开展相关资金融通工作的统称。大数据金融按照平台运营模式，可分为平台金融和供应链金融两大模式。

训练思考

1. 第三方支付有哪些业务模式？简述它们之间的区别与联系。
2. P2P 网贷相比传统银行借贷有哪些自身的特点？
3. 你和你周围的同学遭遇过恶性的校园网贷事件吗？组织一次以"校园网贷"为题的班级辩论会。
4. 列表展示互联网众筹的种类及特点。
5. 讲述你自己或你同学中的互联网众筹的创业故事。
6. 互联网金融门户的运营模式是怎样的？举例说明。
7. 举例说明大数据金融的主要运营模式。
8. 互联网理财方式有哪些？简述你和你的家人常用的互联网理财方式。

第5章

互联网金融的政策法规

5.1 互联网金融发展政策

【课前阅读】

"你要人家利息,人家要你本金"
——代表委员谈互联网金融风险防范

O2O、P2B、A2P……2017年年末以来,一些打着"互联网+"大旗,兜售高收益金融产品的理财平台接连曝出风险事件,引发社会关注。在近期陆续召开的地方"两会"上,不少代表委员表示,一方面要持续加强对老百姓的风险教育;另一方面也要对网贷平台等互联网金融机构进行排摸、梳理,摸清底数才能主动应对。

谈风险:承诺年化收益率超12%要警惕

"最高年化利率达16.2%""国资背景、保本保息"……在一些城市的街头和社区,类似的宣传标语近两年并不鲜见。标语背后,各种打着金融创新旗号的理财机构如过江之鲫。

这样的机构有多大的可信度?从不断出现的"跑路"事件中可见一斑。"我特意去相关机构咨询过,开设一家P2P公司(网贷平台),不需要申请任何牌照,只需办理一般的工商登记手续,花十多万元购买一套网上交易系统,就可以在互联网上接受普通公众的投资。"上海市政协委员屠海鸣说。

正因为如此,网络上流传着"土豪死于信托,中产死于炒股,草根死于P2P"的段子。"你看中人家的利息,人家看中你的本金",已不是一句笑谈。上海市人大代表、上海证券场外市场总部执行董事马瑜表示,互联网等在带来高效便捷的同时,也给一些别有用心的人员开展非法集资提供了途径。除了完善法律法规、多部门联合监管外,当务之急是将承诺年化收益率超过12%的金融产品纳入严格监管目录。

"按照这些产品承诺的回报,至少需要企业、行业有20%以上的收益率才能支撑,这在目前是很难实现的,至少也是不可持续的。其中有很大可能是非法集资乃至诈骗",马瑜说。

谈监管:"谁审批、谁监管"思路需改变

面对违规理财乱象频发的现状,监管部门已经行动起来。如银监会已出台《网络借贷信息中介机构业务活动管理暂行办法(征求意见稿)》,公安部则表态要集中开展互联网金融风险专项整治。

在与代表委员沟通时,上海市金融办副主任吴俊表示,为遏制非法金融活动,金融监管部门一方面和工商部门沟通协商,加强对以"投资咨询"等为名称的企业注册管理;另一方面,针对和金融有关的宣传广告,要求媒体加强审核。

"互联网金融的问题,根源在监管。我国金融监管一直按照传统的银行、证券、保险等方式分业监管,始终坚持'谁审批、谁监管'。但对互联网金融这类无人审批的新生事物,之前缺乏监管,这是我们需要反思的地方",屠海鸣表示。

北京大学国家发展研究院博士后郭峰说,现实中一些吸收存款、发放贷款的金融机构,由于不叫银行,也不申请银行牌照,所以根本没人按照银行来监管。从"机构监管"到"行为监管",是今后金融监管改革的方向。

谈处置:不能让机构和平台一跑了之

根据"网贷之家"统计,截至2013年12月底,全国有2595家网贷运营平台,其中896家平台出现问题,是2014年的3.26倍。

屠海鸣认为,在国家有关办法生效之前,地方政府应该本着对百姓负责的精神,先行一步,主动作为。例如,针对本地区注册、从事P2P经营的企业,对其交易额、投资者数量、实际控制人等进行摸底调查,避免出了事情再去"救火"。对排摸过程中发现的经营异常企业,应提早介入,防止其卷款跑路。

"要形成风险处置的地方性法律法规。一旦出险,不能让机构和平台一跑了之,也不能由政府埋单。此外,还可以考虑建立和风险等级相对应的'风险保证金'制度",上海市政协委员许珊燕表示。

针对一些平台试图把领导调研包装成"背书增信"的行为,许珊燕提醒说,政府公务人员、领导干部等,要避免为新金融机构和金融理财产品"背书""站台"。

(资料来源:http://www.gov.cn/xinwen/2016-01/29/content_5037334.htm。)

针对互联网金融的风险监控,由中国人民银行牵头组建的一级协会——中国互联网金融协会诞生了,这也是互联网金融发展的必然产物。自2014年互联网金融快速发展以来,人们的生活发生了巨大改变。互联网金融的发展总体来看,经历了三个阶段:由市场这只"无形的手"推动下的"自下而上"的"野蛮生长"阶段;用政府这只"有形的手",加强管理、完善体系、严控规模的"规范发展"阶段;让政府"有形的手"和市场"无形的手"相结合,实现"稳定增长"的阶段。① 我国互联网金融发展过于迅猛,"野蛮生长"的特征比较明显。要从"野蛮生长"过渡到"规范发展""稳定增长"阶段,不仅

---

① 《以行业自律规范互联网金融》,中国政府网,http://www.gov.cn/xinwen/2016-03/15/content_5053428.htm,2016-03-15。

需要政府监管，还需要行业自律和企业创新，这三个层面相互协同、共同推进。其中，互联网金融行业自律的作用尤为关键。本节主要关注政府监管，从中央政策和地方政策两方面对互联网金融的发展与监管进行梳理。

5.1.1 中央政策

1. 互联网金融的正式提出

随着我国互联网的普及，互联网悄然改变着人们的生活，同时也使各行各业呈现新的活力，这引起了政府的高度重视。在2013年党的十八届三中全会关于全面深化改革的说明中，习近平总书记明确指出，"发展普惠金融。鼓励金融创新，丰富金融市场层次和产品"。"落实金融监管改革措施和稳健标准，完善监管协调机制，界定中央和地方金融监管职责和风险处置责任。建立存款保险制度，完善金融机构市场化退出机制。加强金融基础设施建设，保障金融市场安全高效运行和整体稳定。"[1]对金融业的改革既要鼓励金融业的创新，同时要对其进行监管。在十二届全国人大二次会议上李克强总理作《政府工作报告》，对2014年的工作部署中指出，"发展普惠金融。促进互联网金融健康发展，完善金融监管协调机制"。党的十八届三中全会中提出要全面深化改革，发展普惠金融，在十二届人大二次会议中再次提出要发展普慧金融，同时也要加强对互联网金融的监管，并将其列入《政府工作报告》。在周小川等就"金融改革与发展"答记者问中，中国人民银行行长周小川、中国银行业监督管理委员会主席尚福林、中国证券监督管理委员会主席肖钢提出，将继续十八届三中全会的全面深化改革，推进互联网金融发展。[2]表5-1列示了2014~2017年《政府工作报告》中关于互联网金融的内容。

表5-1　2014~2017年《政府工作报告》中关于互联网金融的政策描述

会议	文件	内容摘要
十二届全国人大二次会议	2014年《政府工作报告》	发展普惠金融。促进互联网金融健康发展，完善金融监管协调机制
十二届全国人大三次会议	2015年《政府工作报告》	开展股权众筹融资试点，推进信贷资产证券化，扩大企业债券发行规模，发展金融衍生品市场。创新金融监管，防范和化解金融风险。大力发展普惠金融，让所有市场主体都能分享金融服务的雨露甘霖

---

[1] 新华社：《中共中央关于全面深化改革若干重大问题的决定》；习近平：《关于〈中共中央关于全面深化改革若干重大问题的决定〉的说明》，中国政府网，http：//www.gov.cn/jrzg/2013-11/15/content_2528251.htm，2013-11-15。

[2] 周小川、尚福林、肖钢：《央行行长周小川等就"金融改革与发展"答问》，中国政府网，http://www.gov.cn/zhuanti/2016lh/lianhezhibo/0312a.htm，2016-03-12。

续表

会议	文件	内容摘要
十二届全国人大四次会议	2016年《政府工作报告》	加快改革完善现代金融监管体制，提高金融服务实体经济效率，实现金融风险监管全覆盖。规范发展互联网金融。大力发展普惠金融和绿色金融
十二届全国人大五次会议	2017年《政府工作报告》	鼓励大中型商业银行设立普惠金融事业部……大力发展绿色金融。当前系统性风险总体可控，但对不良资产、债券违约、影子银行、互联网金融等累积风险要高度警惕。稳妥推进金融监管体制改革，有序化解处置突出风险点，整顿规范金融秩序，筑牢金融风险"防火墙"

2014~2017年的《政府工作报告》连续四年提到互联网金融，措辞从促进互联网金融健康发展、完善金融监管协调机制到规范发展互联网金融，再到对互联网金融等累积风险要高度警惕，从侧面反映了互联网金融已发展壮大。

2. 互联网金融的发展支持

在把互联网金融纳入《政府工作报告》后，各部门也制定了相应的政策回应。早在2014年1月，国务院颁布了《关于加强影子银行监管有关问题的通知》，把互联网金融企业纳入影子银行的行列，并明确指出影子银行的产生是金融发展、金融创新的必然结果，这对互联网金融行业来说是个积极的信号。2014年4月中国人民银行和中国银监会联合发布的《关于加强商业银行与第三方支付机构合作业务管理的通知》明确规定，银行应对第三方支付机构实施限额，并对第三方支付机构的资金流进行监控。李克强总理在2014年11月主持召开的国务院常务会议上首次提出，"要建立资本市场小额再融资快速机制，开展股权众筹融资试点"，这为众筹行业的快速发展提供了政策动力。同年12月中国证券业协会发布了《私募股权众筹融资管理办法（试行）（征求意见稿）》，该办法是专门针对私募股权众筹平台的自律管理规则，对投资者准入和投资者适当性有一定要求。

（1）互联网金融的悄然萌芽。

随着我国经济发展进入新常态，就业总量压力依然存在，结构性矛盾更加凸显，如何更好地解决这些压力和矛盾，国务院在2015年5月1日发布的《国务院关于进一步做好新形势下就业创业工作的意见》（以下简称《意见》）给出了指导意见。《意见》指出，必须着力培育大众创业、万众创新的新引擎，实施更加积极的就业政策，把创业和就业结合起来，以创业创新带动就业。也肯定了互联网金融拓宽创业投融资渠道的积极作用，鼓励开展股权众筹融资试点，积极探索和规范发展互联网金融，促进大众创业。随后国务院就互联网金融发布了《关于积极推进"互联网+"行动的指导意见》《关于大力推进大众创业万众创新若干政策措施的意见》《关于加快构建大众创业万众创新支撑平台的指导意见》。具体内容见表5-2。

表 5-2　　　　　　2015 年国务院相关文件关于互联网金融的政策描述

时间	文件	内容
3月11日	《关于发展众创空间推进大众创新创业的指导意见》	完善创业投融资机制。发挥多层次资本市场作用，为创新型企业提供综合金融服务。开展互联网股权众筹融资试点，增强众筹对大众创新创业的服务能力。规范和发展服务小微企业的区域性股权市场，促进科技初创企业融资，完善创业投资、天使投资退出和流转机制
5月1日	《国务院关于进一步做好新形势下就业创业工作的意见》	必须着力培育大众创业、万众创新的新引擎，实施更加积极的就业政策，把创业和就业结合起来，以创业创新带动就业。肯定了互联网金融拓宽创业投融资渠道的积极作用，鼓励开展股权众筹融资试点，积极探索和规范发展互联网金融，促进大众创业
6月11日	《关于大力推进大众创业万众创新若干政策措施的意见》	丰富创业融资新模式。支持互联网金融发展，引导和鼓励众筹融资平台规范发展，开展公开、小额股权众筹融资试点，加强风险控制和规范管理
7月4日	《关于积极推进"互联网+"行动的指导意见》	将"互联网+"普惠金融列为11项重点行动之一，指明了互联网金融的三大发展方向：探索推进互联网金融云服务平台建设；鼓励金融机构利用互联网拓宽服务覆盖面；积极拓展互联网金融服务创新的深度和广度
9月26日	《关于加快构建大众创业万众创新支撑平台的指导意见》	积极开展实物众筹。稳步推进股权众筹。规范发展网络借贷

互联网金融在 2015 年的快速发展与政府的态度和各部门的相关政策是密不可分的，这从国务院在 2015 年发布的文件中就可以看到。其中《关于发展众创空间推进大众创新创业的指导意见》指出，要顺应网络时代大众创业、万众创新的新趋势，完善创业投融资机制。《关于大力推进大众创业万众创新若干政策措施的意见》指出，要支持互联网金融发展，引导和鼓励众筹融资平台规范发展，开展公开、小额股权众筹融资试点。《关于积极推进"互联网+"行动的指导意见》中出现 15 次"互联网金融"这个关键词，2 次出现"网络借贷"，将"互联网+"普惠金融列为 11 项重点行动之一。《关于加快构建大众创业万众创新支撑平台的指导意见》是对大力推进大众创业万众创新和推动实施"互联网+"行动的具体部署，是加快推动众创、众包、众扶、众筹等新模式、新业态发展的系统性指导文件。从这些文件中不难看出政府和各部门对互联网金融的支持与鼓励，这对互联网金融行业是一大利好消息。

2015 年在互联网金融被写入《政府工作报告》后，网贷、支付、众筹等各领域得到了前所未有的发展，各相关部门也纷纷制定一系列指导意见。7 月 18 日中国人民银行联合十部委发布了《关于促进互联网金融健康发展的指导意见》，官方首次定义了互联网金融的概念，也是P2P行业第一部全面的"基本法"，为P2P行业的创新发展真正指明了方向。8月6日最高人民法院出台了《最高人民法院关于审理民间借贷案件适用法律若干问题的规定》，划定了24%的民间借贷利率红线的同时，还进一步明确了P2P平台的"媒介身份"，对P2P的发展提供了司法支持。8月7日证监会发布《关于对通过互联网开展股权融资活动的机构进行专项检查的通知》，规定"股权众筹"特指"公募股权众筹"，而现有"私募股权众筹"将用"私募股权融资"代替。8月10日中国证券业协会发布《关于调整场外证券业务备案管理办法》，个别条款将"私募股权众筹"修改为"互联网非公开股权融资"。11月3日将P2P网贷纳入"十三五"规划，表明P2P得到了国家层面的认可。至此，互联网金融在2015年可谓是花开遍地。

（2）鼓励与支持互联网金融的发展。

如果说2015年是互联网金融快速发展的一年，那么2016年就是互联网金融监管不断完善的一年。这一年成立了互联网金融协会，它是由中国人民银行牵头组建的一级协会，其发布的《互联网金融信息披露标准——P2P网贷（征求意见稿）》《中国互联网金融协会互联网金融信息披露自律管理规范（征求意见稿）》《互联网金融信息披露 个体网络借贷》标准和《中国互联网金融协会信息披露自律管理规范》等文件对我国互联网金融的监管有着举足轻重的作用。2016年，"互联网金融"首次出现在中央一号文件《中共中央国务院关于落实发展新理念加快农业现代化 实现全面小康目标的若干意见》中。2016年4月，工商总局等十七部门联合印发《开展互联网金融广告及以投资理财名义从事金融活动风险专项整治工作实施方案》的通知，规范互联网金融广告及以投资理财名义从事金融活动的行为，防范化解潜在风险隐患。2016年6月，工信部印发《促进中小企业发展规划（2016—2020年）》，提出"大力发展中小金融机构及普惠金融，推动互联网金融规范有序发展"。2016年8月，银监会、工信部、公安部及国家互联网信息办公室四部委联合发布《网络借贷信息中介机构业务活动管理暂行办法》。2016年10月，中国人民银行等14部门联合印发《非银行支付机构风险专项整治工作实施方案》，中国人民银行等17部门联合印发《通过互联网开展资产管理及跨界从事金融业务风险专项整治工作实施方案》，保监会等14部门联合印发《互联网保险风险专项整治工作实施方案》，证监会等15部门联合印发《股权众筹风险专项整治工作实施方案》，银监会等14部门联合印发《P2P网络借贷风险专项整治工作实施方案》。10月是出台互联网金融监管最为密集的月份，中国人民银行、保监会、证监会和银监会联合其他部门各自印发有关互联网金融监管的实施方案，标志着对互联网金融的监管加强。

从2015年7月中国人民银行联合十部委发布《关于促进互联网金融健康发展的指导意见》，到2016年4月整治工作启动，再到2016年10月中旬的整治工作实施方案陆续下发，互联网金融监管正从最初的"纸上谈兵"转向政策落实阶段；互联网金融也从2015年的花开遍地过渡到2016年的严苛监管。

（3）支持与监管并存。

互联网金融在经历了快速发展和严格监管后，仍然存活的企业将变得越来越强、越来越规范化，而这一切都离不开各部门的监管。在2017年，银监会、保监会等部门对互联网金融提出了新的要求和更为严格的监管，具体内容见表5-3。

表 5–3　　　　　　　　　　2017 年互联网金融相关政策

时间	部门	文件	内容及解读
2月23日	银监会	《网络借贷资金存管业务指引》	对网络借贷资金存管业务的各方职责义务、业务操作规则等做出了明确的规定，体现了"规范网络借贷资金存管业务操作细则，鼓励商业银行开展网络借贷资金存管业务，引导网贷行业逐步进入合规经营、规范有序发展新阶段"的核心，标志着平台投资人资金流向透明化、明确化将会得到重大的提高
4月10日	银监会	《关于银行业风险防控工作指导意见》	明确持续推进网络借贷平台（P2P）风险专项整治，重点做好校园网贷的清理整顿工作，做好"现金贷"业务活动的清理整顿工作
4月17日	国务院、互联网金融风险专项整治工作领导小组办公室	《关于开展"现金贷"业务活动清理整顿工作的通知》《关于开展"现金贷"业务活动清理整治工作的补充说明》	明确将"现金贷"纳入互联网金融风险专项整治工作
5月15日	银监会	《中国银监会办公厅关于印发2017年立法工作计划的通知》	银监会 2017 年的立法工作计划，在 46 项 "2017年完成的立法项目" 和 16 项 "2017年抓紧研究，待条件成熟提出的立法项目" 中，网络借贷、网络小额贷款、消费金融等均在列
7月20日	互联网金融风险专项整治工作领导小组办公室	《关于对互联网平台与各类交易场所合作从事违法违规业务开展清理整顿的通知》	一些互联网平台明知监管要求（包括交易场所不得将权益拆分发行、降低投资者"门槛"、变相突破 200 人私募上限等政策红线），仍然与各类交易场所合作，将权益拆分面向不特定对象发行，或以"大拆小""团购""分期"等各种方式变相突破 200 人限制。一些产品无固定期限、资金和资产无法对应，存在资金池问题；一些产品未向投资者披露信息和提示风险，甚至将高风险资产进行包装粉饰，向不具备风险承受能力的中小投资者出售，一旦信用风险爆发，可能影响社会稳定
7月20日	保监会	《信用保证保险业务监管暂行办法》	以"负面清单"形式规定信保业务的经营范围和市场行为：一是禁止保险公司为部分融资行为提供信保产品和服务；二是禁止保险公司承保违反保险原理、超过国家规定贷款利率上限等信保业务；三是禁止保险公司与不符合互联网金融相关规定的网贷平台合作以及超额承保网贷平台信保业务

续表

时间	部门	文件	内容及解读
7月25日	银监会、财政部、人民银行、保监会、国务院扶贫办	《关于促进扶贫小额信贷健康发展的通知》	积极探索、稳步推进扶贫小额信贷发放和管理工作。促进扶贫小额信贷业务健康发展，更好地发挥其在精准扶贫和精准脱贫中的作用
9月13日	保监会	《中国保监会关于加强保险消费风险提示工作的意见》	提出了三项重点工作内容：一是建立完善工作机制，要求行业有关单位加强制度建设、明确职责分工、构建各司其职齐抓共管的工作格局；二是推进风险提示平台建设，建立信息汇集、发布、共享联动机制；三是规范运作流程，加强保险消费风险监测、识别，增强保险消费风险提示有效性

在2016年的互联网金融监管后，2017年监管范围和内容进一步清晰明确，同时也伴随着挑战的增加。随着中国互联网金融企业的不断成长，以及监管的日益规范和完善，互联网金融行业将面临强者更强、股权投资和并购活跃的局面。

5.1.2 地方政策

2013年10月，北京市海淀区政府发布了《关于促进互联网金融创新发展的意见》，提出把互联网金融作为海淀现代服务业试点的重要内容，并提出多项吸引互联网金融机构聚集的优惠政策。这是对互联网金融尝试的开始。

1. 互联网金融的首个地方政策文件出台

2014年8月，上海市人民政府发布了《关于促进本市互联网金融产业健康发展的若干意见》。该意见是全国首个省级地方政府促进互联网金融发展的意见，明确了上海对互联网金融的扶持态度。针对上海互联网金融的特点，配合国家相关部门健全互联网金融领域支付安全、信息安全等方面的监管制度、技术规范和标准体系，探索适宜的行业风险监测、预警和应急处置机制。

2. 互联网金融诸多地方政策的出台

2014年"互联网金融"首次被写入《政府工作报告》，"众筹"也首次在国务院会议上出现，因此2014年也被称为"众筹元年"。2015年，北京、上海、广州等地就众筹纷纷制定了相关意见。表5-4列示了2015年部分地区关于众筹的相关文件。

表 5-4　　　　　　　　　　　2015 年部分地区众筹文件

地区	时间	文件
广州	7 月	《关于创新完善中小微企业投融资机制若干意见》《广东省互联网股权众筹试点工作方案》
广东	9 月	《广东省"互联网+"行动计划（2015—2020 年)》
上海	8 月	《关于促进金融服务创新支持上海科技创新中心建设的实施意见》
山东	9 月	《关于开展我省互联网私募股权融资试点的意见》
山西	10 月	《关于加快我省多层次资本市场发展的实施意见》
北京	10 月	《北京市关于大力推进大众创业万众创新的实施意见》

表 5-4 中的相关众筹文件表明各地方政府部门对众筹的支持与鼓励。然而，政府的支持远不止于此。例如，2015 年 5 月上海市市长特批股权众筹试点，并交由上交股中心负责；10 月安徽省政府出台多项新政，探索发展基于互联网和大数据的股权众筹融资平台；贵州市政府主办 2015 年世界众筹大会，并出台多项政策，计划将贵州打造成世界众筹之都；11 月天津市政府发布"金改 33 条"，积极申请股权众筹试点，计划建设股权众筹交易所；等等。各地政府对互联网金融的态度呈现良好状态，这对互联网金融的发展相当有利。

3. 互联网金融严厉的地方监管条文

2015 年以来，政府出台的有关互联网金融的各项政策、措施或领导人的重要讲话，基本可以肯定国家对互联网金融一直持肯定态度。但同时存在各种平台"跑路"、跳票、股权纠纷的现象。因此，随着互联网金融的进一步发展，行业规范也需要不断完善。2016 年被称为"监管元年"，表 5-5 展示了部分地区 2016 年互联网金融相关文件。

表 5-5　　　　　　　　　2016 年部分地区互联网金融有关文件

时间	地区	文件	要点摘录
1 月 27 日	安徽	《关于进一步做好防范和处置非法集资工作的实施意见》	将严格控制互联网金融企业，特别是 P2P 网络借贷平台工商注册登记、网站备案和申领增值电信业务经营许可
3 月 25 日	深圳	《关于完善住房保障体系促进房地产市场平稳健康发展的意见》	严禁互联网金融企业、小额贷款公司从事首付贷、众筹购房、过桥贷等金融杠杆配资业务
4 月 12 日	深圳	《深圳市互联网金融协会关于停止开展房地产众筹业务的通知》	全市各互联网金融企业全面停止开展房地产众筹业务
4 月 18 日	北京	《关于清理"首付贷"类业务的通知》	自即日起全面清理、停止新增"首付贷"类业务，存量业务妥善消化和处置

续表

时间	地区	文件	要点摘录
4月20日	广州	《关于停止开展首付贷、众筹购房等金融业务的通知》	全线叫停广州地区互联网金融机构从事"首付贷"、众筹购房等活动
4月25日	江苏	《关于对网络借贷平台高管人员的管理指引办法（暂行）》	要求协会会员单位，网贷平台的高管人员必须实行信息报备和监督管理，协会将对高管人员实行跟踪管理制度
4月26日	广州	《关于禁止我市融资担保公司参与P2P网络平台相关业务的通知》	禁止融资担保公司为P2P网络平台提供融资担保、诉讼保全等业务；禁止融资担保公司及股东、关联方控股或参股P2P网络平台；禁止P2P平台作为融资担保公司的出资股东
6月3日	山东	《山东省"互联网+"行动计划（2016—2018年）》	提出要加大互联网金融企业培育力度，构建一批互联网金融创新集聚区。同时表示，要规范发展网络借贷服务
6月20日	重庆	《重庆市金融去杠杆防风险专项方案》	全面开展互联网金融风险专项整治工作，通过摸底排查、甄别分类、清理整顿，切实防范和化解互联网金融领域存在的风险
7月28日	重庆	《重庆市人民政府办公厅关于进一步加强要素市场风险防控工作的通知》	针对要素市场的风险防控划定16条"红线"，其中有一条是"不得开设网络借贷中介公司（P2P）或开展相关业务"。这或是地方政府对P2P最严厉的限制性表述
8月30日	深圳	《关于规范深圳市校园网络借贷业务的通知》	除助学贷款、创业贷款等有助于学习工作的贷款业务外，各企业不得向借款学生提供其他用途的贷款
10月13日	山东	《山东省互联网金融风险专项整治工作实施方案》	房地产开发企业、房地产中介机构和互联网金融从业机构等未取得相关金融资质，不得利用P2P网络借贷平台和股权众筹平台从事房地产金融业务；取得相关金融资质的企业，不得违规开展房地产金融相关业务。从事房地产金融业务的企业应遵守宏观调控政策和房地产金融相关规定。规范互联网"众筹买房"等行为，严禁各类机构开展"首付贷"性质的业务
10月13日	广东	《广东省互联网金融风险专项整治工作实施方案》	旨在规范各类互联网金融业态，净化金融生态环境，优化市场竞争秩序，扭转互联网金融某些业态偏离正确创新方向的局面，遏制互联网金融风险案件高发频发势头，建立和完善适应互联网金融发展特点的监管长效机制，实现规范与发展并举、创新与防范风险并在，促进广东省互联网金融健康可持续发展，有效维护经济金融秩序和社会稳定

续表

时间	地区	文件	要点摘录
10月13日	广东	《广东省P2P网络借贷风险专项整治工作实施方案》	坚持重点整治与源头治理相结合、防范风险与创新发展相结合、清理整顿与依法打击相结合，妥善处置和化解P2P网络借贷（以下简称"网贷"）行业风险，遏制网贷领域风险事件高发的势头
12月9日	云南	《云南省工商局关于进一步加强校园网贷政治工作实施方案》	从事非法集资活动被相关部门责令关闭并通报工商部门的网贷机构和被依法吊销营业执照的网贷机构，一并通过国家企业信用信息公示系统予以公示
12月20日	哈尔	《哈尔滨市互联网金融风险专项整治工作实施方案》	重点对非银行支付业务、P2P网络借贷业务等11个领域进行专项整治，促进互联网金融规范有序发展

从表5-5可以看出各地方政府、工商局、地方互联网金融协会对互联网金融整治工作的重视，纷纷出台相关文件，规范整治互联网金融，重点是P2P网络借贷。同时，由于2016年各地关于校园网络借贷的负面新闻不断出现，各地区对校园网贷的风险也进行了相应的控制。2016年监管政策的纷纷出台，使互联网金融的监管从"纸上谈兵"到"落地生根"。

4. 政策敦促互联网金融走向规范化、标准化发展之路

互联网金融行业监管日渐趋严，形成了"中央统筹、行业自律、专项整治"三大行动体系，从中央到地方、从国务院到地方金融办，形成了一个全国布局，深及各部委、机构和互联网金融各细分领域的监管网络，促使互联网金融走向合规化、标准化发展之路。

2016年银监会、工信部和工商局联合发布《网络借贷信息中介备案登记管理指引》后，2017年2月4日，厦门市金融办公室率先公布了《厦门市网络借贷信息中介机构备案登记管理暂行办法》，成为全国首个网贷备案登记管理办法。表5-6分别列示了厦门、广东、北京、深圳等地关于网贷备案登记的文件，为具体实施提供了指导意见。

表5-6　　　　　　　　　　2017年网贷备案登记管理文件

时间	地区	文件
2月4日	厦门	《厦门市网络借贷信息中介机构备案登记管理暂行办法》
2月13日	广东	《广东省〈网络借贷信息中介机构业务活动管理暂行办法〉实施细则》（征求意见稿）
2月14日	广东	《广东省网络借贷信息中介机构备案登记管理实施细则》（征求意见稿）
3月29日	厦门	《厦门市网络借贷信息中介机构备案登记法律意见书指引》《厦门市网络借贷信息中介机构专项审计报告指引》

续表

时间	地区	文件
6月1日	上海	《上海市网络借贷信息中介机构业务管理实施办法（征求意见稿）》
7月3日	深圳	《深圳市网络借贷信息中介机构备案登记管理办法（征求意见稿）》
7月7日	北京	《网络借贷信息中介机构备案登记管理办法（试行）（征求意见稿）》

厦门首先公布《厦门市网络借贷信息中介机构备案登记管理暂行办法》，随后又公布了配套文件《厦门市网络借贷信息中介机构备案登记法律意见书指引》和《厦门市网络借贷信息中介机构专项审计报告指引》。广东分别公布《广东省〈网络借贷信息中介机构业务活动管理暂行办法〉实施细则》（征求意见稿）、《广东省网络借贷信息中介机构备案登记管理实施细则》（征求意见稿）。值得注意的是，广东和厦门公布的文件中都提到新设立的网贷机构申请备案登记时，应当以书面形式提交合规经营承诺书，同时应提交由律师事务所出具的备案登记法律意见书，不同点在于厦门的文件要求已存续网贷机构在备案申请时，需提交会计师事务所出具的专项审计报告，广东则未明确提及这一点。

对比上海、深圳、北京等地的文件发现，各地对于存管银行属地的要求各不相同。具体而言，上海明确要求网贷机构在取得备案登记后，应当在6个月内选择在本市设有经营实体且符合相关条件的商业银行进行客户资金存管。深圳也明确提出存管银行属地化要求。而北京则规定应选择由本市监管部门认可的银行业金融机构签订资金存管协议，并未明确银行属地原则。在各地区公布了网贷备案登记管理办法或实施细则后，众多网络平台收到了整改通知书。整改通知书对企业的整顿指明了方向，同时也劝退了一部分平台。

由于校园借贷的频频发生，并造成了恶劣影响，广州互联网金融协会在2017年4月14日发布了《关于规范校园网络借贷业务的通知》，明确了校园贷平台向在校学生借款人单次借款收取的服务费用原则上不超过200元，以及逾期违约金、逾期罚息总金额不得超过借款人借款本金的规定。随后在7月21日互联网金融协会又发布了《关于暂停网贷机构开展校园贷业务的通知》，要求未经银行与监管部门批准设立的机构不得进入校园为大学生提供信贷业务，并一律暂停网贷机构开展在校大学生网贷业务，逐渐消化存量业务。8月1日又迎来了更为有力的监管——《关于识别和暂停"现金贷"等产品中学生贷款的通知》，指出目前清理整顿和停止开展校园贷业务取得良好成效，但仍有部分在校学生通过网贷平台"现金贷""消费贷""白领贷""信用贷"等业务进行借款，突破了校园贷的范畴和底线。关于校园网贷现象，福建省金融办、福建银监局、福建省教育厅、福建省公安厅、福建省人社厅、福建省工商局、福建省通信管理局、福建省委网信办等八部门联合制定的《关于进一步加强不良校园网贷整治六条措施》，从强化对青年学生的宣传教育引导、建立校园不良网贷监测预警机制、严惩校园网贷平台不良经营行为、做好校园网贷舆情监测和引导、加强和改进校园金融服务、加强校园网贷整治联动协作等六个方面提出了相应要求与规范。

总体而言，2017年互联网金融行业仍然面临着严苛的监管和互联网金融协会的整改通知书。在互联网金融进入监管后，互联网金融行业步入规范发展期，逐步走向合规化、标准化。

5.2 互联网金融法律法规

【课前阅读】

依法给互联网金融号脉

2011年12月,沈某、饶某、郑某、张某以苏州联购网络科技有限公司运营的百家和网站为平台,在全国各地发展加盟商家、会员,并以会员在加盟商家处消费、加盟商家上缴推广费给公司、公司向会员返利的模式运营该网站。

2012年2月18日至5月25日期间,沈某等人在加盟商家放大本金十倍生成无实物消费的交易单,并以日利率1.4%的高额返现形式等高额回报为诱饵,吸引客户注册成为百家和网站的会员,在公司经营期间吸收资金4.2亿余元人民币。法院最终以沈某等4人的行为均已构成非法吸收公众存款的罪名,判处4人5年6个月至6年不等的有期徒刑,并处罚金。

肖某是交通银行沃德e贷网上银行业务的签约客户之一。2012年5月15日,肖某通过个人网银系统向银行申请贷款10万元,贷款期限为6个月。借款到期后,肖某仅归还了百余元本金,其余本息均未归还,随后就玩起了失踪。经过多次催讨未果,银行遂诉至法院。

近年来,各大金融机构在积极发展网上银行业务的同时,均在加紧研发和推广各类线上融资贷款,力推金融网贷模式,争取扩大客户面。同时,网络支付、虚拟货币、金融网贷、P2P网贷、众筹、网络理财、网络保险产品等模式也在蓬勃发展中。

而对非金融机构来说,众多互联网企业向公众提供的金融服务,也已从简单的网络支付逐渐渗透到了转账汇款、小额信贷、现金管理、资产管理、供应链金融、基金和保险代销等银行核心业务领域。

(资料来源:中国政府网,http://www.gov.cn/xinwen/2015-03/28/content_2839668.htm,2015-03-28。)

不断出现的纠纷,反映了在互联网金融发展过程中法律的缺失和监管的不到位。互联网金融行业作为新兴行业,许多新公司在快速扩张期,相应的管理和配套机制虚位,极易出现流动性风险、信用风险、操作风险等传统金融机构常见的经营风险,而互联网金融跨区域、跨行业的特点,使上述风险会被无限放大。本节就我国互联网金融发展过程中的相关法律进行简单介绍。

5.2.1 互联网金融的行业法规

在2015年7月18日中国人民银行等十部门发布的《关于促进互联网金融健康发展的指导意见》中,就互联网金融的含义及业态做了详细说明。互联网金融是传统金融机构与互联网企业利用互联网技术和信息通信技术实现资金融通、支付、投资和信息中介服务的新型金融业务模式。互联网金融业态包括：互联网支付、网络借贷、股权众筹融资、互联网基金销售、互联网保险、互联网信托和互联网消费金融，并规定了各个业态的监管部门。本节将分别依据各个互联网金融业态的发展过程，来回顾和分析我国互联网金融行业法规。

1. 有关互联网支付的行业法规

《关于促进互联网金融健康发展的指导意见》中对互联网支付的定义是：通过计算机、手机等设备，依托互联网发起支付指令、转移货币资金的服务。同时，银行业金融机构支付和第三方支付同属于互联网支付，受中国人民银行监管。传统银行的支付业务一直受中国人民银行的监管和保护，因此本节主要说明的是新兴起的第三方支付。从2014年的打车返现到支付宝等支付App走进日常生活，第三方支付已经从小变大，影响越来越多的人。因此，作为监管机构的中国人民银行也制定了一系列的管理办法，促使和监督第三方支付的健康发展（见表5-7）。

表5-7　　　　中国人民银行关于第三方支付管理办法等文件摘录

时间	文件	内容及要点
2010年6月14日	《非金融机构支付服务管理办法》	支付机构接受的客户备付金不属于支付机构的自有财产。支付机构只能根据客户发起的支付指令转移备付金。禁止支付机构以任何形式挪用客户备付金。支付机构接受客户备付金的，应当在商业银行开立备付金专用存款账户存放备付金
2010年10月1日	《非金融机构支付服务管理办法实施细则》	对客户选择权的保护措施，明确可供客户选择的、两个以上客户备付金退还方案。客户合法权益保障方案涉及其他支付机构的，还应当提交与所涉支付机构签订的客户身份信息移交协议、客户备付金退还安排相关证明文件
2013年6月7日	《支付机构客户备付金存管办法》	从业务准入、客户备付金安全、业务规范角度建立了对非金融机构支付业务的监督管理机制，防范支付风险，保障消费者合法权益。客户备付金应当主要以活期存款形式存放
2015年12月28日	《非银行支付机构网络支付业务管理办法》	中国人民银行可以结合支付机构的企业资质、风险管控，特别是客户备付金管理等因素，确立支付机构分类监管指标体系，建立持续分类评价工作机制，并对支付机构实施动态分类管理

从已经公布的文件中可以发现，中国人民银行对支付机构的监管从进入、支付业务到退出进行全方位审查，其中关于备付金的政策观点如表5-7所示。同时，在《非金融机构支付服务管理办法》中从多个角度入手，提高了第三方支付企业的准入"门槛"，标志着中国人民银行认可了第三方支付机构的行业地位。《非金融机构支付服务管理办法实施细则》则是对《非金融机构支付管理办法》的细化，对其内容做进一步解释和界定了一

些硬性条件的范围。然而,《非金融机构支付管理办法》虽然明确了客户备付金不属于支付机构的自有财产,但是备付金利息的归属和支配问题《非金融机构支付服务管理办法》以及《非金融机构支付服务管理办法实施细则》均未明确,且对备付金如何管理、监控以及所产生的利息处理方式都没有明确。

我国互联网支付业务发展迅速,面临的风险和问题日益严峻。中国人民银行在借鉴国际监管经验的情况下公布了《支付机构客户备付金存管办法》,从业务准入、客户备付金安全、业务规范角度建立了对非金融机构支付业务的监督管理机制,明确和细化中国人民银行关于客户备付金的监管要求,强化支付机构的资金安全保护意识和责任。

随着移动支付的普及,网络支付已经成为常态,随之而来的风险也在不断增加。中国人民银行在2015年12月28日公布了《非银行支付机构网络支付业务管理办法》。中国支付清算协会秘书长蔡洪波认为,《非银行支付机构网络支付业务管理办法》的出台融合了监管的意志、市场的诉求、消费者的意愿以及社会各界的智慧,努力兼顾各方利益,寻求"最佳交集"。[1]《非银行支付机构网络支付业务管理办法》将市场原则、现实情况和科学管理有机结合,在坚守底线的前提下,给予市场主体和消费者更多的选择权,充分发挥政策引导和市场机制的作用。消费者在使用网络支付时往往处于弱势地位,可能面临资金被盗、信息泄露等风险隐患。为保障消费者合法权益,《非银行支付机构网络支付业务管理办法》要求支付机构以显著的方式提示风险,账户须由客户"自愿开立、自担风险";要求支付机构对审核不严而进行验证的交易无条件全额承担客户风险损失赔付责任。这无疑对消费者使用网络支付提供了一道安全的防线。

在第三方支付发展得如火如荼的时候,中国人民银行支付结算司公布了《关于将非银行支付机构网络支付业务由直连模式迁移至网联平台处理的通知》,要求在2018年6月30日后支付机构受理的涉及银行账户的网络支付业务全部通过网联平台处理。这与之前的第三方支付直接与银行相连的模式有了很大的不同,转变后对监管而言无疑是有利的。从网上公布的网联股东名单中可以看出,此次并没有银行参与,包括蚂蚁金服、财付通在内的29家第三方支付机构持股共63%[2],占比较大。这为第三方支付的监管提供了行之有效的平台,能更清晰地监管交易信息、资金等。

2. 有关 P2P 网络借贷的行业法规

《关于促进互联网金融健康发展的指导意见》认为,网络借贷包括个体网络借贷(即P2P网络借贷)和网络小额贷款。个体网络借贷是指个体和个体之间通过互联网平台实现的直接借贷。网络小额贷款是指互联网企业通过其控制的小额贷款公司,利用互联网向客户提供的小额贷款。而我们日常所说的P2P一般是指个体网络借贷和网络小额贷款。网络借贷业务由银监会负责监管。P2P网络借贷最早可以追溯至民间的个人借贷,因此也称P2P网络借贷是民间借贷信息化的产物。民间借贷早在《合同法》中就进行了明确的保

---

[1] 蔡洪波:《〈非银行支付机构网络支付业务管理办法〉坚持市场原则》,http://stock.sohu.com/20151228/n432811539.shtml,2015-12-28。

[2] 张宇哲、凌华薇:《45家网联股东出资明细,世界仅此一类清算平台》,http://www.mpaypass.com.cn/news/201708/04102934.html,2017-08-04。

护和监管,网络借贷则是在互联网迅速发展并延伸到各行各业中发展而来的。2011年银监会发布了《中国银监会关于人人贷有关风险提示的通知》,要求建立与人人贷中介公司之间的"防火墙",指出银行业金融机构必须按照"三个办法、一个指引"要求,落实贷款全流程管理,对网络借贷中介机构的风险和问题做好预警和防范工作。2014年最高人民法院、最高人民检察院和公安部联合发布了《关于办理非法集资刑事案件适用法律若干问题的意见》,其中对非法集资做了进一步解释,这也为网络借贷敲响了警钟,规定了不可逾越的"红线"。

网络借贷是随着互联网金融的发展而发展的。2016年被称为互联网金融的"监管元年",同时2016年也是网络借贷监管文件发布最多的一年。表5-8列示了2016年发布的网络借贷相关文件。

表5-8　　　　　　　　　2016年发布的网络借贷相关文件

时间	发布机构及文件	内容
4月13日	银监会《P2P网络借贷风险专项整治工作实施方案》	专项整治工作的重点是整治和取缔互联网企业在线上线下违规或超范围开展网贷业务,以网贷名义开展非法集资等违法违规活动。将网贷机构划分为三类,并实施分类处置
4月13日	工商总局等十七部门《开展互联网金融广告及以投资理财名义从事金融活动风险专项整治工作实施方案》	依法加强涉及互联网金融的广告监测监管,加强沟通协调,就广告中涉及的金融机构、金融活动及有关金融产品和金融服务的真实性、合法性等问题,通报金融管理部门进行甄别处理。排查整治以投资理财名义从事金融活动的行为
8月17日	银监会《网络借贷信息中介机构业务活动管理暂行办法》	明确监管将由银监会及各地金融办联合负责的"双负责制",还明确提出了网贷的13条禁止性规定,相当于给网贷机构划了13条不能触碰的"红线"
8月24日	银监会《网络借贷信息中介机构业务活动信息披露指引》	网络借贷信息中介机构应当向公众披露如下信息:网络借贷信息中介机构备案信息;网络借贷信息中介机构组织信息;网络借贷信息中介机构审核信息

除了上述文件外,银监会在2016年10月发布了《网络借贷信息中介机构备案登记管理指引》。这些文件从不同方面对网络借贷的监管做了说明,并对部分业务提出了整改和排查的时间限制,2017年将是网络借贷监管落地实施的一年。

3. 有关股权众筹融资的行业法规

《关于促进互联网金融健康发展的指导意见》给出的股权众筹融资的定义是指通过互联网形式进行公开小额股权融资的活动。备受关注的《关于促进互联网金融健康发展的指导意见》给出的股权众筹融资的定义并未得到大家的认可,因为文件中关于公开、小额问题并未做出明确规定。股权众筹融资业务由证监会负责监管。中国证券业协会在 2014 年 12 月 28 日公布了《私募股权众筹融资管理办法（试行）（征求意见稿）》，填补了长久以来股权众筹的制度空白，结束了众筹从业人员和监管者无法可依的状况，但是合格投资者的"门槛"较高，大部分投资者不能达到这个标准。证监会在 2015 年 8 月出台了《关于对通过互联网开展股权融资活动的机构进行专项检查的通知》，目的在于了解股权融资平台的实际运行情况，发现和纠正违法违规行为，督促其规范运作，摸清股权融资平台的底数，排查潜在的风险隐患，引导股权融资平台围绕市场需求明确定位，切实发挥服务实体经济的功能和作用。中国证券业协会在同年的 8 月 10 日发布了《场外证券业务备案管理办法》，将"私募股权众筹"修改为"互联网非公开股权融资"，这是对股权众筹融资业态的正式界定。

从中国证券业协会和证监会的文件中可以看出政府对股权众筹融资的支持和鼓励，对于股权众筹融资试点的观点由李克强总理在 2014 年的国务院常务会议上提出后，各地纷纷推进试点工作。然而，股权众筹融资试点中仍存在许多问题，股权众筹如何开展股权交易，在哪里开展交易，什么人来交易，这都需要政策来指引。股权众筹融资试点的成功直接影响到小微企业的生存与发展，股权众筹融资试点要成功落地需要跳出监管第一的思维，从顶层设计出发，从改革和创新角度出发。

4. 有关互联网基金销售的行业法规

2013 年 6 月支付宝与天弘基金携手推出余额宝，掀起了互联网基金销售的热潮，为基金销售打破银行垄断的市场格局提供了可能，也让更多中小投资者首次接触到了基金的概念。一石激起千层浪，京东、苏宁等互联网公司纷纷推出了类似余额宝的"宝宝类"产品。几年来基金业得到了很好的发展，也服务了更多有需要的人。

2009 年证监会发布《网上基金销售信息系统技术指引》，标志着网上基金销售信息系统建设和管理已有明确的行业规范，包括基金公司、证券公司、基金代销机构的网上基金系统建设和运行管理都将参照该指引的要求。随后，2013 年发布的《证券投资基金销售机构通过第三方电子商务平台开展业务管理暂行规定》专门对基金销售机构关于网上销售基金提供指引，严格把控第三方网络销售平台，防范风险并为投资人带来更便捷高效的投资交易方式。

2015 年证券投资基金业协会发布的《资产管理行业"互联网+"行动计划》总结了基金业的发展状态，用"网、端、云"代表互联网的三个阶段，同时也是基金发展的三个状态。"网"是指 2007～2010 年，基金管理公司借助支付方式革新建立了庞大、安全、有效的销售支付平台，继而使基金产品可以深入任何支付场景和投资者。"端"是通过基金管理公司和基金销售机构的移动客户端以及对银行实名制的等效认证，投资者可以非现场购买基金产品，改变了过去必须到证券公司营业部开户的情况。通过建立中国结算的中央数据交换平台，基金行业整合了各个基金公司和销售机构分散的数据库，保障了投资者资金和份额的安全。"云"是通过完整、标准、计算机可处理的数据规范和长期、全面、客观的基金评价体系，具备应用大数据匹配投资者需求和基金产品的能力。

基金与互联网的融合使其能发挥更大的作用,基金的销售渠道多样化,新增的以余额宝为代表的宝宝类货币基金占据市场上很大的比重,与第三方支付密切相连。今后,随着人们的生活越来越离不开互联网,人们也将更为关注这些销售基金所产生的利润、金额、周期、风险等,因此,满足私人的个性化定制在未来是可行的。

5. 有关互联网消费金融的行业法规

2009 年银监会通过的《消费金融公司试点管理办法》中对消费金融公司的定义是:消费金融公司是指经中国银行业监督管理委员会批准,在中华人民共和国境内设立的,不吸收公众存款,以小额、分散为原则,为中国境内居民个人提供以消费为目的的贷款的非银行金融机构。文件也批准了在北京、天津、上海和成都各成立一家消费金融公司,填补了行业空白,具有重要的历史意义。随后,2013 年银监会公布的《消费金融公司试点管理办法》将试点进一步扩大到 12 个,推动消费金融的发展,扩充市场容量。

2015 年银监会公布的《中国银监会非银行金融机构行政许可事项实施办法(修订)》中,明确了消费金融公司属于非银行金融机构,对消费金融公司的法人、出资人做出了详细的规定,规范消费金融的发展。同年,国务院公布的《消费金融公司试点扩至全国鼓励民资、互联网企业发起设立》中提出审批权下放到省级部门,鼓励符合条件的民间资本、国内外银行业机构和互联网企业发起设立消费金融公司,这对消费金融是一大利好消息。2015 年 11 月国务院公布《国务院关于积极发挥新消费引领作用加快培育形成新供给新动力的指导意见》,指出支持发展消费信贷,鼓励符合条件的市场主体成立消费金融公司,将消费金融公司试点范围推广至全国。2015 年是消费金融快速发展的一年,是不断创新前进的一年。

2016 年中国人民银行、银监会联合印发《关于加大对新消费领域金融支持的指导意见》,从积极培育发展消费金融组织体系、加快推进消费信贷管理模式和产品创新、加大对新消费重点领域金融支持、改善优化消费金融发展环境等方面提出了一系列金融支持新消费领域的细化政策措施。消费金融的发展除了政策上的支持,更多与消费习惯的改变相关。20 世纪 70 年代及以前的人更注重勤俭节约、量入为出,而 80 年代及以后的人更关注于现实的享受和满足,消费金融则为其提供了更好的实现方式。在实际生活中消费金融和我们也是零距离接触了,充斥在各大平台的广告,深入各行各业中,如旅游、教育、汽车、医美等。随着消费金融的不断发展壮大,将为人们提供更好、更多的服务。

6. 有关互联网保险的行业法规

互联网保险是对传统保险业的创新,保险的主要功能是为社会公众提供风险保障。随着互联网保险的普及,为人们的生活出行带来极大便利。由于事物发展的两面性,互联网金融发展在为人们的生活提供便利的同时也存在一些安全隐患。而作为保险业务监管部门的保监会,制定了一系列的文件规范互联网保险的发展。表 5 - 9 展示了保监会等部门关于保险的相关文件。

表 5-9　　　　　　　　　保监会等部门关于保险的相关文件

时间	文件	内容
2011 年 8 月 18 日	《中国保险业发展"十二五"规划纲要》	提出要大力发展保险电子商务,推动电子保单的创新应用。推动移动互联网。云计算和虚拟化等新技术在保险业的创新应用,研究推动电子保单应用;大力发展保险电子商务
2011 年 9 月 20 日	《保险代理、经纪公司互联网保险业务监管办法(试行)》	对保险代理、经纪公司开展互联网保险业务的资质,信息披露、交易数据和信息安全保障等方面进行规范,促进保险代理经纪公司互联网保险业务健康有序发展,切实保护投保人、被保险人和受益人的合法权益
2012 年 5 月 16 日	《关于提示互联网保险业务风险的公告》	规范了互联网保险业,向广大投保人进行了风险提示。除保险公司、保险代理公司、保险经纪公司以外,其他单位和个人不得擅自开展互联网保险业务,包括在互联网站上比较和推荐保险产品、为保险合同订立提供其他中介服务等
2013 年 8 月 13 日	《中国保监会关于专业网络保险公司开业验收有关问题的通知》	补充了专业网络保险公司开业验收条件,进一步规范了互联网保险的发展
2014 年 1 月 6 日	《加强网络保险监管工作方案》	保监会将市场主体准入的条件和标准、经营行为的规范、网络客户合法利益保护等方面的工作做出明确分类,将网络保险纳入 2014 年专项检查或综合性检查计划
2014 年 4 月 15 日	《关于规范人身保险公司经营互联网保险有关问题的通知(征求意见稿)》	从多个方面对人身险公司经营互联网保险业务进行了规范
2015 年 7 月 22 日	《互联网保险业务监管暂行办法》	规范了互联网保险经营行为,进一步保护保险消费者合法权益,促进互联网保险业务健康持续发展
2015 年 9 月 30 日	《互联网保险业务信息披露管理细则》	对于信息披露主体、内容、工作流程以及管理与责任作了详细规定。开展互联网保险业务的保险公司,除了要在中保协披露专栏里披露机构相关信息外,还要披露合作保险专业中介机构网站信息及第三方合作网络平台信息,涵盖公司全称简称、网站名称、网址、App 名称、微信公众号名称等信息。"披露项目根据市场情况可以进行动态调整,保障互联网保险消费者合法权益"
2016 年 8 月 23 日	《中国保险业发展"十三五"规划纲要》	坚持机构监管与功能监管相统一,宏观审慎监管与微观审慎监管相统一,风险防范与消费者权益保护并重,完善公司治理、偿付能力和市场行为"三支柱"监管制度,建立全面风险管理体系,牢牢守住不发生系统性区域性风险底线
2016 年 12 月 30 日	《保险公司合规管理办法》	保险公司应当建立三道防线的合规管理框架,确保三道防线各司其职、协调配合,有效参与合规管理,形成合规管理的合力。保险公司各部门和分支机构履行合规管理的第一道防线职责;保险公司合规管理部门和合规岗位履行合规管理的第二道防线职责;保险公司内部审计部门履行合规管理的第三道防线职责

对比保险业发展的"十二五"规划和"十三五"规划,"十二五"中更强调保险业的创新应用,"十三五"中更关注保险的风险问题。这也从侧面反映了我国保险业的发展过程从鼓励创新运用到合规发展。2017 年,保监会对保险业的发展风险毫不懈怠,先后公布了《中国保监会关于进一步加强保险公司开业验收工作的通知》《信用保证保险业务监管暂行办法》《中国保监会关于加强保险消费风险提示工作的意见》等相关文件,防范金融风险,促进互联网保险业健康、有序、合规发展。

随着信息技术的发展,我国金融业也在不断走向成熟,监管部门的监管水平也将与时俱进,金融消费者也将享受到既便捷又安全的金融服务。

5.2.2 互联网金融的国家法律

随着我国互联网金融的快速发展,各监管部门纷纷出台相关文件指引和鼓励互联网金融的发展,规避发展中的问题和风险。但还没有从国家层面以法律的形式对互联网金融专门做出规定,有的是一些散落在其他法律中的可以借鉴的规定。这反映出我国顶层设计的滞后性,在日常生活中已经出现了大量的值得警惕的现象。

1. 我国互联网金融的立法现状

在国家法律层面,除了 2005 年颁布的《中华人民共和国电子签名法》规定电子签名和手写签名具有同等法律效力外,没有专门的法律对此做出规定。这反映出我国法律在互联网金融方面的空白,因此,我们从现有法律中寻找散落的相应条款,以期为互联网金融发展提供法律层面的保障。

民俗有言"有借有还,再借不难",强调了借还双方的信任问题。这个"借"可以是物,也可以是金钱,当借还的是金钱时不免产生一个利息问题。《中华人民共和国民法通则》中指出,合法的借贷关系受法律保护,借贷双方是自愿、平等的。《中华人民共和国合同法》中认为自然人之间的借款合同对支付利息没有约定或者约定不明确的,视为不支付利息。自然人之间的借款合同约定支付利息的,利率不得违反国家有关限制借款利率的规定。对于借助于互联网发展的网络借贷来说,由于发展过快、监管的滞后性导致丑闻频发的校园贷,各个地方政府相继出台文件,从网络借贷源头控制、整顿网络借贷平台,甚至有些地方禁止向大学生贷款(除了学费和住宿费)。这些举措必然使网络借贷走向合规和标准化。

与互联网金融相关的法律还有《中华人民共和国公司法》《中华人民共和国证券法》,这两部法律涉及股权众筹。《中华人民共和国公司法》对于公司人数做出限制,《中华人民共和国证券法》对于企业公开发行股票做出规定等。

互联网金融的发展不仅给人们的生活带来了方便,同时由于它涉及大量的信息数据,如何有效保护和正确使用问题也变得刻不容缓。而目前我国也未出台关于信息安全的法律,这不得不说是一大遗憾。互联网金融的发展更多是借助于互联网平台实施的传统业务的创新,对于交易平台的信息安全从法律的角度来保护的话,可以借鉴 1994 年发布的《中华人民共和国计算机信息系统安全保护条例》。该条例明确规定重点维护国家事务、经济建设、国防建设、尖端科学技术等重要领域的计算机信息系统的安全,互联网金融属于经济建设,应纳入保护范围。而在 1997 年的《中华人民共和国刑法》中对破坏金融秩序和金融诈骗做了详细规定,并给予严重处罚。2015 年修改后的《中华人民共和国国家安全法》中提到,"提升网络与信息安全保护能力,加强网络和信息技术的创新研究和开发应用,实现网络和信息核心技术、关键基础设施和重要领域信息系统及数据的安全可控;加强网络管理,防范、制止和依法惩治网络攻击、网络入侵、网络窃密、散布违法有害信息等网络违法犯罪行为,维护国家网络空间主权、安全和发展利益。"强调了加强网联保护的同时也要注意网联与信息技术的融合。2016 年 11 月通过的《中华人民共和国网联安全法》是网联保护的基础法律,分别从网络安全支持与促进、网络运行安全、网络信息安全、监测预警与应急处置等方面对网络空间中的参与者进行保护,同时也对网络中的信息安全做出了规范。

2. 互联网金融领域违法犯罪的认定问题

关于互联网金融领域违法犯罪的认定问题,我们可参阅最高人民检察院办公厅于 2017 年 6 月 2 日印发的《高检院公诉厅关于办理涉互联网金融犯罪案件有关问题座谈会纪要》(以下简称《纪要》)[①]。这是近期最高人民检察院对互联网金融风险及其案件审理的一次全面阐释。《纪要》显示,最高人民检察院近期在昆明、上海、福州召开座谈会,对办理涉互联网金融犯罪案件中遇到的有关行为性质、法律适用、证据审查、追诉范围等问题进行了研究。《纪要》对互联网金融本质、涉互联网金融犯罪的审理依据、互联网金融涉非法吸收公众存款行为的认定标准进行了全面释义。例如,《纪要》中高检院认为:在办理涉互联网金融犯罪案件时,应意识到互联网金融的本质仍然是金融,其潜在的风险与传统金融没有区别,甚至还可能因互联网的作用而被放大。

认定是否属于非法吸收公众存款时,高检院认为应重点审查互联网金融活动相关主体是否存在归集资金、沉淀资金,致使投资人资金存在被挪用、侵占等重大风险等情形。

判断其是否属于"未经有关部门依法批准",即行为是否具有非法性的主要法律依据是《中华人民共和国商业银行法》《非法金融机构和非法金融业务活动取缔办法》等现行有效的金融管理法律规定。这一条文为互联网金融的创新业务如互联网理财的合规性提出了判断依据。

《纪要》提出,中介机构与借款人双方合谋通过拆分融资项目期限、实行债权转让等方式为借款人吸收资金的,在对中介机构、借款人进行追诉时,应根据各自在非法集资中的地位、作用确定其刑事责任。这意味着,当下互联网金融平台对接金交所产品一旦产生风险事件,其审理原则已经明确。

从《纪要》来看,一般涉互联网金融犯罪案件涉案人员众多、跨区域特征明显、影响广泛等特点,高检院在纪要中提出办案的原则:

(1)要按照区别对待的原则分类处理,综合运用刑事追诉和非刑事手段处置与化解

---

① 《解读最高检对互联网金融风险事件的权威判断:加强对庞氏骗局的识别和防范》,中国电子银行网,http://www.cebnet.com.cn/20170809/102415428.html。

风险，打击少数、教育挽救大多数；

（2）各地检察机关公诉部门要按照"统一办案协调、统一案件指挥、统一资产处置、分别侦查诉讼、分别落实维稳"的要求分别处理好辖区内案件，加强横向、纵向联系；

（3）各级检察机关公诉部门要从有利于全案依法妥善处置的角度出发，切实做好提前介入侦查、引导取证、审查起诉、出庭公诉等各个阶段的工作，依法妥善处理重大敏感问题。

由于互联网金融涉及P2P网络借贷、股权众筹、第三方支付、互联网保险以及通过互联网开展资产管理及跨界从事金融业务等多个金融领域，行为方式多样，所涉法律关系复杂。

高检院对于其常见的三大罪名认定也给出了判断原则：

（1）非法吸收公众存款行为的认定。涉互联网金融活动在未经有关部门依法批准的情形下，公开宣传并向不特定公众吸收资金，承诺在一定期限内还本付息的，应当依法追究刑事责任。其中，应重点审查互联网金融活动相关主体是否存在归集资金、沉淀资金，致使投资人资金存在被挪用、侵占等重大风险等情形。主要法律依据是《中华人民共和国商业银行法》《非法金融机构和非法金融业务活动取缔办法》等现行有效的金融管理法律规定。在非法吸收公众存款罪中，原则上认定主观故意并不要求以明知法律的禁止性规定为要件。

对网络借贷领域的非法吸收公众资金的行为，应当以非法吸收公众存款罪分别追究相关行为主体的刑事责任。例如，中介机构以提供信息中介服务为名，实际从事直接或间接归集资金，甚至自融或变相自融等行为，应当依法追究中介机构的刑事责任。特别要注意识别变相自融行为，如中介机构通过拆分融资项目期限、实行债权转让等方式为自己吸收资金的，应当认定为非法吸收公众存款。

（2）集资诈骗行为的认定。以非法占有为目的，使用诈骗方法非法集资，是集资诈骗罪的本质特征。是否具有非法占有目的，是区分非法吸收公众存款罪和集资诈骗罪的关键要件，对此要重点围绕融资项目真实性、资金去向、归还能力等事实进行综合判断。对于大部分资金未用于生产经营活动，或名义上投入生产经营但又通过各种方式抽逃转移资金的情况，以及归还本息主要通过借新还旧来实现的情况可以认定具有非法占有目的。

（3）非法经营资金支付结算行为的认定。支付结算业务（也称支付业务）是商业银行或者支付机构在收付款人之间提供的货币资金转移服务。非银行机构从事支付结算业务，应当经中国人民银行批准取得《支付业务许可证》，成为支付机构。未取得支付业务许可从事该业务的行为，违反《非法金融机构和非法金融业务活动取缔办法》第四条第一款第（三）、（四）项的规定，破坏了支付结算业务许可制度，危害支付市场秩序和安全，情节严重的，适用《刑法》第二百二十五条第（三）项，以非法经营罪追究刑事责任。

本章小结

本章概述了我国互联网金融的政策与法规建设情况，分别就互联网金融行业的中央政策、地方政策、互联网金融各业态的法规建设及我国互联网金融的立法状况做了简要梳理，使读者对我国互联网金融的发展政策与监管规制有个大致的了解。

训练思考

1. 列表展示我国当前在互联网金融领域出台了哪些政策性文件。
2. 简要阐述当前我国互联网金融的法规建设状况。
3. 网上搜集相关资料，整理2~3个互联网金融领域违法违规的典型案例，并对其进行详细的案例分析。

互联网金融的标准化发展

6.1 我国金融标准化体系

【课前阅读】

人民银行科技司召开"普及金融标准 提升服务质量"主题活动启动会

为贯彻落实"十三五"金融标准化体系发展规划关于强化金融标准实施的重点任务,围绕国家质量监督检验检疫总局关于"开展金融服务标准推广专题活动,推动金融机构相关服务达标,提升服务质量和水平"的"质量月"整体工作部署,2017年9月11日,人民银行科技司组织召开"普及金融标准 提升服务质量"主题活动启动会,科技司副司长、全国金融标准化委员会秘书长姚前出席会议并讲话。

姚前阐述了活动开展的背景、目的和意义,对主题活动进行了安排部署,要求各机构高度重视此次活动,秉承推动普惠金融发展、加强金融信息安全、保护消费者权益三大要点,以此为契机面向金融从业人员、金融消费者两大层次,宣传推广金融服务标准,推动金融机构相关服务达标,提升服务质量和水平,同时做好活动总结工作。

会议对支付技术产品认证文件、《人民币现金机具鉴别能力技术规范》进行了解读,通报了《金融业信息系统机房动力系统规范》《金融业信息系统机房动力系统测评规范》《银行业产品说明书描述规范》等标准实施调研情况及银行营业网点服务标准实施认证情况,中国银行、农业银行和建设银行就上述标准的实施情况进行了经验分享。

来自人民银行总行司局、直属单位、有关单位,银监会、证监会、国家认监委,以及政策性银行、全国性商业银行和股份制商业银行的120余人在主会场参加会议,人民银行

第 6 章　互联网金融的标准化发展　　179

分支机构、地方金融监管部门和金融机构通过电视会议系统在分会场参加会议。

（资料来源：中国人民银行网站，http：//www.cfstc.org/publish/main/2/20170911172646684394815/index.html，2017 – 09 – 11。）

以上阅读材料反映了以下信息：一是我国金融行业的标准化工作由中国人民银行科技司主管，具体由挂靠在人民银行科技司的全国金融标准化委员会来执行，标准化业务的顶级管理部门是中国国家标准化管理委员会；二是普及金融标准可以提升金融服务质量，国家层面正在部署开展金融服务标准推广活动，以推动金融机构相关服务达标；三是重点围绕"普惠金融发展、加强金融信息安全、保护消费者权益"三个方面来落实和推动金融机构相关服务达标；四是标准化工作对于金融行业的规范发展具有重大意义。

6.1.1　我国金融标准化管理体制

我国金融标准化管理的组织架构见图 6 – 1。

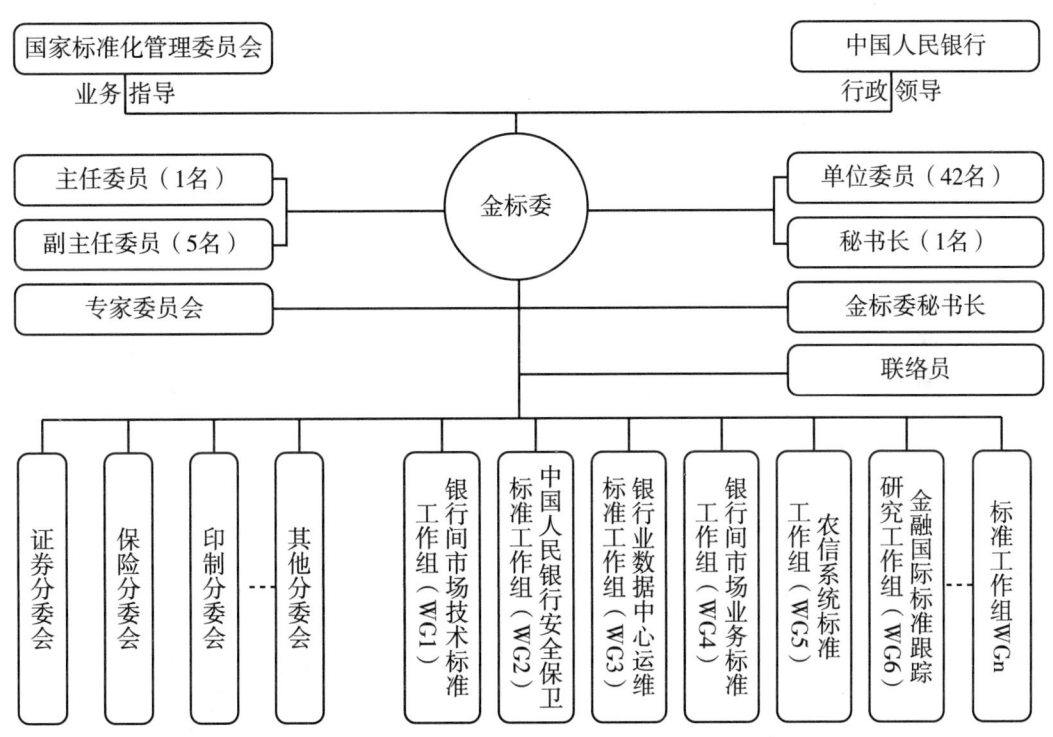

图 6 – 1　全国金融标准化技术委员会组织架构

资料来源：http：//www.cfstc.org/publish/main/5/8/20130128125329178192123/index.html。

由图 6 – 1 可知，全国金融标准化技术委员会在我国金融标准化管理体制中起着中枢作用，全国金融标准化技术委员会（SAC/TC180）（以下简称"金标委"）是国家标准化管理委员会授权，在金融领域内从事全国性标准化工作的技术组织，负责金融业标准化技术归口管理工作和国际标准化组织中银行与相关金融业务标准化技术委员会的归口管理工作。国家标准化管理委员会委托中国人民银行对金标委进行领导和管理。金标委下设证券、保险、印制三个分技术委员会，分别负责开展证券、保险、印制专业标准化工作。

第一届金标委于 1991 年成立，委员 33 人；第二届金标委于 2002 年成立，委员 56 人；第三届金标委于 2012 年 5 月成立，委员 49 人，专家 55 名。均来自中国人民银行有关司局及直属单位、银监会、证监会、保监会，银行、证券、保险等金融机构，以及标准化研究机构等多家单位。

截至 2017 年 9 月 21 日，已发布金融行业标准共计 211 项，金融国家标准共计 78 项。金融标准的颁布实施促进了金融业技术与管理进步，对金融业发展产生了重大影响，为金融业的健康发展奠定了坚实基础，取得了显著的社会效益和经济效益。

如图 6-1 所示，金标委下设专家委员会、秘书处、联络员、标准工作组。专家委员会负责对金融标准立项、征求意见、复审、采标和评议等标准化工作提出意见。秘书处是金标委的常设机构，负责处理金标委的日常事务，包括组织制定行业标准体系、组建标准工作组、组织标准制（修）订、标准复审、宣传培训等，秘书处设于中国人民银行科技司，受人民银行行政领导。联络员由委员单位确定，也是金标委秘书处秘书。标准工作组承担具体金融标准制修订工作，在金融国家和行业标准制修订工作中发挥着重要作用。

6.1.2 金融行业标准体系

1. 银行业标准体系

2014 年 12 月 9 日，金融行业标准《银行业标准化工作指南》（以下简称《指南》）由中国人民银行正式发布。[①] 该指南的发布实施，是切实落实银行业标准化体系框架，实现银行业标准化有序、健康、快速发展的重要一环。《指南》从标准化工作原则、标准化工作的角色和职责、标准的分类与编号、标准制（修）订要求、标准的宣传与贯彻、企业标准化等角度对银行业标准化工作予以规范，适用于银行业国家标准、行业标准、企业标准的编制及相关标准化工作。

为全面推进银行业标准化工作，促进银行业国际化与信息化发展，在深入分析银行业发展趋势和标准化现状、广泛征求银行业机构意见的基础上，人民银行组织各商业银行编制完成《银行业标准体系》[②]。

中国人民银行于 2012 年 11 月底发布了《银行业标准体系》，描绘了未来 5 年银行业标准全貌和标准化发展蓝图。《银行业标准体系》将是银行业标准制修订计划的主要依据和银行业标准化工作的重要参考，涵盖了基础通用、产品服务、运营管理、信息

---

① 《金融行业标准〈银行业标准化工作指南〉正式发布》，http://www.cfstc.org/publish/main/2/20141218110111740269913/index.html。

② 人民银行：《银行业标准体系》通过评审并发布，http://www.gov.cn/gzdt/2012-11/29/content_2278197.htm。

技术和行业管理五大类金融国家标准和行业标准。《银行业标准体系》的出台解决了银行业标准体系缺失的问题,对于促进银行业建立标准体系总体框架、协调标准关系、提高标准质量、完善标准体系、加强标准工作机制、提升经营管理水平和竞争力具有积极意义。

2. 证券期货业标准体系

全国金融标准化技术委员会证券分技术委员会(以下简称"证标委",国内编号 SAC/TC180/SC4)成立于 2003 年 12 月,是由国家标准化管理委员会批准组建,在证券期货领域从事全国性标准化工作的技术组织,负责我国证券期货业标准化技术归口工作,并承担国际标准化组织/银行、证券及其他金融业务/证券及相关金融工具分委会(ISO/TC68/SC4)的国内对口工作。

如表 6-1 所示,证标委的工作主要从基础编码、接口标准、信息披露、技术管理、信息安全和业务规范六个方面开展。目前已公布的行业标准有 34 项,包括基础编码、数据模型、机构间接口、机构内部接口、信息披露、技术管理、系统安全、数据安全、证券业务、期货业务和基金业务等方面;已公布的国家标准有 7 项。

表 6-1　　　　　　　　　　证标委专业工作组领域分类

基础编码		证券期货(基金)市场的金融产品、金融衍生品、参与机构、投资者、账户、相关金融工具等的分类及编码标准、规范以及相关的管理规范和工作指引
接口标准	数据模型	以证券期货行业相关法律法规、业务规则、制度及流程等为依据,提取市场全业务流程与数据共性,形成的具有通用性、稳定性和扩展性的数据模型
	机构间接口	各金融机构之间信息交换的接口标准,包括数据通信协议的数据字典、报文类别、数据格式、传输机制等,以及信息交换参与方的责权利关系等
	机构内部接口	金融机构内部不同信息系统的数据交换协议及关键业务间的数据交换通讯报文格式和数据报文格式
信息披露		各市场相关机构、产品信息披露内容、格式的电子化规范。主要包括报文类型、发布主体、持有人权益、信息内容以及相应的技术标准
技术管理		行业基础设施、软件工程、项目管理、质量管理、运行维护以及组织管理、IT 治理等相关制度和标准
信息安全	系统安全	信息安全等级保护、灾难备份、运维管理、应急管理、安全审计、自主可控(包括安全审查、开源系统等)、新技术(云计算、大数据、虚拟化、互联网金融安全)等行业网络与信息安全方面的相关制度和标准
	数据安全	行业信息系统数据处理和数据存储的机密性、完整性和可用性的防护技术、管理制度和能力要求

		续表
业务规范	证券业务	证券业务的证券经纪、交易结算、投资咨询、资产管理、客户服务与管理、后台运行等方面的制度要求和数据标准
	期货业务	期货业务的交易、结算、交割、客户服务、资产管理、投资咨询、监测监控、后台运行等方面的制度要求和数据标准
	基金业务	基金业务的注册登记、估值核算、投资交易、资产管理、投资咨询、基金销售等核心业务的业务规则、服务协议、合同要素等方面的制度要求和数据标准

3. 保险业标准体系

我国的保险业标准化体系建设正在稳步推进。2015年7月9日,中国保险行业协会(以下简称"中保协")组织召开《保险业标准化体系》及《电子商务平台建设标准》座谈会,刘琦秘书长作为全国金融标准化技术委员会保险分技术委员会(以下简称"保标委")秘书长、金标委委员和课题负责人,对课题和报告内容的总体思路提出要求:一是站位要高,课题组要认真研判形势,分析行业真正需求,准确把握标准化建设自身规律,围绕保险业服务国家治理体系和治理能力现代化,服务"一带一路"走出去战略,服务创新发展战略转型;二是放眼要远,不仅要解决现有问题,更要有预判性,为行业标准化工作的改革、发展、推动提供良好的前瞻性研究基础;三是要具可操作性,要针对行业的切实需求,符合行业标准化建设的规律性。

"十二五"时期是我国保险业发展变化最大、综合实力提升最快的时期,是改革创新全面突破、基础建设明显加强的时期,是服务能力显著增强、行业地位和影响力大幅提高的时期,保险业标准化工作应牢牢把握保险业稳中求进的发展基调,按照"总体规划、突出重点、急用先行"的原则,在中国保监会的领导下,在保标委的组织和推动下,在各保险机构大力支持和积极参与下,科学谋划、多措并举,各项工作稳步推进,整体建设卓有成效。

(1)完善保险标准体系,标准建设稳步推进。行业标准建设重点由"十一五"期间主要关注技术标准逐步转变为业务、管理标准与技术标准并重,标准成果从各个层面、各个领域服务于保险业的快速、健康、规范发展。保险行业标准数量大幅增加,标准体系日趋完善。"十二五"期间,由保标委组织起草,中国保监会正式发布的金融行业标准有11项,其中新制定5项,修订6项。截至2016年5月,共制修订行业标准31项(次)。其中,制定标准23项,修订标准8项(次)。标准覆盖了保险业务、客户服务、信息技术、数据交换等诸多领域,初步构建了一套符合中国保险业发展需要的保险标准体系。

(2)推动保险业标准化改革发展,启动团体标准试点工作。积极落实国务院关于印发深化标准化工作改革方案,制定并印发了《中国保监会关于印发〈深化保险标准化改革方案〉的通知》。支持推动中国保险行业协会(以下简称"中保协")申报国家首批团体标准试点单位,并成功获批。

(3)健全标准化工作机制,扩大标准化工作影响力。不断加强标准化管理制度建设,制定并印发多项工作细则，创新完善工作机制。建立保险业标准化信息服务平台，通过门户网站实现行业标准化信息发布、会员管理等各项功能，有效提升了保险业标准化工作效率。加大保险业标准化工作的宣传力度。积极与国内外标准化相关机构开展交流，建立交流联络机制。

（4）强化保险标准培训，打造标准化建设专业队伍。启动专家咨询委员会和保险业标准化人才库的建立，为保险标准编制和评审充实了技术力量。制定标准化人才培训方案，大力开展专项培训辅导工作，为标准编写、标准审查和标准应用实施奠定了基础。

截至 2017 年 9 月 21 日，我国已公布的金融行业标准共计 211 项。[①]

6.1.3 金融国家标准体系

我国金融业标准化工作已进行了二十余年，各类金融行业标准、国家标准的制修订、实施和监管工作都有条不紊，循序渐进地展开，有效填补了领域空白，并且越来越深入地参与到国际金融标准的制修订工作中。2010 年中央人民银行编制并发布了《中国金融标准化报告 2009》，总结了 2009 年及以前我国金融行业的标准化工作，这是我国首次对外公布的金融标准化工作年度报告，此后每年都会发布上一年的金融标准化工作年度报告。表 6-2 将首期至第六期工作报告的主要内容进行整理，以便读者对我国金融标准化工作进展有更为清晰的了解和认识。

表 6-2　　　　　　　　　2009~2014 年我国金融标准化发展进程

年份	期数	标准化进展情况
2009	第一期	（1）中国金融标准化在经历了起步阶段后，正处于发展和提高的过程 （2）截至 2009 年 12 月，我国共发布金融国家标准 41 项，金融行业标准 77 项，涵盖基础性数据元、术语、代码集、印钞造币、征信、银行卡、数据交换、信息安全等领域 （3）基本实现了对国际标准的同步跟踪与同步转化
2010	第二期	（1）2010 年国际金融标准化活动进一步普及，特别是在金融业信息交换、金融交易安全、移动支付以及金融领域"云计算"应用的标准化研究比较活跃 （2）国内方面，重视标准应用的理念正逐步成为我国各金融机构的共识，标准研制和应用的步伐加快，金融业标准体系框架基本成形，数据标准在金融业转型中发挥着越来越重要的作用，推动了我国金融服务水平的升级
2011	第三期	（1）重点开展了金融标准体系建设，加强了重点或关键金融标准的制定与实施，取得较为明显的成效 （2）在标准建设方面取得新突破，金融国家标准年内增加近半，当年发布数量为近年来最多，范围涵盖银行卡、金融统计、信息安全、报文交换等领域

---

① 参见全国金融标准化技术委员会网站（http://www.cfstc.org/publish/main/21/index.html）的《金融行业标准目录（截至 2017 年 9 月 21 日）》。

续表

年份	期数	标准化进展情况
2012	第四期	(1) 人民银行立足战略思考，持续推进金融标准化战略实施，金融标准化管理逐渐系统化、体系化，金融标准支撑产业发展作用日益凸显 (2)《银行业标准体系》的发布，促进涵盖银行业、证券期货业、保险业、印制业的金融标准体系成形 (3) 金融业标准需求旺盛，发布并实施了一批重要金融行业标准，有效填补领域空白，尤其在国际上率先制定并发布中国金融移动支付系列技术标准，为移动支付规范发展奠定基础 (4) 参与金融国际标准化活动取得实质突破，国际影响力得到提升
2013	第五期	(1) 2013年金融标准化工作有力支撑了金融业务发展，在移动金融与金融IC卡、支付业务统计、电子化信息披露等重点领域发布了一系列重要国家、行业标准，有效促进产业发展，防范化解金融风险，改善人民生活体验 (2) 成功举办2013年ISO/TC68年会，快速跟进全球法人机构识别编码体系建设，推动建立LEI编码国内注册渠道 (3) 开展人民银行自身标准化工作，带动金融机构标准化发展，推动非金融机构认证支付业务健康发展，审慎启动移动金融检测认证工作，有效助力金融业改革发展
2014	第六期	2014年，我国金融标准化应保持良好发展态势，围绕金融业发展与改革的任务要求，继续将金融标准化战略推向深入，实现金融标准化特色发展，支撑金融业持续健康发展

截至2017年9月21日，我国已公布的金融国家标准共计78项。[①]

6.1.4 金融国际标准体系

我国的金融国际标准化工作归口负责国际标准化组织下设的金融服务技术委员会（ISO/TC68）和个人理财技术委员会（ISO/TC222）的归口工作。中国人民银行、银监会、证监会、保监会、国家标准委于2017年6月联合发布的《金融业标准化体系建设发展规划（2016—2020年）》将"持续推进金融国际标准化"作为未来的四大主要任务之一（见图6-2），并将持续推进金融国际标准化的任务细化为"在移动金融服务、非银行支付、数字货币等重点领域，加大对口专家派出力度，争取主导1~2项国际标准研制"，这充分说明了金融国际标准化工作的重要性。

自从金标委归口负责ISO/TC68和ISO/TC222的标准化工作以来，我国的金融国际标准化工作取得了卓有成效的进步。截至2017年9月30日，ISO/TC68已发布标准共有58项。[②]

[①] 参见全国金融标准化技术委员会网站（http://www.cfstc.org/publish/main/21/index.html）的《金融国家标准目录（截至2017年9月21日）》。

[②] 参见全国金融标准化技术委员会网站（http://www.cfstc.org/publish/main/21/index.html）的《国际标准目录（截至2017年9月30日）》。

第6章 互联网金融的标准化发展

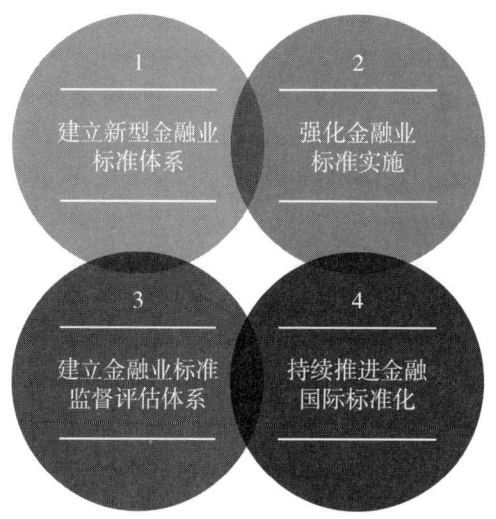

图6-2 《金融业标准化体系建设发展规划（2016-2020年）》中的四大主要任务

6.2 互联网金融标准化的技术层次

【课前阅读】

金融创新的标准化体系

央行等五部委联合发布的《金融业标准化体系建设发展规划（2016-2020年）》，明确了金融业标准化工作的四项主要任务和五项重点工程。金融业标准是金融健康发展的技术支撑，是金融治理体系和治理能力现代化的基础性制度。为了更好地推动这项系统性工程，当下需着重考虑将"走出去"与"引进来"相结合、"自上而下"与"自下而上"相结合、业务标准与技术标准相结合、底线标准与指引标准相结合、效率标准与风控标准相结合这样几个多层面的重点环节。

在我国经济金融的国际化程度不断提升的过程中，面临着更复杂的外部挑战。一方面，企业"走出去"说易行难，其中一大障碍就是缺乏统一规范的外文版中国标准。由于没有相应的文本为依据，我国企业在争取采用中国标准时没有说服力。甚至一些国家提出愿意采用中国标准，但因没有外文版，实施起来依然非常困难。例如，在对外工程承包方面，由于我们的技术标准在国际上影响微弱，大大制约了海外工程承包的进一步拓展。全球化背景下的金融更是如此，只有标准"走出去"，参与国际金融标准的制定，逐渐成为提升金融核心竞争力的制高点，才是真正意义上的"走出去"。另一方面，金融标准建设也不能"闭门造车"，特别是全球金融发展变化日新月异，需时刻从国际视野出发，将"引进来"与本土要素相融合。

随着金融创新与金融深化的程度不断演进，金融要素也变得空前复杂，这也使金融业标准可能具有多元化特征。一则，在国家层面上需制定关系金融业整体布局、重大方向、基本原则、基础架构、协调难点的"国标"原则,从而使整个金融创新与发展走在"正路"之上。二则,在行业层面还需充分发挥自理机制在金融标准化建设中的作用,以自律组织为载体,推动某些领域的金融标准与金融改革探索,在标准制定中深化行业自律。三则,基于新技术对金融业的影响日益凸显,也出现了许多尚未成熟的创新探索,这些领域需要依托市场力量,在模式完善中探索标准化路径,不能急于求成,这也是多元化标准体系建设的重要组成部分。狭义的金融创新是指金融工具的创新。广义金融创新是指金融业为适应经济发展而创造出新的金融制度、金融组织、金融市场、金融工具等。在金融创新过程中,业务与技术既相互联系又有所区别。一方面,业务创新侧重业务经营领域的变革,并在经营成果方面需有"实质性"的效果。另一方面,技术创新则强调科学技术与管理技术的应用,很多情况下达到业务应用层次还有个过程。由此,离开了金融业务应用的技术创新,远不是真正的金融技术创新;缺乏新技术支撑的金融业务,也难以获得新金融的生命力。与此相应,在实践中如何处理好业务标准与技术标准的关系与侧重、发展脉络与步伐等,也是亟待解决的难点之一。

总之,金融标准是实现金融交易信息系统互联互通、降低交易成本的基础条件,是保证金融服务质量、保护消费者权益的重要手段,又是规范市场秩序的内在要求和金融管理部门推进行业管理的重要依据。因此,从某种意义上看,应把金融标准化建设放到国家战略层面考虑,作为金融监管体制改革、金融生态建设、金融效率提升、金融结构优化的重要保障。

(资料来源:杨涛,《金融创新的标准化体系》,http://news.cnstock.com/paper,2017-07-17,851394.htm。)

从以上阅读材料可以看出,金融创新既包括业务创新,也包括技术创新。因此,从纵向层面来讲,金融标准可分为业务标准和技术标准两个技术层次。在整个金融创新的过程中,业务标准和技术标准二者相辅相成,既相互依赖又相互推动,共同构成金融标准化的完整层次。具体到互联网金融标准层次,同样也分为技术标准层次和业务标准层次。

6.2.1 互联网金融技术标准

互联网金融的兴起和发展离不开信息技术的支撑,尤其是近年来大数据和云计算技术的发展更让互联网金融如虎添翼。除了互联网和移动通信技术、大数据技术和云计算等技术之外,信息安全技术也是保障互联网金融行业健康长远发展的关键问题,因而,本部分内容主要从大数据技术、云计算技术、信息安全技术这三个方面来阐述其标准化发展现状。

1. 大数据标准化发展现状

大数据(big data)是信息技术发展的自然产物,一般是指在一定时间内无法用常规信息技术和软硬件进行捕捉、存储和处理的多样化的、巨量的数据集合,具有大量(volume)、高速(velocity)、多样(variety)、低价值密度(value)、真实性(veracity)这五大特点。互联网金融的产生和发展与大数据具有密不可分的联系。在2016年外滩国际金融峰会上,阿里巴巴集团董事会主席马云提出,互联网金融企业必须具备三个要素,分别是数据、基于数据的信用体系和基于数据的风控体系。因而，分析大数据标准化的发展现状对研究互联网金融的标准化现状来说至关重要。

大数据标准化工作组由全国信息技术标准化技术委员会（简称"全国信标委"）于2014年12月成立，为推动和规范我国大数据产业的快速发展、建立大数据产业链与国际标准接轨而努力。2014年7月发布的《大数据标准化白皮书》指出，目前我国大数据技术标准化工作还处于起步阶段，初步建立了大数据标准化体系框架。中国电子技术标准化研究院于2015年12月29日发布了《大数据标准化白皮书V2.0》，进一步改进和完善了我国大数据标准化体系框架，将大数据标准体系分为基础标准、产品和平台标准、安全标准、技术标准、应用和服务标准五大类。并根据此标准化体系框架，整理出已发布、已报批、已立项、已申报、在研以及拟研制的大数据相关国家标准98项，且列出了40项近期亟须研制的重点标准。党中央、国务院高度重视大数据发展。党的十八届五中全会明确提出，"十三五"时期要"实施国家大数据战略，推进数据资源开放共享"。2015年8月国务院发布的《促进大数据发展行动纲要》中也明确指出要建立大数据的标准规范体系，进一步推进大数据产业标准的体系建设，加快建立大数据市场交易的规范和标准体系。

2. 云计算标准化发展现状

大数据与云计算的关系是密不可分的。大数据的特色在于对海量数据进行分布式数据挖掘，无法只依靠单台计算机进行处理，必须采用分布式架构，而且必须依托云计算的分布式数据库、分布式处理、云存储和虚拟化技术。蚂蚁金服、人人贷、众筹网、众安保险等互联网金融机构看到了云计算与大数据技术的先进性，纷纷迁入云端，利用云端进行海量数据存储，结合大数据和云计算技术进行数据分析，提供高效的金融服务。

全国信息技术标准化技术委员会云计算标准化工作组于2012年9月成立，开展我国云计算标准化相关工作，负责云计算领域的基础、产品、技术、服务、测评、系统和设备等国家标准的制修订工作。2014年7月，中国电子技术标准化研究院组织国内专家编写了《云计算标准化白皮书V3.0》，建议我国云计算标准化体系建设从基础、网络、整机装备、软件、服务、安全和其他七个部分展开。2015年11月，由工信部办公厅印发的《云计算综合标准化体系建设指南》中明确提出并构建了云计算综合标准化体系框架，包括"云基础""云服务""云资源""云安全"四个部分，见图6-3。

3. 信息安全标准化发展现状

近两年频发的网络电信诈骗案件和消费者信息泄露等事件，无疑在时时提醒我们网络信息安全的重要性。互联网金融是依托网络信息平台来开展相关金融业务的，由于其虚拟性、普惠性、网络性等特征，一旦发生故障便极有可能造成重大损失，因而对信息安全技术有着更高的要求。了解我国信息安全标准化的发展状况，除了有利于推动互联网金融的标准化发展外，对互联网金融进行标准化监管也是必不可少的。

将我国信息安全标准化工作的发展历程与大数据和云计算技术比较而言，前者起步较早，可追溯至20世纪80年代，已有30余年的历程。全国信息安全标准化技术委员会在2002年4月正式成立，自此，我国信息安全标准化工作结束了将近20年的缺乏统筹管理

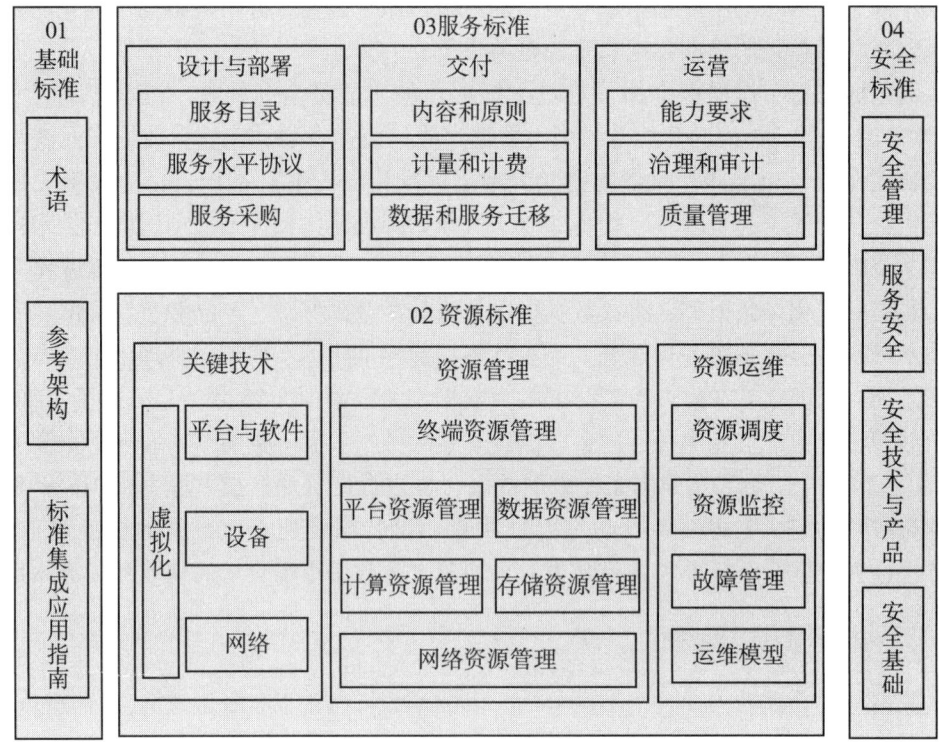

图 6-3 云计算综合标准化体系框架

资料来源：工信部办公厅，《云计算综合标准化体系建设指南》。

的散乱发展时期，进入了"统一领导、协调发展"的新时期。根据全国信息安全标准化技术委员会网站查询，截至 2017 年 1 月，已发布的国家标准有 166 项[1]，正在制定的国家标准有 222 条[2]。2016 年 12 月 27 日，由国家互联网信息办公室发布的《国家网络空间安全战略》进一步将网络信息安全问题提升到了国家战略的高度，提出要"加强网络安全标准化和认证认可工作，更多地利用标准规范网络空间行为"。

6.2.2 互联网金融业务标准

互联网金融业务标准也称作互联网金融业务规范或工作规范，是指在互联网金融业务流程各环节都要共同遵守的行为准则、共同执行的行为条款。2015 年 7 月，人民银行等十部门发布的《关于促进互联网金融健康发展的指导意见》[3] 可以说是第一个从国家层面颁布的促进互联网金融健康发展的业务规范。2016 年 4 月国务院印发了《互联网金融风险专项整治工作实施方案》（以下简称《实施方案》），我国互联网金融的全面专项治理工

---

[1] 参见 http://www.tc260.org.cn:9090/advice/list.html。
[2] 参见 http://www.tc260.org.cn/bzcx_List.jsp。
[3] 《人民银行等十部门发布〈关于促进互联网金融健康发展的指导意见〉》，中国政府网，http://www.gov.cn/xinwen/2015-07/18/content_2899360.htm，2015-07-18。

作正式展开。《实施方案》中将 P2P 网络借贷、股权众筹、通过互联网开展资产管理业务、跨界从事金融业务、第三方支付业务和互联网金融广告等行为进行重点整治，并对其提出了一系列的政策红线和禁止行为。通过综合运用准入标准、资金监测、举报和"重奖重罚"制度、内部管理和技术手段等整治措施，以期通过此次专项整治提炼经验，从而建立健全互联网金融长效监管机制。

据网贷之家的数据显示，从开展互联网金融专项整治工作以来，截至 2016 年年底，公安机关共办理 1400 余件互联网金融案件，涉案金额高达 5000 多亿元，并处罚了 4800 多名行业工作人员。但此次治理工作并不彻底，至 2016 年年底，拿到 ICP 经营许可证的互联网金融企业占比不足 10%，而符合资金托管要求的平台数量占比更是不足 5%。[①] 表 6-3 是根据相关政策法规整理的互联网金融监管红线指标。

表 6-3　　　　　　　　我国互联网金融监管红线指标汇总

类型	来源	监管红线指标
第三方支付	《非金融机构支付服务管理办法》《支付机构客户备付金存管办法》	(1) 支付机构接收的客户备付金必须全额缴存至支付机构在备付金银行开立的备付金专用存款账户；(2) 不得擅自挪用、占用、借用客户备付金，不得擅自以客户备付金为他人提供担保；(3) 支付机构每月在备付金存管银行存放的客户备付金日终余额合计数，不得低于上月所有备付金银行账户日终余额合计数的 50%；(4) 不同支付机构的备付金银行之间不得办理客户备付金的划转；(5) 支付机构不得转让、出租、出借《支付业务许可证》；(6) 支付机构只能选择一家商业银行作为备付金存管银行，且在该商业银行的一个分支机构只能开立一个备付金专用存款账户；(7) 非金融机构提供支付服务，应当依法取得《支付业务许可证》，成为支付机构
网络借贷	《网络借贷信息中介机构业务活动管理暂行办法》《网络借贷信息中介机构备案管理登记指引》《网络借贷资金存管业务指引》	(1) 未按规定申请电信业务经营许可的，不得开展网络借贷信息中介业务；(2) 不得自融；(3) 不得直接或间接接受、归集出借人的资金；(4) 不得以任何形式向出借人提供担保或承诺保本保息；(5) 不得拆分融资项目的期限；(6) 不得自行发售理财等金融产品募集资金，代销银行理财、券商资管、基金、保险或信托产品等金融产品；(7) 不得开展类资产证券化业务或实现以打包资产、证券化资产、信托资产、基金份额等形式的债权转让行为；(8) 不得虚构、夸大融资项目的真实性和收益前景，隐瞒融资项目的瑕疵及风险；(9) 不得向借款用途为投资股票、场外配资、期货合约、结构化产品及其他衍生品等高风险的融资提供信息中介服务；(10) 不得从事股权众筹等业务；(11) 同一自然人在同一网络借贷信息中介机构平台的借款余额上限不超过人民币 20 万元；同一法人或其他组织在同一网络借贷信息中介机构平台的借款余额上限不超过人民币 100 万元；同一自然人在不同网络借贷信息中介机构平台借款总余额不超过人民币 100 万元；同一法人或其他组织在不同网络借贷信息中介机构平台借款总余额不超过人民币 500 万元；(12) 网络借贷信息中介机构应当为单一融资项目设置募集期，最长不超过 20 个工作日；(13) 网络信贷信息中介机构在完成备案登记后，要申请增值电信业务经营许可证

---

① 《互联网金融专项整治成效显现》，中国经济网——国家经济门户，http://finance.ce.cn/rolling/201701/05/t20170105_19401875.shtml。

续表

类型	来源	监管红线指标
股权众筹	《股权众筹风险专项整治工作实施方案》	(1) 非公开发行股票及其股权转让，不得采用广告、公告、广播、电话、传真、信函、推介会、说明会、网络、短信、公开劝诱等公开方式或变相公开方式向社会公众发行，不得通过手机 App、微信公众号、QQ 群和微信群等方式进行宣传推介；(2) 不得擅自或变相公开发行股票；(3) 向特定对象转让股票，未依法报经证监会核准的，股票转让后公司股东累计不得超过 200 人；(4) 私募基金管理人不得向合格投资者之外的单位和个人募集资金，不得变相乱集资，不得向不特定对象宣传推介，不得通过分拆、分期、与资产管理计划嵌套等方式变相增加投资者数量，合格投资者累计不得超过 200 人；(5) 不得经营证券业务；(6) 不得对金融产品和业务进行虚假广告宣传；(7) 不得挪用或占用投资者资金，要严格落实客户资金第三方存管制度；(8) 严禁平台和房地产开发企业、房地产中介机构以"股权众筹"名义从事非法集资活动
互联网保险	《互联网保险业务管理暂行办法》《互联网保险风险专项整治工作实施方案》	(1) 投保人交付的保险费应直接转账支付至保险机构的保费收入专用账户，第三方网络平台不得代收保险费并进行转支付，保费收入专用账户包括保险机构依法在第三方支付平台开设的专用账户；(2) 保险公司不得与不具备经营资质的第三方网络平台合作开展互联网保险业务；(3) 不得非法集资；(4) 进行不实描述、片面或夸大宣传过往业绩、违规承诺收益或者承担损失等误导性描述；(5) 第三方网络平台必须取得互联网行业许可证
互联网理财	《资产管理办法征求意见稿》	(1) 金融机构应当按照资产管理产品管理费收入的 10% 计提风险准备金，风险准备金余额达到产品余额的 1% 时可以不再提取；(2) 统一资管产品的杠杆要求：杠杆倍数分别为固收类 3 倍、股票类 1 倍、其他类 2 倍，对公募产品和私募产品，对总资产/净资产设定 140% 和 200% 的限制；(3) 单只产品投资单只证券或证券投资基金不超过净资产 10%（私募产品除外）；全部资管产品投资单只证券或证券投资基金的市值不超过市值的 10%

以上均为国家政策法规中涉及的互联网金融业务标准规范，标准化范畴可以归结为行业发展的法制化、业务流程的规范化、业务分类和专业技术的标准化（赵海军、罗金凤，2012），因此，从某种程度上讲，行业发展政策与法律法规是最高级别的行业标准。由于互联网金融是个年轻的新兴行业，在未来的发展中，行业标准化的任务还很重，无论是技术标准还是业务规范的研究编制和应用推广，都还有相当长的路要走。

6.3 我国互联网金融标准化发展实践

【课前阅读】

持续推进中国金融标准"走出去"

金融标准化技术委员会（以下简称"金标委"）换届大会暨第四届委员会第一次全体会议 6 月 22 日在京召开。中国人民银行党委委员、副行长、第四届金标委主任委员范一飞出席会议并讲话。范一飞表示，金融标准是金融业健康发展的重要支撑，在推动金融支持实体经济发展、深化金融改革、加强金融监管以及防范金融风险等方面发挥着重要作用。"十二五"期间，金标委积极贯彻落实国家标准化工作部署，扎实推进金融标准制修订工作，标准实施成效显著，标准化工作机制不断完善，共发布金融国家标准24项、金融行业标准72项，金融标准化工作取得了丰硕成果。在金融业改革发展不断深化的大背景下，新一届金标委要深入贯彻落实习近平总书记关于标准化工作的重要指示精神和党中央、国务院有关战略部署，顺应市场趋势和监管需求，以《金融业标准化体系建设发展规划（2016－2020年）》为指导，围绕"三个统筹"建立新型金融业标准体系、开展金融风险防控基础性标准研制、强化金融业标准落地实施、持续推进中国金融标准"走出去"。

来自人民银行、银监会、证监会、保监会、外汇局、国家标准委、金标委分委会、委员单位、观察员单位以及专项工作组、中国银行业协会、全国信息安全标准化技术委员会、全国信息技术标准化技术委员会的代表及金融标准化专家等参加了会议。

（资料来源：金融时报－中国金融新闻网，http：//www.financialnews.com.cn/jg/ld/201706/t20170623_119699.html。）

上述阅读材料告诉我们，金融标准化工作是金融业健康发展的重要支撑，在推动金融支持实体经济发展、深化金融改革、加强金融监管，以及防范金融风险等方面发挥着重要作用。说明金融标准化是一项实践性很强的工作。《金融业标准化体系建设发展规划（2016—2020年）》强调要建立新型金融业标准体系、开展金融风险防控基础性标准研制、强化金融业标准落地实施、持续推进中国金融标准"走出去"，并提出了明确的发展目标（见图6－4）。

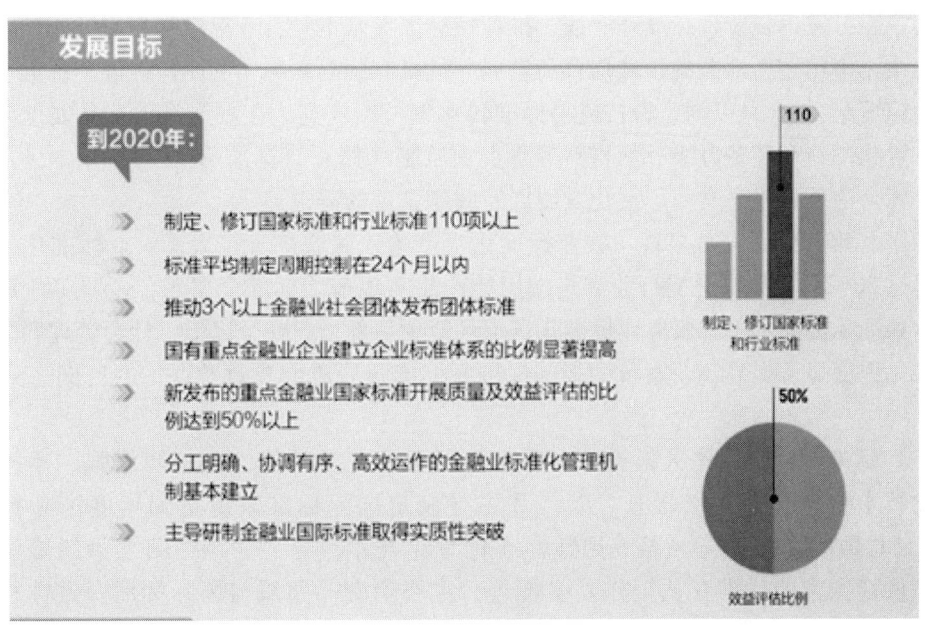

图6－4 《金融业标准化体系建设发展规划（2016－2020年）》提出的金融标准发展目标

上述资料也告诉我们,金融标准化发展实践至少应包括标准化发展规划、行业协会开展的标准化工作以及标准的应用推广三个方面。

6.3.1 我国互联网金融标准化发展规划

当前,我国互联网金融标准化发展规划的核心内容主要体现在《国家标准化体系建设发展规划(2016—2020年)》和《金融业标准化体系建设发展规划(2016—2020年)》中。

1. 国家标准化规划中的相关内容

《国家标准化体系建设发展规划(2016—2020年)》指出,"标准是经济活动和社会发展的技术支撑,是国家治理体系和治理能力现代化的基础性制度。改革开放特别是进入21世纪以来,我国标准化事业快速发展,标准体系初步形成,应用范围不断扩大,水平持续提升,国际影响力显著增强,全社会标准化意识普遍提高。但是,与经济社会发展需求相比,我国标准化工作还存在较大差距"。这道出了我国标准化体系建设的重要性、必要性和紧迫性,并提出了近5年期的发展目标:到2020年,基本建成支撑国家治理体系和治理能力现代化的具有中国特色的标准化体系。标准化战略全面实施,标准有效性、先进性和适用性显著增强。标准化体制机制更加健全,标准服务发展更加高效,基本形成市场规范有标可循、公共利益有标可保、创新驱动有标引领、转型升级有标支撑的新局面。"中国标准"国际影响力和贡献力大幅提升,我国迈入世界标准强国行列。

(1)标准体系更加健全。政府主导制定的标准与市场自主制定的标准协同发展、协调配套,充分发挥强制性标准守底线、推荐性标准保基本、企业标准强质量的作用,在技术发展快、市场创新活跃的领域培育和发展一批具有国际影响力的团体标准。标准平均制定周期缩短至24个月以内,科技成果标准转化率持续提高。在农产品消费品安全、节能减排、智能制造和装备升级、新材料等重点领域制(修)订标准9000项,基本满足经济建设、社会治理、生态文明、文化发展以及政府管理的需求。

(2)标准化效益充分显现。农业标准化生产覆盖区域稳步扩大,农业标准化生产普及率超过30%。主要高耗能行业和终端用能产品实现节能标准全覆盖,主要工业产品的标准达到国际标准水平。服务业标准化试点示范项目新增500个以上,社会管理和公共服务标准化程度显著提高。新发布的强制性国家标准开展质量及效益评估的比例达到50%以上。

(3)标准国际化水平大幅提升。参与国际标准化活动能力进一步增强,承担国际标准化技术机构数量持续增长,参与和主导制定国际标准数量达到年度国际标准制(修)订总数的50%,着力培养国际标准化专业人才,与"一带一路"沿线国家和主要贸易伙伴国家的标准互认工作扎实推进,主要消费品领域与国际标准一致性程度达到95%以上。

(4)标准化基础不断夯实。标准化技术组织布局更加合理,管理更加规范。按照深化中央财政科技计划管理改革的要求,推进国家技术标准创新基地建设。依托现有检验检测机构,设立国家级标准验证检验检测点50个以上,发展壮大一批专业水平高、市场竞争力强的标准化科研机构,标准化专业人才基本满足发展需要。充分利用现有网络平台,建成全国标准信息网络平台,实现标准化信息互联互通。培育发展标准化服务业,标准化服务能力进一步提升。

上述目标是我国未来5年标准化发展的总目标,也是未来5年我国互联网金融标准化发展的参考目标,可在互联网金融标准化的具体规划与发展实践中参考实施。

《国家标准化体系建设发展规划(2016—2020年)》中与互联网金融标准化建设规划相关的"重点领域"有以下五个:

一是信息通信网络与服务。开展新一代移动通信、下一代互联网、三网融合、信息安全、移动互联网、工业互联网、物联网、云计算、大数据、智慧城市、智慧家庭等标准化工作,推动创新成果产业化进程。

二是金融。开展银行业信用融资、信托、理财、网上银行等金融产品及监管标准的研制,开展证券业编码体系、接口协议、信息披露、信息安全、信息技术治理、业务规范以及保险业消费者保护、巨灾保险、健康医疗保险、农业保险、互联网保险等基础和服务标准制(修)订,增强我国金融业综合实力、国际竞争力和抗风险能力。

三是社会信用体系。加快社会信用标准体系建设,制定和实施实名制、信用信息采集和信用分类管理标准,完善信贷、纳税、合同履约、产品质量等重点领域信用标准建设,规范信用评价、信息共享和应用,服务政务诚信、商务诚信、社会诚信和司法公信建设。

四是统一社会信用代码。研制跨部门、跨领域的统一社会信用代码应用的通用安全标准,加快统一社会信用代码地理信息采集、服务接口、数据安全、数据元、赋码规范、数据管理、交换接口等关键标准的制定和实施,初步实现相关部门法人单位信息资源的实时共享,推动统一社会信用代码在电子政务和电子商务领域应用。

五是信息安全保密。进一步完善国家保密标准体系,加强涉密信息系统分级保护、保密检查监管、安全保密产品等标准化工作,开展虚拟化、移动互联网、物联网等信息技术应用的安全保密标准研究,增强信息安全保密技术能力。

上述五大重点领域的标准化体系建设规划,对于互联网金融标准化体系建设规划具有最直接的参考意义。

2. 金融业标准化规划中的相关内容

2017年6月,中国人民银行、银监会、证监会、保监会、国家标准委联合发布《金融业标准化体系建设发展规划(2016—2020年)》(以下简称《规划》),明确提出了"十三五"金融业标准化工作的指导思想、基本原则、发展目标、主要任务、重点工程和保障措施。

《规划》围绕标准体系、标准制(修)订、实施、宣贯、国际标准化提出了金融业标准化工作的四项主要任务:一是建立新型金融业标准体系,全面覆盖金融产品与服务、金融基础设施、金融统计、金融监管与风险防控等领域;二是强化金融业标准实施,发挥政府、行业协会、认证机构、企业等各方面的作用;三是建立金融业标准监督评估体系,分类监督强制性标准和推荐性标准实施;四是持续推进金融国际标准化,在移动金融服务、非银行支付、数字货币等重点领域,加大对口专家派出力度,争取主导1~2项国际标准研制。

《规划》立足目前金融业发展中迫切需要多部门协同的领域,针对标准制定、衔接配套以及实施等问题提出了五项重点工程,包括:金融风险防控标准化工程、绿色金融标准化工程、互联网金融标准化工程、金融标准认证体系建设工程和金融标准化基础能力建设工程。此外,《规划》从强化统筹协调、完善政策支持、发挥行业协会作用、加强人才培养、发挥基层行业主管部门主观能动性五方面提出了保障措施,强调强化各部门、各领域之间的协调配合,营造良好的政策环境,加大投入,健全完善激励机制等。

聚焦互联网金融,我们可以看到,《规划》提出的金融业标准化工作四项主要任务和五项重点工程中,重点强调了互联网金融领域标准的建立,将互联网金融标准化工程作为五年内开展的五大金融标准化工程之一。这说明管理层非常重视互联网金融领域的标准化建设。值得注意的是,《规划》强调持续推进金融国际标准化,在移动金融服务、非银行支付、数字货币等重点领域,加大对口专家派出力度,争取主导1~2项国际标准研制。

近年来,中国互联网金融快速发展,2016年中国移动支付的市场规模已经接近于美国的50倍。而随着中国金融国际化、市场化改革的推进,建立统一的规范和标准尤为迫切。2015年11月,周小川在《中共中央关于制定国民经济和社会发展第十三个五年规划的建议》辅导读本上刊文指出,将顺应信息技术发展趋势,支持并规范第三方支付、众筹和P2P借贷平台等互联网金融业态发展。此文被认为是对"十三五"金融改革的解读。[①] 周小川指出,要规范发展互联网金融,构建主流业态与新兴协调发展的金融体系。近年来,在银行、证券、保险等主流金融业态借助网络科技持续快速发展的同时,以互联网企业为代表的新兴金融业态不断涌现,金融业信息化、综合化经营渐成趋势。应顺应信息技术发展趋势,支持并规范第三方支付、众筹和P2P借贷平台等互联网金融业态发展;支持具备条件的金融机构审慎稳妥地开展综合经营;推进各类金融机构大数据平台建设,建立大数据标准体系和管理规范。

近年来,金融业的很多新标准都聚焦在银行支付和信息安全领域。中国人民银行发布《银行卡受理终端安全规范》[②],对POS终端和ATM终端均提出需遵守新要求。此外,在区块链技术快速发展的推动下,比特币、以太币等新的数字化金融产品或服务不断出现。中国人民银行也成立了数字货币研究所,致力于法定数字货币的研究。

《规划》紧扣"十三五"金融改革,其出台的背景与国家《国民经济和社会发展第十三个五年规划纲要》(以下简称《纲要》)一脉相承。《纲要》指出,要加强统筹协调,强化综合监管和功能监管,有效运用和发展金融风险管理工具,防止发生系统性、区域性金融风险。同时,《规划》也是国家标准化体系建设这一大的国家战略中的一部分。根据

---

① 《"一行三会"规划"十三五"金融业标准体系 推进互联网金融国际标准化》,第一财经网,http://www.yicai.com/news/5297553.html,2017-06-08。

② 《金融行业标准〈银行卡受理终端安全规范〉正式发布》,全国金融标准化技术委员会网站,http://www.cfstc.org/publish/main/2/20170110161137376651663/index.html。

《国家标准化体系建设发展规划（2016—2020年）》，各地区、各部门可依据本规划，制定本地区、本部门标准化体系建设发展规划。互联网金融的标准化体系建设发展规划也不例外。《规划》强调，以支撑建设现代金融体系为目标，坚持需求引领、创新驱动、统筹协调、注重实效的原则，围绕统筹监管系统重要性金融机构，统筹监管金融控股公司和重要金融基础设施，统筹负责金融业综合统计，防范化解金融风险，加强重点标准研制和实施。

"十二五"期间金融标准化的发展取得了很大成绩。银行、证券期货、保险、印制等标准体系基本建立，发布金融业国家标准、行业标准96项，标准数量与质量"双提升"；组织十余期标准化培训班，建立标准检测认证机制，标准实施取得显著成效；金标委组建7个专项工作组，制定五大类26项制度，金融业标准化工作不断优化；派出43位专家加入ISO/TC68的21个工作组，金融国际标准化工作顺利推进。

对比"十二五"，《规划》进一步确立了"十三五"金融业标准化的发展目标，包括到2020年制定、修订国家标准和行业标准110项以上，推动3个以上金融业社会团体发布团体标准，金融业标准水平明显提高，科学性、有效性和实用性显著增强，金融业标准实施效果显著增强，新发布的重点金融业国家标准开展质量及效益评估的比例达到50%以上，金融业标准化机制更加完善，对金融业科学发展的支撑作用明显增强，主导研制金融业国际标准取得实质性突破。

但是，我们也应当看到《规划》所面临的挑战：第一，全面深化改革向金融业标准化建设提出新要求；第二，金融创新对金融业标准化提出新挑战；第三，关注公共利益成为金融业标准化新重点；第四，金融业双向开放指明金融业标准化新方向。这些都是互联网金融标准化体系建设规划所要考虑的实际问题。

3. 做好互联网金融标准化体系建设规划的基本策略

互联网金融是利用互联网技术实现资金融通的一种新型的第三方金融服务模式，其涵盖了互联网新技术、互联网金融新产品和互联网平台服务等方面内容。因此，我们应从技术标准、产品标准和服务标准三个层面做好互联网金融行业标准体系框架的规划与设计。

（1）坚持互联网金融技术标准先行，创新与可控并重。技术创新是互联网金融的基础，典型的包括支付技术的变革，以及移动互联、大数据、云计算、搜索引擎等技术的应用等，技术创新在支付清算、信息处理、风险管控、筹融资等方面发挥了显著作用。当前，互联网金融领域技术创新百花齐放、百家争鸣。以支付技术为例，从最初的网银支付到基于NFC的移动支付，再到二维码支付、声波支付、指纹支付和刷脸支付等，技术创新使越来越多的市场主体参与到支付服务中，产业链更加复杂，推动了线下（offline）金融服务与线上（online）金融服务有效融合，不断催生出新的金融产品和业务模式，同时也对安全管理提出了更高的要求。制定统一的技术标准，一方面，有利于引导产业各方向安全、自主可控的方向发展；另一方面，有利于推动产业各方形成分工协作、利益共享、互利互惠的运作模式，建立符合社会效益最大化、公平开放、竞争有序的合作发展机制，切实做到普惠民生。在制定和实施技术标准时，应兼顾标准的强制性、演进性和包容性；在信息安全方面，要实施强制性标准，依托检测、认证、检查等手段，确保标准的实施和落地；此外，要注重标准的演进性和包容性，在保障安全的前提下允许新的技术和业务模式出现，鼓励创新并营造良性竞争的氛围。

（2）做好互联网金融产品标准，强化互联网金融风险管控。借助互联网渠道销售的传统金融产品，包括存款业务、各类基金、股票和部分保险业务等。一方面，有明确的监管要求和市场准入规则；另一方面，有标准化的产品设计流程和风控机制、较完备的风险提示和信息披露机制，以及标准化的产品说明书。而一些新型的互联网金融产品在这些方面与传统金融产品相比有所欠缺，如部分 P2P 网贷产品。针对这些新的互联网金融产品，在从监管层面进行规范的同时，也要从行业自律角度制定相关标准对其具体要素和指标进行约束：一是规范产品的设计流程和风控指标体系，并在各环节中体现风控的思想；二是规范产品说明书要素，对产品要素、投资管理、费用、收益说明，以及发行、运行、到期等阶段需要公开的信息进行明确；三是规范产品风险提示机制，对风险揭示书的要素，包括风险级别、风险点、适应人群等进行细化。通过制定和实施各项标准，切实做好风险管控，为互联网金融产品创新奠定良好的基础，推动其向多元化方向发展。

（3）完善互联网金融服务标准，保障消费者权益。互联网金融发展呈现个性化、碎片化、微小化等特征，让更多的用户体验到了随时、随地、随身和无"门槛"的金融服务。例如，P2P 模式使个人可利用碎片化的资金参与以前只有大量资金才能参与的投资项目；余额宝以"小额、灵活"的碎片化理财理念填补了"草根"理财的空白。对于这些普通用户而言，金融知识往往比较欠缺，维权意识不足；同时，部分互联网企业在提供金融服务时，省略了传统金融产品面签、纸质文书等环节，导致维权环节多、举证难；此外，还存在信息透明度不高、对用户隐私保护不足、纠纷调节机制不完善等问题，使群体性追讨债事件时有发生，带来了不良影响。针对这种情况，在严格履行政府部门的监管要求之外，还应当有行业自律组织进行监督，并推动形成统一的行业服务标准，对各类互联网金融企业的服务流程、关键服务指标、信息披露规则、用户隐私保护机制、纠纷调节机制等进行规范，强化企业的内部治理，加强对服务事项的事中、事后监督，加大对违规行为的处罚力度，引导互联网金融企业切实履行社会责任。

6.3.2 我国互联网金融行业协会开展的标准化工作

中国互联网金融协会在互联网金融标准化工作中扮演着重要角色。协会自筹建之初就高度重视互联网金融标准化工作；正式挂牌成立后，协会在国家标准委和金标委的指导下成立了金标委互联网金融标准工作组，承担了国家标准化服务业首批试点任务，同时加强与国际标准化组织的交流，派出专家参与金融科技技术咨询组有关工作。

中国互联网金融协会还针对 P2P 网贷领域风险突出的情况，抓住信息披露"牛鼻子"，于 2016 年 10 月 28 日正式发布《互联网金融信息披露 个体网络借贷》标准（以下简称《标准》）和《中国互联网金融协会信息披露自律管理规范》（以下简称《规范》），并于 10 月 31 日下发给会员单位。[①] 其中，《互联网金融信息披露个体网络借贷》

---

① 《P2P 网贷信息披露标准发布》（附全文），南方财富网，http：//www.southmoney.com/P2P/201611/834674.html。

标准定义并规范了 96 项披露指标，包括强制性披露指标逾 65 个、鼓励性披露指标逾 31 项，分为从业机构信息、平台运营信息与项目信息三方面。中国互联网金融协会官方微信公众号表示，希望通过信息披露使行业达到"三个透明"，即通过披露从业机构、年度报表、股东高管与平台经营等信息，达到机构自身透明；通过披露资金存管、还款代偿等信息，达到客户资金流转透明；通过披露借款用途、合同条文、相关风险以及借款人信用等信息，达到业务风险透明，提升标准执行力和约束力。通过上述多元化手段，协会正探索建立涵盖团体标准、行业标准、国家标准和国际标准的多层次互联网金融标准体系，着力推动行业建立规范有序、公平合理的竞争秩序，切实保护消费者合法权益，增强我国在国际标准制定中的话语权。

中国互联网金融协会于 2017 年于 3 月 27 日正式发布《中国互联网金融协会团体标准管理办法》（以下简称《管理办法》），并指出：团体标准制修订工作原则上应按照立项、起草、征求意见和审查、通过和发布等程序进行。会员单位、协会内设部门均可单独或联合申请团体标准的立项。按业务类型制定经营管理规则和行业标准是国家有关政策文件赋予协会的重要职责。《管理办法》明确指出，申请立项需提交团体标准立项申请表、团体标准草案以及其他有助于说明团体标准立项情况的文件等材料。立项评审通过后列入团体标准立项计划，即可组织开展团体标准起草、征求意见、审查等后续工作。团体标准由协会理事会审议通过后正式发布。已发布团体标准按年度向全国金融标准化技术委员会备案。《管理办法》全文共 47 条，从组织机构、标准编号与文件管理、标准制修订程序、知识产权、推广与应用等方面，对团体标准工作进行了规范，重要内容有四个方面。一是团体标准制定范围。在没有国家标准、行业标准的领域制定团体标准，鼓励制定严于国家标准和行业标准的团体标准。二是团体标准组织管理。协会理事会负责审议团体标准和相关管理制度。在理事会闭会期间，由常务理事会行使相关职责。协会秘书处是协会标准化工作的日常管理机构。三是团体标准制修订程序。原则上按照立项、起草、征求意见和审查、通过和发布等程序进行，会员单位、协会内设部门均可申请团体标准制修订工作。四是团体标准推广与应用。协会在自律管理规范框架下组织开展基于团体标准的合格评定、符合性测试等工作；同时，针对具有良好实践应用价值的团体标准以及在团体标准工作中有突出贡献的单位和个人建立实施激励机制。

中国互联网金融协会积极培育发展团体标准并推广使用，适时将实施效果良好、符合行业发展需要的团体标准转化为行业标准和国家标准，符合国家标准化改革的总体方向。此外，制定协会团体标准《管理办法》，有利于明确团体标准的制（修）订程序和责任分工，提高团体标准制定工作质量和效率，切实发挥团体标准在加强互联网金融行业自律方面的功能作用。

为学习贯彻第五次全国金融工作会议精神，推动落实《金融业标准化体系建设发展规划（2016—2020 年）》，中国互联网金融协会于 2017 年 9 月 14 日在互联网金融标准研究院召开《互联网金融—个体网络借贷—电子合同安全规范》（以下简称《电子合同安全规范》）团体标准起草工作组成立暨标准研讨会。[①] 来自电子认证服务机构、第三方电子

---

① http：//www.nifa.org.cn/nifa/2955675/2955761/2967873/index.html。

合同服务提供商、网络借贷机构、商业银行、司法鉴定中心等16家机构的代表及相关行业专家参加了会议。第五次全国金融工作会议就曾提出要加强互联网金融监管，防范金融风险。制定行业标准是互联网金融监管的重要支撑，中国互联网金融协会自成立以来一直积极开展重要领域和关键环节的标准研制实施工作。个体网络借贷是当前风险防范的重要领域，其中电子合同的安全性保障是防范风险的核心环节之一。《电子合同安全规范》与正在研制的《互联网金融—个体网络借贷—借贷合同要素》构成实施互联网金融个体网络借贷电子合同登记托管的重要基础，对指导网络借贷机构引入有效的电子签名技术，保护合同当事人合法权益具有重要意义。会议就《电子合同安全规范》起草工作进行了深入讨论。与会代表认为，根据《中华人民共和国合同法》和《中华人民共和国电子签名法》对使用电子合同签署的要求，《电子合同安全规范》聚焦行业痛点问题，从满足互联网金融行业监管合规性要求出发，规范了从业机构使用电子合同的业务活动，保护了合同当事人的合法权益。下一步，规范起草工作组将在行业专家的指导下，完善标准草案，广泛征求意见，加快推动标准制定，引导行业规范健康发展。

6.3.3 我国互联网金融标准的应用推广

2015年12月出台的我国标准化事业发展的纲领文件——《国家标准化体系建设发展规划（2016—2020年）》提出，"要加快标准化在经济社会各领域的普及应用与深度融合，充分发挥'标准化+'效应，为我国经济社会协调发展、创新发展、开放发展、绿色发展、共享发展提供技术支撑"[①]。因而将标准化理念应用于互联网金融事业既符合我国"十三五"规划的政策导向，推动标准化与其他社会经济领域的普及应用和深度融合，又为促进我国互联网金融健康持续发展及其有效监管创造了新思路。

互联网金融作为新兴业态，从2013年始在"无监管真空状态"中迅猛发展，我国虽有上述金融行业和信息技术等监管规范与标准，但处于萌芽状态的互联网金融行业并未被（或未完全被）纳入上述标准化监管体系中。如2014年9月中央人民银行正式发布《金融机构编码规范》作为金融行业标准，对我国金融机构的编码标准进行了明确的规定，但第三方支付、P2P网络借贷、互联网保险等互联网金融企业却并未被包含在该规范的要求主体中。[②]

为了建立健全我国互联网金融行业的标准及标准化体系，促进互联网金融行业的健康发展，全国金融标准化技术委员会互联网金融标准化工作组（以下简称"工作组"）在2016年12月26日正式成立，工作组组长单位由中国互联网金融协会担任，标志着我国互联网金融标准化工作的正式开始。2016年10月28日，中国互联网金融协会发布了《互联网金融信息披露个体网络借贷标准》和《中国互联网金融协会信息披露自律管理规范》，一度被称为"史上最严"网络借贷披露标准。2016年11月19日，中国人民银行正

---

① 《国务院办公厅关于印发国家标准化体系建设发展规划（2016－2020年）的通知》，政府信息公开专栏，http：//www.gov.cn/zhengce/content/2015－12/30/content_10523.htm。
② 宋立志：《互联网金融机构信息标准化管理探讨》，载于《金融科技时代》2016年第3期。

式发布金融行业标准《中国金融移动支付 支付标记化技术规范》，其中明确将非银行支付机构作为该规范的实施主体之一。

这些事件是对互联网金融行业进行标准化监管的良好开端，表达了监管层对互联网金融标准化工作的重视，相信未来会有更多的针对互联网金融行业的标准和规范产生，不断地丰富和完善我国互联网金融标准化体系。

从《国家标准化体系建设发展规划（2016—2020 年）》和《金融业标准化体系建设发展规划（2016—2020 年）》中可以发现，我国的标准化改革方向已由政府单一供给的标准体系，向政府和市场共治的新型标准体系转变，政府主导制定的标准侧重于保基本，市场自主制定的标准侧重于提高竞争力。事实上，无论是哪种性质的标准，其目的都在于加强行业监管和协调，规范和引导市场健康发展。在以技术标准、产品标准和服务标准为条线的体系框架下，根据标准所规范的对象不同，对标准类型及其制定、推行主体应有清晰的定位，这是确保标准化战略规划有效执行的关键。具体来说，在涉及保障信息安全和财产安全、坚守业务底线等方面，应由政府主导实行强制性标准，并做好对实施情况的监督，确保其执行效力；在涉及技术创新、服务规范及市场竞争等方面，应充分发挥市场自身的自律作用，实行团体标准，引导互联网金融企业履行社会责任，特别是大型企业应在建立行业标准、服务实体经济、服务社会公众等方面起到排头兵和模范引领作用。此外，充分发挥政府对市场的指导作用，行业主管部门应逐步研究制定互联网金融领域团体标准发展的指导意见，建立与业界和社会公众的良好沟通及互动机制，推动团体标准的进一步完善和有效实施。

标准化工作不仅是标准文件的研制，更重要的是对标准文件的执行和标准的推广应用。对此，《中国金融业信息技术"十三五"发展规划》在五大重点任务之一"深化金融标准化战略，支持金融业健康发展"的描述中可窥一斑。标准研制、强化实施及国际化，"三位一体"才构成一个完整的标准化蓝图。

互联网金融新标准的应用推广是我国互联网金融标准化发展的归宿与落脚点，也是我国互联网金融事业发展的重中之重，全行业"自上而下"乃至全社会都应极为重视，大力宣传，积极推广，应用普及，以使我国互联网金融在标准化发展的道路上惠及全人类。

本章小结

本章从我国金融标准化管理体制、互联网金融标准化技术层次和我国互联网金融标准化实践三个方面阐述了我国互联网金融的标准化发展之路。旨在使读者明白标准化在互联网金融发展中的重大意义，熟悉我国互联网金融标准化的管理制度与运行机制，把握我国互联网金融标准化体系建设的中短期规划，将来在实际工作中能够自觉参与到我国互联网金融的标准化发展实践中去。

训练思考

1. 图示我国互联网金融标准化管理组织架构。
2. 论述中国互联网金融协会在我国互联网金融标准化发展中的地位和作用。
3. 你认为如何更加有效地推进我国互联网金融标准化体系建设?
4. 你认为我国互联网金融领域的哪些标准能够最先走向国际化?说明原因。

第7章

互联网金融的风险防范

7.1 互联网金融的风险类别

【课前阅读】

互联网金融的风险

刘士余语——我们支持互联网金融的创新发展,但是决不允许触碰两个"底线"

在市场经济中,风险始终与经济活动共生,无处不在。凡事预则立,不预则废,在积极支持和鼓励互联网金融创新发展的同时,我们要清醒地认识到互联网金融蕴藏的风险,主动采取必要措施将风险控制在可承受的范围内,促进创新在可持续的轨道上健康发展。在我看来,互联网金融的风险主要表现在以下几个方面:

一是机构法律定位不明,可能"越界"触碰法律"底线"。我想强调的是,互联网金融应该有两个法律上的"底线":一个是不能非法吸收公众存款;另一个是不能非法集资。现有法律规则还没有对互联网金融机构的属性作出明确定位,互联网企业尤其是P2P网络借贷平台的业务活动,还没有专门的法律或规章对业务进行有效的规范。谬误与真理只有一步之遥。P2P网络借贷平台的产品设计和运作模式略有改变,就可能"越界"进入法律上的灰色地带,甚至触碰"底线"。我们支持互联网金融的创新发展,但是决不允许触碰这两个"底线"。

二是资金的第三方存管制度缺失,存在安全隐患。现在一些P2P网络借贷平台没有建立资金第三方托管机制,会有大量投资者资金沉淀在平台账户里,如果没有外部监管,就存在着资金被挪用甚至携款"跑路"的道德风险。近两年来先后发生了"淘金贷""优易网"等一些P2P网络借贷平台的卷款"跑路"和倒闭的事件,给放贷人造成了资金损失,也影响了整个行业的形象。

三是内控制度不健全,可能引发经营风险。我们可以把内控制度看作互联网企业的

"防火墙",好的内控制度可以有效防范经营风险。实践中,一些互联网金融企业片面追求业务拓展和盈利能力,采用了一些有争议、高风险的交易模式,也没有建立客户身份识别、交易记录保存和可疑交易分析报告机制,容易为不法分子利用平台进行洗钱等违法活动创造条件;还有一些互联网企业不注重内部管理,信息安全保护水平较低,存在客户个人隐私泄露风险。

(资料来源:刘士余,《秉承包容与创新的理念正确处理互联网金融发展与监管的关系》,载于《清华金融评论》2014年第2期。)

互联网金融风险是指在互联网金融业务中产生的不确定性与不可控性,以及发生损失的可能性。互联网金融既有传统金融的风险,又有互联网技术与应用所衍生出来的风险。因此,互联网金融具有传统金融风险之外的一些特点。一是传播性强,影响面广。互联网环境的特点决定了金融风险因素的传播更快、范围更广、影响面更大。二是传导速度快,虚拟性高。互联网金融的业务主要依托网络环境进行,金融业务交易对象的目的、过程、地域均更加不透明。资金划转支付等互联网金融业务均通过先进的金融信息系统完成,非常便捷与有效,但一旦出现风险,其应急补救时间很短,一定程度上放大了风险。三是互联网金融的复杂性加大。互联网信息系统的复杂性降低了对网络的安全信任度,信息资源的共享性、便利性增加的同时,也有网络失密、泄密的可能性。互联网节点多,也使可攻击点增多,再加上网络环境的开放性,使互联网金融边界模糊,增加了金融风险的可能性。从风险源的角度看,互联网金融风险可以划分为技术风险、业务风险及法律风险等几个大类。

7.1.1 互联网金融的技术风险

互联网金融的技术风险主要是指由于互联网金融依托于技术系统运营,技术系统在物理基础设施、应用系统、系统研发组织、系统运维等各个环节,由于潜在的缺陷及脆弱性,在遇到攻击、灾害等威胁的情况下发生的风险事件,使业务运营及其目标实现受到影响,甚至发生重大安全事故。例如,互联网金融技术平台的系统安全问题,一旦遭受物理或者非物理的攻击都容易造成平台的瘫痪,从而导致无法交易或者交易延迟,甚至交易信息和个人信息泄露,被不法分子利用来损害个人或者国家的利益,并造成系统性影响。互联网金融的技术风险对应产生三类问题:资金安全问题、信息泄露问题和业务中断问题,这三类问题始终是互联网金融面对的主要问题。

1. 资金安全问题

由于互联网金融的特殊性,即非法分子能够通过公共互联网络直接获取非法经济利益,且对用户、企业和社会的影响巨大,故资金安全问题成为重中之重的问题。资金安全问题即用户在互联网金融企业所设置的账户受到恶意人员的非法入侵,如身份被冒用、交易受篡改、系统遭入侵等,最终导致账户资金受到不同程度的损失。由于互联网金融的账户在各个环节都需要调用资金账户,所以资金安全问题会以不同的方式、不同的场景表现出来，常见的主要有系统漏洞入侵、网络"钓鱼"欺骗、客户端攻击、业务漏洞利用、交易欺诈。

2. 信息泄露问题

在互联网金融领域，涉及用户个人隐私、资金账户信息、交易信息等敏感信息。信息泄露按照泄露的动机或信息泄露的原因一般可以分为两大类：一是主动信息泄露，主要是通过黑客手段非法获取，或者企业内部或相关人员利用职务便利、管理或技术漏洞获取敏感信息；二是由于技术或设计的缺陷导致信息泄露，包括技术配置的缺陷或管理不当导致信息的泄露，大数据、移动终端等新技术应用过程中设计缺陷或技术漏洞导致信息泄露。

3. 业务中断问题

当系统由于外部自然因素、系统软硬件、人为因素等原因不能正常提供服务时，就称为业务中断。业务中断的可能原因是多方面的，如外部的自然灾害、供电电源故障、网络设备故障、通信线缆故障、服务器故障、业务软件故障、磁盘信道损坏、人为误操作、配置错误、软件存在技术缺陷（bug）以及软件兼容性问题等。根据造成中断的表现形式，可以把业务中断原因归结为系统故障、恶意攻击、数据丢失以及性能故障。

实践来看，导致互联网金融产生技术风险的主要原因包括以下五个方面。（1）平台技术架构不合理，用户体验差，不能适应业务发展需求。平台技术架构不合理将导致许多安全问题、传输时延问题，用户体验较差，并增加业务成本。互联网金融业务也同样是一种互联网特征的业务，用户体验的好坏、操作的友好性、响应时延的大小对于能否吸引客户参与平台业务、进行交易至关重要，落后的技术架构、较差的用户体验很有可能导致失去客户，从而面临生存危机。（2）加密及防病毒等信息安全技术落后，传输协议安全性差，从而出现一系列的安全问题，容易被攻击。病毒容易扩散，相较于传统金融业风险的局部性和易控性而言，互联网金融依托的计算机系统一旦感染病毒将会快速蔓延，并可能导致整个系统的瘫痪，造成系统性风险。（3）互联网金融平台研发及技术外包、技术支持方面的风险。互联网金融企业是以互联网起家，技术力量较弱的企业会寻求以技术外包这类方式来降低运营成本，而技术外包来的产品不仅很难准确契合其本身业务，甚至有可能会因其本身的问题而终止运作造成整个系统的瘫痪。（4）数据方面的安全风险。数据在收集、加工、保存、管理、传输和转移等各个环节过程中都存在敏感信息泄露的隐患。内部窃取和泄露、第三方泄露是互联网金融企业最突出的威胁。（5）管理方面的安全风险。在技术管理的过程中，也避免不了来自机构组织、制度策略、人员管理等方面的风险。风险管理制度和安全策略没有落实或落实不到位，从而导致风险失控，破坏互联网金融业务系统正常有序运行。文档缺失或者文档管理不规范致使管理缺乏必要依据，管理过程规范性差，影响互联网金融机构的规范管理和持续改进。

互联网金融技术风险的主要内容见表7-1。

表 7-1 互联网金融技术风险的主要内容

模式	风险主要内容
P2P 网贷	(1) 平台系统信息泄露或者被窃取；平台技术架构不能支持业务发展、用户体验差，不能支持大量用户并发访问；(2) 平台存在技术缺陷（bug）；(3) 信息安全漏洞，不能防范黑客、拒绝访问等各类攻击；(4) 平台被病毒感染；(5) 依赖于第三方技术研发或者外包服务，技术支持能力不足；(6) 平台发生故障不能及时恢复，业务连续性能力缺乏
第三方支付	(1) 系统安全，包括终端安全、钓鱼网站、黑客攻击、防病毒等；(2) 管理安全；(3) 其他同"P2P 网贷"技术风险部分市场风险
众筹	(1) 平台用户体验差，业务流程设计不合理，导致用户黏性不够；(2) 技术力量较弱，大量外包，缺乏有效业务需求；(3) 信息安全保障差，信息泄露，网络攻击防御能力弱；(4) 其他参考"P2P 网贷"技术风险部分
电商金融	(1) 信息泄露风险；(2) 其他参考"P2P 网贷"技术风险部分
虚拟货币	虚拟货币并没有现实货币的防伪技术，电脑黑客可能会利用其安全漏洞生产伪币或者盗取虚拟货币
网络金融营销	参考"P2P 网贷"技术风险部分

7.1.2 互联网金融的业务风险

互联网金融的业务风险主要是指与互联网金融业务本身相关的风险，这类风险与传统金融业务风险类似，但由于互联网金融本身的特点，又在风险的内容与特征方面存在一定的差异。互联网金融企业往往在渠道拓展和获客能力上较传统金融企业具有比较大的优势，但传统金融企业具有的风险识别能力却是互联网金融企业所不具备的。互联网金融的业务风险主要包括信用风险、流动性风险、支付和结算风险。

1. 信用风险

信用风险指交易对手未能履行约定契约中的义务而造成经济损失的风险，即受信人不能履行还本付息的责任而使授信人的预期收益与实际收益发生偏离的可能性。目前，在互联网金融领域，信用风险最常发生在 P2P 业务中。纯粹意义上的 P2P 只是作为沟通借贷双方的平台，借款方的信用风险不应成为 P2P 平台自身的风险。但是，为了追求规模，P2P 平台往往采用各种方式为客户提供担保，而采用了担保意味着 P2P 平台必须承担客户的信用所带来的风险。而通过 P2P 平台进行借款的，通常是信用资质较差的个体。因此，信用风险是 P2P 业务为代表的互联网金融企业最需要关注的风险之一。

2. 流动性风险

流动性风险指因市场成交量不足或缺乏愿意交易的对手，导致未能在理想的时点完成买卖的风险。目前,互联网金融领域的流动性风险也最常发生在 P2P 业务中。众所周知,短期借款利率较低,而长期借款利率较高。因此,为了获得更高的利差,P2P 平台公司往往通过建立资金池,采用短借长贷的方式获得高额利差。但一旦后续融资跟不上,则会使 P2P 平台公司的流动性风险集中爆发。

3. 支付和结算风险

支付和结算风险是指在运用结算工具从事货币活动、资金清算过程中可能受到的损失。客户通过互联网企业进行投融资服务往往需要在互联网金融企业内设立账户,但是互联网金融客户与银行客户账户的法律关系又有所不同。银行可以开支票的账户和第三方支付的账户都是现实货币的存在形态,而互联网金融电子账户只不过是货币的电子符号存在形式。由于互联网金融企业很少受到监管,账户的透明性非常差,这就为互联网金融企业挪用客户保证金提供了空间,也给客户账户的支付和结算带来了巨大风险。

互联网金融业务风险的主要内容见表 7-2。

表 7-2 互联网金融业务风险的主要内容

模式	风险主要内容
P2P 网贷	(1) 由于借款人提供不详或不实信息,导致投资者对投资风险判断失误,引起逾期率和坏账率上升;(2) 对借款人的高成本的线下尽职调查成本过高,收益不能覆盖成本而破产;(3) 流动性风险,缺乏交易对手方;(4) 市场利率变化对投资者的收益产生影响;(5) P2P 平台的担保服务一般由 P2P 平台或其关联方承担,一旦违约率居高不下,赔付金额超过平台承受范围,将导致 P2P 借贷平台破产,具体包括财务信息披露风险、异化产品风险、洗钱风险等
第三方支付	(1) 市场风险;(2) 信用风险;(3) 在途资金风险;(4) 网络洗钱风险;(5) 恶意套现风险;(6) 恶意欺诈风险
众筹	(1) 尚未引入第三方支付机构进行风险隔离,众筹平台和募集资金之间并没有进行风险隔离,运作的透明度有待提高;(2) 信用风险,体系不发达和信任度低。国内的信用体系十分脆弱,使众筹平台上的创意项目或救助项目的真实性遭到质疑;(3) 创意项目来源不足;(4) "山寨"文化背景下的知识产权保护难题。知识产权保护基本上是所有众筹平台关注的焦点问题,项目在展示期间,其创意很容易被他人剽窃。另外,即使项目成功启动了,也存在着产品被"山寨"的可能性
电商金融	(1) 借款者信用风险;(2) 贷款小额、分散且成本高,利润空间小;(3) 经验品种单一;(4) 融资困难;(5) 风控体系不完备
虚拟货币	(1) 虚拟货币可能冲击实体货币流通体系;(2) 过度投机风险;(3) 信用风险
网络金融营销	(1) 市场竞争激烈;(2) 互联网理财产品注重收益率的宣传,风险提示较少;(3) 存在"钓鱼"等欺诈网站,消费者普遍风险意识不强

7.1.3 互联网金融的法律风险与道德风险

1. 法律风险

法律风险是指企业因经营活动不符合法律规定或者外部法律事件导致风险损失的可能性。法律风险实质上就是法律法规的缺位,以及由此所引发的诸如监管模糊、标准不明和金融消费者权益保护等问题。首先,在法律法规方面,迄今为止不仅学界对互联网金融没有统一的通说,法律法规也并未对互联网金融下一个明确的定义,这就导致其范围的模糊。政府在对互联网金融的规范方面也做出了努力,如《电子签名法》《网上银行业务暂行管理办法》,针对理财类互联网金融的《证券投资基金销售机构通过第三方电子商务平台开展业务暂行管理规定》等。但这些法律法规要么是基于传统金融业务的网上延伸所制定的,要么就是针对互联网金融中的某一业务来规制,不仅没对互联网金融下明确的定义,其效力等级也明显不够。其次,法律法规的缺失也造成监管缺位、标准不一的问题。我国对金融的监管采取的是"分业经营、分业监管"的模式,此种模式显然无力应对日益发展的互联网金融所引发的打破行业壁垒的大融合现象,如银保产品,在这样的条件下,"监管真空地带"无疑会迅速发酵。另外,由于法律法规的缺失,对市场主体的准入,监管的法律依据、判断的标准以及金融消费者的特殊保护等方面都会造成很大的负面影响。

针对互联网金融的法律风险,监管部门、学术界、企业界也充分意识到其重要性,从宏观的监管层面和微观的业务层面都进行了大量的调研、分析和探讨。中国人民银行、工业和信息化部、公安部等十部委于 2015 年 7 月联合发布《关于促进互联网金融健康发展的指导意见》,系统地提出了对互联网金融的监管办法,改变了互联网金融无监管的状态。

互联网金融法律风险的主要内容见表 7-3。

表 7-3　　　　　　　　　　互联网金融法律风险的主要内容

模式	风险主要内容
P2P 网贷	(1) 立法空白,关于 P2P 定义、准入、信息披露等均处于立法空白的境地;(2) 监管缺位,尤其是对资金池、中间账户体系、第三方资金托管的监管
第三方支付	(1) 法律地位及经营业务范围的法律性质不明确是第三方支付服务提供者面临的最大风险;(2) 第三方支付服务提供者已经具备了银行的某些特征,其经营范围也与银行业务趋同,但并没有受到与银行相对应的监管;(3)《非银行支付机构网络支付业务管理办法》征求意见稿拟对此进行规范和界定
众筹	(1) 产品式众筹法律风险主要涉嫌非法集资。刑法未明确将承诺回报以及回报的形式作为变相吸收公众存款罪的构成要件,而是由最高人民法院以司法解释形式对之进行扩张性补充。但该司法解释相当于禁止任何形式的回报,使众筹事实上处于违法状态。(2) 股权式众筹同样蕴含着潜在的法律风险。根据我国刑法,股权回报类的众筹涉嫌变相吸收公众存款罪与擅自发行股票罪

续表

模式	风险主要内容
电商金融	（1）监管模式的不确定性；（2）金融机构身份缺失；（3）日常管理缺乏健全和完善的政策法规；（4）缺乏完善的星系披露制度
虚拟货币	（1）中国人民银行发布的《支付清算组织管理办法》及《电子支付指引》均没有涉及网络虚拟货币方面的内容，而且对如何界定虚拟货币也没有明确；（2）文化部和商务部对网络游戏虚拟货币下发了《文化部、商务部关于加强网络游戏虚拟货币管理工作的通知》，除此之外没有任何监管制度；（3）人民银行等五部委联合下发《关于防范"比特币"风险的通知》
网络金融营销	（1）互联网理财发行机构均不是证监会备案的第三方基金销售机构，不受证监会发布的《证券投资基金销售机构通过第三方电子商务平台开展业务管理暂行规定》的约束，因此对其服务责任、信息展示、投资人权益保护、账户管理及信息安全保密、违规行为处罚等没有明确的监管要求。（2）外部监管及法律规范缺失，行业自律不完善

2. 道德风险

道德风险一方面是指互联网金融企业内部员工疏忽或是利用职务之便欺诈篡改账户数据、盗取客户信息、截留账户资金等；另一方面是指外界不法分子利用网络、技术、系统本身的缺陷，非法入侵，导致互联网金融企业损失及声誉风险，给企业造成损失。更犀利地讲，所谓道德风险就是恶意的欺诈。例如，一些平台"跑路"现象，这些平台中有些"跑路"可能是因为经营的问题，但有些"跑路"实际上就是一种恶意欺诈（它们在成立之初就可能想着圈钱、骗钱，然后"跑路"），可将这类归结为道德风险。目前，互联网金融行业的最大问题是道德风险，在法律法规之前，道德是最低的底线，要警惕披着互联网金融外衣的"圈钱"行为。互联网金融因其网络属性，始终披着一层白纱，自带朦胧感，但其动辄高于银行定期存款数倍的收益，使普通民众难以抵挡其诱惑。据网贷之家发布的数据显示，2016年，"跑路"、提现困难、经侦介入类型的P2P平台数量占比最高降幅达22.46%。然而，哪怕只有1%的可能性，不管落在哪一个普通民众之家，都是100%的灾难。

7.2 互联网金融的风险防范策略

【课前阅读】

互联网金融风险的防范

防范互联网金融风险需要采取针对性措施。针对信用风险问题，可以对行业准入

"门槛"、行业经营准则进行明确规定。平台有责任及时、准确地进行信息披露。同时，要完善个人征信体系，加快信息共享，拓宽信用数据收集渠道。针对流动性风险，主要是建立流动性管理指标体系，对流动性风险进行实时监测评估，还可以利用大数据对流动性风险进行预测。另外，还应建立一套应对大规模挤兑的应急预案。针对法律合规风险，应利用法律法规规定互联网金融行业的各个方面，明确法律底线，促使互联网金融企业合法合规经营。法律的制定不能一蹴而就，需要与时俱进，不断对法律法规进行调整，以适应行业发展新动态。同时，法律的制定也要注重国际合作。针对操作风险，一方面要减少终端、平台、网络的设计缺陷，提高使用的简单明了性，同时建立业务操作规范和系统，减少误操作的可能性。另一方面，需要增加对互联网金融从业人员和交易对象的培训，提高他们对设备操作的熟练度。面对技术风险，要加强技术团队建设，开发新型可靠的安全技术，不断对漏洞进行修补，采用可信技术、防火墙、数据加密等技术保证数据安全，通过多重用户名和密码、校验码、短信验证等方式实现身份验证。针对这些安全措施，监管部门需要建立一套行之有效的技术标准，并保证这套技术标准的适用性和国际化。

防范互联网金融风险的关键在于制度建设。互联网金融监管是一个新的课题。在互联网金融快速发展的过程中，存在监管制度和法律法规相对滞后，监管思路和方式有待创新，监管人才不足等问题。对互联网金融监管需要加强分工合作，实施市场化监管。

一是加强事中事后监管。可设定注册条件，并保证条件公开。同时，强调事中事后监管。事中事后监管主要应用技术监管，依托技术建立行业数据库、监控平台等，不能走传统金融监管。二是加强信息披露，提高透明度。要把保护消费者的权益放在一个非常重要的位置上。保证消费者充分了解互联网金融服务，包括信息公开、产品要求等信息都在合同条款上列明。同时，加强金融知识普及，使消费者具有风险识别能力，主动承担风险。三是加强自律管理，实行严格的事后处罚、公开处罚、自然退出、公开追责。我国已成立中国互联网金融协会，将逐步完善自律管理制度框架，充分发挥行业自律机制在规范从业机构市场行为、推动业务交流和信息共享、保护行业合法权益等方面的积极作用。还可以借鉴其他自律管理组织的经验，比如体育和学术机构的自律管理，典型的就是奥林匹克委员会。

总之，防范互联网金融风险的目的在于规范发展。措施要适度，要在保证互联网金融健康环境的前提下鼓励有益的创新行为。

（资料来源：谢平，《互联网金融风险和防范的几点思考》，载于《金融时报》2016年5月9日。）

以上阅读材料是2016年5月《金融时报》邀请清华大学五道口金融学院谢平教授就互联网金融风险及其防范问题谈的几点看法的摘录。谢平分别针对信用风险、流动性风险、法律合规风险、操作风险以及技术风险的防范给出了具体的应对策略与防范措施。谢平所谈到的这五种风险与第7.1节论述的业务风险、技术风险、法律风险和道德风险是相吻合的，信用风险、流动性风险和操作风险可归并为业务风险。谢平认为防范互联网金融风险的关键在于制度建设，要实施市场化监管，并且强调事中事后监管、加强信息披露和自律监管。

关于防范互联网金融风险的制度建设、市场化监管与自律监管措施，我们在第5章、

第 6 章和第 8 章进行了相关讨论。本节主要站在互联网金融企业的角度讨论互联网金融平台运营商是如何进行风险管理，如何防范互联网金融的技术风险和道德风险的。

7.2.1 互联网金融的风险管理程序

一个互联网金融企业该如何做好风险控制呢？李龙涛（2016）做了很好的回答。① 他认为在互联网金融风险管理框架下，风险管理分为风险识别、风险分析、风险控制和风险评价四个阶段。其中，风险识别是事前阶段，风险分析及风险控制是事中阶段，风险评价即风险管理效果评价为事后阶段。

1. 风险识别

风险识别实际上应包括常态的风险监测体系和设定事项的风险识别。风险监测是指监测各种可量化的关键风险指标和不可量化的风险因素的变化与发展趋势，以及风险管理措施的实施质量与效果的过程。风险识别是指对实现各类目标的潜在事项或因素进行全面识别、鉴定，进行系统分类并查找出风险原因的过程。

以人人贷的风险识别体系为例，其主要按照"客户资质 + 贷款利率"和"平台信用认证标的坏账率"双线识别方式来进行风险监测。人人贷和友众信业金融信息服务（上海）有限公司（以下简称"友信"）合作，利用友信线下门店来开拓个体经营消费者及小微企业主客户，并进行有效贷后管理。而对电商客户，需要分析它们的线上交易数据、线下收单记录，还有电商平台提供的有关供销存等数据，来建立增信。客户资质审核后，还会通过监测客户借款利率，判定客户信用风险。信用不足的借款人信用风险较高，因此贷款利率也较高，而贷款利率高又会反过来增加还款难度，增加信用风险，形成恶性循环。因此，人人贷也把高利率贷款客户作为高风险客户进行关注。同时，关注平台线上信用认证标的坏账率增长情况。通过对一定时期内坏账金额与贷款规模比率变动趋势的分析，模拟计算下一期的坏账率变动趋势，因而提高或降低风险监测层级。

除了以上基于第一层次指标的风险监测，人人贷还通过数据清理和挖掘，建立了一个囊括自身行为和风险的检测体系。自身风险包括平台资金期限错配，平台借款人的期限普遍都是中长期为主，而投资者投资期限以短期为主，构成了投资短期与借贷长期的矛盾。另外，平台居间交易的债权、人人优选计划、拆标式运作、平台自融自贷等方式，都会存在资金的错配和拆标行为，以及第三方资金托管可能导致的挪用投资者资金等。

2. 风险分析

风险分析包括对前期识别的风险进行计量，个别有条件的企业往往会结合压力测试进行风险模拟，从而为下一阶段风险控制提供详尽的备选方案。风险计量需要在风险识别和确定风险性质的基础上，对影响目标实现的潜在事项或因素出现的可能性和影响程度，采取定性与定量结合的方法进行计量的过程。这就要求建立操作风险计量模型，使用高级法

---

① 李龙涛：《互联网金融风险管理程序解析》，未央网，http://www.weiyangx.com/168432.html，2016 – 03 – 10。

计算操作风险及其对应的资本要求，同时采用压力测试和其他非统计类计量方法进行补充。运用流动性缺口、期限阶梯、敏感性分析、情景分析等多种度量方法分析和预测本行当前和未来流动性风险，假设不同情景下本外币资金来源与运用变化趋势，持续度量净融资需求；同时采用压力测试和其他非统计类计量方法进行补充。

3. 风险控制

风险控制是指在风险计量的基础上，综合平衡成本与收益，针对不同风险特性确定风险规避、风险分散、风险对冲、风险转移、风险补偿等相应风险控制策略并有效实施的过程。

互联网金融机构应当确定控制和缓释重大操作风险的政策、程序和步骤，制定风险控制的策略及方法、内部控制制度，采用购买保险或与第三方签订合同的方法缓释操作风险，同时关注运用保险工具将风险转嫁到其他领域所产生的风险。针对有重大市场风险影响的情形制定应急处理方案，并视情况适时对应急处理方案进行测试和更新。采取市场风险对冲手段，在综合考虑对冲成本和收益的情况下，运用金融衍生产品等金融工具，实现一定程度上的市场风险控制或对冲。这里主要介绍内部的风险控制，一般来说，互联网金融的内部风险控制包括五个方面。

（1）风险保证金制度。风险保证金制度也称风险备用金制度，类似于银行拨备，形成一个信用风险共担机制，来保护整个平台的投资者本金安全。适用本计划的对象是经过平台认证后的投资者，所有投资计划均适合本计划，但是投资者无须为此计划支付费用，而是由借款者支付。风险备用金资金来源则是当平台的每一笔交易成交的时候，平台会按照一定的比例向借款人收取费用，然后放入风险备用金账户。

（2）大数原理。小额分散投资有利于规避借款者信用风险。首先，借款者按每月等额本息还款，相比于到期一次性本息还款，这种方式可以降低借款人到期一次性还款的压力，分散借款人流动性压力。同时，如果借款人有意欺诈，那么也可以提早识别出风险。其次，每个借款者贷款额度都较小。即使借款人违约，该贷款对平台整体坏账率影响不大，可以做到风险可控。最后，投资者小额分散投资。

（3）担保制度。对于合作担保机构，应选择具备丰富的个人信用审核经验、较长经营历史及雄厚的资金实力的机构合作展开业务，担保机构具有连带保证责任。首先，建立第三方保证金制度。与平台合作的担保公司必须提供担保债权相应比例的保证金，设专门账户交由第三方进行监管，在担保公司出现代偿不及时情形下可第一时间对投资人启动保证金代偿。其次，建立借款人反担保措施。每个借款人都被要求向担保公司出具足额的连带责任反担保，包括但不限于不动产抵押、机动车抵质押、动产抵押质押、设备机械质押、权利质押、自然人信用担保等各种反担保措施，依据融资人的资质差异，为每一位融资人量身打造不同的、可操作的、易于变现的反担保方案，终极目标是为投资人再次增加一层安全保障。

（4）实行第三方资金托管。与有资质提供第三方托管的支付企业合作。实现交易前多重身份验证，信息统一匹配；交易中即时交易匹配，实时账户监控；交易后定期实地抽查，严格风险控制。这种从严托管、严谨合规的态度和规则回绝了不少不甚合规的 P2P

平台,有力保证了投资者的资金安全。未来通过建立 P2P 账户体系,借贷标准化并可以供第三方核实,那么第三方资金托管机构可以向类中央登记结算中心发展。

(5) 线上线下模式相结合。线上高效审查审批和资源匹配,线下寻觅优质客户,减低信用风险。目前,深圳多家小贷公司和银行等金融机构进行信贷资产"一对一"的转让,从而间接增加资金的流动性。一部分 P2P,例如,贷帮网、红岭创投等在全国各地选择本地化的小额贷款公司加盟,平台负责网上理财产品,线下则靠小额贷款公司进行客户的筛选和实地调研以进行风险控制。翼龙贷则采取线下加盟模式,其通过与遍布全国 100 个地级市的加盟商签约,由后者做实地的尽职调查。这些加盟商给翼龙贷上交 200 万元的保证金,如果贷款逾期 30 天,则由加盟商回购贷款,对债权进行兜底,这种模式使其得以快速扩张。

4. 风险评价

风险管理评价是指对风险管理技术适用性及其收益性情况进行的分析检查、修正与评估。具体地说,就是评估风险管理的有效性,包括评价风险管理主要目标的完成情况、评价管理层选择的风险管理方式的适当性等。

风险管理评价具体包括评价准备、评价实施、评价报告、评价等级认定、评价结果利用和后续审计等步骤。其中,评价准备要注重非现场评价结果汇总分析和制定评价方案。评价实施中,要运用健全性测试、符合性测试、实质性测试等多种方式,同时分析风险管理内部控制指标,最后进行综合评价,审慎撰写评价报告。风险管理与内部控制评价工作结束后,委托单位还要组织后续审计或评价,跟踪检查被评价单位问题整改情况和处罚处理决定执行情况等。后续审计或评价可以安排在下一次评价时,也可以与其他审计或评价项目合并进行。

目前,在对互联网金融进行系统性的风险评价方面,比较权威的是 2015 年 1 月大公国际发布的《大公互联网金融网贷平台黑名单报告》,总共涉及 942 家平台。大公数据对互联网金融受评主体进行严格审查,建立了以"主体合法、业务合规、信息公开、诚信经营、维护权益、安全保障、风控严密、风险补救"为核心的八维度评价方法。

(1) 主体合法。主要评价受评主体的经营范围,是否突出信息中介的作用,是否未经审批或者变相开展互联网金融业务。

(2) 业务合规。主要评价是否遵守国家相关法律法规,是否利用互联网进行金融欺诈或商业欺诈,以及从事其他违法行为。

(3) 信息公开。主要评价是否履行信息公示或披露业务,在工商注册、组织架构、经营管理、财务风控、债项基本情况等方面进行信息披露,做到及时、准确、完整。

(4) 诚信经营。主要比较承诺收益率与实际收益率,是否误导投资者、利用高收益为噱头,开展非法吸收存款、非法集资及洗钱活动。

(5) 维护权益。主要评价投资者和债权人的权益保护情况,评价是否违规设立资金池、违规担保、存在虚假资金托管、虚假债项标的、虚假准备金、虚假评级。

(6) 安全保障。主要评价信息收集、存储、交互等系统是否安全,是否能够保障客户的正常交易和相关业务流的正常运转。

(7) 风控严密。主要评价风险管理制度是否健全，交易安全是否存在隐患，甚至泄露投资者的个人信息。

(8) 风险补救。主要评价发生信用违约后，采取补救措施也未彻底改观，或者平台债项发生逾期的数量和比例过高，容易引发其他重大信用风险事件。

7.2.2　互联网金融技术风险防范策略

1. 以企业运维方为主体，建立企业全面的风险管理

互联网金融企业应从技术和管理两大方面建立技术风险管理体系，同时建立企业内部之间以及与外部的协同体系，整个体系架构见图7-1。

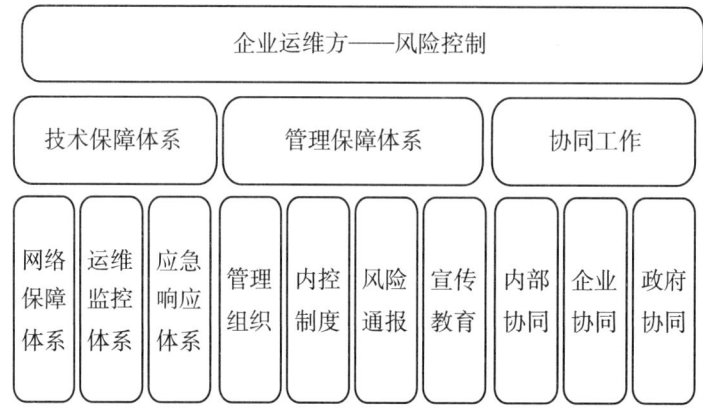

图 7-1　互联网金融企业信息安全风险防范体系

资料来源：华成，《互联网金融技术风险管理研究》，复旦大学博士后研究工作报告，2017年。

(1) 技术保障体系。

互联网金融企业应建立网络保障、运维监控、应急响应"三维一体"的技术保障体系，做到事前有防范、事中有监控、事后有响应，将安全风险降到最低。

对提供互联网金融服务的企业来说，一个良好的安全技术保障体系将是其业务承载的基石。首先，完善互联网金融的网络保障体系是首要任务。互联网金融带来了外部网络的庞大风险，网络安全技术的保障是降低风险最有效的措施。互联网金融机构应采取网络冗余设计，在网络边界部署网络安全设备，并根据应用系统及业务结构进行合理的访问控制策略配置，有限保障内部网络的安全可靠。

其次，逐步加强对互联网金融系统的运维监控体系。通过对系统上线前的漏洞扫描、配置核查与风险评估、运行阶段的实时监控与风险预警，以及维护阶段的日志审计与风险控制，形成完善的基于互联网金融系统的安全运维监控体系。

最后，建立完善的互联网金融信息安全风险应急响应体系，这是保证信息风险可控的重要环节。应急预案的制订必须从实际出发，如一旦黑客对金融系统进行攻击时应该采取什么具体措施进行有效应对；一旦金融系统出现突发情况，如何最大限度地减少企业和客户的损失；一旦企业信息的部分重要信息泄露如何处置等。完善的互联网金融信息系统的风险应急预案要求对各种可能的突发事件进行事前考虑，并在事前提出应对的具体措施。

（2）管理保障体系。

第一，完善信息安全管理组织。互联网金融企业应建立一定的管理组织框架，以启动和控制组织范围内的信息安全实施。对外加强处理与外界各方交流而引发的安全问题；对内负责内部信息安全职责分配，以及各职能部门间工作的协调与功能。

第二，建立系统化的内控制度。互联网金融企业需要建立健全网络内部控制制度和管理体系，减轻由于内部人员道德风险、系统资源风险和计算机故障所造成的危害。例如，建立岗位责任制度，明确岗位职责和权限，通过为每个用户进行系统功能的授权落实其责任和权限，同时做到不相容职务的职责分离；还要建立网络系统软硬件设备管理制度，各系统操作人员应明确岗位职责和操作规程，各自管理和使用自己职责范围内的硬件设备；还应建立档案管理制度和审计及监管制度等。

第三，建立完善的风险通报机制。互联网金融信息安全风险发生后，应该如何对相关风险进行通报是需要研究的重要课题。通报包括对上级通报和对下通报，对上级通报要客观、真实、准确；对下通报要严肃认真，既不夸大也不隐瞒。

第四，定期进行系统风险评估。由于技术的不断更新，传统的安全管理方式不但难以提高风险管理水平，还可能造成很大的浪费。因此，必须通过定期的风险评估来发现系统目前存在的脆弱点，并根据脆弱点的重要程度进行合理分配、管理资源。

第五，扩大信息安全宣传工作。增强企业自身信息安全管理部门及员工的安全意识和安全技术，扩大宣传工作。一是定期对企业员工进行培训，宣传最新的安全技术以及交流当下发生的安全事件；二是组织全员进行安全考核，并对员工的工作行为做出适当的奖惩；三是强化员工的信息安全法律意识，杜绝发生出售用户信息事件。

（3）协同工作。

首先，要协同本单位各业务系统，实现统一管理。由于互联网金融的业务类型较多，大部分企业都力求发展各类互联网金融业务，若分别考虑会对安全管理带来很大压力。协同平台统一管理能够充分共享本单位的一些资源，同时采用一致的安全策略也能加大系统的安全系数，如集中安全保障客户个人数据等。

其次，需协同互联网金融各企业，实现风险共享。由于互联网金融各企业面临的风险存在相似的部分，故建议互联网金融各企业协同发展，共享一些可能的威胁源和安全信息，以避免同样的事件在多家机构反复发生，对行业造成巨大影响。通过互联网金融协会等组织形式，建设互联网金融信息安全风险库，及时向互联网金融企业传递各类风险信息，引导企业加强内部风险管理。

最后，应协同政府各管理服务系统，实现风险规避。由于互联网金融涉及面较广，需要全方位的安全保障，故建议政府各管理服务系统共同为互联网金融行业保驾护航，如提供公共征信平台、PKI 公钥基础平台、TSM 发布平台、应急响应平台以及公安犯罪人员信息共享等，实现互联网金融的风险最大化规避。

2. 以行业监管方为主体，完善互联网金融的风险监管体系

互联网金融行业监管在构建合作监管体系的基础上，以国家信息安全等级保护制度为抓手,关注个人信息保护和消费者权益保护等热点,从技术标准制定、检测认证、安全检查等环节实施风险监管(见图7-2)。

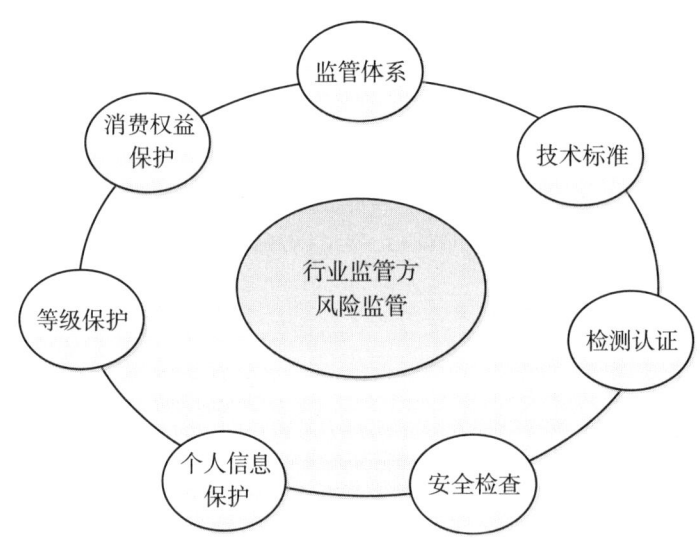

图7-2 互联网金融行业信息安全风险监管体系

资料来源:华成,《互联网金融技术风险管理研究》,复旦大学博士后研究工作报告,2017年。

(1)建立有效的横向合作监管体系。

根据互联网金融所涉及领域,建立以监管主体为主,相关金融、信息、商务等部门为辅的合作监管体系,明确监管分工及合作机制,避免监管重复或存在监管漏洞。对于涉及银行、证券、保险业务的互联网金融服务机构,国务院金融稳定发展委员会、中国人民银行、中国证监会、中国银保监会("一委一行两会")可在坚持分类监管的总体原则下,通过建立和完善相应的制度法规,实施延伸监管。对于网络支付,人民银行作为支付系统的主要建设者、行业标准的制定者以及法定货币的发行、管理机构,应承担第三方支付、网络货币的主要监管责任;而基于支付机构衍生出来的基金、小贷、保险、理财产品销售职能,人民银行可与银保监会、证监会一起,形成对支付机构的功能监管体系。

建立信息安全通报制度,加快网络安全信息的通报和风险披露,一旦某个企业发现漏洞或因黑客攻击发生损失,应及时通报其他相关金融企业,以便着手应对。健全信息安全应急处理协调机制,随时处置和协调金融机构安全事件,降低或消除金融机构网络和主要信息系统因出现重大事件造成的损失。打通金融机构防范风险方面的信息通道,加大大型金融机构防范风险的经验和技术的推广力度。

(2)统一行业信息安全技术标准。

建议对互联网金融行业的各业务、各系统形态分别制定统一的信息安全技术标准。目前,虽然大部分业务及系统形态已由上级监管部门进行了统一规范,但是由于业务类型的不断扩大,仍存在一定的标准空缺现象,如二维码支付、音频支付等新兴技术尚未进行统一规范。故监管部门应及时召集行业专家共同讨论、制定相关的互联网金融技术标准。

(3)依法加强信息系统的检测和认证工作。

依法加强互联网金融信息系统和相关产品的信息安全检测及认证，鼓励企业开展信息系统的第三方安全检测与统一认证工作。目前，人民银行已要求第三方支付机构定期进行第三方安全检测和认证工作，取得良好的保障效果。但信贷、理财等其他业务的互联网金融机构目前暂无相关工作，建议监管部门全面、快速、高效地对互联网金融行业形成检测和认证机制，提升互联网金融网络与信息安全监管能力和系统安全防护水平。

（4）推行个人信息保护的监督检查工作。

为落实全国人大常委会关于加强网络信息保护的决定，尤其是互联网金融行业的个人信息保护工作，建议从以下三个方面出发：一是检测，需落实个人信息保护管理办法的相关要求，组织第三方机构按照标准定期对企业的个人信息收集、储存及使用情况进行检测，在不符合标准的方面要求企业进行深入整改和完善；二是检查，需监管部门定期对企业进行检查，督促其按标准要求进行全面整改，并对其日常业务行为予以监督；三是评级，是对保护工作成果的合理展现，并可促进企业不断提高自身的个人信息防护意识。

（5）全面落实等级保护要求。

近些年，根据国家信息安全等级保护制度要求，人民银行以等级保护工作为抓手，要求包括银行业及第三方支付行业在内的金融业全面部署实施信息安全等级保护工作，制定了金融行业等级保护工作整体规划，探索建立金融业信息安全等级保护的长效工作机制，取得了显著成效。同样，互联网金融行业信息系统也具有大型复杂、数据集中、网络化等特点，重要程度关系国计民生，是国家信息安全重点保护对象。互联网金融行业应学习银行业及第三方支付行业的经验，全面贯彻推进等级保护工作；同时也要根据行业特点，制定具有针对性的等级保护行业标准。

（6）推行互联网金融机构的安全检查工作。

推行安全检查工作，是国家加强互联网金融信息安全保障工作的重要举措。可通过自查和检查两方面进行。自查工作作为检查工作的主要方式，是发现问题及进行针对性整改的主要手段。检查工作是监管机构对互联网金融机构的监督方式，是督促企业的必要方式。企业必须高度重视自查和检查工作。一是要加强组织领导，落实工作责任；二是要认真研究自查中发现的问题，采取有效措施进行整改；三是要强化信息报送，及时报告自查中发现的重大安全隐患，并做好自查总结工作；四是要配合监管机构进行安全抽查，并根据结果改善自身系统存在的不足。

（7）加强互联网金融消费权益保护工作。

加强互联网金融消费权益保护工作，一方面，要加强投资者的教育，提高消费者信息安全风险意识；另一方面，要督促互联网金融企业严格执行新消费者权益保护法对消费者权益、财产保护等方面的规定，保证互联网金融消费者的投诉渠道畅通，对消费者在网络交易中涉及信息安全的纠纷诉讼等进行依法监管和保障。

3. 以政府服务方为主体，构建健康的互联网金融生态环境

政府以引导服务为主，在配套技术支持体系、可信网络体系、征信平台、人才队伍培养、技术科研、金融犯罪惩处等方面为互联网金融营造健康的互联网金融生态环境（见图7-3）。

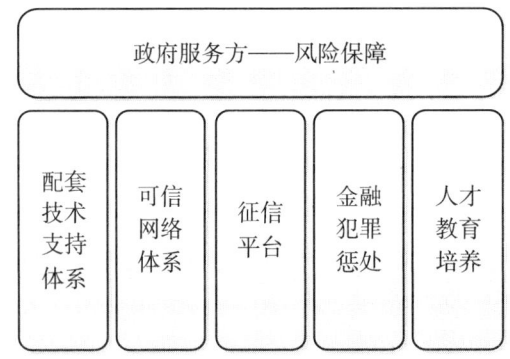

图 7-3 互联网金融信息安全环境保障体系

资料来源：华成，《互联网金融技术风险管理研究》，复旦大学博士后研究工作报告，2017 年。

（1）完善互联网金融配套技术支持体系。

构建互联网金融产业联盟和协会，引导互联网金融机构在资金风险控制、资金监管、安全技术、外包开发等方面开展深度合作，加深相互的交流和沟通，发挥行业自律作用。设立和联合各基础服务机构，提供应急响应、数据恢复、云计算安全、大数据挖掘、信息安全维护等基础服务。加大对中小型金融机构软硬件设施的支持力度，搭建统一平台，对各地区一些科技水平还比较低的中小金融机构，要加大支持力度，加强行业内部的交流合作，保障互联网金融产业的稳定发展。最后，建立互联网金融数据共享交换平台，实现信息安全、业务风险、互联网技术以及金融大数据的互通互联、集约化投资，促进互联网金融行业的安全保障和不断创新。

（2）建立互联网金融自主可控、可信网络体系。

推进身份认证、网站认证、电子签名、电子营业执照等网络信任服务，建设移动金融安全可信公共服务平台。在现有 CA 中心基础上，针对互联网金融的特殊服务对象建立完善 PKI 公钥基础设施安全平台，为互联网金融机构提供统一的安全服务，如公钥密码证书管理、黑名单的发布和管理、密钥的备份和恢复、交叉认证等。大力发展和研究国产化设备，鼓励国产化设备应用，包括服务器、存储、数据库、网络设备等，将国产化设备的研发、普及使用作为评价互联网金融企业信息安全的重要指标。采用可信计算、可信网络等技术，推进网络实名制，建立真实用户、可信网络、可信终端、可信业务系统平台等可信平台环境的互联网金融可信网络体系。

（3）建设互联网金融行业征信平台。

推进国家基础数据库、金融信用信息基础数据库等数据库的协同，整合互联网络、政府征信资源（如工商、税务、法院、认证认可等）等数据信息，通过互联网金融行业共建机制，建设互联网金融行业征信平台，与人民银行征信系统等进行对接和数据共享，面向互联网金融行业提供统一、权威、可信的征信服务。

（4）加大对互联网金融信息安全犯罪的打击力度。

从根源上严肃管理，落实常规化的管理，避免出现形式化管理。发现问题要及时按照相关法律法规对相关人员给予严厉处罚，特别是针对互联金融信息系统的特大犯罪要严惩不贷，坚决打击各种类型的网络金融犯罪，形成对互联网金融信息安全犯罪的高压打击态势。只有在对互联网金融信息安全犯罪的惩罚上加大力度，才能使整个互联网金融行业从意识上提高警觉，更加重视维护自身的信息安全。

（5）注重信息安全的人才培养。

信息安全的人才培养是互联网金融的基本保障，建议从三个方面出发：第一，建议加强互联网金融领域的人才引进。通过相关优先政策和政府补贴，将已有信息安全人才引入互联网金融体系中，保障互联网金融行业的优先发展。第二，加强行业信息安全培训。通过信息安全协会等第三方机构帮助互联网金融行业人员提高信息安全的意识与技术能力。第三，完善信息安全基础教育。发展高校的信息安全专业教育，形成互联网金融行业信息安全的可持续发展。

（6）加强互联网金融信息安全技术科研能力。

开展互联网金融信息安全科研课题，为互联网金融的技术发展提供重要的技术支撑，有力推动信息安全技术进步和产业的自主可控。由政府、协会、企业等发起召集国内相关安全厂商，召开互联网金融信息安全相关的专题或论坛活动，不但要提升国内信息安全自主创新的科研能力，还要应对新技术、新业务所带来的安全挑战。适时设立专业性行业研究机构及互联网金融实验室，加强理论研究对实物操作的指导效应。

4. 完善互联网金融的信息法律体系

互联网金融的发展离不开法律的保障，在互联网金融的行业准入、运行过程行为保护和约束、退出生命周期环节提供完善的法律保障。在互联网金融系统投入前，就需要制定各类互联网金融企业准入的法律条款，探索实施行业准入制度，探索退出机制。排除一些存在很大安全隐患的"问题"系统，以避免其进入后影响社会声誉以及其他单位的合法利益。此外，法律还需要对已进入互联网金融的企业进行风险监管，对互联网金融业务进行全面的审查和监管，令互联网金融的合法运营做到有法可依。

当前，我国专门针对个人信息保护的法律还不健全。建议在个人信息保护法律的基本框架下，根据互联网金融的特点，细化相关规定。由于互联网金融系统包含大量个人信息，所以要加强个人信息保护的法律保障。首先，合理界定个人信息的范围，尤其在互联网金融行业对个人信息需严格定义。其次，明确个人信息法律保护的内容，主要是关于个人信息持有人或使用人的权利义务体系。再其次，规定个人信息保护的监管机制。通过立法统一规范个人信息收集、处理和利用的相关流程，具体设定相关监管职责，明确违背职责和保密义务的各种具体法律后果。最后，完善个人信息保护的事后补救制度。法律必须对个人信息提供周全的保护，个人信息保护立法除了规定通常的补救制度外，还可以在行政制度方面设立专门处理申诉、投诉的机构，规定具体的处理流程，接受公民个人信息权利侵害的申诉和投诉。

我国对信息网络安全的立法有《计算机信息系统安全保护条例》《中国公共计算机互联网国际联网管理办法》《互联网信息服务管理办法》等，建议一方面，对现有与互联网金融相关的法律法规进行梳理，明确互联网金融交易主体的责任与交易行为规范，并切实强化执行；另一方面，修订现有法律体系中不适用于互联网金融的条款，完善互联网金融犯罪、责任追究的法律规范,补充制定有利于互联网金融健康发展的行业法规。

7.2.3 互联网金融的道德风险防范策略

互联网金融正在悄然改变人们的生活,但是互联网金融行业伦理失范现象也随之越来越普遍,互联网金融行业的道德风险防范任重而道远。国务院在《推进普惠金融发展规划(2016—2020年)》中明确提出:促进互联网金融组织规范健康发展,加快制定行业准入标准和从业行为规范,建立信息披露制度,提高普惠金融服务水平,降低市场风险和道德风险。① 说明中央政府非常重视互联网金融领域的伦理失范现象与道德风险防范工作。

1. 我国互联网金融行业伦理失范的表现

我国互联网金融领域存在的伦理失范现象主要表现为以下四个方面。

(1) 互联网企业盲目追求利润最大化。随着行业的不断发展,行业利润逐渐回归理性,互联网金融企业为了更好地生存、发展,竞争也越来越激烈,为了追求利润,实现所谓的企业市场价值,一些道德观念薄弱、法制意识淡薄的企业违规、违法现象也愈演愈烈。

(2) 互联网金融技术的隐蔽性导致伦理问题不易防范。因现在的互联网金融平台大多以App的形式通过网络进行连接,进行贷款、消费的商业活动,双方参与主体的行为相对于其他参与主体来说都是隐蔽的,是否守信用或者是否公平公正,这种行为过程无法得到有效的监督或者预防。在没有监督的情况下,行为过程的伦理风险就会加大,更容易发生伦理道德失范问题。

(3) 投融资双方相向的过激行为和不义之举时常发生。例如,有借款人从几家甚至几十家网络借款平台借钱,而后无力偿还被平台"暴力催债"的新闻屡见诸网络与电视荧屏;在借款逾期后,某些借款平台通过其个人身份信息、通信信息勒索恐吓借贷者;有的借贷者在疯狂挥霍借款后,害怕遭受债主"暴力催债",就会铤而走险实施盗窃、抢劫等不法犯罪行为,败坏社会伦理道德的同时,更是滋生了一系列社会安全问题。

(4) 互联网金融市场普遍存在"劣驱良"的逆向选择现象。这是一种由于在交易发生前存在信息不对称而产生的现象(米什金,2006)。由于信息不对称,网络借贷中的资金供给方为防范违约风险,往往要求较高的借贷利率,信用较高的资金需求方由于不愿承担较高的借款利率而退出借贷市场,而信用较差或风险较高的企业恰恰是那些最积极寻求贷款的企业,因此,留在借贷市场上的资金需求者几乎都是风险较高者,即产生了逆向选择,骗子或"冒险家"混迹其中。由于网贷平台信息披露制度不完善和监管措施的滞后,

---

① 郭关朋:《国务院:促进互联网金融健康发展 降低道德风险》,新疆教育厅网站,http://www.xjedu.gov.cn/xjjyt/website/wmfsw/ddsl/2016/100454.htm,2016-08-10。

仅依靠借款人提供的相关信息来评定信用等级，难以保证信用等级的客观性和真实性。更有甚者，借款人为得到贷款，隐瞒不利信息甚至谎报信息的行为普遍存在，从而产生逆向选择。

2. 我国互联网金融伦理失范成因

首先，新兴行业导致伦理道德建设经验不足。互联网金融行业之所以会出现如此多的伦理失范现象，首要的原因就是这是一个刚刚兴起的年轻行业，缺乏一定的伦理道德经验，缺乏明确的行业准则和适合行业发展的正确的价值观。在这种限制情境下，互联网金融在发展过程中缺乏伦理经验引导，无论是互联网金融开拓者，还是政府相关部门的监管机构，包括作为互联网金融服务接受方的普通大众，都无法有效地对自身行为进行伦理道德的约束，因此也就难免出现多样化、复杂化的伦理失范现象。

其次，行业盲目扩张导致行业伦理理论发展严重滞后。在互联网金融行业快速发展的这几年，在没有可以借鉴的伦理道德建设经验的前提下，互联网金融企业盲目追求利益和极速扩张，大部分互联网金融企业根本没有时间和精力去顾及伦理道德问题，使互联网金融业伦理理论发展严重滞后。这些被巨大的市场利润蒙蔽的互联网金融企业，完全迷失在追求利润数据的迷途中，忽视了自身企业盲目追求利润所暗藏的巨大危机和隐患。

最后，金融制度落后造成监管缺失，导致缺乏伦理引导。在互联网金融快速发展的近几年来，政府的相关金融政策无法适应以及反应迟缓的状态下，任其在市场自由发展是互联网金融行业的常态。而政府相关金融政策在其快速发展繁荣的浪潮中越发显得呆滞和过时，无法跟上已经影响群众生活方方面面的互联网金融的脚步。互联网金融的"信息化""科技化"让曾经的旧规矩完全无法奏效，这是金融制度监管的空白区，也是金融伦理道德问题甚至金融犯罪的"重灾区"，不仅是制度和政策的问题，更是缺乏伦理引导的问题。

3. 我国互联网金融道德风险防范对策

（1）建立完善的互联网金融法律法规体系，构筑互联网金融道德风险防范的制度后盾。

互联网金融法律体系的不健全和不完善致使在互联网金融领域缺失正确的伦理引导，建立健全互联网金融法律体系已刻不容缓。利用法制手段推进金融业改革是解决互联网金融井喷式发展中出现的各种问题的首要及必要手段。加快互联网金融行业的立法进程，针对其行业特点制定相对应的法律法规，在互联网金融快速发展的今天迫在眉睫，只有有针对性的法律法规为后盾，才能有效解决互联网金融伦理失范的主要问题。

（2）引导社会树立正确的消费伦理观，实施互联网金融道德风险防范的社会工程。

法律不是万能的，只有优化整个社会道德风气，才能保证互联网金融行业的发展有一个良好的社会道德环境。要解决互联网金融伦理失范问题，社会应当注重引导正确的金融消费观，尤其是当代青年的理想追求不应当完全以金钱来衡量，不应当以实用主义和功利性为人生信仰。建议在中小学设立互联网金融道德风险科普教育，以提高全社会的金融道德风险意识和金融消费的社会公德,只有建立良好的社会风气,才能有效避免互联网金融伦理失范现象频频出现。

(3) 提高从业人员职业素质,练就互联网金融道德风险防范的内功。

互联网金融道德风险防范应当从行业内部及企业内部做起,应当加强互联网金融从业人员的职业素质与道德修养,加强一线工作员工对相关行业道德准则和法律规范的学习,加强一线员工对道德规范的内心认同感,令一线员工端正自身职业态度,培养正确的价值观念与行为准则,日常工作中自觉遵守互联网金融的行业法规,自觉接受职业素质与道德修养规范的行为约束。只有加强一线员工的法制素养、职业素质与道德修养,使员工的伦理道德素质得到提升,才能使互联网金融倡导的"绿色、普惠、和谐"理念深入人心。

(4) 夯实互联网金融规范化发展的业务基础,竖起隔离互联网金融道德风险的篱笆。

坚持标准化、规范化发展,提高互联网金融平台的准入"门槛"、制定完善的交易操作规程、完善个人和企业征信系统,并对网络借贷平台开放个人和企业征信系统查询权限,以减少信息不对称带来的逆向选择和道德风险。降低互联网金融平台市场逆向选择的有效途径就是提高平台市场信息披露的正向激励,建立强制性信息披露制度和外部信用评价体系,以降低平台市场普遍存在的信息不对称。实施资金第三方存管制度,网络平台自有资金与客户资金彼此分离,明确账户监管流程,加强对在途资金的监控,对"专款专用账户"情况进行监控,并定期提交报告,避免资金被挪作他用、携款潜逃等事件发生。完善产权登记制度与系统建设,逐步提高抵押借款在网络借贷中的比重,由于抵押品的存在,借款者的投资选择会相对谨慎,以缓解所产生的道德风险。加强互联网金融风险监管的技术创新,运用新技术进行风险管理,如将互联网金融平台数据库与对外系统隔离,严格权限设置以及建立防火墙等措施,以有效规避可能产生的技术风险。还可充分利用大数据技术,采集并分析来自包括银行保险系统、工商税务系统、电子商务系统、公安检察系统等多方跨部门及跨平台的海量数据来订正和评价互联网金融消费的投融资双方的信用概况,尽量降低互联网金融市场中的伦理道德风险。

本章小结

本章主要讨论了互联网金融风险辨识与互联网金融风险防范问题,在阐述互联网金融风险的类别划分与风险管理流程的基础上,重点讨论了互联网金融技术风险和道德风险的防范问题。通过学习,可使读者明白我国互联网金融风险的类别、特点及其产生的根源,能够把握互联网金融风险管理的一般流程,懂得如何防范互联网金融的技术风险与道德风险。

训练思考

1. 图示我国互联网金融风险的类别及其相关性。

2. 简述互联网金融风险管理的流程步骤。
3. 列表展示互联网金融存在哪些技术风险及其根源。
4. 举例说明互联网金融存在哪些道德风险，该如何防范。
5. 诉说你在日常金融消费中遇到过哪些互联网金融风险，你是如何看待和处置此类风险的。

互联网金融的行业监管

8.1 互联网金融的行政监管

【课前阅读】

互联网金融的监管

刘士余语——在诚实守信的前提下,一切有利于包容性增长的金融活动、
金融服务,都应该受到尊重

互联网金融是创新的产物,既然是创新,就肯定会有失误和风险。对新兴事物,我们既要包容失误,同时也要防范风险,处理好创新、发展与风险之间的关系。因此,有必要对互联网金融进行恰当的监管。当前,世界范围内完善的互联网金融监管体制尚未出现,如何对互联网金融进行监管,仍然是一个普遍性的难题。在对互联网金融的发展进行细致观察和认真思考的基础上,我想就互联网金融监管问题提出四点意见:

一是要有海纳百川的胸怀,尊重市场,呵护创新。"试玉要烧三日满"。从监管部门的角度看,对互联网金融进行评价,目前尚缺乏足够的时间和数据支持,因此要留出一定的观察期。对互联网金融的全面、客观评价,仍有待于将来。我始终认为,在诚实守信的前提下,一切有利于包容性增长的金融活动、金融服务,都应该受到尊重。现阶段,在监管原则上,要鼓励互联网金融创新和发展,包容失误,为行业发展预留一定空间。

二是要因时制宜,因事制宜,不搞"一刀切"。监管要着眼于具体业态的发展状况,要体现出灵活性和针对性,要能够自我调整和自我完善。具体来说,对于市场规模相对较大、主要风险基本暴露的业态,监管部门应当进行规范和引导。例如,P2P网络借贷平台要注重防范信用风险和操作风险,不能搞"资金池",不能集担保、借贷于一体,更不能非法集资和非法吸收公众存款。对于众筹融资等市场仍处于起步阶段的业态,可在坚持"底线思维"的基础上,鼓励其对业务模式继续开展探索。对传统金融业务转到线上开展

的，应当要求其严格遵守线下业务的监管规定。此外，还要分类梳理互联网金融各相关业态存在的问题和风险，增强监管政策和措施的针对性；要根据互联网金融发展的实际情况，定期进行政策评估和调整。

三是要处理好行政监管和行业自律的关系。积极的行业自律，是推动互联网金融行业健康发展的重要保障。监管部门应充分尊重互联网金融发展的自身规律，尊重互联网金融从业人员的开拓创新精神，让市场在金融资源配置中发挥决定性作用，引导和支持互联网金融从业机构通过行业自律的形式，完善管理，守法经营。

四是要严守"底线思维"，坚决打击违法犯罪活动。我们绝不姑息以互联网金融名义实施的诈骗等违法犯罪活动，决不允许触碰非法吸收公众存款和非法集资两条"底线"。金融监管部门应当配合公安机关重拳打击利用互联网金融业务实施集资诈骗等违法犯罪活动，保障互联网金融的健康、规范发展。

（资料来源：刘士余，《秉承包容与创新的理念正确处理互联网金融发展与监管的关系》，载于《清华金融评论》2014年第2期。）

以上阅读材料是时任中国人民银行副行长的刘士余在论述互联网金融发展与监管关系时的文字材料，其中心思想是："互联网金融是创新的产物，既然是创新，就肯定会有失误和风险。对新兴事物，我们既要包容失误，同时也要防范风险，处理好创新、发展与风险之间的关系。因此，有必要对互联网金融进行恰当的监管。"刘士余对互联网金融发展与监管关系的论述，基本上表达了政府行政管理层对我国互联网金融的监管态度。

8.1.1　互联网金融的监管机构

互联网金融的监管机构是指对互联网金融行业及其发展行使监管职能的主体部门。一直以来，我国金融业的运营管理体制是"混业经营，分业监管"，银行、证券、保险均有自己的业务主管部门，中国人民银行对我国金融业实施总体监管职能，即截至2018年3月"两会"之前，所谓的"一行三会"的管理体制。在中国人民银行的总体管理下，银监会、证监会、保监会分别对银行业、证券业、保险业实施监督管理。2018年3月"两会"之后，银监会与保监会合并，再加上2017年7月国务院金融稳定发展委员会的成立，我国的金融监管体制变成了"一委一行两会"的架构，在性质上表现为"混业经营、分业监管、协同监管"。而互联网金融新业态因其在业务领域的综合渗透、横断交叉而表现出很强的"混业"特征，互联网金融新业态从其诞生的那天起，就给行业监管带来了一定的难度，当今我国"混业经营，分业监管、协同监管"的金融监管制度正好适合互联网金融的行业监管。从这一角度来讲，"一委一行两会"（国务院金融稳定委员会、中国人民银行、证监会、银保监会）等都是互联网金融的监管部门。在对互联网金融各业态实施具体监管的实践中实施的是"谁家孩子谁抱"的混业运营状态下的分业监管模式。这种监管模式及各分业监管机构的职责在《关于促进互联网金融健康发展的指导意见》（以下简称《指导意见》）中作了具体详细的描述，《指导意见》给予互联网金融的监管指导是："加强互联网金融监管，是促进互联网金融健康发展的内在要求。同时，互联网金融是新生事物和新兴业态，要制定适度宽松的监管政策，为互联网金融创新留有余地和空间。通过鼓励创新和加强监管相互支撑，促进互联网金融健康发展，更好地服务实体经济。互联网金融监管应遵循"依法监管、适度监管、分类监管、协同监管、创新监管"的原则，科学合理界定各业态的业务边界及准入条件，落实监管责任，明确风险底线，保护合法经营，坚决打击违法和违规行为"。

在"依法监管、适度监管、分类监管、协同监管、创新监管"的原则下，互联网金融各业态的监管机构及其对应的监管任务如下：人民银行负责互联网支付业务（包括第三方支付业务）的监督管理；P2P网络借贷、互联网信托和互联网消费金融由银保监会负责进行监督管理；股权众筹融资和互联网基金销售由证监会负责进行监督管理；互联网保险则由银保监会负责对其监督管理。这是按照我国目前"一委一行两会"分业监管格局，结合这几类互联网金融业态的主要业务功能进行的简单的监管安排，但互联网金融本身具有极强的创新性与衍生性，而且我国金融业近年来越来越趋向于混业经营，故而，《指导意见》中简单的监管职责划分并不能全面而有效地管控互联网金融行业的潜在风险。因此，针对互联网金融行业的特性，分析并确立本行业真实的监管主体构成已是刻不容缓。

对此，国内众多学者纷纷对如何确立互联网金融的监管主体（部门）进行了相应的分析研究。如尹海员和王盼盼（2015）认为可以借鉴美国互联网金融的监管机制，并且结合我国的实际国情，提出"双线多头"的监管模式，主要分为中央层面和地方层面两级层面。其中，中央层面包括中国人民银行、银监会、证监会和保监会；地方层面主要为地方政府部门、财政、司法等机构以及中央在地方的分支监管部门。除此之外，还要在中央和地方层面分别设立互联网金融工作办公室，从而确保有明确的互联网金融监管主体。汤皋（2013）认为，要立法建立一支专门进行互联网金融监督管理工作的金融网络监管"部队"。李有星等（2014）认为要将互联网金融的监管权限下放到地方，"一行三会"与地方金融监管部门各司其职，协同监管。从这些学者的观点中可以总结出，对互联网金融的监管不能仅依靠"一委一行两会"，还需要司法、公安部等部门和地方金融监管部门的协同监管，甚至需要有针对性地建立专业的互联网金融监管部门。

本书认为，根据互联网金融新业态的行业特征及"依法监管、适度监管、分类监管、协同监管、创新监管"的原则以及央行提出的"穿透式监管"① 方式，互联网金融监管将触及互联网运营主体、投资主体、市场主体、消费主体等的主体行为及互联网金融平台、产品与服务等的方方面面，这就决定了互联网金融监管的主体部门构成不仅仅是"一委一行两会"那么简单，而是包括了多个相关部门。

首先，互联网金融业务具有互联网金融运营商（即第三方非金融IT机构）和互联网金融投融资者这两大类主体，也分别代表了互联网金融的ICP业务和金融业务的本质，因此，除了"一委一行两会"要对各类互联网金融的投融资交易者及其交易行为以及金融产品（工具）和金融服务进行分业和协同监管之外，还需要互联网通信管理部门及工商管理部门对互联网金融运营商和运营平台进行相应的资质、备案等的监督管理。

---

① 《央行谈跨界金融风险整治：将采取穿透式监管方式》，http：//money.163.com/16/1014/08/C3ASKD5V002580S6.html。

其次，互联网金融的监管准绳便是金融与信息技术的法律法规、技术标准和行为规范，因此，对互联网金融运营商与投融资交易者的行为规范和运营平台的合规性等技术标准和行为规范的监管工作，则需要国家标准化管理委员会，尤其是全国金融标准化技术委员会和全国信息技术标准化技术委员会两个分委会来统筹进行。

最后，为了维护金融市场的安全有序运行，为了维护金融市场"公开、公平、公正"的"三公"原则和金融必须要服务实体经济的政策方向，互联网金融监管除上述机构参与外，尚需要司法部门、公安部门、互联网金融行业自律机构以及各地方政府与金融监管机构派出部门等的密切合作与务实操作，唯此才能使各种互联网金融监管制度与监管细则执行到位。

总之，互联网金融监管，既要履行好"一委一行两会"的对口直接监管职能，也要履行好工信、工商、安全、标准化等行业的辅助监管职能，在智能化监管的总路线下，做好互联网金融的行业监管工作。

8.1.2 互联网金融的监管对象

俗话说"量体裁衣""对症下药"，任何工作都要先有明确的对象才能有的放矢、因地制宜地制定出相应的解决之道。互联网金融监管工作亦不例外，也需要明确其监管的对象。监管对象就是被监管的标的，包括被监管的主体及其行为、被监管的客体及其运动状态。故而，结合我国金融业分业监管的体制现状，要明确互联网金融的监管对象之后才能有针对性地确定相对应的监管部门及监管举措。

国内不少学者注重对互联网金融监管对象的研究分析，但鲜见对监管对象进行详细的分类研究，而是笼统地将互联网金融的各业态作为监管对象。赵海军（2013）认为，从金融产品与服务的角度来说，互联网金融在本质上仍是金融，但从运营平台及其性质上来说则是专门针对金融行业应用的增值电信业务范畴，即 ICP 业务。国内众多专家学者都认可互联网金融的金融服务本质，但其 ICP 业务本质却常被忽略，这也是由对互联网金融概念认知的混乱造成的，以至于在互联网金融风险专项整治行动开始前只有不到 10% 的互联网金融运营平台拥有 ICP 业务牌照，[1] 其他平台均处于无证经营的非法状态。结合 ICP 业务和金融服务两个方面，互联网金融业务的主体包括互联网金融运营商和投融资交易者，互联网金融业务的客体则包括互联网金融运营平台和交易标的（包括各类金融工具、金融产品和金融服务等），基于此，赵海军（2016）将互联网金融的监管对象确定为互联网金融运营商及其运营行为、互联网金融运营平台及其合规性、互联网金融交易主体及其交易行为、互联网金融交易标的的资金规模与流向这四个方面。[2]

因此，互联网金融的监管包括：(1) 对互联网金融运营主体的监管；(2) 对互联网金融交易主体的监管；(3) 对互联网金融交易标的的监管；(4) 对互联网金融交易平台的监管。

---

[1] 周炎炎：《地方审批趋严持证上岗 P2P 平台不足 10%》，http://finance.ifeng.com/a/20160907/14864549_0.shtml。

[2] 赵海军：《树立互联网金融的标准化监管思想》，载于《证券时报》2016 年 12 月 20 日。

8.1.3 互联网金融行政监管举措

从上述互联网金融监管部门和监管对象分析来看，互联网金融的行政监管是行业行政部门及其相关的职能部门，在各自的权限内以行政手段对互联网金融行业中存在的与现行政策法规及行业标准相违背的现象进行管控的管理行为。这种管理行为所贯彻的管理理念原则上是"以政府的政策为导向、以国家法律为准绳、以部门规章和行业标准为行为指南"来对行业运行秩序进行管控的。而这种管控又是在行业与市场的运行中进行的，所以行业的行政监管与市场的自律监管是相辅相成的。无论是行政监管还是自律监管，其监管行为都应当遵守"以政府政策为导向、以国家法律为准绳、以部门规章和行业标准为行为指南"的监管原则，其监管举措也都分为政策举措、法规举措、标准举措三个方面，三个方面的有机结合，共同构成了互联网金融监管的规制整体。以下是北京市工商局海淀分局的朱春凤以一个工商管理者的视角对如何健全互联网金融业监管体系所提出的系列举措，很有指导意义。朱春凤认为：与诸多互联网创新企业一样，工商部门对互联网金融业的监管应处理好依法监管与支持创新的关系，树立"底线""红线"思维，既为产业发展留足空间，也为互联网金融市场稳健运转提供保障。这其实就是政策举措、法规举措、标准举措"三位一体"的互联网金融监管思维。

1. 互联网金融的法律关系是对互联网金融企业进行行政监管的重要基础

互联网金融业的属性和运作结构决定互联网金融产品整个交易过程中存在多重民事关系，这是对互联网金融企业进行行政监管的重要基础。一是互联网金融平台与互联网金融融资者通过用户注册、签订电子合同确立的平台服务关系。投融资者享受平台提供的各项信息查询、项目推介、信息匹配、搜索比价等服务，同时也接受平台的约束和管理。这种平台服务关系受平台经营模式的影响而有差别，比如众筹网，主要是发起人和投资人之间的居间平台，本身不吸收资金，因此，众筹网与各投融资者之间是一种居间合同关系。又如，余额宝不是理财产品购买协议的参与方，只是提供资金划转或者理财产品交易委托等服务，因此，其与投融资者之间是一种委托代理合同关系。二是互联网金融投资者和互联网金融融资者之间的投融资合同、买卖合同等。在不同的互联网金融形态中，投资者和融资者之间的关系也不同。比如，P2P平台中，融资者和投资者之间通过平台形成的是民间借贷合同关系；在众筹网站中，项目发起人向投资人返还的回报（实物、门票、代金券等），两者之间可能存在买卖合同关系；而在股权众筹网站中，则有可能是股权投资关系。

我国互联网金融业监管现状在现行的政策法规体系中，既有传统金融规范在互联网金融领域的使用，如《中华人民共和国证券投资基金法》《最高人民法院关于审理非法集资刑事案件具体应用法律若干问题的解释》，又有针对互联网金融问题而专门制定的规范，如《非金融机构支付服务管理办法》《关于人人贷有关风险提示的通知》；针对互联网金融的不同业态，人民银行、保监会、银监会等各主责监管部门也制定了相应的部门规范意见；各地方政府为促进本地互联网金融产业的健康发展也制定了一些规范性文件。现阶段，工商行政管理部门并未出台相关的专门的规范性文件，对于互联网金融的监管，更多的是依据普通的市场监管法律、法规，如《中华人民共和国公司法》《中华人民共和国广告法》，以及相关指导性文件。因此，我国当前的互联网金融法规体系是以基础法律（《中华人民共和国刑法》《中华人民共和国合同法》《中华人民共和国证券投资基金法》《中华人民共和国商业银行法》等）为基础，辅之以众多监管机构的专门行为规范、地方特色性规则、行业规范等构成的多层次体系。

2015年7月18日，央行会同有关部委出台《关于促进互联网金融健康发展的指导意见》，确立了互联网金融主要业态的监管职责分工，落实了监管责任，明确了业务边界，即互联网支付业务由人民银行负责监管；网络借贷业务、互联网信托业务、互联网消费金融业务由银监会负责监管；互联网基金销售、股权众筹融资业务由证监会负责监管；互联网保险业务由保监会负责监管。这是从中央层面对我国互联网金融行业实施行政监管的最直接的政策措施。在该指导思想下，国务院组织14个部委召开电视会议，宣布在全国范围内启动为期一年的互联网金融领域专项整治，央行、银监会、证监会、保监会分别发布网络支付、网络借贷、股权众筹和互联网保险等领域的专项整治细则。这是对《关于促进互联网金融健康发展的指导意见》政策的具体落实，是我国互联网金融行政监管之政策举措的具体体现。

2. 完善互联网金融企业的准入退出机制

作为经济户口的基础监管部门，工商部门需要对互联网金融企业实施较为严格的准入审核，真正做到防患于未然，扶优逐劣。相比于普通的互联网企业，互联网金融主体必须具有良好的资信、良好的运营团队，健全的风险监控体系，通过合法经营牌照缴纳保证金，建立现代公司治理结构等。与此同时，对于不合格的互联网金融企业必须及时清退，从"准入"和"退出"两个维度充分保证互联网金融市场的健康发展。

一是严把登记注册关。比如，海淀区政府与北京市工商局签署合作备忘录，在中关村示范区开展私募投资类企业准入会商试点，并制定了股权投资机构准入标准，从股东资质、出资来源、高管团队、资金存管、制度设计等方面明确了投资类机构注册标准，成为全市首个开展投资类企业登记注册试点的区域。

二是严防企业失联。定期开展互联网金融企业检查，依托社会化管理实现企业即时信息共享，通过居委会—产权人—企业信息链及时掌握失联企业动态，强化社区经济户口管理。

三是明确经营范围。明确P2P平台等非金融机构服务小微融资需求的信息中介定位，是为出借人和借款人提供信息中介服务的平台，不承担信用转换、期限转换和流动性转换。

四是清退不合格企业。对检查中发现的经营数额较大、承诺高收益、涉及人数较多等风险企业数据同步移转函告公安、税务、金融、打非办等相关执法部门。

3. 通过双随机抽查完善互联网金融企业的信息披露

互联网金融企业为扩大企业规模并获得高额利润回报，在金融产品定制、交易机制、投资方向、风险提示等方面，往往存在信息披露不充分问题，如信息过多、过于专业、选择性披露、虚假披露、夸大宣传等。由于信息不对称造成的逆向选择和道德风险影响出借人在贷款终止时顺利获得本息，充分的信息披露对于出借人面临信用风险具有良好的缓释作用。因此，开展投资理财类企业定向抽查，完善互联网金融企业的信息披露成为工商机关监管工作的关键。

一是提前比对内外网两组企业经营信息数据。提前将被抽查企业的企业信用系统公示的年报信息和即时信息，与工商数据系统的企业经营信息和变更信息进行比对，确定股东出资信息、股权变更信息、地址变更信息、知识产权信息等数据是否一致，提高抽查工作效率和科学化水平。

二是拟定被抽查企业应提供材料清单。制作投资理财类企业定向抽查提示单，要求企业提供包括金融主管部门资质许可、资产负债表和损益表、融资渠道、资金管理情况、广告宣传材料、网站截图等10项材料，并与企业网上披露信息进行比对，依法处理。

三是建立重点监控企业动态资料簿。对金融局、打非办提供的重点金融企业的公司证照、团队介绍、办公环境、发标预告、借款照片、借款文字、信用等级、实时数据、定期公告及合作机构进行备案统计分析，实时监控，定期指导。

4. 优化全国企业信用信息公示系统的信息共享功能

相比于发达国家，我国尚未建立健全完善的征信系统，这在很大程度上限制了平台和投资人对借款人信用信息的有效评估。因此，要从以下几方面着手，优化全国企业信用信息公示系统的信息共享功能。

一是丰富企业信用信息公示网中企业数据信息的层次。抓取公司法人和负责人的个人信用（收入、资产、社交、信贷）、运营情况、财务情况、借贷情况、信用评级情况、抵质押等数据，建立评估企业偿付能力的有效标准。

二是与互联网金融平台机构合作。通过流转企业主体资格、信用记录、经营情况等信用信息，帮助互联网金融企业通过建立评估模式分析融资企业信用等级，解决融资过程中信息不对称问题。

三是建立主体信息沟通机制。与商务委、国地税、银行、法院等部门和机构建立主体信息沟通机制、税务征缴信息交换机制等，促进信用评价客观化。

5. 采取原则导向监管方式，明确经营底线

原则导向监管和规则导向监管，是目前各国金融监管领域普遍采用的监管方式。规则导向的金融监管体系是指，在该体系下由一整套金融监管法律和规定来约束即便不是全部也是绝大多数金融行为和实践的各个方面，这一体系重点关注合规性，且为金融机构和监管机构的主观判断与灵活调整留有的空间极为有限。原则导向的金融监管体系重点关注既定监管目标的实现，其目标是为整体金融业务和消费者实现更大的利益。相比规则导向监管，原则导向监管方式更适用于我国，与我国既鼓励创新又打击违法的监管目标相一致。对于新兴的互联网金融，工商行政管理部门要明确业务红线，留好业务创新空间。

一是加强互联网金融广告监测。明确禁止下列行为：对可能存在的风险以及风险责任

承担没有合理提示或者示警；对未来效果、收益或者与其相关情况做出保证性承诺，明示或者暗示保本、无风险等。

二是加强互联网金融合同监管。将金融消费维权端口前移，避免借款人受专业知识和经验的限制，在互联网金融合同的签订过程中受到不公正对待，必须加强合同格式条款的查处和尝试推广互联网金融合同示范文本。

6. 搭建综合统一的互联网金融监管平台

以美国为例，P2P平台和众筹平台的监管主体是美国证券交易监督委员会（SEC），负责对互联网金融行业进行严格监管。具体而言，P2P平台必须在SEC注册登记。平台必须履行严格和完整的登记注册程序，需要提交包含广泛信息的注册文件和补充材料，比如平台的运作模式、经营状况、潜在的风险因素、管理团队的构成和薪酬体系，以及公司的财务状况；对于P2P平台上的贷款信息，平台需要将每天的贷款列表提交给SEC，即平台必须持续不断地发行说明书补充说明出售的收益凭证和贷款的具体细节以及风险提示，投资者可以在SEC的数据系统和网站查到这些数据。借鉴美国监管互联网金融业的做法，建立跨部门协作的多元有序监管平台非常必要，以加强部门联动，充分调动行业协会和第三方机构参与自律管理。

总之，对极具创新性的互联网金融事业的监管，不仅仅只停留在行政监管这一政府职能的层面，还需要通过市场的力量，通过行业自律的手段，使"看得见的手"和"看不见的手"双手并用，借助标准化机制，来实施好互联网金融事业的综合监管，促进其健康持续发展。

8.2 互联网金融的自律监管

【课前阅读】

打造行政监管和行业自律有机结合的互联网金融管理体制

中国互联网金融协会成立暨第一次会员代表大会于2016年3月25日在上海召开。中国人民银行副行长潘功胜出席会议并致辞。潘功胜表示，搭建行政监管和行业自律有机结合的互联网金融管理体制是业界的共识，中国互联网金融协会是其中的重要组成部分。建立一个良好的互联网金融生态，促进行业良性健康发展，需要发挥好行政监管和行业自律管理两方面的作用。

行业自律是对行政监管的有益补充和有力支撑，也是创新监管的重要内容。如果行业自律能够充分发挥作用，行业发展有序规范，从业机构审慎合规经营程度高，就有利于营造效率更高、方式更灵活的监管环境，提高监管的弹性和有效性。反之，一旦潜在风险过度累积和暴露，会迫使监管部门降低监管容忍度、强化监管刚性，采取更为严格的监管理念和监管措施。观察几十年来国际金融监管的动态演变，大家可以观察到这样一个变化的轨迹。

此外，潘功胜表示，中国互联网金融协会是全国性行业自律组织，承担着制定互联网金融经营管理规则和行业标准、促进从业机构业务交流和信息共享、建立行业自律惩戒机制等重要职责，各方面都给予了很高的期望。希望协会立足职责定位，发挥自身优势，抓紧建立和完善行业自律管理框架，引导从业机构合规审慎经营，维护良好的市场秩序。加强对互联网金融发展重大问题的研究，动态开展风险监测和预警，为推动行业健康发展积极建言献策。健全内部工作机制，向各会员单位和社会各界提供优质服务，加强与各方面的沟通协调，发挥金融管理部门和从业机构之间双向沟通的桥梁和纽带作用。

最后，潘功胜提出了对互联网金融从业机构的几点希望："我国经济和金融的快速发展，为包括互联网金融在内的金融业发展提供了广阔的市场空间。希望各互联网金融从业机构紧紧围绕服务实体经济的宗旨，规范发展，公平竞争，防范风险，善用社会各界对我们这个行业的良好期望和支持，向社会展现互联网金融业的良好形象，这样才能行稳致远。在座的各位是互联网金融业的领军人物，更要发挥引领和示范作用，积极支持和参与中国互联网金融协会各项工作，共同促进互联网金融持续健康发展。"

（资料来源：周琰、潘功胜，《打造行政监管和行业自律有机结合的互联网金融管理体制》，载于《金融时报》2016年3月26日。）

中国互联网金融协会的成立是我国互联网金融行业自律监管的大事，中国人民银行明确提出打造行政监管和行业自律有机结合的互联网金融管理体制，表明自律监管在我国互联网金融监管体制中具有举足轻重的地位。本节试就互联网金融的自律监管作一概略阐述。

8.2.1　互联网金融需要自律监管

行业自律是为了规范行业行为，协调同行利益关系，维护行业间的公平竞争和正当利益，促进行业发展的自我约束机制。行业自律包括两个方面：一方面是行业内对国家法律、政策法规的自觉遵守与贯彻；另一方面是以行业内的行规与标准来制约自己的行为。而每一方面都包含对行业内各成员的全面监督和保护机能。自律监管指的是自律监管体制，是指除了政府部门依据国家政策与国家立法对行业市场进行必要的监管与干预外，还有由企业联盟、行业协会等自律性组织以自我约束、自我管理的方式对行业市场和从业者的监督管理机制，强调的是行业内成员的自我约束、自我管理作用。互联网金融也需要行业自律，互联网金融的健康持续发展也离不开自律监管。

行业自律的内涵主要包括以下五个方面。

（1）严格执行相关的法律法规，包括行业管理办法、合同法，以及其他相关法律、法规。

（2）制定和认真执行行规行约。行规和行约是行业内部自我管理、自我约束的一种措施，行规和行约的制定和执行对会员无疑起到一种自我监督的作用，推动本行业规范健康发展。

（3）严格执行行业技术标准与业务规范，向客户提供高质量产品与优质服务。

(4) 行内成员要有真诚的自律精神，这是维护本行业秩序和全行业成员利益，避免恶性竞争，维护行业自我持续健康发展的根本。

(5) 行业协会是行业自律当然的监督机构。行业自律是建立在行业协会基础之上的，如果一个行业没有一个行之有效的行业协会的话，行业自律也就无从谈起。行业自律是市场经济体制的必然产物。每个行业只有认真地做好行业自律工作，本行业才能得以在竞争激烈的市场中生存下去，也才能有一个健康有序的市场。

互联网金融行业自律监管的核心要素可以总结为"体制、公约、标尺"三个方面。① "体制"是自律监管体制，是指没有政府的专门监管机构或指定的专门机构，对行业市场的监管是靠企业联盟或自发形成的行业协会这种自律型组织的自我约束、自我监管的监管机制。英国是自律型监管体制的典型代表。"公约"是自律公约，又称行业自主管理公约、公契，是指行业自律组织为了保障行业成员的共同利益和本行业的持续健康发展而制定的对全体行业自律组织的成员具有普遍约束力的行为规范。行业政策、法律法规、技术标准、工作规范，是行业自律监管的四大法宝。

8.2.2 互联网金融行业如何进行自律监管

自律监管离不开自律组织。我国互联网金融行业顶端的自律组织是2016年3月25日成立的中国互联网金融协会。中国互联网金融协会（National Internet Finance Association of China，NIFA），是按照2015年7月发布的《关于促进互联网金融健康发展的指导意见》要求，由中国人民银行会同银监会、证监会、保监会等国家有关部委组织建立的国家级互联网金融行业自律组织。2015年12月31日，经国务院批准，民政部通知中国互联网金融协会准予成立。2016年3月25日，中国互联网金融协会在上海黄浦区召开成立会议暨第一次全体会员代表大会。第一次全体会员代表大会审议和表决通过了《中国互联网金融协会章程》《中国互联网金融协会会员管理办法》《中国互联网金融协会会费管理办法》等基础制度，签署了《中国互联网金融协会会员自律公约》《互联网金融行业健康发展倡议书》。同时选举产生了第一届理事会和监事，李东荣当选为首届协会会长。

中国互联网金融协会的成立得到了党中央、国务院的高度重视，是我国行业协会脱钩改革后第一个承担特殊职能的全国性行业协会，为建立全国性行业协会商会登记体制做了有益的探索。协会旨在通过自律管理和会员服务，规范从业机构市场行为，保护行业合法权益，推动从业机构更好地服务社会经济发展，引导行业规范健康运行。协会单位会员包括银行、证券、保险、基金、期货、信托、资产管理、消费金融、征信服务，以及互联网支付、投资、理财、借贷等机构，还包括一些承担金融基础设施和金融研究教育职能的机构，基本覆盖了互联网金融的主流业态和新兴业态。

中国互联网金融协会职责包括：

(1) 组织、引导和督促会员贯彻国家关于互联网金融的相关政策方针，遵守相关法律、法规以及监管部门发布的规章和规范性文件，规范经营行为。

---

① 赵海军：《互联网金融的自律监管问题》，http://iimedia.cn/39748.html。

（2）制定并组织会员签订、履行行业自律公约，提倡公平竞争，维护行业利益。沟通协商、研究解决互联网金融服务市场存在的问题，建立争议、投诉处理机制和对违反协会章程、自律公约的处罚和反馈机制。

（3）协调会员之间、协会及其会员与政府有关部门之间的关系，协助主管部门落实有关政策、措施，发挥桥梁和纽带作用。

（4）组织开展行业情况调查，制定行业标准、业务规范，提出本行业中、长期发展规划的咨询建议。收集、汇总、分析、定期发布行业基本数据，开展互联网金融领域综合统计监测和风险预警，并提供信息共享及咨询服务。研究互联网金融行业创新产品和创新业务。

（5）积极收集、整理、研究互联网金融服务领域的风险案例，及时向会员和社会公众提示相关风险。

（6）制定互联网金融领域业务和技术标准规范、职业道德规范和消费者保护标准，并监督实施，建立行业消费者投诉处理机制。

（7）根据行业发展需要，对从业人员进行持续教育和业务培训，提高互联网金融从业人员的素质。

（8）发挥行业整体宣传推广功能，普及互联网金融知识，倡导互联网金融普惠、创新的理念。

（9）组织会员业务交流，调解会员纠纷，检查会员业务行为。

（10）代表中国互联网金融服务组织参与国际交往，加强国际交流与合作。

上述中国互联网金融协会的10项职责，基本上全面回答了我国互联网金融如何进行自律监管的问题。

中国互联网金融协会成立前后，各级地方行政地域也纷纷成立了自己的互联网自律组织，一些其他的国家级行业协会也纷纷设立了互联网金融行业自律的分支机构。地方上成立的互联网金融自律机构，如：

（1）北京中关村互联网金融行业协会是全国范围内第一家互联网金融的行业组织，在中关村科技园区管理委员会和北京市民政局的业务指导和监督管理下，于2013年8月9日正式成立。

（2）广东互联网金融协会是在广东省人民政府金融工作办公室的指导下，由广东省民政厅批准，于2014年5月成立的中国首家省级互联网金融行业自律组织。

（3）北京市互联网金融行业协会前身为北京市网贷行业协会（成立于2014年12月），2017年9月10日，"北京市网贷行业协会"名称正式变更为"北京市互联网金融行业协会"，这意味着该协会拓展到了整个互联网金融领域。

（4）上海市互联网金融行业协会是经上海市社会团体管理局批准，在上海依法登记注册的全市性非营利社会团体法人，2015年8月6日正式成立，是上海市辖内互联网金融行业的自律组织，协会主管单位为上海市政府金融服务办公室，业务指导单位为中国人民银行上海总部（分行）。

（5）深圳市互联网金融协会是深圳最大的互联网金融的行业性组织，在深圳市委市政府支持下于2015年7月28日成立。是由深圳地区有代表性和影响力的金融机构、互联网企业、互联网金融企业,以及相关配套服务机构组成的行业自律组织,代表会员单位为平安集团、招商银行、微众银行、工商银行深圳分行、建设银行深圳分行、财付通、合拍在线、红岭创投、投哪网、金斧子、众投邦、大家投、钱爸爸、海钜信达等,这些会员单位具备广泛的行业代表性。

除了各地方纷纷成立的互联网金融自律组织,各相关部门或行业协会的全国总部也都纷纷设立互联网金融分支机构,如:

(1) 全国互联网金融工作委员会是全国中小企业服务体系成员之一的中国中小企业合作发展促进中心,在2015年7月发布的《关于促进互联网金融健康发展的指导意见》的背景下,报经中央机构编制委员会办公室国家事业单位管理局备案成立的全国性事业机构。全国互联网金融工作委员会的职能定位是:宣导国家法规,引导行业自律,促进行业发展;积极服务于全国的中小企业,推动互联网金融与产业的创新结合发展。

(2) 中国互联网协会互联网金融工作委员会。2013年8月13日,中国互联网协会互联网金融工作委员会的成立仪式在中国互联网协会、中国电子金融产业联盟主办的"互联网金融·中国峰会2013"会议上隆重召开,工商银行、农业银行、东亚银行、平安银行、华夏银行、光大银行、浦发银行、中国人保财险、中移电子商务、天翼电子商务、银联支付、新浪支付、京东集团、陆金所、宜信等首批发起成立单位签署了《中国互联网金融行业自律公约》,共同发表了中国互联网金融行业自律813倡议宣言:自觉遵守法律法规,合法合规是生命;自觉维护金融稳定,国家利益是根本;自觉制止风险扩散,公共利益是底线;自觉接受社会监督,客户利益是中心;自觉抵制恶性竞争,行业利益是根基。

(3) 中国电子商务协会互联网金融教育分会由广东财经大学金融电子商务研究中心发起申请,经中国电子商务协会会员代表大会表决通过,于2016年6月21日发文批准成立。

这些地方的相关部门和行业下设的互联网金融自律机构是我国互联网金融自律体系的有机组成部分,同时也是对中国互联网金融协会职能的有益补充,它们从不同地域、不同部门和不同产业的角度,共同承担着我国互联网金融行业的自律监管职能。

8.3 互联网金融的标准化监管

【课前阅读】

树立互联网金融的标准化监管思想

所谓标准化监管,就是坚持社会经济事务的标准化发展理念,以建立健全标准经济新秩序为目的,以《中华人民共和国标准化法》及其《实施条例》为准绳,以是否"获得最佳秩序并取得最佳的共同效益"为检验标准,对社会经济事务的发展进行依规监管。从标准化监管的思想内涵看,标准化监管的法理依据是标准化规制,其规制体系包括法律法规、技术标准与行为规范三个层次。互联网金融标准化监管的规制体系应由金融与信息行业的法律法规、技术标准、业务行为规范等部分共同组成。互联网金融的创新发展必须遵守金融与信息行业的法律法规、必须围绕金融与信息行业技术标准、必须遵循金融与信息行业的业务规范。

中国人民银行等十部委联合发布的《关于促进互联网金融健康发展的指导意见》是促进互联网金融标准化发展与标准化监管的纲领性文件，国务院批准的关于《互联网金融风险专项整治工作实施方案》是促使互联网金融标准化发展与标准化监管的具体举措，它们必将对我国互联网金融的标准化发展与规范化监管起到划时代的规制与推动作用。借这场互联网金融风险专项整治之潮，就互联网金融的标准化监管与上层建筑的建设提出如下意见和建议：

第一，统一认知，消除学界、业界和管理部门在互联网金融概念与业务边界上的模糊认识。一定要明确互联网金融运营商的非金融机构性质，其核心业务是金融ICP业务，自身不得创设和经营金融产品与金融工具，只能提供第三方平台中介服务，客户的保证金、备付金、预付金等都属于客户资产而不属于互联网金融运营商的资产，都需要托管，而且需要一个专门的统一的中央（支付）清算平台。只有在学术界、互联网金融行业内部和监管部门认知统一的情况下，才能有建立健全互联网金融行业统一的业务统计指标体系的可能，才能使各类互联网金融业务真正纳入监管视野并能利用大数据分析技术做好风控管理工作。

第二，要充分认识到互联网金融是在现代金融生产力（云计算、大数据、移动互联、区块链等新技术的应用）的作用下产生的新型金融生产关系及跨界运营的新业态，这种新型金融生产关系的总和所构成的新的经济基础需要一整套新的上层建筑与之相适应。就是说当今金融科技条件下的金融上层建筑已经到了非变革不可的地步，需要在完善金融与信息行业现有法律法规的基础上，专门制定互联网金融规范发展的法律法规体系；需要在遵循金融与信息行业技术标准与业务规范的基础上，研究制定具有中国特色的互联网金融技术标准与业务规范体系。

第三，互联网金融的标准化监管，需引入国家标准化委员会的业务指导并充分发挥全国金融标准化技术委员会及各分委员会的职能作用，条件许可的话成立互联网金融标准化技术分委员会，具体负责互联网金融领域标准化技术及管理工作。

第四，互联网金融的标准化监管，还需要互联网金融运营商自律监管的紧密配合，需要互联网金融运营商自觉遵守行业法规，积极执行行业标准与业务规范，在保护好自身信息产权的基础上，必须依法进行信息披露并切实尽到保护客户隐私信息或"被遗忘权"的义务，做到既保持互联网金融市场的公开透明，又能保证客户的信息安全。

第五，互联网金融的标准化监管，更需要体现"依法监管、适度监管、分类监管、协同监管、创新监管"的监管原则，创造条件加快互联网金融的立法进程及其技术标准体系的研制与实施，规范监管过程，一步到位，避免过去产权市场和信托市场反复多次清理整顿的走回头路现象。

第六，加强行业标准化发展与标准化监管理论研究，将标准化监管理念贯穿于互联网金融标准化发展的始终，以理论指导行业监管，以监管促行业发展。

（资料来源：赵海军，《树立互联网金融的标准化监管思想》，载于《证券时报》2016年12月20日。）

以上阅读材料阐述了互联网金融标准化监管的基本思想。为了深入探讨互联网金融标准化监管的理论与实践，广东财经大学技术经济及管理学科硕士点专门开设了金融IT创新与标准化管理的研究方向，本节内容即是本方向师生在"互联网金融标准化监管"方面的相关研究成果。

8.3.1 互联网金融亟须标准化监管理论作指导

标准化是指为了能在一定范围内获得最佳秩序，对实际的或潜在的问题制定出共同的和重复使用的规则的活动，包括制定、发布及实施标准的过程，是人类在长期生产实践过程中逐渐摸索和创立的一门科学，其核心是统一和规范。所谓标准化监管理论，就是指导人们如何使被监管事物及其运行秩序达到最佳状态、获得最优监管效果的理论体系，指导人们如何将标准化科学理论和现代管理理论相结合，形成一套统一的、科学的、规范的监管机制，包括标准化监管的组织架构、监管流程、监管内容、监管方式及原理机理体系等。学界关于标准化科学理论的研究已经相当成熟，但关于标准化监管的理论研究还处于探索阶段。

阿西夫和瑟西（Asif & Searcy, 2014）对比分析了标准化管理对企业可持续发展的影响，发现标准化管理除了运用于普通企业外，也正在向金融等高端行业蔓延。目前已有众多学者将标准化管理理念应用于金融业管理的研究，如于一超和何琳（2012）对商业银行信息标准化管理的理论与实践研究，分析了如何将信息标准化管理理论运用于商业银行的管理实践，在企业信息管理理论模型的基础上，结合标准化科学理论与应用，构建了相应的标准化管理机制和框架（见图8-1）；张莉（2005）提出要对银行业的监管行为进行标准化，包括监管依据、内容、程序和处置四个方面，简称为监管标准化；李怀珍（2007）提出要对银行业进行标准化监管，认为标准化监管是一种科学的操作规范，通过建立和完善银行各个监管环节的标准，形成一套完整的标准体系，进而对各级机构和部门的监管活动实行系统化管理。从张莉和李怀珍两位学者的研究可以看出，监管标准化与标准化监管具有不同的内涵。从范围上讲，标准化监管涵盖了监管标准化，因为标准化监管除了单纯的监管行为以外，还涵盖在标准化理念下建立的组织架构和监管流程与方式等，而监管标准化只是对监管行为的标准化；从学科内涵上讲，标准化监管综合了管理学和标准化科学两个方面，而监管标准化则是建立在标准化监管理念前提下的监管行为与措施规范，更侧重于垂直监管的标准化科学；从实践层面上讲，标准化监管侧重于监管制度的顶层设计，是一种"自上而下"的机制构建，而监管标准化是在现有监管体制下，针对监管主体及其业务与行为体系而进行的标准制定和实施。

综上分析，为了促进我国金融行业的规范发展，运用标准化管理理念进行监管已是大势所趋。又因互联网金融行业的发展以信息技术为基础，更亟须且有利于标准化工作的推行，且我国金融标准化战略已推行二十余年，多项国家标准和行业标准已制定并实施，金融标准化工作正在有条不紊地进行，而我国互联网金融行业的监管体制并不健全，亟须完善。因此，在此基础和背景下，以标准化管理理念为指导，构建互联网金融的标准化监管机制,既能满足对互联网金融进行科学化、规范化监管的现实需求,也是顺应时代潮流的必然选择。可喜的是,已有专家学者开始关注互联网金融的标准化监管理论与实践问题的研究,如王玮(2015)提出以标准化为手段引导和规范我国网络借贷行业健康有序发展;宋立志(2016)探讨了互联网金融机构信息标准化管理的相关问题等。中国互联网金融协会也已开始关注互联网金融的标准化发展与标准化监管问题,于 2017 年 7 月 18 日在北京召开了互联网金融标准化工作研讨会并成立了互联网金融标准研究院。

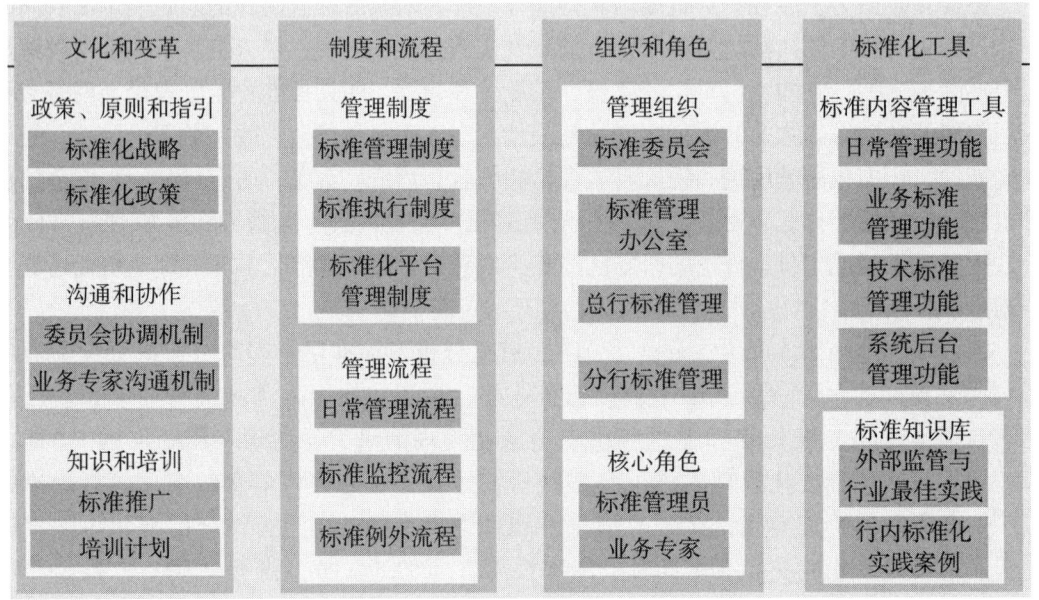

图 8-1　信息标准化管理框架

资料来源:于一超、何琳,《商业银行信息标准化管理的理论与实践》,载于《国际金融》2012年第 10 期。

8.3.2　互联网金融标准化监管模式

互联网金融标准化监管的核心思想是:在标准化监管框架下,以实现互联网金融行业的"最佳秩序并取得最佳的共同利益"为目标,依靠完善的监管法规、技术标准和行为规范对互联网金融的发展进行事前规制和动态监管,保证互联网金融的可持续健康发展。依据互联网金融标准化监管的理论思维,我们试图站在标准与标准化制度经济学的角度,为互联网金融的监管工作提供一种规范化、科学化的监管思路与方案模型,建立一种基于标准化管理理念的互联网金融的标准化监管机制,其实质是以互联网金融的行业标准为尺度、以行业标准化的执行状况为监管对象而建立起来的具有一定组织结构和功能的监管系统。

基于以上思路,构建图 8-2 所示的互联网金融标准化监管的组织架构模型。

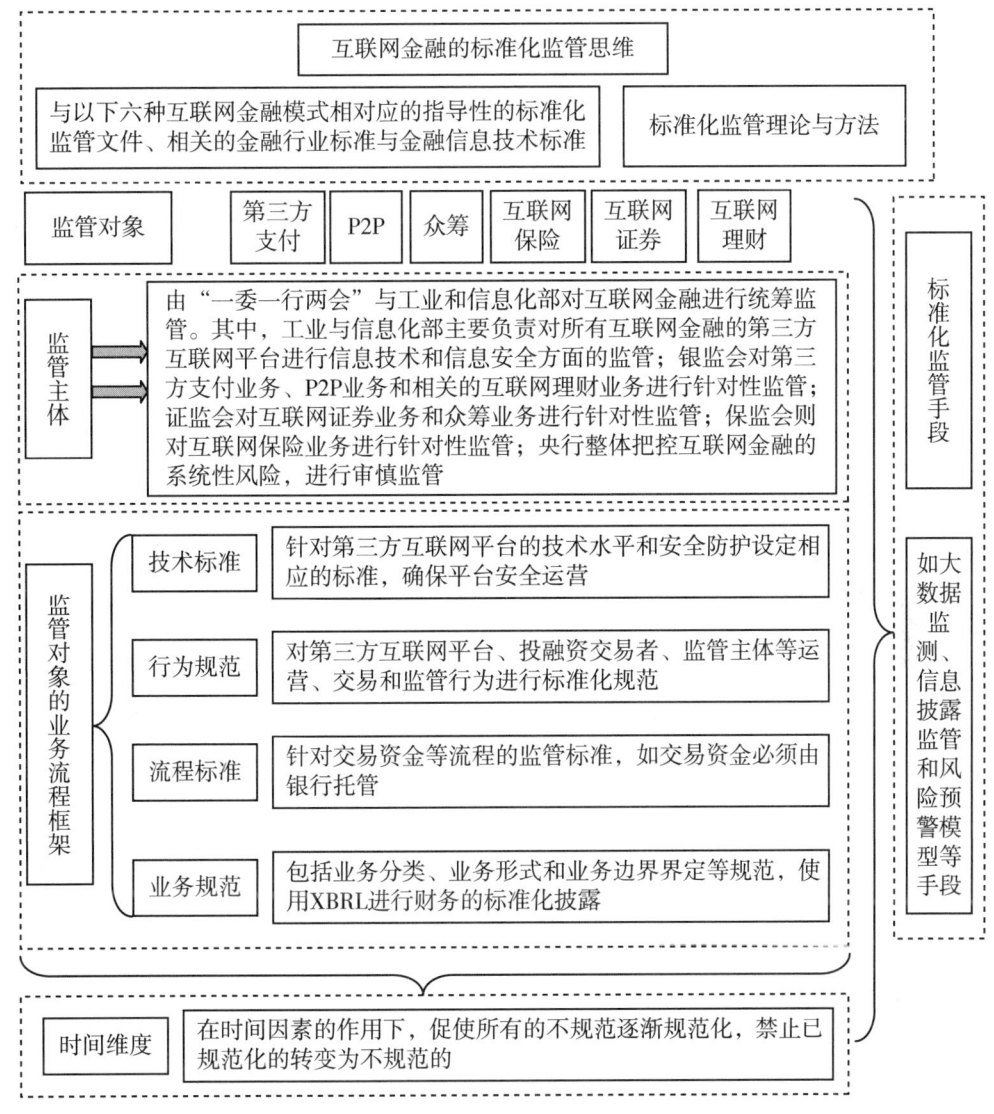

图 8-2 互联网金融标准化监管的组织架构模型

资料来源：李静宇，《基于标准化管理理念的互联网金融监管问题研究》，广东财经大学硕士学位论文，2017年。

如图 8-2 所示，(1) 明示互联网金融标准化监管机制要由标准化监管思维即标准化管理理论统一指导，监管标尺包括互联网金融主要业态对应的标准化监管文件、相关的金融行业标准和信息技术标准等。(2) 确定监管对象和监管主体。其中，监管对象主要包括第三方支付、P2P 网络借贷、互联网众筹、互联网理财、互联网保险和互联网证券等业态的运营平台及其提供的各种金融产品与中介服务。而监管主体是由"一委一行两会"与工业和信息化部进行统筹监管；工业和信息化部主要负责对互联网金融的第三方网络平台的信息技术和信息安全方面的监管；银监会对 P2P 业务和相关的互联网理财业务进行相应的监管；证监会对互联网证券业务和众筹业务进行监管；保监会则对互联网保险业务进行针对性监管。(3) 由央行对包括第三方支付的互联网支付及互联网金融的系统性风险进行整体把控和审慎监管。(4) 针对监管对象及其业务流程，依技术标准、行为规范、流程标准和业务规范等标尺（具体监管指标参考第 6 章的表 6-3），采用大数据监测、信息披露监管和风险模型预警模型等手段进行具体监管。(5) 标准化监管是过程性监管，既有事前规制，也有动态监管，在时间因素的作用下，促使所有的不规范逐渐规范化，禁止已规范化的转变为不规范的。

8.3.3　促进互联网金融标准化监管的意见建议

1. 以标准化监管思维统领互联网金融监管事业

俗话说，思想决定行动。因而，对互联网金融行业进行标准化监管的核心问题便是树立标准化监管思维，以标准化监管思维统领互联网金融监管事业。要树立标准化监管思维就必须要坚守以下五个标准化监管原则。

(1) 系统性原则。监管必须是系统而全面的，否则就是有漏洞的监管体系。系统性原则主要体现在两个方面：一是要全面地掌握互联网金融标准化监管的对象、监管主体和监管手段，然后结合实际情况构建系统性的标准化监管体制；二是在标准化监管的实施过程中也要把握系统性原则，凡事以大局为重，严防小风险蔓延为大风险。

(2) 科学性原则。只有科学合理的监管政策和监管方式才能真正达到对互联网金融行业的标准化监管，才能及早发现风险、防范风险，促进互联网金融行业的健康持续发展。

(3) 规范性原则。标准化监管的核心就是规范。制定和颁布规范性的监管政策，规范性地贯彻实施这些政策，对信息披露、交易行为、操作流程、信息技术和信息安全等进行规范化的指导和监管，并以规范化的技术手段监测分析潜在风险，这就是互联网金融标准化监管的内涵所在。

(4) 实时性原则。互联网金融行业具有虚拟性、网络性、高效性等特征，在风险监管方面要时刻警惕"牵一发而动全身"，实时地监测和监管互联网金融风险，才能做到有的放矢，有效地控制风险。

(5) 可行性原则。可行性原则是指一切决策均能得以顺利实施，如果制定的政策和措施并不能得到有效的贯彻执行或者执行效果差强人意，就需要对这些政策和措施的可行性进行合理怀疑，并针对存在的问题进行及时调整。

2. 以金融科技前沿成果的应用发展为依据来修改和完善相关法规体系

2015 年起，互联网金融的监管问题被提上国家政策的高度，相继出台了一些监管政策，并且开展了全国范围的互联网金融专项整治工作。但互联网金融作为新兴的融合性业态，若要将其纳入原有的监管体制，首先要尽快完善相关的互联网金融行业监管政策和法规（如行业信息披露标准细则、运营平台的技术标准、信息安全保障技术标准、运营平台和投融资交易者的操作行为规范等）；其次，有必要科学合理地对已颁布实施的信息类和金融类的相关法规进行相应的修改，以使互联网金融行业合规化发展。例如，可以对《中华人民共和国公司法》和《中华人民共和国证券法》等相关条款进行修改和完善，从而使股权众筹等互联网金融业态能够打破200位股东的上限，合法地开展业务经营。并且，目前大数据、云计算和区块链技术的成熟和应用，对技术安全和用户个人信息保护问题也提出了新的挑战，如何修改和完善信息法规以达到在保护个人信息安全和保障技术安全的前提下，使大数据等前沿技术更好地为互联网金融的健康持续发展发挥效力，也是我们必须要关注和解决的问题。

3. 以互联网金融标准化规制的科普教育来加强对投融资主体的风险教育

要实现对互联网金融行业的监管，除了建立健全科学可行的标准化监管机制外，还需要加强对互联网金融的投融资主体的风险教育和红线教育。其中，风险教育主要是针对投资者，教育投资者理性识别虚假宣传，对超乎寻常的高收益保持理性头脑，打破消费者对理财产品刚性兑付的错误观点，树立理财投资自负盈亏的正确思想等；而红线教育主要是针对融资者，包括不得提供虚假融资信息，不得进行虚假广告宣传，不得非法集资，不得私自挪用融资资金等。通过加强对互联网金融投融资主体的风险教育，实现投融资主体对互联网金融行业虚假风险的理性识别，那么行业中那些披着互联网金融外衣的虚假平台将无生存之道，对互联网金融行业的监管来说将是重要助力。

4. 以贯彻实施《中华人民共和国标准化法》的法制宣传来促进互联网金融的标准化发展

《中华人民共和国标准化法》的第一条就明确了立法目的是"为了发展社会主义商品经济，促进技术进步，改进产品质量，提高社会经济效益，维护国家和人民的利益"。实施互联网金融标准化发展与标准化监管战略，可以有效促进金融科技进步、提高和改进金融产品与服务质量，提高我国金融行业的整体效益及其服务实体经济的整体能力，从而更好地维护我国金融经济的安全稳定与持续健康发展。因此，亟待在互联网金融全行业内积极宣传《中华人民共和国标准化法》及其实施条例，以使全行业"自上而下"都能深刻认识到互联网金融的标准化发展对于互联网金融监管及其在促进国家金融经济安全运行中的重大作用。

本章小结

本章主要阐述以标准化监管的理论思维来统领互联网金融监管事业，给出了互联网金融标准化监管的模式框架，并就如何促进互联网金融的标准化监管提出了四个方面的意见和建议，期望对我国互联网金融的标准化监管能有所裨益。

训练思考

1. 简要叙述标准化监管理论的基本思想。

2. 简述互联网金融标准化监管的四大标尺及其作用。
3. 作为一家互联网金融企业的老总,你如何对自己的企业进行标准化监管。
4. 从工商管理部门的角度论述如何做好互联网金融的标准化监管。
5. 从互联网通信部门的角度论述如何做好互联网金融的标准化监管。
6. 考察当地的互联网金融机构,调查其标准化现状及标准化监管的工作情况,写出一篇关于本地区互联网金融标准化与标准化监管的调查报告。

互联网金融的创业实践

9.1 P2P 互联网借贷典型案例

9.1.1 开鑫金服

1. 开鑫金服概述

开鑫金服是一家国有性质的社会金融服务平台，由开鑫贷融资服务江苏有限公司建设，该平台正式开业的时间是 2012 年 12 月。开鑫金服秉承国家开发银行开发性金融理念，为企业和个人提供安全、便捷、高效的互联网金融综合服务。在引领民间资本参与重点项目建设，引导社会资金支持实体经济，降低中小微企业融资成本等方面取得显著成效。

开鑫金服股东包括国开金融有限责任公司、江苏省国际信托有限责任公司、江苏省信用再担保有限公司、无锡市金融投资有限责任公司、协立投资、江苏金农股份有限公司等。开鑫金服紧紧围绕"以开发性金融引领民间融资规范化"主题，引进国开金融有限责任公司先进的管理理念、雄厚的资金实力、卓越的品牌价值和信用评级技术，以及江苏金农股份有限公司在小贷行业的专业管理和系统研发能力。以"政府支持、开行孵化、市场运行、平台增信、IT 支撑、社会共建"为原则，在江苏省人民政府金融工作办公室（以下简称"江苏省金融办"）的业务监管下，创新引入股东实力雄厚、经营管理规范的小额贷款公司进行风险调查和提供担保，有效增加借入人的信用级别，保障了借出人的资金安全。

2017 年 6 月 8 日，在国际权威杂志《亚洲银行家》主办的"未来新金融"峰会及领先成就奖颁奖典礼上，开鑫金服荣获"中国最佳综合性 P2P 财富管理平台"大奖。

2. 开鑫金服的优势及特色

(1)"银行+国资"双重背景,央行认可合法合规。

开鑫金服由国家开发银行总行、江苏省分行,江苏省金融办等合力创办,股东包括国开行旗下国开金融、江苏省国际信托、江苏省信用再担保、无锡金融投资等大型金融企业。开鑫金服平台通过政府的前置审批、国有资本的进入以及优质合作机构的合作,具备极强的品牌公信力和金融行业经验与资源。

开鑫金服是中国互联网金融协会理事单位、中国支付清算协会互联网金融专业委员会发起成员单位、江苏省互联网金融协会副会长单位、江苏省金融企业联合会首批会员单位。成立至今,开鑫金服运营规范、业绩突出,被誉为行业标杆。人民银行南京分行组织金融稳定处等六个处室,从法律合规、金融稳定、风险管理等方面,对开鑫金服进行为期一个月的全面评估,给予"合法合规"评价。

(2)支付清算合规高效,稳健经营零逾期。

从2012年开始,开鑫金服平台就与江苏银行、中国银行等正规金融机构密切合作,在业内率先建立了依托银行业金融机构进行资金监管、支付清算的方案和系统。该项探索符合中国人民银行等十部门于2015年7月发布的《关于促进互联网金融健康发展的指导意见》中的相关要求,保障了用户资金结算安全;同时,也缩短了资金到账时间,节约了支付结算费用。

截至2016年6月底,开鑫金服累计成交额超过200亿元,为用户赚取收益超过9亿元。成立至今,所有投资人均按时收回投资本息。

(3)服务小微企业,严控利率。

通过国开金融品牌和技术的注入,以及江苏省金融办对开鑫金服公司的前置审批,开鑫金服平台具备相比其他平台较强的公信力。开鑫金服平台规定最高借款额为300万元,积极鼓励并引导民间富余资金流向"三农"和小微企业,发挥"支农支小"作用。平台平均借款额度为145万元,最小额度2万元。

开鑫金服平台规定借款挂牌利率不得超过11%,确保借款个人或中小微企业的综合融资成本不高于15%,远低于全国P2P平台的平均借贷利率。

(4)坚持准公益性。

开鑫金服平台一方面只收取少量管理费以维持平台运营;另一方面限定出借人利率收益空间为8%~11%。同时,开鑫金服平台推出"惠农贷"产品,惠农贷作为公益惠农项目,免收平台服务费,体现平台的公益性。在运营中,平台十分注重借贷资金使用的透明化,明确业务操作流程,实行信息审核发布,及时更新借款农户的信用状况和资金使用情况,确保资金为农户所用、为农业生产所用。制定多道风险防控措施,坚持小额分散,采取小额贷款公司等机构调查并担保的手段,切实保障借出人资金安全。严格控制利率水平,包括担保费用在内,农户借款资金年化利率不超过8%。

(5)严控信用及操作风险。

江苏省金融办出台《江苏省小额贷款公司开鑫金服业务管理办法(暂行)》,对参与平台融资担保的江苏地区小贷公司制定严格的准入标准,并建立健全了风险准备金制度。

开鑫金服平台借助商业银行实现交易资金的直接在线结算，有效防范平台自身道德风险。与银行合作研发在线资金结算和电子合同合法性签约模式，技术上确保无操作盲点。开鑫金服平台仅承担中介作用，不涉及任何募资、承诺还本付息等担保行为。平台上借入人和借出人直接签约，并限定单笔借款借出人数不超过20人。

(6) 金融服务线上化。

金融行业迎来了深刻变革。根据麦肯锡和麻省理工学院（MIT）的统计，新型金融机构的开办成本只有传统银行的1/2，人员成本只有1/10；并且再也无法强迫客户做其不愿做的事，比如为了当面核实信息而让客户到柜台排队。

开鑫金服总经理周治翰表示，未来随着活体检测、电子签名以及智能合约技术的发展，很多以前无法解决的问题都可以用技术手段解决，金融服务的全面线上化不可避免。顺应这种变革，开鑫金服在实现金融服务线上化方面做了大量工作。截至2017年6月，开鑫金服已经通过互联网渠道，服务了全国超过50万名用户。[①]

3. 开鑫金服的主要业务产品及服务

开鑫金服主要的产品和服务有：苏鑫贷、开鑫保、商票贷、保鑫汇、鑫普汇、鑫财富等。

(1) 苏鑫贷是依托江苏小贷大数据优势与风险管控能力，推出的服务"三农"和小微企业的金融创新产品。该产品由江苏省内优质小额贷款公司提供贷前审查、贷款担保以及贷后管理，并由江苏金创信用再担保股份有限公司提供连带责任再担保。2013年4月，江苏省金融办专门出台《江苏省小额贷款公司开鑫贷业务管理办法》进行业务指导。

(2) 开鑫保是依托国内大型融资性担保公司强大的综合金融服务能力，以及实力雄厚的中央和地方国有企业强大的资本实力，强强联手，共同推出的一项服务中小微企业等实体经济的创新产品。该产品由大型融资性担保公司、中央和地方国企提供连带责任担保。

目前，开鑫保已成功引进江苏省国信信用担保有限公司、无锡市联合中小企业担保有限责任公司、中合联投资有限公司为平台借款项目提供担保，根据业务规模的发展还将不断拓展合作担保机构，为平台与广大投资者引进更多优质担保机构。

(3) 商票贷产品是以借款人持有的大型知名企业签发并承兑的商业承兑汇票为还款保障的金融产品，借款到期时，以承兑企业无条件支付的票面资金用于归还借款本息。该产品充分发挥了大型企业的信用价值，在为借款中小微企业解决融资问题的同时，还为借出人提供了风险可控的金融产品。

(4) 保鑫汇是与保险公司合作，以借款人持有的保险单项下的财产权利作为还款保障，推出的一款风险低、收益稳定的金融创新产品。该产品借助合作保险公司的专业力量，实现对保单权利的有效管理、保单价值的及时兑付，为广大投资者提供较高安全等级的金融投资服务，并最终实现由保险公司对投资人的本息保障。

保鑫汇产品的担保方式为保单权利质押，即以保险公司承诺给付的确定金额的保险金

---

① 周治翰：《金融服务线上化是大势所趋》，http://www.time-weekly.com/html/20170612/37810_1.html，2017-06-12。

或者保单固有的现金价值作为还款来源，借款人同意以该保险金或现价值优先清偿应还借款本息。此外，本产品合作的保险产品均为已经由中国保险监督管理委员会批准或备案的可质押产品，确保了保单质押的合法性。因此，保鑫汇产品项下用于担保的财产权利价值确定，还款来源稳定，风险较低，是投资者可以放心购买的低风险产品。

（5）鑫普汇产品秉承稳健合规理念，资金由银行存管，用严谨的态度和先进的技术回馈客户的每一份信任，让客户的投资始终"开鑫"、安心。

鑫普汇产品坚持"小额分散"原则，深入各个行业，通过专业的风控技术，从车辆抵质押、保单质押、履约险承保等类借款中挖掘优质资产，为客户的投资提供更多选择。

鑫普汇产品支持"等额本息""等额本金""先息后本""到期一次性还本付息"等多种还款方式，每位投资人都可以根据自己的资金安排及投资偏好，选择适合自己的产品。

（6）鑫财富是由江苏开金互联网金融资产交易中心提供的产品，产品发行人通过开金中心挂牌、登记、发行；投资人通过开金中心预约后购买，按照约定获取投资收益。该产品均为优质金融投资产品，产品类型涵盖以下两类：

一是供应链金融类——基于供应链核心企业及其产业链上下游中小企业的融资需求，具有预期现金流稳定的特点，并有核心企业开具的足额电子商业承兑汇票作为质押。该类产品会根据核心企业具体情况追加第三方或实际控制人提供连带责任担保，担保方一般选取上市公司母公司或债券市场评级 AA 以上公司。

二是公共基础设施类——主要基于城市市政建设、产业园区建设、公共服务、交通设施等领域的融资需求。公共基础设施类产品对支持地方经济发展、改善基础设施条件等有积极促进作用，一般由地方大型国有企业提供连带责任担保。

4. 开鑫金服的未来发展

2017 年 2 月 23 日，中国银监会发布《网络借贷资金存管业务指引》。《网络借贷资金存管业务指引》明确了网贷资金存管业务应遵循的基本规则和实施标准，鼓励网贷机构与商业银行按照平等自愿、互利互惠的市场化原则开展业务。

行业发展进入加速"洗牌"阶段，市场对运营模式、风控模式、产品模式这些真正核心内容的筛选，决定了在这一轮竞争中谁将会被留下，谁又会被淘汰。行业马太效应凸显，大量资金和投资人将向实力雄厚、资质优异的大型知名平台聚集，而中小平台生存越发艰难。经历大浪淘沙后，这个市场会被几十家相对成熟的平台所分享。开鑫金服作为一家有实力、资金雄厚、业务齐全的互联网金融公司，必将在未来的市场竞争中获得更多的市场份额。

9.1.2 PPmoney

1. PPmoney 概述

PPmoney 是中国互联网金融行业中专注于消费金融的领导平台，于 2012 年 12 月正式上线,由万惠投资管理有限公司运营。PPmoney借助云计算、移动支付和大数据等先进互联网技术,调剂投资者和融资者的资金融通,满足双方的投融资需求,最终实现多方共赢。

自平台创立之初,PPmoney就以"人民财富惠人民"为宗旨,结合多年的资产管理服务和风险控制经验,不断为投融资双方提供安全、高效、个性化的互联网金融服务。通过平台提供的信息中介服务,既解决了融资者融资难、成本高的问题,也为广大投资者创造了实实在在的财富价值。PPmoney 2017年8月运营数据显示,截至2017年8月底,PPmoney网贷累计交易额为835.68亿元,为用户累计赚取收益15亿元,累计注册用户1297万。

PPmoney已经登陆资本市场,进入了规范化运营的新阶段。接下来,平台围绕"产品分类、用户分层、智能推送、全球配置"的经营思路,向更安全、更全面、更智能的综合型互联网金融平台迈进,打造独具特色的互联网金融生态圈,竭诚为用户提供多元化、个性化的普惠金融服务。

2. PPmoney平台的主要业务

发展早期,PPmoney引入典当、担保、小贷等机构的资产,推出债权转让、收益权转让类产品。之后这类业务逐步下线,目前公司主要业务是消费金融、汽车金融、"三农"金融。

(1)消费金融。

消费金融是指面向社会各阶层消费者提供消费贷款的现代金融服务。在真实消费场景下(购买3C、家电、教育培训、医疗美容等产品或服务),消费者由于自身财务安排需要向特定机构或个人借款,先提前享用产品或服务,然后按月分期还本付息给资金出借人,从而形成特定的债权债务关系。类似的金融产品有支付宝花呗与京东白条。

消费金融的借款及还款流程如图9-1所示。

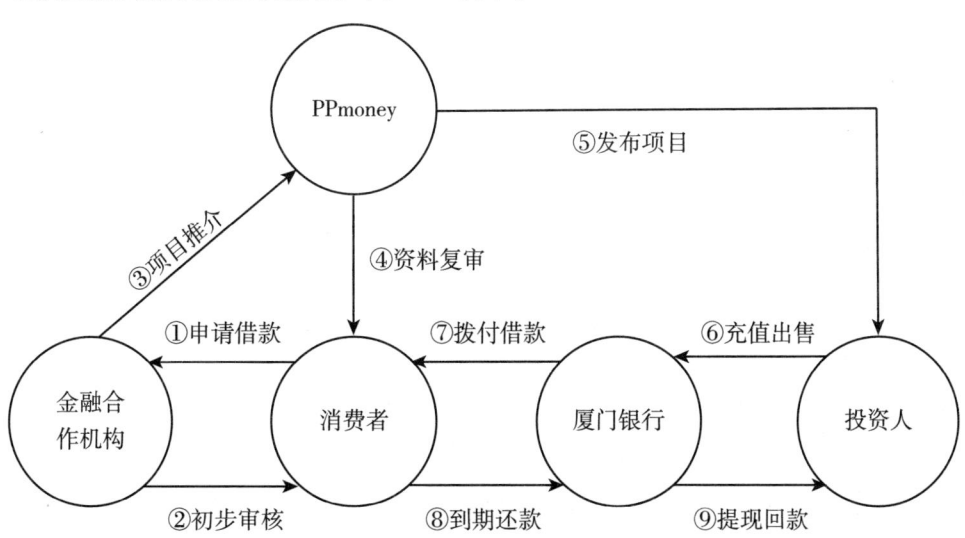

图9-1 消费金融的借款及还款流程

消费金融具有以下特点:

① 小额分散。人均借款金额约为3800元,同时借款人来自全国各地的各行各业,有

效分散单一借款人带来的违约风险。

② 真实消费。借款人来源于真实消费场景，用途明确，还款来源可靠，违约成本高，贷后管理有据可查，方便追踪。

③ 风险可控。多重风控手段，密切的跟踪管理，外加第三方合作机构担保垫付，将逾期违约风险降至最低。

(2) 汽车金融。

汽车金融是指为汽车购买者和拥有者提供相关的金融服务。消费者在购买汽车需要贷款时或车主由于自身财务安排需要，向特定机构或个人借款，然后按月分期或到期还本付息给资金出借人，从而形成特定的债权债务关系。

汽车金融的借款及还款流程如图 9-2 所示。

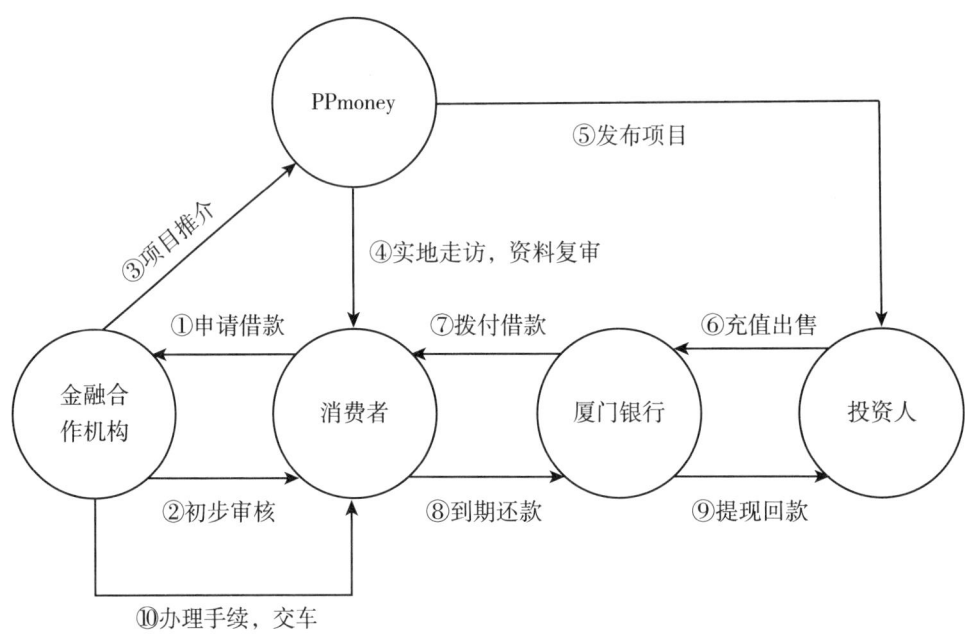

图 9-2 汽车金融的借款及还款流程

汽车金融涉及资金比较多，公司对于汽车金融有严格的风险控制流程，具体步骤包括：

① 初审。评估汽车价值，准入初步审核，责任人为业务员。

② 家访。面谈借款人，资料复核，责任人为风控经理。

③ 复核。办理车辆抵押，安装 GPS 定位仪，责任人为业务经理。

④ 终审。信用复核及资料审批，责任人为业务总监。

⑤ 贷后管理。GPS 日常跟踪，定期不定期回访，逾期催收，责任人为风控团队。

(3) "三农"金融。

"三农"金融项目是 PPmoney 为深入贯彻国务院关于发展农业和农村经济、增加农民收入的一号文件精神，充分发挥"互联网+"对农业发展的推动作用，在相关政府部门的支持下，通过"互联网+信用'三农'"试点项目，探索破解农民融资难题与城镇居民理财、健康需求而推出的创新型金融产品（项目融满后 3 个工作日内确认收货方式，10 个工作日内安排邮寄）。

"三农"金融的借款及还款流程如图 9-3 所示。

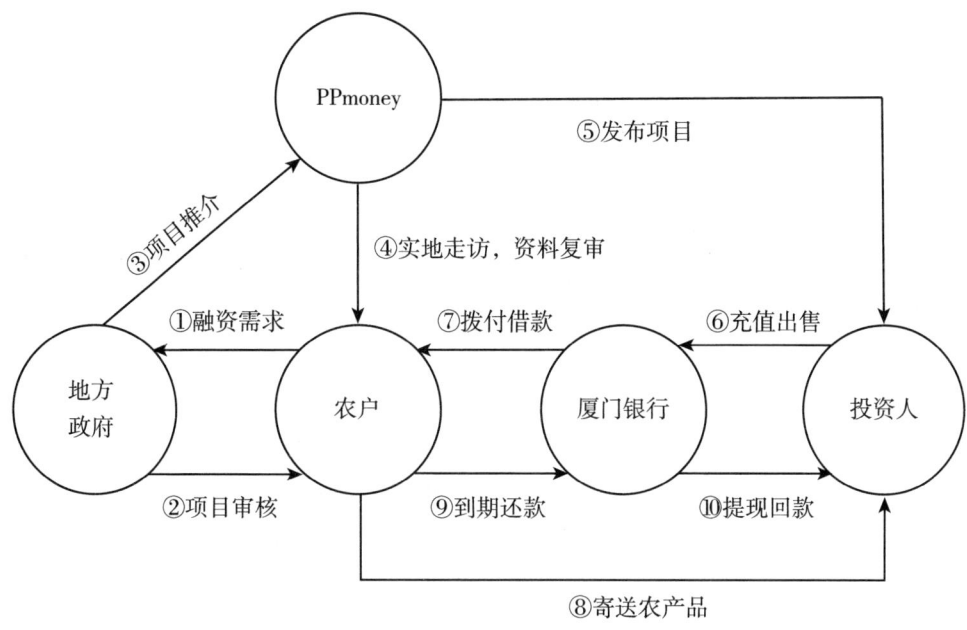

图 9-3　"三农"金融的借款及还款流程

"三农"金融具有以下特点：

① 小额分散。借款人均为各地方人民银行、政府推介并且有真实融资需求的农户，借款用途为满足农业生产短期周转需求，借款金额大多在 10 万元左右，属于国家鼓励的普惠农村金融发展方向。

② 收益满意。项目到期后，农户按不低于同期银行理财产品的收益率一次性归还本息（初期年化收益率为 5% 左右，后期收益率可能会有所变动）。

③ 实物回报。投资者在获得现金收益的同时，还能收到农户寄出的一份自产农产品，为投资者带来更优质的生活体验。

2017 年 9 月 22 日，PPmoney 网贷平台联手万惠"三农"上线南雄银杏项目，仅 2 分钟即融满，为南雄农户解决了生产资金问题。抢购用户遍布全国 15 个省（区、市），最北到达内蒙古地区。此次上线的银杏果项目来源于广东省南雄坪田的赖小姐。赖小姐从小生长在南雄，见过家乡纷繁茂密的百年杏林，也见证了父母从无到有、白手起家的全过程。背靠丰富的果林资源以及长年体会农户无法开发市场的无奈，具有经商头脑的赖父决定将目光转向城镇，坚持帮助农户收购优质农产品到城镇赶集摆卖。数十年间，赖父一直穿梭于农村与城镇间的经商贸易，从不间断，周围农户对其评价极高。然而，2006 年，赖父在进货途中意外去世，留下了还没发展壮大的银杏果事业。赖小姐为了完成父亲遗愿，将店名取名"赖记"，希望一直传承下去。

赖记在南雄乌迳镇口碑良好。赖小姐始终认为，坚持做好自己，严格把控银杏果品质，让消费者品尝到上乘的银杏果，才能收获信任，这是父亲传承下来的理念。而如今，赖小姐不希望清爽饱满的银杏果只留在南雄，希望筹划资金建厂，扩大生产规模，一来是打响南雄百年银杏的品牌；二来是传承父亲的经营理念——不仅将自家品牌发扬光大，更要帮助农民打开更大的土特产市场。这份关于"爱的传承"打动了万惠"三农"。在经过认真考察和调研后，万惠"三农"便着手筹备项目上线事宜。

与以往相似，万惠"三农"可使出借人在集团旗下网贷平台 PPmoney 投资后，获得一份年化收益外，还能收获来自南雄赖记的百年银杏果 1 份。此举不仅有效解决了赖小姐的资金问题，也进一步为南雄银杏果打开了城市市场。

作为 PPmoney 重点推进的品牌之一，未来万惠"三农"将持续通过科技金融手段实现精准助农，为传统金融机构覆盖不到、服务不好的中小农户，解决生产资金和销售渠道的困难，满足投资人对健康生活的需求，成为绿色金融领导者。[①]

3. PPmoney 风控助发展

2017 年 7 月 11 ~ 13 日，2017 年中国互联网大会在北京举行，吸引互联网领域众多领军者和先行者齐聚一堂。当前，我国正进入消费和投资均衡拉动经济发展的阶段，在消费升级的大环境下，科技的快速发展、互联网的深度渗透及消费群体心态的变化，正迫使互联网产业模式发生巨大的变化，许多年轻人通过网络借贷来进行消费，但是也带来了一些金融风险。凭借着在大数据风控领域的灵活运用，PPmoney 理财荣获"最佳风险控制企业"。平台自主研发的"灵机系统"能够实现智能化的风险管理，通过大数据、智能化全流程操作，实现精准反欺诈和信用风险评估。

灵机系统与 40 多家外部数据对接，通过外部征信数据、电商行为数据、社交属性数据、用户历史表现数据等四个方面，对客户进行丰富的人物画像，排查风险。当前社会征信体系尚不健全，数据共享将成为大数据领域亟待解决的一个痛点。作为国内领先的数字普惠金融集团，PPmoney 未来将持续通过大数据、人工智能、移动技术等先进科技手段，不断为传统金融服务不到、服务不好的普罗大众，提供线上财富管理、普惠金融服务。[②]

9.2 第三方支付典型案例

9.2.1 支付宝

1. 支付宝概述

2003 年 10 月 18 日，淘宝网首次推出支付宝服务。2004 年 12 月 8 日，浙江支付宝网

[①] 邓晨曦：《PPmoney 南雄精准扶农，助力爱的传承》，http：//gb. cri. cn/42071/2017/09/25/7371s5250042. htm，2017 - 09 - 25。

[②] 中国商业电讯：《中国互联网大会开幕 PPmoney 斩获"最佳风控"荣耀》，http：//www. sohu. com/a/156838586_115007，2017 - 07 - 13。

络科技有限公司成立，支付宝从淘宝网分拆独立，逐渐向更多的合作方提供支付服务，发展成为中国最大的第三方支付平台，截至 2016 年年底，支付宝用户为 4.5 亿。

支付宝公司从 2004 年建立开始，始终以"信任"作为产品和服务的核心。旗下有"支付宝"与"支付宝钱包"两个独立品牌，支付宝有付钱、转账、余额宝、花呗、芝麻信用、信用卡还款、城市服务、生活缴费、我的快递、蚂蚁森林、爱心捐赠等业务，外接第三方提供的淘票票、滴滴出行、饿了么外卖、火车票机票、飞猪旅行等，可以说，支付宝无所不包，可以提供人们需要的一切服务。自 2014 年第二季度开始，支付宝已成为全球最大的移动支付厂商。

2016 年 9 月，支付宝宣布自 2016 年 10 月 12 日起，将对个人用户超出免费额度的提现收取 0.1% 的服务费，个人用户每人累计享有 2 万元基础免费提现额度。2016 年 11 月 1 日支付宝入驻苹果 App Store，中国大陆用户已经能在 App Store 的付款方式和充值两个地方看到支付宝的加入，可以用于购买应用，给账户充值，或给 Apple Music 等订阅服务付费等。2016 年 12 月 6 日，支付宝宣布，已与欧洲 4 家金融服务机构签署合作协议，致力于为赴海外旅游的中国消费者提供服务。此举有望将支付宝在国外的合作零售店数量扩大近 9 倍。2017 年 5 月 24 日，支付宝宣布推出香港版电子钱包——支付宝 HK，正式为香港居民提供无现金服务。港版支付宝上线后，所有香港居民都可以通过绑定香港当地银行信用卡或余额充值使用支付宝，直接用港币付款。

2. 支付宝对银行的影响

张璐是北京国贸某公司的白领，谈起这些年个人金融生活的变化，张璐的最大感受是："跟银行打交道越来越少，银行离我的生活越来越远"。与大多数年轻人一样，张璐最初接触互联网金融产品也是从支付宝开始的，"当时主要为淘宝购物和信用卡还款，我的钱其实都还在银行卡里，支付宝只是一个便捷通道"。这种情况在 2013 年秋天有了改变，张璐发现支付宝推出余额宝理财服务，"利率跟银行定存差不多，钱却可以随时取用，最让人心动的是，每天都能看到收益到账，很有获得感"。她当即把自己 12 万元的定期存款从银行取出来，全部转到余额宝里。

当个人资产主要配置在支付宝，手机就成了张璐最主要的支付工具，水电燃气费、看病挂号、手机充值、加油打车、发红包。"现在遇到花钱的事，我下意识地就会掏手机。"慢慢地，张璐的几张银行卡都"退休"了，现在她出门很少带钱包。"有一次在小超市买东西，没带钱包，商家也没有扫码支付，结果售货员拿出手机直接跟我说，你用支付宝转给我吧，我替你付钱。"

交通银行首席经济学家连平认为，支付宝能很好地为客户提供便捷化、"一站式"、综合式服务，这对银行是很大挑战。目前支付宝主要冲击了银行业的支付、信用中介、金融服务三方面功能。传统金融中，银行之所以始终占据重要地位，就在于具有其他机构缺乏的支付功能，而信用中介是银行业标志性的核心功能，支付宝通过低交易成本和大数据正改变着银行作为信用中介的优势地位。

"如果银行不改变，我们就改变银行。"阿里巴巴董事局主席马云几年前喊出的豪言壮语犹在耳边。"支付宝为服务小微企业和个人客户提供了全新的金融模式，但对传统银行来讲，新模式涉及 IT 系统、运营流程和风控体系改造，成本投入巨大，转型发展需要一个过程。互联网金融难以替代传统银行。"连平表示，支付宝的优势在于平台、零售客户资源和数据，传统银行的优势在于资本、批发客户资源、信用和风控能力，单纯的互联网解决不了所有的金融需求，特别是高端客户的面对面个性化服务仍不可替代。支付宝难以替代传统银行，未来两者更多是"竞"与"合"的关系。①

3. 支付宝在生活中的应用

支付宝的支付功能并不是一成不变单一的支付方式，支付宝的推出让大众享受到互联网支付的快捷与乐趣。从网络购物的角度来看，从支付宝在每一个"双 11"购物狂欢节所创造的交易额便知支付宝在购物方面的使用频率与认可。而且，除了淘宝购物，支付宝目前已经进入了公共事业、日常生活缴费的领域。目前，人们不需要出门就可以在支付宝平台进行日常缴费，比如水费、电费、天然气费等。支付宝丰富的支付功能还涉及其他领域，例如，我们所熟悉的余额宝、基金理财、飞机票、火车票、担保交易、旅游等。在医保服务方面，部分大城市已经开通了支付宝缴纳参保费用，而且在全国范围内正在逐步开展三甲医院通过支付宝实现在网上直接预约挂号，从而降低了医院排号的现实压力。

在北京某所高校门口，每当夜色降临，几十家小商贩就开着电动三轮车聚集于此，各色小吃一应俱全，种类不一。但是，有一点相同，即他们都支持支付宝的扫码支付，塑封的二维码都贴在摊子的显眼位置。至于为什么非要支持扫码支付？有商贩说："周围商家都在用，你不用生意就会受到影响，因为有些人不带现金，你不支持扫码支付顾客就走了。况且用起来也很简单，把收款的二维码打印下来就行，不费事儿。"目前身上不带现金成为很多人的新习惯，在这种情况下，不能提供移动支付服务已经成为商户的短板。

4. 支付宝的商业模式

从 2016 年 10 月 12 日起，支付宝对用户提现开始收费，每位用户都拥有累计 2 万元的基础免费提现额度，超过额度后超出金额按照 0.1% 收取服务费，最低 0.1 元/笔。除了对个人提现超额部分收取手续费外，支付宝的主要收入来源于商家，具体有以下四个方面。

（1）支付产品。

支付产品可以分成接口类产品和清算类产品两大类。接口类产品指将支付宝接口集成到商户网站，主要包括普通网站接口、平台商接口（B2C 或 C2C 模式）；清算类产品无须集成支付宝接口，用于支付宝账户之间、支付宝和银行自建的资金流转，主要包括大额支付款、批量付款等产品。另外，支付宝还向商业用户提供增值服务（支付宝快捷登录等），目前大部分增值服务都是免费的。

支付产品有两种收费模式：一是单笔阶梯费率。按交易额的比例收费，费率由交易额

---

① 吴秋余：《银行为啥跑不过支付宝们？》，载于《人民日报》2016 年 12 月 5 日。

区间决定，如 0~6 万元费率 1.2%、6 万~50 万元费率 1.0%，交易额越大费率越低。二是包量费率。包量费率是指在包量内只收取预付费，超过包量流量后按每笔交易额的 1.2% 收取服务费，合同有效期为 1 年。

（2）行业解决方案。

行业解决方案主要是针对航旅、B2C、物流、网游、保险、海外、缴费、无线、公益捐赠等行业需求而开发的个性化解决方案。例如，针对中小 B2C 商户的 COD 专业版（货到付款业务管理平台），商户通过平台向指定的物流公司发送代收货款的发货请求，同时获得代收的货款和运费等资金，最终获得发货回单。

行业解决方案针对不同的行业、不同的业务合作模式，采用不同的收费模式和标准，扣除相应的成本以及和商户共同进行的营销推广成本，形成最终的利润。

（3）第三方服务。

支付宝为商户建造第三方服务平台，进驻的第三方主要包括域名/空间/主机、网站建设软件/系统、网站管理工具等互联网基础服务提供商，为电子商务网站提供类似"水电煤"的基础服务。

（4）其他业务。

随着用户规模的扩大，支付宝也将从个人登录页面的显示链接广告和商家在支付宝的营销推广活动中获取一定收益。[1] 支付宝还推出阿里金融，根据淘宝、天猫商家的交易金额、信用等信息，为需要资金的小微企业提供金融贷款，从中获益。

5. 支付宝的境外发展

2016 年 11 月，蚂蚁金服公布全球化战略——计划未来 10 年内为全球 20 亿用户、2000 万中小企业提供包括支付、小贷在内的多种普惠金融服务。同时，还将在此基础上建立以支付、贷款、保险、零售等业务为基础的全球信用体系。截至 2017 年 6 月，支付宝母公司蚂蚁金服已与全球 25 个国家和地区达成战略合作协议。按照这样的节奏，带上支付宝游全球指日可待。

（1）推出支付宝香港版。

2017 年 5 月，支付宝第一个境外版本香港版（支付宝 HK）上线。迈出这一历史性脚步的一个前提是，2016 年 8 月支付宝香港公司获得了香港金融管理局发放的第三方支付牌照，可以为当地用户提供数字金融服务。但限于监管等因素，支付宝 HK 在内地暂时还不能在线下场景使用。

与内地版相比，支付宝 HK 功能还很简单，暂时只有扫码付、餐饮优惠、集印花等几个主要功能。但服务紧贴当地消费习惯，比如在香港 7-11 便利店，收集印花换取礼品已成为当地人的习惯。为提升用户量，支付宝 HK 为每笔扫码消费满 20 港元的账号送一枚印花，满 3 次后赠 50 港元。

目前，有 8000 多家香港商户可支持内地版支付宝付款，其中 2000 家可同时对支付宝

---

[1] wola：《解读支付宝：支付宝发展历程及商业模式》，http://info.hhczy.com/article/20131120/17374.shtml，2017-08-20。

HK 进行扫码收付，接受支付宝 HK 的商户数量正在增加，预计 2017 年底前全部打通。①

(2) 投资入股东南亚支付机构。

2016 年 11 月，蚂蚁金服对泰国支付企业 Ascend Money 进行战略投资，通过输出技术和经验，打造泰国版"支付宝"，并将 Ascend Money 引入支付宝的"全球收全球付"支付系统。预计未来 5 年，双方将联手打造电子钱包，就此便可服务泰国一半以上的互联网用户。

2017 年，蚂蚁金服已经对东南亚的支付公司进行了一系列的投资。菲律宾移动电信运营商宣布，蚂蚁金服已经与全球资本控股（GCVHI）的子公司 Mynt 结成了战略伙伴关系，以加快升级菲律宾的支付服务系统。

2017 年 4 月 19 日，蚂蚁金服宣布与东南亚电商网站 Lazada 旗下的支付工具 Hello Pay 合并。Lazada 有"东南亚最大电商"之称，覆盖新加坡、马来西亚、印度尼西亚、菲律宾、泰国、越南六大市场。合并之后所有东南亚国家运营的 Hello Pay 都将更名为"支付宝"，届时东南亚地区会出现以"支付宝印度尼西亚""支付宝马来西亚""支付宝新加坡"以及"支付宝菲律宾"为名的支付机构。

(3) 打造欧洲无现金国家。

支付宝在欧洲已跟包括法国巴黎银行、巴克莱银行、裕信银行、SIX、Wirecard、Concardis、Ingenico Group 等机构达成合作，这些机构在欧洲接入的商户总数超过百万。未来中国游客在这些欧洲商户的门店将可直接使用支付宝消费。

2017 年 6 月，支付宝与摩纳哥签订战略合作协议（MOU），将帮助后者打造成全球首个"无现金国家"。未来摩纳哥全国商户均能使用支付宝支付，这也是蚂蚁金服第一次与主权国家政府签订战略合作协议。摩纳哥也成为第 12 个接入支付宝的欧洲国家。目前，摩纳哥已有多家商户接入了支付宝，包括高级餐馆、F1 纪念品店、Chanel、酒店、直升机售票、游艇俱乐部等，占该国商户的 1/10。作为旅游国家，摩纳哥本地居民日常以信用卡消费为主，游客则信用卡和现金两者都有。在相对保守而成熟的欧洲市场，移动支付仍是新颖的付款方式。

(4) 支付宝进军美国。

2016 年 10 月，支付宝和 First Data 宣布合作，并开始在少量商户尝试接入支付宝，经过半年的试点和技术对接，支付宝和 First Data 认为筹备工作已经基本就绪。2017 年 5 月 8 日，蚂蚁金服宣布与美国支付服务公司 First Data 达成合作。即日起，超过 400 万已接入 First Data 支付服务的商家将支持使用支付宝进行支付，双方的合作将率先从 First Data 旗下的 Clover 产品开始。

由于 First Data 是美国最大的商户收单机构，覆盖的商户量可以与 Apple Pay 匹敌。以后中国人在美国旅行、留学，就可以像在国内一样，不用带钱包，吃喝玩乐行都可以用支付宝"无现金"消费。支付宝方面表示，会首先在中国游客最常光顾的购物点推广，其中包括纽约第五大道、各大机场、奥特莱斯、机场免税店、百货商场等，随后会进入游乐场、餐厅、超市、书店等消费场所，最后实现小吃店等长尾商铺覆盖，让当地中国留学生也能方便的用支付宝消费。

---

① 彭海斌：《支付宝编织全球移动收付网》，http://www.yicai.com/news/5295072.html，2017 – 06 – 04。

9.2.2 微信支付

1. 微信支付概述

2013年8月,微信支付横空出世。微信支付是集成在微信客户端的支付功能,以绑定银行卡的快捷支付为基础,用户可以通过手机完成安全、快捷、高效的支付服务。在当时发布的微信5.0版本中,微信不再只是通信工具,还可以购物、买车票、充话费、一键还款等,用户只需绑定一张银行卡。首批上线的商户涵盖电子商务多个细分领域等,包括机票酒店预订、手机购买、电影票团购、交通卡充值等绝大部分品类的商品和服务,用户均可以通过微信支付购买及实现。目前微信支付已实现刷卡支付、扫码支付、公众号支付、App支付,并提供企业红包、代金券、立减优惠等营销新工具,满足用户及商户的不同支付场景。

微信支付一直以来持续打造"智慧生活",将企业责任与更多行业及用户的需求关联,提供更多的商业和用户价值。

(1) 带来便捷的交易与沟通。

创新的产品功能(转账、红包、找零、支付+会员等)不仅方便了用户的交易,提高了效率,还能让很多传统的生意和习俗更有新意,在交易的同时带来更多的乐趣,社交支付甚至成为情感交流、传达爱意的新方式。

(2) 智慧高效的生活体验。

线上线下场景的覆盖,给用户提供零售、餐饮、出行、民生等生活方方面面高效智慧的体验,让用户更加自在有安全感的生活和出行,用户从此可以告别钱包、告别排队、告别假钱、告别硬币零钱。

(3) 帮助产业升级商业价值输送。

微信支付携手各行各业的商户共筑智慧生活,为传统行业带来智慧解决方案,帮助传统行业转型,让传统行业搭上"互联网+"的直通车,推动传统行业产业升级,带来新的机会和转变,以及更多商业化价值输出,引领行业共建智慧生活圈。

(4) 生态链延伸,价值共享。

微信支付创新的技术支撑和开放的平台原则,与行业一起共享微信支付带来的价值,引领行业共同构建完善的智慧生活生态链,基于智慧生态链的延伸孵化出很多新兴的产业机会。微信支付的服务商遍布全球各地,携手微信支付一起为给商户和用户带来智慧生活的体验而努力奔走,扶持帮助服务商共同成长,携手推进智慧化生活进程。

微信支付一直以来持续打造"智慧生活",将企业责任与更多行业及用户的需求关联,提供更多的商业和用户价值,引领行业走进全新的"智慧生活"时代。

2. 微信红包引爆微信支付

2013年11月,一次基础产品中心的"头脑风暴"中,微信产品总监弓晨和同事们想到,可以在2014年春节时,把公司内部发红包的传统做成一个应用,吸引普通用户使用,增加微信支付的用户数量。微信中有一项随机掷色子的功能,在微信群中多个好友一起掷色子是一种简单又刺激的玩法。一位产品经理提议,如果把色子换成红包应该也能激起大家参与游戏的兴趣。经过讨论,红包团队定下了这个"抢"随机红包的设计。他们的这个想法获得财付通副总经理吴毅认可。

2014年1月10日,弓晨和几个负责产品与技术的同事开始了微信红包的技术开发。只用十几天的时间,技术人员就开发出了最初微信红包版本。为了做测试,弓晨在微信上拉了一个150多人的群。这些人包括财付通的员工、腾讯广州研究院微信团队员工以及一些银行的技术人员。在这个群里,大家就是玩发红包和抢红包的游戏,并发现问题,提出改进意见。最开始,大家还只是测试性地互相发红包,逐渐测试成为真正的狂欢。群成员们会以"某某万福金安"的祝福语"炸"出群里的高层人物,逼他们出来发红包。当这一句话被群成员们整齐划一地重复几十遍时,一般被点名的人都会乖乖出来发真金白银的红包。几乎每天晚上,这个群都能抢红包抢到凌晨3点。微信红包将人性中贪嗔痴因子全都激发出来。

"抢红包"中蕴含的人性因子立即给微信红包功能带来了难以想象的热度。正式向公众开放前,微信红包早已在一部分接近腾讯圈子的微信用户间传开了。2014年1月24日,弓晨发现本应该只有几百个测试红包的时候,出现了上万个红包,这让微信红包团队意识到"抢红包"功能的传播速度远比想象得快,如病毒一样扩散的"微信红包"潮流超出了他们的想象。整个团队几乎没有休息,忙着给微信红包系统扩容。他们向腾讯公司申请,调来了10倍于原设计数量的服务器,并抓紧时间修改微信红包系统的最后细节。直到1月26日上线前,弓晨才请负责技术的同事把"发红包"界面的一个按钮名称从"随机红包"改成了更吸引人的"拼手气红包",并且改掉了先写祝福语再抢红包的流程。

2014年1月26日,微信红包还在内测时,一张网络流传的截图显示马化腾正邀请一些企业老板测试"抢红包"功能。在这张截图上,马化腾发了一个随机红包链接,50个随机红包,人均有20元。截图还显示,中石化的孙维跃和广厦集团的楼江跃都领到了红包。而香港创意服务有限公司的总经理罗绮萍,也在腾讯微博上晒出马化腾在微信上发给她的188元红包。1月28日下午,"新年红包"的图标第一次出现在了微信"我的银行卡"界面中,6亿多用户可以直接进入微信红包的页面开始发红包。1月28日下午4点左右,"新年红包"图标首先在微信的诞生地广州出现,随后的4个小时中,逐渐蔓延到中国的其他主要大城市,再到二三四线城市,直至全国。

2014年农历除夕到正月初八(公历1月30日到2月7日)这9天时间,800多万中国人共领取了4000万个红包,遍布全国34个省级行政单位,每个红包平均包含10元钱。据此推算,总值4亿多元人民币的红包在人们的手机中不断被发出和领取。除夕夜参与红包活动的人最多,一共有482万,流量最高峰出现在零点前后,在达到瞬间峰值时,每分钟2.5万个红包被拆开。随着微信红包的火热,在春节期间便有消息称,"微信绑卡用户破亿、一个红包就超过支付宝8年干的事。"①

---

① cnbeta:《独家揭秘微信红包系统前传》,http://hebei.news.163.com/14/0215/10/9L4BL93Q02790BIM_all.html,2017-09-04。

2014年春节的微信红包创造了新的红包发送方式，引发了传播热潮，更多的人开始绑定银行卡抢红包，既增加了微信用户之间的感情，也让微信支付用户获得了爆发式的增长。

3. 从社交开始，让微信支付成为下一笔生意的起点

传统的支付客户离开收银台这次交易就终止了，有了微信支付之后，关联了客户的信息、商户和客户的交易信息，商户就有了客户管理的基础，所以微信支付是商户交易的起点。

微信支付通过三大驱动力让微信支付成为下一笔生意的起点。

第一个是微信红包。微信支付2014年农历除夕的时候创造了110亿次摇红包的峰值，春晚过后，整个微信红包又继续创造了不可思议的曲线。微信红包已经成为我们整个节假日必备的民俗工具。除了节假日，微信红包已经变成日常社交工具，对于很多同事群、客户群，微信红包都可以承担催化作用。

第二个是微信转账。转账就是在会话里面用户输入金额和密码就可以完成转账。有了微信转账之后再也不需要向对方索要银行账号，也不用担心出错和安全问题了。

第三个是微信收钱。陌生人之间面对面的小金额的交易，在有了微信收钱之后，商户可以把自己的收钱码放到各个地方，让消费者扫码付钱。

4. 覆盖更多的支付场景

2016年12月8日，星巴克咖啡公司与腾讯控股有限公司宣布达成战略合作，微信支付自即日起接入星巴克中国大陆近2500家门店。星巴克将成为中国首家在微信上推出社交礼品体验的零售品牌，不仅为中国顾客提供便捷的数字支付方式，更为他们量身定制独特的社交礼品体验。作为此次合作的一部分，星巴克中国大陆门店将自即日起支持微信支付，以不断提升顾客的门店体验。①

2017年9月13日，马化腾低调现身安徽。在合肥，腾讯公司与安徽省、合肥市签下包括众创空间、AI医疗、"互联网+"等一系列合作，并将腾讯乘车码正式接入合肥公交系统。合肥市民在使用腾讯合肥通乘车码时无须用户充值，刷码乘车后，车费支持实时和异步扣款，实现"先乘车，后付费"，为市民提供多元的支付方式，极大提升了用户出行效率。首次使用二维码乘车时，用户可通过微信小程序搜索"腾讯乘车码"，此后腾讯乘车码会自动进入微信卡包，再次使用时在"我—卡包—会员卡"可以轻松找到带有"合肥公交合肥通乘车码"字样专用卡样并点击使用。用户乘坐公交时，将点击生成的腾讯合肥通乘车码靠近扫码机，刷码成功后即可乘车。腾讯合肥通乘车码实现了脱网验证，机器响应速度在0.3秒内。腾讯乘车码把移动支付服务延伸到大众出行场景中去，引领公交出行进入高效、低碳的移动支付时代，让用户享受安全、便捷和舒适的公共出行服务。乘车码是移动支付场景的进一步拓展，突进了传统城市公共预付卡的领域。

---

① 姜红、郭诗卉：《接入微信支付"固执"的星巴克为什么变了?》，http://tech.qq.com/a/20161210/004486.htm，2016-12-10。

在咖啡、外卖、打车、单车、超市、便利店等高频支付场景相继被瓜分完毕后，微信支付继续拓展新的支付场景。

5. 微信支付的未来

微信支付一直在快速成长且成绩斐然，这让市场由原来的支付宝一枝独秀变为和微信支付平分天下。微信选择了一条更适合自己的路，而不是和支付宝直接竞争。微信支付通过微信庞大的装机量以及对线下消费场景的理解、投资、收编，绕开已经成熟的电商线上主战场，在线下逐步提高渗透率，形成反攻，终于成长到挑战甚至碾压支付宝的地位。

社交生态、用户习惯和支付场景，这三者正是微信支付高速增长的驱动力。

（1）微信是一个社交平台，有着庞大的用户群体，并且真正地融入了用户的生活。微信以社交为出发点，发掘出丰富的支付交易场景。因此，在微信基础上开辟的微信支付业务，一开始就"站在巨人的肩膀上"。微信支付和微信共享庞大的（超过9亿）活跃用户基础，相对于独立支付 App，通过微信调用支付功能的体验更为方便和快捷。

（2）微信红包对微信支付的巨大推动作用。用户在收发红包的过程中，自然而然地完成了绑卡、验证身份等基础操作，随后可以顺利过渡到日常支付场景。

（3）微信支付对支付场景的"全覆盖"。微信支付基于用户交往和生活的需要延伸出的支付更有市场，更符合用户的使用习惯。在支付行业，场景可能比技术更加重要，场景的便利和多样对用户最具吸引力。微信支付覆盖了绝大部分线上（如话费充值、信用卡还款）和线下（如打车、外卖、超市、便利店等）支付场景，渗透到用户吃、穿、住、行等各个方面。①

9.3 互联网众筹典型案例

9.3.1 点名时间

1. 点名时间概述

成立于2011年的点名时间是首个将回报式众筹引入中国的网站。彼时几乎没有人相信众筹这个模式会得到如此高的认可。点名时间创始人张佑15岁第一次接触互联网时就被吸引了，他觉得改变世界的梦想一定可以通过互联网找到路径。点名时间就是实现他梦想的载体，其在成立之初的使命是"一个支持创意和梦想的乌托邦"。点名时间最初的理念非常符合互联网时代鼓励创新、短平快的思维方式。

2011年7月网站上线，点名时间将众筹模式引入中国。网站创立初期，无论是出版、影视、音乐、设计、科技，甚至公益、个人行为的项目都可以在点名时间发布。2012年

---

① 永恒之蓝：《微信支付怎样像蚂蚁一样把支付宝啃成一幅骨架的？》，http://finance.ifeng.com/a/20171004/15708497_0.shtml，2017-10-04。

初，积累了半年的运营数据后发现，网站整体项目的支持率、转化率超过很多电商平台，项目筹集资金突破 50 万元，点名时间开始引起业界的关注，众筹模式开始在中国萌芽。从 2011 年 7 月点名时间上线运作至 2014 年，点名时间是国内最早也一直是最大的众筹平台，点名时间在众筹领域的经验没有任何一个平台可以超越。可以说，点名时间是国内最了解众筹的平台。

2. 点名时间的第一次转型——智能硬件首发平台

2014 年 8 月，上线三年的点名时间突然宣布自己将放弃众筹平台的定位，转型为智能硬件首发平台。也就是说，点名时间的业务转为为智能硬件厂商做广告和营销服务，将产品重新包装、定位和定价。但这些服务都是免费提供给硬件创业者的，商业模式并不清晰。随后，点名时间又进入特卖领域——智能硬件限时抢购。

关于为何转型不做众筹，点名时间创始人张佑认为，做众筹的时候存在一个问题，即用户分为两种，一种是极客，一种是大众消费者，两种人的需求是不一样的。极客群体要的是参与感，他们希望在产品还没做出来之前，能参与整个开发过程。而对于大众消费者来说，他们希望拿到质量好的产品。这两种用户的喜好和思维习惯是完全不一样的，目前众筹无法兼顾这两种用户。点名时间现在把两种人群分出来，通过"1 元公测"和"首发预售"两种项目模式来消除众筹模式存在的弊端。

"1 元公测"就是帮初创团队筛选出这样一群极客用户做深入对接，即在其产品还不成熟的时候，让极客用户进行市场体验和测试来帮助初创团队验证产品，这时候初创团队不应该向用户收费。而对于想要买成熟产品的人来说，那就来"首发预售"。准备好的团队能确保发货时间和产品质量，点名时间帮你在点名时间做最好的亮相，积攒第一批消费群体。所以点名时间"门槛"要求特别高，因为要保证用户的权益。①

点名时间做智能硬件首发平台的价值有以下四个方面。

（1）创新产品的第一批"铁杆粉丝"。每一个新产品都需要第一批先驱者的试用。少了这群人，新产品就没有口碑，就无法在大众群体扩散。这群科技产品意见领袖都聚集在点名时间，因为他们最关注国内外最新的智能产品资讯。在点名时间发布产品将可以快速地接触到这些意见领袖，让他们发现你的产品并进行适当的宣传。

（2）获得市场反馈与测试。硬件不像软件，发现漏洞（bug）可以快速迭代，硬件一旦出货就得确保 100% 的正常运作。任何一个组件发生问题，都会面临客户投诉需要召回。点名时间帮助硬件团队将公测版产品交给愿意协助测试并给予意见反馈的专业用户。通过众筹模式，测试产品定位，看看用户是否需要；测试产品的包装，看看用户是否理解；测试产品定价，看看用户是否买单；测试产品使用，看看是否可以发现任何无法预期的问题。

（3）快速对接全球销售渠道及媒体资源。点名时间和国内外超过 500 家销售渠道建立了战略联盟，销售范围遍及美国、加拿大、澳大利亚、俄罗斯、日本、欧洲以及东南

---

① 张佑：《点名时间 CEO：为什么我们不做众筹了？》，https://www.huxiu.com/article/101647.html，2014 - 11 - 17。

亚。点名时间与近 200 家线上线下媒体记者合作,帮助硬件团队与优质媒体对接。通过点名时间,硬件团队可以接触到最合适的媒体,进行更多有效的宣传。

(4) 获得国内外投资机构关注,解决后期资金需求及代工供应链资源。超过 150 个投资经理在点名时间寻找好的硬件团队。点名时间与超过 100 家原器件采购及代工厂合作,帮助硬件团队挑选出最优质的厂家,解决硬件团队在寻找供应链上经验不足、找不到匹配的代工厂,无法及时生产交货的痛点。

3. 点名时间再次回归原汁原味众筹

点名时间在转型做首发平台后,其创始人张佑感觉到了平台和创业者们的关系其实是在慢慢疏远的。以前点名时间做众筹,创业者们都把点名时间当作朋友。做了首发之后,朋友这层感觉变薄了,更多的似乎只剩下交易。做智能硬件首发平台后,用户越来越少。点名时间转型的失败,让张佑陷入一种严重的自我怀疑的情绪中。在低谷期,张佑拜访了以前结交的那些大大小小的创业团队。他想向这些团队请教自己心里的疑惑,为点名时间找到一个新的方向。最后,拜访一圈下来,他的心里终于慢慢有了答案:点名时间应该回归初心,做原汁原味的众筹。

2015 年,此时国内的众筹市场已经是另外一番景象。京东和淘宝已经成为国内最大的两家众筹平台,它们做的是首发和预售阶段的众筹,用户在平台上更多的像是在购买商品,走的其实是电商的逻辑。当初转型失败的点名时间没能做成功的事情,拥有电商基因的京东和淘宝相较而言确实更合适,它们平台上也有足够的流量可以撑起来。在预售模块采用电商的逻辑,点名时间是无法和京东、淘宝竞争的。

"原汁原味的众筹"最后定位在了产品原型、试模的早期阶段。如果把一款硬件产品的诞生过程粗略分成想法、原型、试模、预售和销售五个阶段,张佑希望点名时间能在上游端产生一些更大的价值和作用,而不是像京东和淘宝那样,更偏向电商的预售和首发。对真正需要众筹的创业团队来说,众筹的意义包括了获取第一批"粉丝"、媒体首次曝光、市场验证、融资、产品制造、产品物流等。把平台定位在上游,平台本身更容易形成小生态,可以更多地帮助那些还不成熟的小团队,为它们带来更多元和更丰富的资源对接服务。

2015 年 8 月的第一个周末,借着点名时间 10x10 创新趋势大会,张佑在深圳宣布点名时间回归众筹平台的消息。从国内最早的众筹平台,到此后几近于在行业中销声匿迹,再到此次重新回归众筹,点名时间经过的这 4 年时间中,众筹行业早已物是人非。①

4. 点名时间被收购

2016 年 7 月 27 日,91 金融 CEO 许泽玮确认点名时间已被 91 金融收购,未来将由 91 金融独立运营,点名时间 CEO 张佑完全退出。据悉,点名时间在被收购后将保留目前的名称,成为 91 金融旗下独立运营的板块。

---

① 36 氪:《回归初心:一个普通创业者的曲折转型路》,http://tech.sina.com.cn/i/2015-08-10/doc-ifxftvni8883150.shtml,2015-08-10。

91金融收购点名时间来自经纬中国的牵线：经纬中国是两家公司的共同投资人。收购点名时间是91金融整体资本战略布局的一部分，未来91金融还将继续加大对金融、文创等领域的初创企业和优质企业的投资。91金融之前也有众筹业务，而点名时间进入众筹市场早，有大量的用户群，对91金融的现有业务也会是好的补充。此次收购之后，点名时间将由91金融独立运营，以文化创意领域众筹业务为主。

9.3.2 京东众筹

1. 京东众筹概述

京东于2014年7月上线产品众筹，2015年3月上线股权众筹。目前，京东众筹属于京东金融旗下。根据网贷之家发布的众筹行业报告，京东众筹2016年全年成功筹资额居众筹行业第一，筹资额达21.9亿元。然而，这样的规模对于京东的金融业务规模而言，简直可以忽略不计。从整个行业累计交易规模、2016年行业筹资规模、筹资增速、2016年全行业获投资平台数量等角度看，众筹行业规模还很小，远低于互联网金融其他领域。

2. 京东进军众筹的原因

京东之所以要做众筹，是因为发现了在消费升级背景下诞生的创业公司越来越多。

京东众筹事业部总经理高洪偲此前在京东做采销工作，经手过京东平台80%的品类，约从2014年起，他发现越来越多的创新型公司找他谈合作。例如，人体电子秤领域已经有人在做体脂秤，其理念认为减肥不是减体重，而是做好脂肪的精准测量以达到控制脂肪的目的；戴在脖子上的空气净化器，其原理是用静电吸附技术，在脸部形成屏障，隔离雾霾。这些创新型产品的大量涌现，表明中国正处于消费升级中，越来越多有购买能力的中产阶级崛起，个性化的需求出现，同时，电子消费品从耐用品变成高频的消费品，比如手机。

随着"这类"创业者越来越多，京东很快发现一个规律：他们有很强的技术和做产品的能力，但缺少应对用户端的经验、产品营销能力、品牌能力，甚至存在缺少资金等这样的短板，这让一个个创业项目不得不从零起步，重复试错。这些创业者所欠缺的，正是京东平台所具备的优势，对创业企业的优势互补是京东众筹上线的动机之一。

彼时，美国的众筹网站Kickstarter正发展得如火如荼，京东的众筹产品上线后，最初被认为是中国版的Kickstarter。但是没过多久，京东就走出了自己独特的道路，结合以下三个方面开展自己的众筹业务：

（1）京东众筹依托京东的电商基因，有天然的销售渠道、目标用户以及流量优势。

（2）京东众筹对于入驻众筹的项目严格审核，做到宽进窄出，众筹上项目的成功率达到90%以上，保障了用户的利益；而Kickstarter由于不对项目做审核，其成功率在60%。

（3）通过构造生态区众创生态圈去扶持有希望的创业项目，引入工业设计、品牌服务、营销推广等创业公司，让众筹项目进行免费对接，做创业培训。创业者取得快速成长的同时,其在京东众筹上的项目更容易获得成功,这对创业者、京东众筹、用户来说是"三赢"。

国内的众筹在近两年发展迅速,在模式上跟进国外的同时,每家众筹平台都在琢磨自己的产品形态或商业模式,或者未来的发展方向。京东整合自有平台上的各种资源优势,正在形成自己的众筹模式,这或将重新丰富众筹的内涵。

3. 京东众筹的运营策略[①]

京东众筹除了依赖于京东本身的平台影响力外,在发展的过程中,京东众筹还采取了以下有效策略。

(1) 单点突破的市场策略。众筹的产品种类非常多,这其中既有智能硬件类、流行文化类、健康出行类、生活美学类,还有公益慈善类。如果一开始就全力推广全部品类,塑造一个大而全的众筹平台,不仅不容易被大众记忆,还没有侧重点。在过去的一段时间里,京东众筹的成功之处就在于将智能硬件作为主打的众筹品类,得益于智能硬件在2014年的爆发之势,京东众筹平台也成为众多智能硬件类的创业公司都希望登上的一个平台。而在智能硬件项目上的成功,也带动了京东众筹平台上其他如流行文化、生活美学、公益慈善等项目。

(2) 平台的下沉和落地。京东众筹除了在线上给予众筹产品推广资源,还频繁到线下为众筹产品做推广。如松鼠相框的智能硬件众筹,京东众筹平台除了在网上推广这个项目,还参加松鼠相框的智能硬件厂商小型发布会,除了松鼠创始人分享产品初衷和故事之外,京东众筹的发言人也在现场解释了京东众筹平台的相关政策,这是京东众筹平台下沉的一种方式。京东众筹十分重视与其他渠道的合作,京东众筹平台与熊猫自媒体联盟做了一个"京东·熊猫赴筹者联盟绿色通道",这个"绿色通道"就是京东将筛选众筹产品的权力下放给了熊猫自媒体联盟,今后只要是通过熊猫自媒体联盟审核的优秀项目,就可以直接上线京东众筹平台,这是京东众筹平台渠道落地的典型表现。

(3) 打造明星众筹产品。京东众筹平台之所以能够在智能硬件领域具有很高的评价,一方面跟京东众筹对硬件比较熟悉有关系;另一方面跟京东众筹一手打造明星众筹产品的口碑传播有很大的关系。在京东众筹上第一个走红的众筹项目是"三个爸爸"儿童空气净化器。在产品众筹过程中,国内用户对于自身健康的关注度比以前高,国内雾霾天气频发,"三个爸爸"借助于一个很好的品牌故事和具有卖点的产品,在很短时间内在京东众筹平台众筹到1000万元。而"三个爸爸"的成功为京东众筹平台做了很好的品牌背书,由此也吸引了众多的智能硬件厂商到京东众筹平台上试水众筹,形成一个良性循环。

4. 京东众筹打造现象级产品[②]

2006年,深耕于音响行业、有"中国胆机之父"之称的曾德钧判定,蓝牙、Wi-Fi 音

---

① 李东楼:《京东众筹这么火,创业公司该如何参与?》,http://www.chinaz.com/news/2015/0527/409705.shtml,2015-05-27。

② SherLu:《把收音机卖出上亿元销售额,这家公司"慢"得有道理》,https://www.huxiu.com/article/209635.html,2017-08-15。

响将成为音响市场主流，于 2006 年推出了相应产品。但伴随蓝牙、Wi-Fi 音响 "风口" 的到来，曾德钧的公司却未因此受益，产品的销量停滞在每年 300 台。他不是没有想过改变这种困局，"有过一些思考，但不是很明确，有些正确，有些模糊，甚至有些错误"。

曾德钧的众筹史：

2013 年底，与《音乐天堂》杂志总编胡思客众筹，筹得 16.5 万元，最终亏本。

2014 年初，与荒岛电台创始人、现猫王收音机首席内容官黎文众筹做荒岛唱机，最终筹得 102 万元，赚了将近 10 万元。

2014 年底，主动发起众筹做猫王一代，最终筹得 100 多万元。

2015 年 3 月 18 日，已销售了 10 年的蓝牙收音机被包装成 "猫王收音机"，在京东众筹上大放异彩，最终筹得 360 万元。

"京东 6·18" 后 "差不多每个月都有 1000 台的销售，一个月能产生 200 万元的流水"，到 2016 年 6 月，猫王收音机销售达万台。可以说，京东众筹最为成功。京东众筹不仅仅为曾德钧提供了众筹平台，更为关键的是提供了众筹建议和营销方法。第一，将核心受众从 65 岁降到 35 岁；第二，采用互联网营销、传播手段，包括众筹、邀请关键意见领袖、知名媒体宣传报道；第三，将蓝牙收音机包装成 "猫王收音机"。

2016 年 5 月，猫王·小王子上市，当月销售额突破 800 万元，接近于猫王收音机 2015 年一年的销售额（一个小现象级产品）。下一步，找出自己的文化。曾德钧的不少创业知识都是从京东创业营、混沌大学习得的。如今猫王的核心团队成员都是混沌大学的学员，公司有一致的文化基础。2016 年底，猫王全系产品创下上亿元销售额，同比增长 700%，2017 年猫王每月可创数百万元利润，预计 2017 年销售额将突破 3 亿元。

5. 京东众筹成功的原因[①]

京东众筹之所以能取得 90% 以上的成功率，主要取决于以下三个因素：

第一，对于项目的严格审核。京东众筹有专门的招商部门，对于要上线的项目会进行从产品到创始人、创始团队的考察，用一种做创投的眼光去发现有潜力的好项目，在项目的考察上重点考察创业以及创新项目，寻找的是行业内的标杆产品。

第二，京东众筹在把项目发布完成后，筹款过程中，京东方面会有一个托管账户，将众筹到的钱管理起来，项目如果在生产中需要资金扶持，需申请审核，才会发放其需要的生产资金，剩余资金要等项目发起者对于消费者的产品承诺完成后，才能得到最后的结账。通常而言，一个众筹项目的期限控制在 30 天以内，如遇到春节长假这样的特殊情况，在用户参与时会提前告知。

第三，在项目众筹过程中，有很多突发因素会引起项目的失败。京东众筹平台上引入了保险产品，这个保险产品能够在一定程度上减少投资人的损失。

无论是产品众筹还是股权众筹都是有风险的，京东要做的，就是减少风险发生的可能性，提高项目的成功率。

---

① 郭娟：《京东众筹究竟是如何炼成的？》，http://tech.163.com/16/0318/20/BIFEVL2U000915BF.html，2016-03-18。

9.4 互联网理财典型案例

9.4.1 东方财富

1. 东方财富概述

东方财富网创办于2005年,始终坚持"用户为王"的经营理念,为全国广大投资者提供专业、及时、全面的金融信息服务。2010年3月,东方财富网成功登陆深圳证券交易所,成为中国首家登陆A股的互联网财经门户,从创立到成功上市,公司只用了5年时间,成为中国创业板IPO历程上的一颗耀眼明星。

上市之初的东方财富,是一家提供金融信息资讯的企业,通过网站平台和各专业频道提供专业、及时、海量的财经资讯和金融信息,同时提供财经互动社区平台。2014年,东方财富主营业务扩大为金融数据服务业务(主要为choice数据销售)、互联网广告服务业务及金融电子商务服务业(主要为基金销售业务)。东方财富网旗下现拥有天天基金网、股吧、东方财富终端、东方财富证券、choice数据等强势业务版块及产品。其中,天天基金网自2012年获得中国证监会颁发的首批第三方基金销售牌照以来,截至2015年底在天天基金网平台上的基金销售量已经累计突破万亿元。

为推进"沪港通"和促进中国资本市场国际化,2015年,公司相继成功收购香港宝华世纪证券及西藏同信证券,正式翻开了进军互联网券商的崭新篇章。

2. 东方财富的突围之路

2005年,东方财富正式在上海成立。2005年,新浪、搜狐、网易三大门户网站的财经频道已经开始发展,和讯、金融界、证券之星三大财经网站也已确立各自的行业地位,东方财富网只是一个后来者。

与新浪、搜狐、网易相比,东方财富的财经资讯做得更专业、更丰富、更全面、更深刻。东方财富的创始人沈军,1998年成为中国首批注册证券分析师。1999年10月26日,沈军更名为"其实",以"其实"署名发表股评。他的名字与股评文章越来越多地出现在各类财经报纸上,他本人也频繁地成为电视台、广播台的座上宾,曝光率极高。股评家的身份让他更懂得用户的心理,更能提供专业的、全面的股票和公司资讯。

以"一带一路"报道为例。新浪财经的头条是"一带一路"的新闻报道;东方财富已经略过这些浅层的信息,把重点放在了各大基金在"一带一路"的布局上。

除了资讯的专业性以外,东方财富另一个重要优势,就是"股吧"。2006年,东方财富股吧上线,借助Web 2.0的东风,东方财富迅速聚集了大量的用户,并一举成为所有股票论坛中最火热的一个。东方财富股吧中,万科A的帖子数量是36万个,而和讯股吧则是3万个,东方财富的帖子数量是和讯的12倍。

凭借以上两个优势,东方财富网奠定了其行业龙头的地位。

3. 东方财富的盈利之路

2008 年，东方财富的营业收入为 1.18 亿元，其中金融数据服务 0.75 亿元，广告服务 0.42 亿元。2009 年，东方财富的营业收入是 1.65 亿元，其中金融数据服务 1.03 亿元，广告服务 0.56 亿元。金融数据服务与 2008 年相比增加了 38.53%，广告收入增加了 32.66%。2010 年和 2011 年，东方财富的营业收入分别是 1.85 亿元和 2.8 亿元，收入来源仍然集中在金融数据服务和广告服务两部分。

2012 年，东方财富旗下的天天基金网（2008 年 12 月成立）拿到了基金销售的牌照，并从 2012 年 7 月 20 日开始对外销售。从 2013 年开始，受到激烈市场竞争和宏观经济的影响，金融数据服务和广告服务均出现了不同幅度的下降，但是基金代销业务则发展迅速。

2013 年，金融电子商务服务业务（基金代销）的收入是 0.665 亿元，毛利率为 76.97%。2014 年，这个数据达到了 3.72 亿元，毛利率达到了 80.52%，并且一举超过了广告和金融数据服务之和。2015 年，基金代销的营业收入直接翻了 6 倍，达到 24.4 亿元。根据 2015 年年中报告，东方财富的互联网金融电子商务平台实现基金销售额 4305.90 亿元，金融电子商务服务业务收入同比增长 1321.94%。2015 年，天天基金网一举超过了原本领先的中信建投证券和中信证券，成为基金销售的龙头。东方财富网和天天基金网自身的客户群体与基金购买的人群高度重合，东方财富只是用互联网的思维，将用户原有的需求搬到了线上，促进了基金的销售。2015 年，在流量变现上尝到甜头的东方财富又迈出了关键的一步，收购了西藏同信证券。

2016 年，东方财富的主要收入来源是证券业务（11.5 亿元）和金融电子商务业务（8.71 亿元），少部分收入是金融数据和广告服务（合计 3.2 亿元）。东方财富证券（同信证券）在 2014 年经纪业务收入是 3.07 亿元，到 2016 年，则升至 8.18 亿元。截至 2016 年 12 月，东方财富证券经纪业务市场份额为 1.22%，在所有证券公司（含中国证券金融股份有限公司）中排名第 24 位，相比上年同期排名提升了 26 位。①

东方财富与其说是一家 IT 公司，不如说是一个在金融数据、互联网和基金销售方面有突出强项的互联网金融公司。

4. 东方财富的未来发展

2017 年 3 月 1 日，东方财富网旗下自媒体平台"财富号"（http：//caifuhao.east-money.com/）结束公测，隆重上线。"财富号"借助中国财经门户东方财富网的影响力，旨在汇聚权威、全面、专业的财经自媒体作者群体，打造国内最具价值的财经垂直自媒体平台。2017 年 8 月初，东方财富推出全新升级版"基金财富号"，以"自媒体＋自运营"模式满足基金公司的电商运营需求。

东方财富小额贷款公司于 2017 年 7 月 20 日取得了由上海市工商行政管理局颁发的

---

① 君临：《东方财富成为中国顶级的互联网券商有几步？》，https：//baijia.baidu.com/s？old_id＝855443，2017－05－22。

《营业执照》。东方财富证券、天天基金、东方财富网有海量投资者和上市公司的数据,可被东方财富征信公司分析使用。东方财富网的流量、场景,东方财富征信,专注于投资用途的东方财富小额贷款,以及战略合资的第三方支付将形成有协同作用的闭环。

2017年7月4日,东方财富与工商银行在上海签署托管业务全面合作协议,双方将以互联网为手段,以托管为支点,延伸服务链条,为用户提供更丰富更安全便捷的服务。工商银行副行长张红力在签约仪式上表示:"工商银行与东方财富的合作,双方将聚焦于大资管投资服务、金融科技与数据、资金监管和托管等资产托管领域全面展开,让互联网这个工具能更好地发挥作用,提升机构投资者的用户体验和业务效能。"东方财富集团董事长沈军进一步表示:"此次合作,是互联网上市企业与现代商业银行合作迈出的重要一步,必将会为客户提供更加安全、便利的金融服务,也为双方未来的长远合作奠定了重要基础。"此次双方就托管业务签署全面合作协议,将进一步提升双方在各自领域的竞争优势,推进传统金融机构与创新性互联网企业的结合与转型,为机构投资者带来更极致的金融服务体验。①

未来,东方财富网将进一步完善互联网财经大平台建设,并着力于构建"一站式"金融服务平台,为用户提供全方位、"一站式"的金融理财服务。

9.4.2 陆金所

1. 陆金所概述

陆金所全称为上海陆家嘴国际金融资产交易市场股份有限公司,是全球领先的互联网财富管理平台,平安集团旗下成员,2011年9月在上海注册成立,注册资本金8.37亿元。

陆金所致力于结合金融全球化发展与信息技术创新,以健全的风险管控体系为基础,为广大机构、企业与合格投资者等提供专业、高效、安全的综合性金融资产交易信息及咨询相关服务。

陆金所旗下网络投融资平台(www.lu.com)2012年3月正式上线运营。作为中国平安集团倾力打造的平台,陆金所结合全球金融发展与互联网技术创新,在健全的风险管控体系基础上,为中小企业及个人客户提供专业、可信赖的投融资服务,帮助他们实现便捷高效的低成本融资和财富增值。

作为全球领先的综合性线上财富管理平台,陆金所一直保持高速增长。根据中国平安2016年年报,截至2016年12月31日,陆金所平台累计注册用户数2838万,较2015年末增长55.0%;活跃投资用户数740万,较2015年末增长103.9%;2016年新增投资用户数445万,同比增长33.3%。通过陆金所平台交易的资产规模保持增长,2016年零售端交易量15351.63亿元,同比增长137.5%;期末零售端资产管理规模达4383.79亿元,较2015年底增长74.7%。值得一提的是,2016年零售端通过手机移动端进行的交易占比

---

① 《东方财富与工商银行携手 打造托管业务发展新引擎》,http://finance.eastmoney.com/news/1347/20170704752808795.html,2017-07-04。

超过82%。

除了通过陆金所平台交易的资产规模保持高速增长以外,陆金所还推出了业内独树一帜的投资者适当性管理体系——KYC 2.0 系统。该体系主要包括"投资者评估(know your customer,KYC)、产品风险评估(know your product,KYP)、投资者与产品风险的适配、信息披露、投资者教育"五方面内容,最大的特点就是更多地利用了大数据技术、机器学习等在资金端对投资者进行"精准画像",并提供智能推荐服务,能实现投资者风险承受能力与产品风险的精准匹配,将合适的产品卖给合适的人。①

2. 陆金所的发展及主要业务②

陆金所从 2011 年成立至今大概经历了三个阶段的发展。

第一阶段,1.0 时代。陆金所业务以自营模式运营 P2P 网络借贷为主,以高效率、低成本的方式实现个人直接投融资,联结不同地区间投融资需求,实现资源高效配置,助推区域金融和经济发展。

第二阶段,2.0 时代。陆金所聚焦"开放"与"跨业"两大关键词,横跨银行、保险、证券、公募基金、不动产以及 P2P 等 9 大市场,提出打造满足不同投资者以及投资者不同人生阶段不同需求的一站式财富管理平台概念,引领包括 P2P 网贷等互联网金融平台整体转型升级。

第三阶段,3.0 时代。陆金所聚焦"O2O"和"跨境"两大方面,聚焦打造综合财富管理平台,在服务方面提供基于大数据的资产组合管理及推荐功能等,上线更丰富的资产类别,实现更高效、更低成本融资,并且致力于实现资产与资金精确匹配。

陆金所每一次升级和转型,不仅是自身服务内涵的丰富与深化,而且作为行业标杆,引领同业共同转型。陆金所的主要业务有以下六个方面:

(1)稳盈 – 安 e。"稳盈 – 安 e"是陆金所网站平台推出的个人投融资服务。陆金所向投资方(投资人)和融资方(借款人)提供"稳盈 – 安 e"服务,帮助双方快捷方便地完成投资和借贷。通过平安集团旗下担保公司审核的借款方直接向投资方借贷,双方通过平台的电子借贷协议,明确双方的债务与债权关系。"稳盈 – 安 e"服务仅向符合中华人民共和国有关法律法规及本公司相关规定的合格投资人和借款人提供。"稳盈 – 安 e"项目通过创新有效解决了网络借贷行业投资回报与安全性的平衡问题。

(2)稳盈 – 安业。"稳盈 – 安业"是陆金所推出的个人对个人的借贷型投融资服务,平安旗下的担保公司对借贷人的借款承担全额本息担保责任,陆金所平台为借贷双方提供信息服务。

(3)富盈人生。富盈人生是平安养老保险股份有限公司依据保监会要求所设计的面向团体和个人发行的养老保障委托管理产品。属于稳定收益,中低风险型。

(4)结构化创新财务顾问服务。陆金所为资产的结构化创新提供财务顾问服务,旨

---

① 《陆金所介绍》,https://www.lu.com/about/aboutus.html。
② 佚名:《陆金所"一五"收官 这家金融科技"独角兽"都做了什么》,http://www.21jrr.com/news/zhxw/2016/1118/174713.html,2016 – 10 – 18。

在为银行零售信贷资产（信用卡、汽车分期贷款、小微贷、房贷）、租赁资产、小贷资产等资产转让业务提供信息及咨询服务，通过将这些缺乏流动性的资产提前变现，增强资产流动性，解决流动性风险，开拓新型融资渠道，提升自身资本充足率。

（5）应收账款转让信息服务。陆金所为应收账款转让提供信息服务主要针对非金融企业贸易项下的应收账款、金融租赁和融资租赁公司的租赁应收款。陆金所通过优质服务和不断的交易品种与交易组织模式创新，提供安全可靠的信息服务与多样化的产品机构设计以及交易安排服务，使企业通过该业务实现资金更快回流。

（6）票据收益权转让信息服务。陆金所为非金融企业与金融企业机构推出了票据收益权转让信息服务业务。票据收益权转让是指借入人（一般为企业）以其持有的、未到期的银行承兑汇票，经过质押，将收益权转让给投资人。陆金所票据收益权转让信息服务中，陆金所作为信息中介为需要融资的持票人和投资人发布、传递信息和咨询服务。

3. 陆金所盈利模式①

目前来说，陆金所的盈利模式主要有以下四种。

盈利模式一：在平台交易上，创造面向所有机构及个人客户的非标资产二级市场，为非标资产创造流动性，每笔交易可收取 0.5‰~5‰ 的交易费用作为收入。

盈利模式二：产品分销上，创造面向所有机构及个人客户的非标资产批发市场，对客户产品提供平台分销服务，每个产品提 5‰~20‰ 的批发销售费用作为收入，包括管理费收入。

盈利模式三：在资产承销上，为客户非标资产提供标准化包装、定价、承销一条龙服务，抽取 5‰~20‰ 的承销费作为收入。

盈利模式四：在数据服务上，通过交易掌握大量客户数据，通过分析精确定位客户需求，向客户推送相关金融及非金融产品信息，并获取一定的信息广告收入。

据陆金所董事长计葵生披露，目前陆金所最大的收入来源就是产品上架费，另外还有客户二级市场转让产品的手续费，预计未来第三种收入来源可能是信息包装，将其变成服务或者其软体本身直接卖给市场。

4. 陆金所开启盈利之门

近年来，平安集团不断升级业务模式，打造"开放平台+开放市场"，孵化了一系列金融科技服务平台。

陆金所从 2011 年成立一直到 2016 年，一直处于亏损状态，也让很多人对陆金所提出质疑。据 2017 年平安集团半年财报，2017 年上半年，陆金所控股财富管理、消费金融及机构间交易业务保持高速增长，市场领导地位持续稳固。其中，财富管理交易量同比增长 65.0%，为 10985.39 亿元；机构间交易量同比增长 45.4%，为 36872.31 亿元。陆金所控股已成为中国领先的互联网金融交易信息服务"一站式"平台，并且实现首次盈利。

---

① 梁小婵：《陆金所"变脸"之后，四大盈利逻辑能否生效？》，http://tech.ifeng.com/a/20150917/41476078_0.shtml，2015-09-17。

9.5 互联网金融信息服务

9.5.1 中国金融信息网

1. 中国金融信息网概述[①]

中国金融信息网前身为新华08网。新华08金融信息平台(新华财经金融信息平台)曾被纳入国家"十一五"和"十二五"时期文化发展规划纲要,并作为国家"核高基"工程立项。2013年4月18日,新华08网正式更名为中国金融信息网,启用"www.cnfin.com"新域名,原域名"www.xinhua08.com"仍可正常访问。

中国金融信息网由新华社主管、中国经济信息社主办,是配合新华财经金融信息平台项目打造的国家级专业财经网站,定位于建设中国财经金融信息领域的权威发布和服务平台。目前,中国金融信息网有中国财经、国际财经、宏观数据、人民币、绿色金融、金融科技、证券、银行、期货等频道,全面覆盖宏观、中观及微观经济层面内容,实时发布权威财经新闻与金融信息。中国金融信息网已与中国人民银行、银监会、证监会、保监会以及国内70多家商业银行、近百家券商和基金公司等金融机构建立了合作关系。

2. 中国金融信息网的特色和优势[②]

(1)全球实时资讯。

中国金融信息网依托新华社的采集网络、中国经济信息社近千人的专业团队、国内分支机构及海外金融信息采集点,实时报道宏观、产业、外汇、货币、债券、股票、证券、基金、大宗商品等全球财经资讯。

(2)权威精准信息和高端分析资源。

权威、准确、专业的政策发布和解读,在中国金融数据及重大财经信息的发布上一路领先。汇集新华社经济分析师和特约经济分析师的分析预测,帮助用户洞悉发展趋势、揭示产业规律、把握市场需求、寻找投资商机。

(3)原创内容首发,个性服务平台。

首发中国经济信息社系列指数、经济数据分析、独家信息、智库报告、权威解读、《金融世界》杂志独家采访等。

依托中国经济信息社庞大的专业化数据库和资源平台,提供全球财经数据以及股票、基金、期货、债券、外汇、黄金等市场行情。提供多媒体在线访谈、大型活动现场直播、网上调查等互动服务,以及线下论坛、活动支持等服务。

---

①② 《中国金融信息网简介》,http://www.xinhua08.com/a/20110304/354331.shtml。

3. 中国金融信息网的主要产品——新华08平台[①]

新华08平台，是新华社采用先进的信息与通信技术自主研发的金融交易服务平台，以终端形式为经济管理部门、金融机构和大中型企业参与国内外债券、外汇、证券、黄金、期货和产权交易，提供交易前的信息收集和分析，交易中的订单递交和风险管理，交易后的清算结算和信息反馈；是将实时资讯、行情报价、历史数据、研究工具、分析模型和在线交易融为一体的金融信息综合服务系统。

目前，新华08平台由十二个子系统构成：

一是资讯系统。每天24小时播发全球资本市场以及50多个行业资讯。实时资讯每日发稿近10000条，涉及外汇、货币、债券、股票、期货等5大市场，以及金融、能源、房地产、金属等55个行业。

资讯主要来源于：新华社驻全球102个分社记者采写的金融、经济、行业类稿件；新华社在纽约、伦敦、巴黎、法兰克福、东京等世界十大金融中心设立金融信息采集点，定期发回报道；新华社中央新闻采访中心组建了财经新闻信息采访组，与国家部委、金融监管部门、金融机构总部、中央大型企业形成联动机制，保证第一时间将重要资讯在新华08中发布。

新华08资讯板块有关中国资本市场的资讯更快、更权威，重要资讯多次实现全球首发，注重针对当前重点行业和热点行业的竞争形势和发展趋势进行前瞻性、预警性分析。新华社主办的三大财经证券类报纸《中国证券报》《上海证券报》《经济参考报》，在报纸出版前一天独家在新华08中滚动发稿，使新华08用户提前一天获悉三张报纸的全部内容。新华08还引进道琼斯、MNI、英富曼、金凯讯、SMRA等第三方专业资讯机构资讯，打造多样化的专业资讯系统平台。

二是行情系统。实时同步展示全球主要交易所的行情，以及国内外主要商品价格。行情报价系统为金融市场上多种职业角色提供股票、债券、外汇、期货、商品、能源等实时报价数据，帮助投资者捕捉市场动态，把握市场走势。行情板块提供纽约证券交易所、纳斯达克证券交易所、香港联合证券交易所、伦敦金属交易所、纽约股票交易所、伦敦股票交易所、新加坡交易所、沪深证券交易所、中国金融期货交易所、上海联合产权交易所、大连商品交易所、上海黄金交易所等国内外28家全球主要交易所的实时行情，其中的港股实时行情与香港证券交易所完全同步。

三是数据系统。系统提供中国宏观数据、中国行业数据以及主要国家和地区宏观数据三大类结构化数据。中国宏观数据覆盖了由国家统计局历年发布的统计数据，涉及约800多个宏观经济指标、逾26万条数据；中国行业数据提供33个主要行业共千余种商品的15大类指标、逾32万条数据；主要国家和地区宏观数据包括G8国家及部分亚洲国家等18个国家或地区的500多个经济指标数据。新华08建立的金融数据库，时间跨度达60年。

[①] 佚名：《新华社金融信息平台及其产品新华08简介》，http：//www.ioscl.com/_d276348768.htm，2017-09-27。

四是债券系统。系统提供人民币债券综合分析服务。人民币债券综合分析系统由债券基本资料数据库、债券综合信息展示系统、债券特色分析模型三大部分组成。按照新华08 的发展规划，债券数据库和债券综合分析系统是人民币债券交易系统的重要组成部分，提供全面的基础数据展示和强大的投资分析功能，为债券交易平台的搭建奠定了基础。

五是模型系统。能提供 17 种金融模型，主要有：外汇远期定价、债券定价、原油期货定价和掉期期权定价等。目前，新华 08 中的模型精度可以达到小数点后 8 位。

六是咨询系统。每天提供新华社经济分析师采写的经济分析报告。经济分析报告由新华社特约经济分析师和经济分析师从遍及海内外的新华社记者所采集的基础信息加工而成，针对某一行业、领域或区域的经济运行走势进行深入浅出的分析，强调预警性和前瞻性。

七是交易系统。新华 08 独家率先推出产权交易系统。目前，新华 08 已与上海联合产权交易所、北京产权交易所、天津产权交易中心签署合作协议，在产权模块中提供实时报价、成交趋势、政策法规、产权交易动态、经典案例、理论探讨、交易指数等内容。

八是发布系统。不仅向用户提供资讯，还为用户提供信息发布平台，用户可通过新华 08 实时发布企业动态、项目进展、重要成果等信息，把中国用户的声音广泛有效地传播到全球资本市场。

九是视频系统。新华 08 视频终端通过新华 08PC 终端、数字电视、手机、流媒体等提供在线视频服务，主要栏目包括财经要闻、证券市场、每日价格播报、新华 08 金融讲堂等，是新华 08 终端全方位、多元化服务体系的重要组成部分。

十是手机系统。新华 08 手机终端提供股票、外汇、债券、期货等市场的实时行情服务和金融资讯、要闻、经济数据、视频等服务。目前已开发完成并投入运行的客户端可适用于安卓、iOS 手机系统平台，可为各类用户提供便捷、多层次的综合服务。

十一是英文系统。为用户提供及时便捷的英文资讯、英文行情信息和专业深入的分析服务，是新华 08 进入国际资本市场的重要平台和载体。新华 08PC 终端（英文版）内容构成主要有四大模块：展示交易数据的行情模块；展示文字、图片、音视频等多媒体形式的资讯模块；以模型为基础进行分析计算的模型模块；以统计数据为基础进行分析展示的统计模块。

十二是个性化服务系统。分角色内容服务是新华 08 的最大特色，所要实现的目标是"给我一个角色，还你一个世界"。目前新华 08 可以为金融机构、监管机构以及大型企业的高管、交易员、业务部门人员提供全方位的个性化服务，内容及模块可根据用户角色特点量身定制，最大限度地满足资本市场的个性化需求。

4. 新华08，用户第一[①]

2015 年 2 月 11 日，山西分社组织召开新华 08 用户代表座谈会，听取山西用户对新华 08 的意见和建议。新华社副社长于绍良参加座谈会并讲话。

---

① 王亮：《新华 08 用户代表座谈会在太原召开，新华社副社长于绍良出席》，http://news.163.com/15/0213/16/AIBL3D9V00014JB5.html，2015 - 02 - 13。

与会用户代表从新华08的内容、应用、市场、推广等多角度提出了意见和建议。山西省金融办副主任张炯玮建议丰富地方经济指标数据库,加强数据指标分类的系统性和完善性;山西省银监局纪委书记祁绍斌、交通银行山西省分行副行长曹栓利建议新华08加强产品宣传推广力度;中国(太原)煤炭交易中心副主任阎世春建议充分发挥优势,建设新华08大数据平台,借鉴互联网思维开发新华08移动客户端。另外,多位用户代表指出,在金融信息服务内容同质化的背景下,新华08要研究如何充分发挥优势资源和渠道,在提高核心竞争力、打造不可替代性等方面下功夫。

于绍良感谢山西用户对新华08的大力支持。对大家提出的中肯意见和建议,新华08将认真学习吸收,落实在新华08的改进和提升中。下一步新华08将从产品建设和体制机制创新入手,加强用户服务,继续深化与地方金融监管部门、金融机构、大型企业的合作,加快推进新华08建设,服务地方经济发展,服务国家经济大局。

9.5.2 同花顺

1. 同花顺概述

浙江核新同花顺网络信息股份有限公司1995年成立,是中国国内第一家互联网金融信息服务行业上市公司,国家规划布局内重点软件企业、国家信息化试点工程单位。公司注册资金53760万元,是专业从事金融大数据处理、金融信息云服务的高新技术企业。公司下设杭州核新软件技术有限公司、浙江同花顺云软件有限公司、浙江同花顺基金销售有限公司、浙江同花顺网络科技有限公司、杭州同花顺数据开发有限公司、浙江国承信电子商务有限公司、浙江同花顺投资有限公司、浙江同花顺人工智能资产管理有限公司等8家全资子公司。近三年,公司荣获了"国家规划布局内重点软件企业""中国证券市场20年最具影响力机构"等30余项荣誉及资质。

强化研发是公司的核心理念,引进和培养高端技术人才、推动技术创新是公司持续的战略规划。公司拥有省级高新技术企业研发中心、浙江省金融信息工程技术研究中心、研发培训中心等机构,以打造国内优秀的证券金融软件为目标,通过持续创新保持产品的核心竞争力,先后在网上行情交易系统、证券投资软件、手机金融信息消费与服务等领域取得了骄人业绩。公司近年将销售收入40%以上的资金用于企业研发。通过自主创新,在金融信息服务领域取得了"同花顺云计算金融信息软件V1.0""同花顺iFinD金融数据终端软件V2.0""同花顺资产管理系统软件V1.0""同花顺量化交易平台软件"等91余项计算机软件著作权、72余项非专利技术,在行业内一直保持技术领先优势。

2. 同花顺主营业务

同花顺是一家专业的互联网金融信息服务商,主营业务包括四大部分:网上行情交易系统、移动金融信息服务、基金销售、金融大数据处理及云服务等系列产品与服务。同花顺拥有业内完整的产品系列,产品覆盖证券实时数据、财务资料、资金动向、模式化交易等功能层面,为证券公司和个人用户提供完备的金融服务解决方案。公司基于互联网为资本市场参与各方提供金融信息服务,代表产品主要有网上行情交易系统、大金融(智能版)、同花顺深度分析系统(Level-2)、iFinD 金融数据终端、云参数、大战略、财富先锋、手机金融信息等。

(1) 网上行情交易系统领域。

证券行情和交易系统服务是互联网金融信息服务行业最稳定的业务之一,同时也是市场进入技术壁垒最高的业务之一。证券公司通常要求供应商具有非常安全稳定的系统和十分完备的售后服务。从目前国内证券行情和交易系统服务的市场结构来看,主力企业数量很少,竞争相对缓和。伴随着同花顺新一代网上行情交易系统的开发完成,进一步巩固了公司在该领域的领先地位。公司今后将继续积极应对行业竞争,继续加大新产品的开发力度,提升竞争力,保持领先地位。

(2) 金融资讯和数据服务领域。

金融资讯和数据信息服务是目前行业内收入规模最大、竞争最为激烈的业务。目前该领域的主要竞争者均有各自特色,在某一方面有所专长。同花顺在该领域的市场份额排名一直位居前列。公司继续加大资源向产品开发倾斜,积极开发新的产品和升级现有产品,同时加大市场推广力度,提升市场份额。通过积累客户使用习惯和行为,开发个性化的服务,不断提升客户黏性和忠诚度。

(3) 手机金融信息服务领域。

国内手机金融信息服务业务最近几年增长十分迅速。相对行业内其他细分业务领域,手机业务在国内处于更为初级的发展阶段,盈利模式也尚在不断完善之中,行业集中度仍较低。基于对无线互联网应用具有广阔前景的预期,除原有金融信息服务商外,券商、理财机构、咨询机构等各个相关行业的企业也纷纷加入手机金融信息服务领域,导致业内市场出现了多种品牌,竞争较为激烈。同花顺在该领域的技术优势和市场份额排名一直位居前列,公司利用募集资金投资建设的同花顺手机金融服务网二期项目,进一步提升同花顺手机金融服务产品的功能和性能,保持领先地位。

(4) 基金销售。

销售渠道是基金销售竞争的焦点,从之前银行代销基金的垄断地位,到基金公司官网直销、第三方基金销售平台,再到电商渠道的开放,导致基金销售竞争越来越激烈。目前各家基金第三方销售平台处于发展初期,均投入巨额资金进行市场开拓和客户服务。同花顺利用技术优势来搭建和完善公司的基金销售平台,利用客户资源优势大力宣传和推广第三方基金销售服务业务,取得了较好的效果。

大数据时代,财经搜索引擎是互联网金融信息行业发展的新方向。公司通过积极引进人才,组建搜索引擎团队,开展语义自动分析技术等全球互联网应用技术难点攻关,已取得阶段性成果,同花顺"I 问财"财经搜索引擎已经上线 1 年左右,为投资者提供投资决策帮助,进一步提升了财经搜索服务能力和市场地位。

3. 同花顺的发展

同花顺自 1995 年成立以来,一直专注于金融信息服务,除了在上市之初收购了浙江国金投资资讯有限公司，之后就再无其他的并购事项。2015 年以前，同花顺的增值电信业务（付费软件）一直占主营业务收入的 70% 以上。2015 年上半年，同花顺也加入第三方基金代销的行列，基金代销业务的收入占比迅速增值，主营业务占比超过 30%，成为第二大主营。同花顺在金融信息业务方面的盈利模式，主要是通过免费平台实现用户规模的扩大，再通过付费增值服务实现用户流量的变现。

2008 年，同花顺率先布局移动端，推出兼容当时市面几乎所有智能手机的移动客户端，并通过大力促销快速抢占市场。同时，其还将金融信息业务细化，拆分成不同的模块做成产品出售，模块的价格从 60 元一年到近万元一年不等，用户可以按照自己的经济实力和实际需求，像搭积木一样去购买相应的服务。正是由于降价策略，2009～2013 年，同花顺的手机金融信息服务费收入始终呈现滑落态势，毛利率更是从 92.71% 滑落至 77.57%。这种牺牲换来的是手机注册人数的飙升，为后续发展打下了良好的基础。

截至 2016 年 12 月 31 日，同花顺网上行情免费客户端的日平均用户约 900 万人，周活跃用户数约为 1300 万人。2016 年 12 月易观千帆证券服务类应用 App 排名中，同花顺以 2990.48 万人的月活跃用户和 5.4% 的同比增长，排名第一。排名第二的大智慧 1318.72 万的月活跃用户，要比同花顺少了一半多。

2016 年同花顺的营业收入实现了同比增长 20.23%。对于像同花顺这样以付费炒股软件为主营的公司来说，持续运营的关键在于，如何让现有客户在到期之后继续续费，同时开发更多新的付费用户。而这其中的核心就是付费软件的功能是否让投资者的整个投资过程变轻松，甚至实现"傻瓜式"投资，有效找出市场中被低估的投资标的，对存在风险的标的做出相应提示。这也意味着同花顺需要从单纯的金融数据提供商向决策系统服务商转型。

在 2016 年年报中，同花顺明确指出将会加大对云计算、金融大数据、人工智能等互联网金融技术重点项目方面的投入，构建金融财经知识图谱，采用语义分析、自然语言理解、语音识别等技术，着力开发人工智能产品，改善人机交互的模式，以最快的速度响应投资者的提问，帮助其进行投资决策。同花顺在 2016 年设立了人工智能资产管理子公司，与泰达宏利基金公司合作成立泰达宏利同顺大数据基金。该基金在 2016 年取得了不错的成绩，以 17.3% 的净值增长在 425 只灵活配置型基金中排名第三，领先上证指数近 30 个百分点。①

4. 同花顺的未来

同花顺致力于成为国内最具竞争力的互联网金融信息服务商，完善商业模式，优化业务结构，提高企业市场竞争力，帮助资本市场更多的投资者快速找到最适合自己的投资知识、投资工具和投资信息，并提供"一站式"服务。

目前，同花顺重点发展人工智能技术。同花顺的人工智能类产品主要是股票投资决策，尚停留在便利投资行为的水平，算法的智能化程度还有待数据长时间的反复验证。另

---

① 新财富 plus：《大智慧"卖子求生"、东方财富业绩下滑，同花顺还在搞 AI，金融信息行业不好混？》，https://www.huxiu.com/article/195089.html，2017-05-15。

外,开发人工智能类投资产品,也将同花顺自身的竞争对手从原有的东方财富和大智慧等,扩充到包括非上市的互联网公司,如蚂蚁金服、京东金融以及传统金融公司,这显然是一场硬仗。

本章小结

互联网金融已经深入我们每个人的生活,对于互联网金融而言,最重要的是应用及实践。本章讨论了P2P互联网借贷、第三方支付、互联网众筹、互联网理财、互联网金融信息服务等典型应用。

开鑫金服是一家国有性质的社会金融服务平台,秉承国家开发银行开发性金融理念,为企业和个人提供安全、便捷、高效的互联网金融综合服务。PPmoney是中国互联网金融行业中专注于消费金融的领导平台,于2012年12月正式上线,借助云计算、移动支付和大数据等先进互联网技术,调剂投资者和融资者的资金融通,满足双方的投融资需求,最终实现多方共赢。

支付宝2003年提供服务,2004年从淘宝独立出来,已经是中国最大的第三方支付服务平台。2013年8月,微信支付横空出世,是第三方支付新贵。微信支付是集成在微信客户端的支付功能,以绑定银行卡的快捷支付为基础,用户可以通过手机完成安全、快捷、高效的支付服务。

点名时间是中国第一家众筹网站,将众筹引入中国,它的发展一路波折。京东之所以要做众筹,是因为发现了在消费升级背景下诞生的创业公司越来越多。对创业企业的优势互补是京东众筹上线的动机之一。京东众筹通过对项目的严格审核、打造爆款产品来获取成功。

东方财富网创办于2005年,始终坚持"用户为王"的经营理念,为全国广大投资者提供专业、及时、全面的金融信息服务。陆金所致力于结合金融全球化发展与信息技术创新,以健全的风险管控体系为基础,为广大机构、企业与合格投资者等提供专业、高效、安全的综合性金融资产交易信息及咨询相关服务。

中国金融信息网前身为新华08网。2013年4月18日,新华08网正式更名为中国金融信息网。新华08金融信息平台(新华财经金融信息平台)曾被纳入国家"十一五"和"十二五"时期文化发展规划纲要,并作为国家"核高基"工程立项。中国金融信息网定位于建设中国财经金融信息领域的权威发布和服务平台。浙江核新同花顺网络信息股份有限公司于1995年成立,是国内第一家互联网金融信息服务行业上市公司,主营业务包括四大部分:网上行情交易系统、移动金融信息服务、基金销售、金融大数据处理及云服务等系列产品与服务。

训练思考

1. 开鑫金服优势及特色是什么?

2. PPmoney 的主要业务有哪些?
3. 简述支付宝的商业模式。
4. 微信支付高速增长的驱动力是什么?
5. 简述京东众筹的运营策略。
6. 简述陆金所的发展及主要业务。
7. 简述中国金融信息网的特色和优势。
8. 在学习了本课程后,你是否有互联网金融从业的想法乃至创业梦想?结合自身实际,向老师和同学们畅谈一下你的梦想。

参 考 文 献

[1] 艾金娣：《P2P 网络借贷平台风险防范》，载于《中国金融》2012 年第 14 期。

[2] 巴曙松、杨彪：《第三方支付国际监管研究及借鉴》，载于《财政研究》2012 年 4 期。

[3] 蔡恺、向松祚：《互联网金融模式 考验银行业生存能力》，载于《证券时报》2012 年 11 月 27 日。

[4] 曹凤岐：《互联网金融对传统金融的挑战》，载于《金融论坛》2015 年第 1 期。

[5] 曹淑彦：《2013 互联网金融：爆发元年》，载于《中国证券报》2013 年 12 月 25 日。

[6] 陈静：《立足央行职责 推动我国互联网金融服务的健康发展》，载于《金融电子化》2001 年第 9 期。

[7] 陈志武：《互联网金融到底有多新》，载于《新金融》2014 年第 302 卷第 4 期。

[8] 储新民、李琪：《基于双边市场理论的第三方电子商务平台效应及其提供商行为》，载于《第二届网商及电子商务生态学术研讨会论文集》，2009 年。

[9] 杜永红：《大数据下的互联网金融创新发展模式》，载于《中国流通经济》2015 年第 29 卷第 7 期。

[10] 冯乾、宋丹：《互联网金融风险专项整治需重视行为监管》，载于《中国银行业》2017 年第 1 期。

[11]（美）弗雷德里克·米什金：《金融市场与金融机构》（第 4 版），王春松等译，北京大学出版社 2006 年版。

[12] 郭弈：《P2P 网络借贷市场的融资成本与融资可获得性研究》，西南财经大学硕士学位论文，2011 年。

[13] 胡滨、郑联盛：《金融科技倒逼监管改革》，载于《中国经济报告》2017 年第 9 期。

[14] 黄民礼：《双边市场与市场形态的演进》，载于《首都经贸大学学报》，2007 年第 3 期。

[15] 黄震：《P2P 网贷行业的发展现状与未来趋势》，载《经济导刊》2012 年第 Z3 期。

[16] 黄震：《互联网金融风险整治的逻辑》，载于《中国党政干部论坛》2016 年第 11 期。

[17] 黄震、蒋松成：《监管沙盒与互联网金融监管》，载于《中国金融》2017 年第 2 期。

[18] 霍兵、张彦良：《互联网金融发展的驱动因素和策略》，载于《宏观经济研究》2015年第2期。

[19] 嵇新然：《互联网金融的中美国际比较及对中国的启示》，载于《发展研究》2015年第5期。

[20] 姜奇平：《把握支付的基因变异——解析互联网金融的DNA》，载于《互联网周刊》2013年第9期。

[21] 李博、董亮：《互联网金融的模式与发展》，载于《中国金融》2013年第10期。

[22] 李二亮：《互联网金融经济学解析——基于阿里巴巴的案例研究》，载于《中央财经大学学报》2015年第2期。

[23] 李怀珍：《用标准化理念指导银行监管实践》，载于《中国金融》2007年第13期。

[24] 李静宇：《基于标准化管理理念的互联网金融监管问题研究》，广东财经大学硕士学位论文，2017年。

[25] 李钧：《互联网金融是什么》，载于《第一财经日报》2013年3月15日。

[26] 李乾文、姜琳琳：《网络时代创业导向中的超前行动战略评述》，载于《管理案例研究与评论》2008年第6期。

[27] 李文红、蒋则沈：《金融科技（FinTech）发展与监管：一个监管者的视角》，载于《金融监管研究》2017年第3期。

[28] 李文佳：《基于P2P借贷网站的借贷行为影响因素分析》，对外经济贸易大学硕士学位论文，2011年。

[29] 李新江：《万亿诱惑催生竞争乱象 监管层拟推互联网金融"负面清单"》，载于《21世纪经济报道》2014年1月17日。

[30] 李鑫、徐唯燊：《对当前我国互联网金融若干问题的辨析》，载于《财经科学》2014年第318卷第9期。

[31] 李艳：《基于双边市场理论的互联网金融平台差异化竞争策略研究》，东北财经大学硕士学位论文，2014年。

[32] 李勇坚、王弢：《从互联网金融风险专项整治看银行与互联网金融的协作》，载于《中国农村金融》2016年第24期。

[33] 李有星、陈飞、金幼芳：《互联网金融监管的探析》，载于《浙江大学学报（人文社会科学版）》2014年第44卷第4期。

[34] 李智：《关于"互联网金融"的几个关键概念辨析》，载于《中国商论》2014年第28期。

[35] 廖理、周从意：《余额宝的前世——贝宝货币市场基础与利率市场化》，载于《清华金融评论》2014年第5期。

[36] 林山：《互联网时代普惠金融发展的长尾理论应用》，载于《福建金融》2015年第S2期。

[37] 刘斌：《大数据时代金融信息保护的法律制度建构》，载于《中州学刊》2015

年第3期。

[38] 刘宪权：《互联网金融股权众筹行为刑法规制论》，载于《法商研究》2015年第32卷第6期。

[39] 刘新海：《阿里巴巴集团的大数据战略与征信实践》，载于《征信》2014年第32卷第10期。

[40] 娄飞鹏：《互联网金融监管更应关注其科技属性》，载于《清华金融评论》2016年第5期。

[41] 陆岷峰、吴建平：《长尾理论指导下的"互联网+普惠金融"发展路径研究》，载于《长春金融高等专科学校学报》2016年第6期。

[42] 罗伯特·希勒：《金融与好的社会》，中信出版社2012年版。

[43] 罗明雄、唐颖等：《互联网金融》，中国财政经济出版社2013年版。

[44] 马腾跃：《从异军突起到规范发展 互联网金融站上新起点》，载于《中国金融家》2015年第9期。

[45] 马文刚：《2013开启互联网金融"元年"》，载于《上海信息化》2013年第2期。

[46] 苗燕：《央行副行长刘士余：互联网金融业务不能触及红线》，载于《上海证券报》2013年8月14日。

[47] 缪代文：《微观经济学与宏观经济学》，高等教育出版社2003年版。

[48] 任丽、吕亮：《基于双边市场理论的运营商数据业务定价模型》，载于《现代电信科技》2011年第41卷第12期。

[49] 沈伟民、曹磊、马骏、郝继涛：《P2P网贷乱象 互联网金融新模式的迷途》，载于《经理人》2014年第1期。

[50] 施青华、刘兰娟：《互联网金融模式研究进展》，载于《上海金融》2015年第8期。

[51] 史晨阳、李安怀：《光大私有云助力互联网金融发展》，载于《金融电子化》2015年第6期。

[52] 宋立志：《互联网金融机构信息标准化管理探讨》，载于《金融科技时代》2016年第3期。

[53] 隋文靖：《余额宝引爆互联网金融潮天弘基金半年吸金超千亿元》，载于《证券日报》2013年12月27日。

[54] 孙国茂：《互联网金融：本质、现状与趋势》，载于《理论学刊》2015年第253卷第3期。

[55] 孙剑：《我国互联网金融发展的长尾理论解释》，载于《金融经济》2017年第10期。

[56] 孙杰、贺晨：《大数据时代的互联网金融创新及传统银行转型》，载于《财经科学》2015年第1期。

[57] 谭润沾：《银行支付业务的战略重要性：基于第三方支付发展的视角》，载于《南方金融》2010年第1期。

[58] 汤皋:《规范互联网金融发展与监管的思考》,载于《金融会计》2013年第12期。

[59] 万建华:《点评:互联网金融模式创新与未来金融业变局》,载于《新金融评论》2012年第1期。

[60] 汪桥红:《基于超网络模型的互联网金融产业生态化发展研究》,载于《湖南科技大学学报(社会科学版)》2015年第18卷第6期。

[61] 王宝刚、荆伟:《我国互联网金融监管的法律规制研究》,载于《金融发展研究》2014年第10期。

[62] 王春晖:《〈民法总则〉首次确立"公民信息权"》,载于《通信世界》2017年第12期。

[63] 王国刚、张扬:《互联网金融之辨析》,载于《财贸经济》2015年第1期。

[64] 王海军、王念:《互联网金融的逻辑推演:一个理论框架的构建》,载于《首都经济贸易大学学报》2015年第17卷第6期。

[65] 王洪生、张玉明:《科技型中小企业云融资模式研究——基于云创新视角》,载于《科技管理研究》2014年第34期。

[66] 王立勇、石颖:《互联网金融的风险机理与风险度量研究——以P2P网贷为例》,载于《东南大学学报(哲学社会科学版)》2016年第18卷第2期。

[67] 王念、王海军、赵立昌:《互联网金融的概念、基础与模式之辨——基于中国的实践》,载于《南方金融》2014年第4期。

[68] 王玮:《以标准化为手段引导和规范我国网络借贷行业健康有序发展》,载于《中国标准导报》2015年第10期。

[69] 王小乔:《支付宝,等待一个"互联网金融新贵"的诞生》,载于《南方周末》2010年6月24日。

[70] 王智渊:《网络经济的互联网产业组织分析》,载于《洛阳师范学院学报》2014年第33卷第6期。

[71] 吴晓求:《中国金融的深度变革与互联网金融》,载于《财贸经济》2014年第1期。

[72] 夏政:《基于系统论的互联网金融生态建设》,载于《财经科学》2015年第1期。

[73] 肖风:《从FinTech1.0到3.0,金融业将迎来大革命》,载于《网贷天眼》,http://www.p2peye.com/thread-899230-1-1.html,2016-12-07。

[74] 肖见光、徐文德:《英国金融监管"沙箱"》,载于《金融博览》2017年第1期。

[75] 谢平、邹传伟等:《互联网金融的理论基础》,载于《金融研究》2015年第8期。

[76] 谢平、邹传伟:《互联网金融模式研究》,载于《金融研究》2012年第12期。

[77] 许洪高:《捍卫互联网时代的金融安全》,载于《人民公安》2014年第10期。

[78] 杨东:《互联网金融的法律规制——基于信息工具的视角》,载于《中国社会科

学》2015年第4期。

[79] 杨东：《互联网金融治理新思维》，载于《中国金融》2016年第23期。

[80] 杨虎、易丹辉、肖宏伟：《基于大数据分析的互联网金融风险预警研究》，载于《现代管理科学》2014年第4期。

[81] 杨婧如：《互联网金融消费乱象多》，载于《深圳特区报》2014年3月14日。

[82] 杨群华：《我国互联网金融的特殊风险及防范研究》，载于《金融科技时代》2013年第21卷第7期。

[83] 姚文平：《互联网金融》，中信出版社2014年版。

[84] 姚玉安：《浅谈云计算技术下的互联网金融应用》，载于《河南科技》2015年第2期。

[85] 叶纯青：《"FinTech"与互联网金融》，载于《金融科技时代》2016年第8期。

[86] 叶明：《互联网行业市场支配地位的认定困境及其破解路径》，载于《法商研究》2014年第1期。

[87] 叶文辉：《英国"监管沙箱"的运作机制及对我国互联网金融监管的启示》，载于《征信》2017年第35卷第4期。

[88] 尹海员、王盼盼：《我国互联网金融监管现状及体系构建》，载于《财经科学》2015年第9期。

[89] 勇坚：《互联网金融监管政策发展的国际比较及对我国的启示》，载于《全球化》2015年第8期。

[90] 尤肖虎：《网络通信融合发展与技术革命》，载于《中国科学：信息科学》2017年第47期。

[91] 于一超、何琳：《商业银行信息标准化管理的理论与实践》，载于《国际金融》2012年第10期。

[92] 曾刚：《积极关注互联网金融的特点及发展——基于货币金融理论视角》，载于《银行家》2012年第11期。

[93] 张成虎、胡啸兵：《互联网金融平台组织机构、演化路径与发展机制探析》，载于《中共贵州省委党校学报》2015年第159卷第5期。

[94] 张国：《互联网金融监管国际经验借鉴研究综述》，载于《经济体制改革》2015年第6期。

[95] 张继红：《论我国金融消费者信息权保护的立法完善》，载于《法学论坛》2016年第31卷第6期。

[96] 张莉：《浅析我国银行业监管行为的标准化》，载于《华北金融》2005年第335卷第8期。

[97] 张影强：《国外互联网金融发展经验及启示》，载于《互联网经济》2015年第7期。

[98] 张影强：《互联网金融生态链》，载于《中国经济报告》2013年第12期。

[99] 赵海军：《互联网金融需要正本清源》，载于《证券时报》2013年12月17日。

[100] 赵海军、罗金凤：《产权电子商务标准化发展研究》，科学出版社2012年版。

[101] 赵海军:《树立互联网金融的标准化监管思想》,载于《证券时报》2016年12月20日。

[102] 赵海军:《网络金融营销学》,电子工业出版社2013年版。

[103] 赵海军:《信息确权理论建设问题研究》,载于《图书情报导刊》2017年第2卷第3期。

[104] 赵海军:《信息确权理论与智业电子商务》,载于《高科技与产业化》2011年第181卷第6期。

[105] 赵洪江、陈林、全理科:《互联网技术、互联网金融与中小企业贷款技术创新——以阿里小贷为例》,载于《电子科技大学学报》(社科版)2015年第17卷第1期。

[106] 赵学峰:《技术创新驱动互联网金融创新》,载于《银行家》2015年第6期。

[107] 郑联盛:《中国互联网金融:模式、影响、本质与风险》,载于《国际经济评论》2014年第5期。

[108] 郑志来:《共享经济的成因、内涵与商业模式研究》,载于《现代经济探讨》2016年第411卷第3期。

[109] 中国标准出版社第一编辑室:《标准化工作导则、指南和编写规则标准汇编》,中国标准出版社2003年版。

[110] 钟鸣长:《新加坡FinTech生态系统建设及其启示》,载于《电子科技大学学报》(社科版)2016年第18卷第6期。

[111] 周琰:《互联网金融标准化工作研讨会暨互联网金融标准研究院揭牌仪式在京举行》,载于《金融时报》2017年7月19日。

[112] 周琰:《互联网金融的理论基础及其网络经济特点》,载于《中共福建省委党校学报》2015年第11期。

[113] 朱军林:《英国的第一家网络银行——"鸡蛋"》,载于《南方金融》2000年第4期。

[114] 邹均:《区块链:FinTech的天之骄子》,载于《软件和集成电路》2016年第9期。

[115] Agrawal A. K., Catalini C., Goldfarb A., "Entrepreneurial Finance and the Flat-World Hypothesis: Evidence from Crowd-Funding Entrepreneurs in the Arts", Working Papers, 2010.

[116] Allen F., Mcandrews J., Stratran P., "E-finance: An Introduction", *Journal of Financial Services Research*, 2002, 22 (1–2): 5–27.

[117] Antony S., Lin Z. X., Xu B., "Determinants of Escrow Service Adoption in Consumer-to-consumer Online Auction Market: An Experimental Study", *Decision Support Systems*, 2006, 42 (3): 1889–1900.

[118] Armstrong M., "Competition in Two-sided Markets", *Rand Journal of Economics*, 2006, 37 (3): 668–691.

[119] Ashta A., Assadi D., "Does Social Lending Incorporate Social Technologies? The Use of Web 2.0 Technologies in Online P2P Lending", Working Papers Ceb, 2009.

[120] Bachmann A., Becker A., Buerckner D., et al., "Online peer-to-peer lending-A literature review", *Journal of Internet Banking & Commerce*, 2011, 16 (2).

[121] Ba S., Whinston A. B., Zhang H., "The Dynamics of the Electronic Market: An Evolutionary Game Approach", *Information Systems Frontiers*, 2000, 2 (1): 31-40.

[122] Chen D. Y., Han C. D., "A Comparative Study of Online P2P Lending in the USA and China", *Journal of Internet Banking and Commerce*, 2012, 17 (2): 1-15.

[123] Collier B. C., Hampshire R., "Sending Mixed Signals: Multilevel Reputation Effects in Peer-to-peer Lending Markets", ACM Conference on Computer Supported Cooperative Work. ACM, 2010: 197-206.

[124] David S. Evans, "The Antitrust Economics of Multi-sided Platform Markets", *Yale Journal on Regulation*, 2003, 20: 325-381.

[125] Dhand H., Mehn G., Dickens D., et al., "Internet Based Social Lending", *Communications of the Ibima*, 2008, 2 (15).

[126] Galak J., Small D. A., Stephen A. T., "Micro-Finance Decision Making: A Field Study of Prosocial Lending", *Journal of Marketing Research*, 2011, 48 (Special Issue): 130-137.

[127] Garman S., Hampshire R., Krishnan R., "A Search Theoretic Model of Person-to-Person Lending", https://www.researchgate.net/publication/255596288_A_Search_Theoretic_Model_of_Person-to-Person_Lending.

[128] Gerber E. M., Hui J. S., Kuo P. Y., "Crowdfunding: Why people are motivated to participate?", https://www.zotero.org/groups/creative_action_lab/items/item Key/NSSGIRNH.

[129] Hu X., Lin Z., Whinston A. B., et al., "Hope or Hype: On the Viability of Escrow Services as Trusted Third Parties in Online Auction Environments", *Information Systems Research*, 2004, 15 (3): 236-249.

[130] Ibrahim N., Verliyantina, "The Model of Crowdfunding to Support Small and Micro Businesses in Indonesia Through a Web-based platform", *Procedia Economics and Finance*, 2012 (4): 390-397.

[131] Iyer R., Khwaja A. I., Luttmer E. F., et al., "Screening in New Credit Markets: Can Individual Lenders Infer Borrower Creditworthiness in Peer-to-peer lending?", http://www.researchgate.net/publication/ 46479710.

[132] Jin G. Z., "Do Social Networks Solve Information Problems for Peer-to-Peer Lending? Evidence from Prosper.com", *Social Science Electronic Publishing*, 2008 (8-43).

[133] Lambert T., Schwienbacher A., "An Empirical Analysis of Crowdfunding", http://ssrn.com/abstract=1578175.

[134] Lin M., Prabhala N. R., Viswanathan S., et al., "Social Networks as Signaling Mechanisms: Evidence from Online Peer-to-Peer Lending", *Wise*, 2009.

[135] Martina E. Greiner, Hui Wang, "Building Consumer-to-Consumer Trust in E-Finance

Marketplaces: An Empirical Analysis", *International Journal of Electronic Commerce*, 2010, 15 (2): 105-136.

[136] Michael L. Katz, Carl Shapiro., "Network Externalities, Competition and Compatibility", *American Economics Review*, 1985, 75 (3): 424-440.

[137] Oppenheimer D. M., Olivola C. Y., *The Science of Giving: Experimental Approaches to the Study of Charity*, Psychology Press, 2011, 42 (3): 627-629.

[138] Pierre R é gibeau, "A Comment on Evans. Hagiu and Schmalensee", *CESifo Economic Studies*, 2005, 51 (2-3): 225-232.

[139] Rochet J C, Tirole J., "Two-Sided Markets: A Progress Report", *Rand Joarnal of Economics*, 2006, 37 (3): 645-667.

[140] Schwienbacher A., Larralde B., "Crowdfunding of Small Entrepreneurial Ventures", *Ssrn Electronic Journal*, 2010.

[141] Searcy C., Asif M., "Towards a Standardised Management System for Corporate Sustainable Development", *Tqm Journal*, 2014, 26 (5): 411-430 (20).

[142] Verstein A., "The Misregulation of Person-to-Person Lending", *UC Davis Law Review*, 2012, 45 (2): 445-527.

[143] William K. Sjostrom, "Going Public Through an Internet Direct Public Offering: A Sensible Alternative for Small Companies?", *Florida Law Review*, 2001, 53: 529-531.

[144] Zhang H., Lin Z. X., Hu X. R., "The Effectiveness of the Escrow Model: An Experimental Frame-work for Dynamic Online Environments", *Journal of Organizational Computing and E-lectronic Commerce*, 2007, 17 (2): 119-143.